LOBBY:

ESTUDO DE DIREITO COMPARADO
E NECESSIDADE DE REGULAMENTAÇÃO
DO INSTITUTO NO ORDENAMENTO JURÍDICO BRASILEIRO

CONRADO ALMEIDA CORRÊA GONTIJO

LOBBY:

ESTUDO DE DIREITO COMPARADO E NECESSIDADE DE REGULAMENTAÇÃO DO INSTITUTO NO ORDENAMENTO JURÍDICO BRASILEIRO

Marcial Pons

MADRI | BARCELONA | BUENOS AIRES | SÃO PAULO

Lobby: estudo de direito comparado e necessidade de regulamentação do instituto no ordenamento jurídico brasileiro
Conrado Almeida Corrêa Gontijo

CIP-Brasil. Catalogação na Publicação
Sindicato Nacional dos Editores de Livros, RJ

G641l

Gontijo, Conrado Almeida Corrêa.
Lobby: estudo de direito comparado e necessidade de regulamentação do instituto no ordenamento jurídico brasileiro / Conrado Almeida Corrêa Gontijo. - São Paulo, SP: Marcial Pons, 2020.
324 p. : 16 x 23 cm

Inclui bibliografia
ISBN 978-65-86696-06-6

1. Direito - Brasil. 2. Lobby. I. Título.

CDD 328.38

Impresso no Brasil

Aos meus pais, Geraldo e Claudia, à Victória e à Maria Carolina.

AGRADECIMENTOS

Iniciei os agradecimentos da minha dissertação de mestrado expondo a absoluta importância que o Professor Miguel Reale Júnior tem em minha formação. Destaquei que ele e os seus ensinamentos foram determinantes na definição dos caminhos que trilhei no passado e eram fonte de inspiração e exemplo para os passos que viria a dar no futuro.

Sobre o passado, enfatizei as lições com ele aprendidas desde o ano de 2007, como aluno de graduação da Faculdade de Direito do Largo de São Francisco, a oportunidade que me ofereceu de trabalhar sob sua supervisão em projeto de iniciação científica, a vivência intensa da advocacia criminal em seu escritório, situações que conduziram à minha admissão como seu orientando no programa de pós-graduação da USP.

Assim, inicio por ele os agradecimentos pela publicação do livro.

Às queridas professoras Helena Regina Lobo da Costa, Marina Coelho Araújo e Tatiana Stoco, e aos queridos professores Renato Silveira, Alexandre Wunderlich e Luciano Anderson, agradeço pelas considerações feitas no exame da obra.

Aos meus pais, Geraldo e Cláudia, e à Victória, minha irmã, que, com infinito amor e absoluta dedicação, estiveram ao meu lado em cada momento da vida, dando-me força para buscar a concretização dos meus sonhos: o amor de vocês é essencial para minha caminhada e para tolerar a distância e a saudade.

À Maria Carolina, que dá leveza à minha vida e sem a qual a conclusão deste trabalho, por uma série infindável de motivos, não teria sido possível.

A todos os amigos que tenho, principalmente àqueles que estão sempre próximos de mim, contribuindo para dar ainda mais sentido às experiências da minha vida, e às diversas pessoas que ajudaram no desenvolvimento da presente obra. Em especial, destaco Aldo Romani, Andrey Borges Mendonça, Antônio Tovo, Antônio Carlos de Almeida Castro, Antônio Pitombo, Bruno Maglione, Carlos Nakaharada, Carolina Sayegh, Daniel Demidio, Daniel Zaclis, Dannyele Galvão, Diego Polachini, Diogo Cornacchioni, Felipe Andreu Silva, Fernanda Regina Vilares, Fernando Bosso, Filipe Tavares, Gabriel Pereira, Gabriel Prudente, Gustavo Vaughn, Heloisa Estellita, Igor Mauler Santiago, João Francisco Moreira Viegas, Judith Martins-Costa, Laís e Larissa Siqueira, Leonardo Magalhães Avelar, Lucas Marujo, Lumena Castro Furtado, Marcelo Perez, Marcelo Turbay, Maria Célia Gontijo, Maria Cristina Moreira Viegas, Maria de Lourdes Gontijo, Mariana Tranchesi Ortiz, Miguel Pereira Neto, Natália Veiga, Nicole Ellovitch, Pedro Machado de Almeida Castro, Renata Benitez, Ricardo Sidi, Rodolfo Ribeiro, Odair Furtado e aos amigos do Prerrogativas... Há muitos outros e, por esse motivo, inviável declinar todos os seus nomes. De qualquer maneira, muito obrigado: vocês são fundamentais.

GONTIJO, CONRADO ALMEIDA CORRÊA.
Lobby: estudo de direito comparado e necessidade de regulamentação do instituto no ordenamento jurídico brasileiro. 2019. 315f.
Tese (Doutorado). Faculdade de Direito da Universidade de São Paulo, São Paulo, 2019.

ARGUTO E PROFUNDO
(à guisa de Prefácio)

A compreensão da realidade de determinado fenômeno das relações políticas que transita no campo da moralidade, tendo facetas legítimas, mas que ao mesmo tempo facilmente pode transbordar para a ilicitude, constitui o primeiro desafio do trabalho de se buscar discipliná-lo juridicamente.

Cumpre ser um observador arguto, pois as indagações de início buscam saber se o fenômeno revela-se sempre presente, se apresenta aspectos positivos justificando-se seja devidamente regulado para ser exercitado sem ofensa aos valores da administração pública ou se caberia ter absolutamente vedada sua prática.

Foi por este caminho que se deu, primeiramente, a pesquisa aprofundada que fez Conrado Almeida Corrêa Gontijo, em sua tese de doutoramento, acerca do Lobby, que constitui a tentativa de influenciar o processo decisório no âmbito estatal, em todos os poderes.

Ressalta, então, que com o crescimento da produção normativa pelo Poder Executivo, mormente em face da atuação das agências reguladoras, a prestação de informações técnicas junto a estes organismos especializados tem aumentado visando à edição de normativas por tais setores técnicos.

Esta tarefa de influenciar a atuação do Estado, seja no Executivo como no Legislativo, oferecendo subsídios técnicos buscando o convencimento das autoridades enquadra-se no exercício constitucional do Direito de Petição e no de Liberdade de Expressão. Até no Judiciário, por via da admissão como "amicus curiae", pretendendo esclarecer a pertinência do interesse em jogo no julgamento pode realizar-se o Lobby.

Assim, Conrado Gontijo bem realça efetivar-se o Lobby pelas mais diversas maneiras: participando de audiências públicas; realizando pesquisas técnicas apresentadas aos agentes públicos; enviando correspondência aos funcionários; mantendo contatos pessoais; divulgando na mídia informações; executando campanhas esclarecedoras do interesse a ser atendido por medidas estatais, apresentando anteprojetos de lei.

Com o enfraquecimento da democracia representativa e dos partidos políticos, realiza-se por via do Lobby uma aproximação da sociedade junto aos poderes estatais, para criar uma direta ligação dos titulares de interesses a serem regulados pelo Estado com os focos do poder.

Como assessor especial do presidente da Assembleia Nacional Constituinte, pude verificar de perto a ação contínua dos grupos de interesses junto aos congressistas, já tendo dito que a Constituinte foi uma passarela por onde desfilou a sociedade organizada: da tanga à toga.

A principal ação de persuasão juntos aos constituintes se deu pelos setores da administração pública, como a magistratura, o ministério público, as polícias militar e civil, os cartórios de protesto, os militares e os funcionários públicos em geral. Era uma conduta plenamente correta, mas realizada sem qualquer regulamentação, que se faz necessária para segurança de todas as partes.

Conclui o novo doutor que independentemente do formato, "a atividade do lobby é essencial em sociedades democráticas", pois os órgãos de decisão são confrontados com uma complexa rede de interesses e a informação técnica subsidia sua análise, apresenta as diversas variáveis a serem adotadas apresentando-se a quem cabe decidir os prós e os contra das vertentes possíveis de escolha.

O desafio que se presta o Autor está em diferenciar a "atuação legítima dos lobistas das práticas corruptas", por via de "diplomas jurídicos que assegurem transparência na interação dos agentes que participam, ativa ou passivamente, das inciativas de lobby e imponham sanções dissuasórias que não se guiem por estas balizas".

Em suma, o lobby seria um mal necessário, inafastável do exercício da democracia, cabendo, no entanto, ser monitorado para impedir ou sancionar os efeitos negativos, violadores dos princípios da moralidade e da impessoalidade, para ser exercido antes de tudo com transparência.

Assim, são necessárias restrições. Para as examinar, o Autor percorre, em análise aprofundada, a disciplina do Lobby nos Estados Unidos, no Canadá, no Reino Unido, no Chile e na União Européia. Ademais, estuda as propostas legislativas em curso no Congresso Nacional.

Estuda, então, se as figuras penais do Tráfico de Influência e da Exploração de Prestígio do nosso Código Penal seriam tipificações penais adequadas ao controle do fenômeno do Lobby, para garantir o exercício do Lobby com transparência e probidade necessárias, marcado por lisura nas interações dos lobistas com as autoridades públicas.

A exemplo do constante do Código de Conduta da Alta Administração, de cuja elaboração participei como membro da primeira composição do Conselho, deve-se exigir que as autoridades públicas de qualquer dos poderes pautem sua ação pela transparência, assegurando a boa imagem e o prestígio do cargo por via da clareza dos seus posicionamentos, atuando com decoro, ou seja, compostura de modo a infundir respeito e confiança.

Como destaca Conrado Gontijo, devem os agentes públicos agir na defesa de algum interesse privado legítimo mediante "informações claras sobre suas motivações, sobre quais os beneficiários da sua decisão, sempre marcando suas atitudes pela maior transparência".

Conclui então que as condutas do Tráfico de Influencia, art. 332 do Código Penal e da Exploração de Prestígio, art. 357 do Código Penal "não têm o condão de afetar minimamente o bem jurídico da administração pública, sua moralidade e prestígio". A seu ver, a prática destas condutas não interfere nos atos de ofício dos funcionários, exaurindo-se a ação no ato de enganar o particular a quem busca enganar.

Assim, Conrado Gontijo de um lado propõe a revogação destas figuras penais e de outro propõe a criação tipos penais apropriados para a defesa da probidade e da transparência no exercício do Lobby.

Assim, advoga Conrado Gontijo que abusar da influência que se possui mas para viabilizar decisão legal não deve ser proibido, ao contrário, contudo, cumpre ser criminalizado o comportamento de se exercer influência para promover a atuação ilegal do agente público.

Deve, então, haver um o credenciamento na condição de lobista, punindo-se o credenciado que, no bojo de sua atuação, "afirme ter condição de, em troca de remuneração, convencer agente público a praticar atos ilegais no exercício de suas funções".

Sugere, então, o novo doutor a criação de duas figuras penais, como limites garantidores de transparência e da probidade: **Tráfico de Influência Passivo para a Prática de Ato de Ofício Ilícito e Tráfico de Influência Ativo para**

a Prática de Ato de Ofício Ilícito. Em parágrafos, em ambos os artigos, contempla a atuação ilegal junto ao Judiciário e o Ministério Público.

Os méritos deste trabalho fecundo derivam da seriedade da pesquisa no campo da legislação estrangeira, mas antes de tudo na compreensão desta realidade, o Lobby, como prática própria da democracia. Destaca, assim, as virtudes e vícios dessa atividade, separando o joio do trigo, visando a buscar, por via da tipificação penal dos desvios possíveis, um caminho capaz de assegurar seja o Lobby exercido sem comprometimento dos valores positivos da probidade, da impessoalidade e da transparência.

É esse o trabalho que me orgulho de ter orientado.

MIGUEL REALE JÚNIOR

SUMÁRIO

INTRODUÇÃO

Basta uma superficial pesquisa nos domínios eletrônicos dos mais importantes veículos de jornalismo do país para constatar que a prática do *lobby* é indissociável do cotidiano dos órgãos da administração pública nacional. Constata-se, outrossim, que, embora sejam inúmeras as veiculações que revelam ser o instituto mencionado essencial para a defesa de interesses legítimos junto aos agentes do Estado[1], na grande parte dos casos, ele é tratado como se assemelhado fosse à corrupção[2].

---

1. Reportagens publicadas no ano de 2018, apenas para exemplificar, expõem a importância da atuação dos lobistas para a promoção dos interesses (i) dos servidores públicos, no tocante à reforma da previdência (Nóbrega, Mailson da. O lobby dos servidores contra a reforma da Previdência. *Blog Mailson da Nóbrega*, 18 dez. 2017. Disponível em: <https://veja.abril.com.br/blog/mailson-da-nobrega/o-lobby-dos-servidores-contra-a-reforma-da-previdencia>. Acesso em: 15 jan. 2018), (ii) dos empresários do agronegócio (Pereira, Pablo; Almeida, Neila; Oliveira, Paulo. Agronegócio tem a bancada mais bem organizada do Congresso. *UOL Últimas Notícias* (Estadão Conteúdo), São Paulo, 29 jul. 2018. Disponível em: <https://noticias.uol.com.br/ultimas-noticias/agencia-estado/2018/07/29/agronegocio-tem-a-bancada-mais-bem-organizada-do-congresso.htm>. Acesso em: 16 set. 2018), (iii) dos integrantes Poder Judiciário, por aumento de proventos (JUDICIÁRIO faz lobby e pressiona governo a aumentar salários da magistratura. *Folha de S. Paulo*, São Paulo, painel, 29 jun. 2018. Disponível em: <https://painel.blogfolha.uol.com.br/2018/06/29/judiciario-faz-lobby-e-pressiona-governo-a-aumentar-salarios-da-magistratura/>. Acesso em: 15 ago. 2018), e (iv) dos notários contra medidas que não beneficiam a atuação dos cartórios (Carneiro, Mariana. Cartórios fazem lobby contra cadastro positivo. *Folha de S. Paulo*, São Paulo, abr. 2018. Disponível em: <https://www1.folha.uol.com.br/mercado/2018/04/cartorios-fazem-lobby-contra-cadastro-positivo.shtml>. Acesso em: 02 set. 2018).

2. A revelar a associação que se faz entre *lobby* e corrupção, veja-se: (i) Tavares, Bruno; Leite, Isabela. Polícia Federal faz operação contra desvio recursos da União para merenda em 3 Estados e no DF. *G1*, 09 maio 2018. Disponível em: <https://g1.globo.com/sp/sao-paulo/noticia/policia-federal-faz-operacao-contra-desvio-de-dinheiro-publico.ghtml>; (ii) Teixeira, Luiz Fernando; Macedo, Fausto. Lobista do MDB pede habeas. *Estadão*, 16 abr. 2018. Disponível em: <https://politica.estadao.com.br/blogs/fausto-macedo/lobista-do-mdb-pede-habeas//>. Acesso em: 10 out. 2018; (iii) Vieira, André Guilherme; Di Cunto, Raphael. PF realiza operação contra fraude milionária

Tais constatações não são particularidades do Brasil. Consoante exporemos no presente trabalho, a atuação de agentes com o propósito de influenciar os processos decisórios no âmbito estatal é imemorial, onipresente e elementar para a acomodação dos diversos interesses que coexistem em agrupamentos humanos, havendo registros históricos, já nas civilizações antigas, da recorrência desse tipo de prática[3].

Em regimes políticos de perfil democrático, o *lobby* ganha contornos ainda mais importantes, por representar uma das mais claras manifestações do direito de petição, o qual tem sido expressamente contemplado em inúmeras cartas constitucionais mundo afora, e por criar vias de acesso da sociedade àqueles aos quais se conferem competências e atribuições para em nome dela delinear a atuação do Estado. Sob esse prisma, o *lobby* é uma ferramenta que, assim como o voto, permite ao cidadão adotar medidas com o fim de interferir nas decisões públicas e, assim, satisfazer os seus interesses.

Além disso, com a incursão do poder normativo estatal em novos espaços sociais e econômicos, nos quais os tomadores de decisão são confrontados com uma complexa teia de interesses, as informações técnicas que podem ser produzidas pelos lobistas propiciam seja a atuação dos órgãos públicos mais eficaz, porque suportada por discussões amplas, nas quais consideradas as perspectivas de todos os atores nela implicados.

Entretanto, é igualmente difundida em todas as nações do globo a percepção de que os lobistas põem em risco os valores da probidade, da impessoalidade e da moralidade - reitores da administração pública - e funcionam como verdadeiros agentes promotores da corrupção. Sobre essa temática, serão abordados no presente trabalho inúmeros estudos científicos e dados estatísticos que apontam que o instituto *sub examinen*, malgrado inerente à noção de democracia, é notado pela sociedade como instrumento de favorecimento de classes privilegiadas, de forma oculta e ilegal.

Registre-se que a percepção social que confunde o instituto objeto do estudo monográfico presente com práticas corruptas decorre de circunstâncias que, ao menos parcialmente, a justificam. Com efeito, no curso da história e ainda hodiernamente, divulgam-se episódios em que os lobistas, para alcançar êxito em suas iniciativas persuasórias, oferecem ou concedem vantagens indevidas a

em registros sindicais. *Valor Econômico*, 30 maio 2018. Disponível em: <https://www.valor.com.br/politica/5559437/pf-realiza-operacao-contra-fraude-milionaria-em-registros-sindicais>. Acesso em 15 jun. 2018.

3. Milbrath esclarece que a atuação dos lobistas preexiste, inclusive, à própria definição dos contornos do poder do Estado (Milbrath, Lester W. *The Washington lobbyists*. Chicago: Rand McNally & Company, 1963. p. 12 e 179).

membros do corpo estatal, de modo a estimulá-los a proferir decisões que lhes sejam favoráveis.

Não se pode ignorar, além disso, que nem todos os atores sociais dispõem de meios materiais para promover, por via da contratação de lobistas, os seus interesses junto aos órgãos da administração pública. Em situações que tais, o *lobby* continua sendo um caminho de diálogo entre a sociedade e os agentes do Estado, todavia, um caminho que apenas uma pequena parte dela tem condições de trilhar, situação que não se coaduna com os preceitos basilares que devem imperar em regimes democráticos.

Nota-se, destarte, que o *lobby* é instituto complexo, de inequívoca importância para a democracia, mas que, a depender da forma como praticado, pode minar os atributos fundamentais que a caracterizam. Por esse motivo, para que se alcance um equilíbrio na proteção das liberdades individuais e do direito de petição, por um lado, e da moralidade, probidade e transparência na atuação do Estado, por outro, revela-se imperioso o desenvolvimento de disciplina jurídica que recaia sobre o instituto, medida que tem sido adotada por cada vez mais países. É com essa conclusão que encerramos o capítulo primeiro deste trabalho.

Em suma, o *lobby* é necessário e deve ser realizado de forma explícita, de maneira que a sociedade conheça os fatores que influenciam os processos de decisão no âmbito da administração pública, o que não se alcança sem regulamentação. Necessária, pois, a adoção de medidas que estimulem a atuação ética dos lobistas, garantam que ela se dê de forma transparente, sem abusos nem comportamentos ilícitos.

Colhe-se das *Novas Medidas Contra a Corrupção*, propostas pela Transparência Internacional em conjunto com a Fundação Getúlio Vargas (FGV), que "a falta de regulamentação" do *lobby* "gera graves problemas, especialmente considerando-se os desafios éticos dessa interação". Assim, "propõe-se a regulamentação do lobby para conferir a essa atividade a transparência e a probidade necessárias e garantir a lisura das interações" entre o setor público e o setor privado, para o que é essencial eleger, com cuidado, as ferramentas a serem empregadas com esse desiderato.

Assentadas as premissas de que o *lobby* é essencial ao funcionamento de qualquer regime de cariz democrático, por representar importante manifestação do direito de petição e de expressão do pensamento, mas deve ser regulamentado, para que sejam transparentes as relações entre agentes do setor público e agentes do setor privado, analisaremos no capítulo segundo a história do tratamento jurídico dispensado ao instituto em diversos sistemas positivos.

Iniciaremos a análise da disciplina do *lobby* no direito comparado com o exame aprofundado da sistemática vigente nos Estados Unidos, nação que primeiro dedicou esforços para monitorar a atuação dos lobistas. Não obstante se prevejam no Direito norte-americano, desde a primeira metade do século XX, dispositivos normativos obrigatórios que visam a promover maior clareza nas articulações entre os profissionais do *lobby* e os funcionários estatais, bem como a sancionar, inclusive criminalmente, as situações ilegais que possam delas defluir, constata-se serem muitas as dificuldades para imprimir efetividade a tais dispositivos normativos.

Essa situação, cumpre registrar, encontra paralelo em vários outros países. Assim, com a finalidade de desenvolver conhecimento amplo sobre as diversas variáveis existentes nos regramentos que buscam mundo afora incidir sobre o instituto do *lobby*, debruçaremos nossa atenção, também no capítulo segundo, às iniciativas implementadas no Canadá, no Reino Unido, no Chile e na União Europeia.

Será possível perceber, a partir desse estudo, que há inequívoca tendência mundial à criação de preceitos que recaiam sobre a atuação dos lobistas, mas enorme dificuldade na escolha das ferramentas que devem ser utilizadas para que ela seja eficazmente disciplinada. Enquanto alguns ordenamentos apenas exigem dos profissionais dedicados ao *lobby* que se identifiquem junto aos órgãos públicos competentes, outros exigem também que indiquem os seus clientes, os interesses que têm no encaminhamento das discussões havidas no plano da administração pública, quais os projetos legislativos que pretendem influenciar, os funcionários públicos a quem direcionam suas iniciativas de convencimento, o tempo que gastam, quanto recebem e quanto despendem em razão dos serviços prestados.

Alguns modelos normativos concretos, além de exigirem do lobista que revele aos órgãos públicos inúmeras informações sobre as atividades que realiza, para que se dê ao Estado e à sociedade a possibilidade de conhecer as relações que o vinculam aos agentes públicos, fazem algumas proibições expressas. Nos Estados Unidos, no Canadá e no Reino Unido, por exemplo, veda-se a concessão de presentes, o pagamento de viagens e ingressos para a participação em eventos, havendo, ainda, rígido controle dos aportes financeiros feitos pelos lobistas e seus clientes em campanhas político-eleitorais.

A análise de direito comparado também deixará evidenciado que diversas são as respostas estatais nos casos em que os lobistas deixam de cumprir as normas erigidas para balizar a sua atuação, seja por omitirem dos órgãos públicos informações, seja por descumprirem obrigações negativas – proibições – a que estão sujeitos.

Com efeito, variadas são as modalidades de sanção previstas nos sistemas regulatórios estudados, podendo ser citadas, dentre as de natureza administrativa, a suspensão do lobista do exercício de suas atividades, o cancelamento de credenciais de acesso a prédios públicos, a divulgação em mídias eletrônicas de informações sobre as condutas de *lobby* ilegais e a imposição de multas de cunho econômico.

Tais medidas sancionatórias, não raro, dividem o espaço com a imposição de penas corporais. Nos Estados Unidos e no Reino Unido, o lobista pode sofrer punições de índole criminal, se dolosamente omitir informações relacionadas às suas iniciativas de persuasão junto à administração pública.

Todas essas medidas, sejam as de natureza administrativa, sejam as de índole jurídico-penal, são erigidas nos países analisados com o fim de pôr em harmonia a necessidade democrática de que haja vias de acesso aos agentes públicos e transparência na interação entre estes e os lobistas.

Todavia, da nossa perspectiva, dadas as limitações ao *ius puniendi* estatal, decorrentes dos postulados fundamentais da *ultima ratio,* da subsidiariedade e da fragmentariedade, embora primordial disciplinar o *lobby,* não se justifica a utilização do direito penal para, tão somente, reforçar as exigências administrativas à atuação dos lobistas. Consoante exporemos no texto elaborado, julgamos devam ser reservadas ao direito penal apenas hipóteses de especial gravidade, nas quais a atuação dos lobistas efetivamente tenha o condão de afetar o bem jurídico administração pública.

No Brasil, assim como acontece no estrangeiro, é crescente a atenção dispensada ao fenômeno do *lobby*. Não obstante induvidoso que a sua prática esteja albergada pela Constituição Federal, são cada vez mais frequentes as discussões sobre a necessidade de definição de parâmetros claros para a atuação dos lobistas. Para tratar dessas questões, reservamos o capítulo terceiro.

Com efeito, a análise da dinâmica política da nação deixa evidenciado que a atuação dos lobistas é intensa junto aos órgãos da administração pública, situação que motivou, ainda no ano de 1986, por iniciativa do Senador Marco Maciel, a criação do primeiro projeto de lei que mirava disciplinar o instituto. Mais recentemente, em fevereiro de 2018, o Ministério do Trabalho inseriu a prática do *lobby* na *Classificação Brasileira de Ocupações*[4], que tem "por finalidade a identificação das ocupações no mercado de trabalho", e está em discussão no Congresso Nacional, após aprovação pela Comissão de Constituição e Justiça, o Projeto de Lei nº 1.202/2007[5].

---

4. MINISTÉRIO DO TRABALHO E EMPREGO. *Classificação Brasileira de Ocupações*: CBO – 2010. 3. ed. Brasília-DF: MTE, SPPE, 2010. Disponível em: <http://www.cofen.gov.br/wp-content/uploads/2015/12/CLASSIFICA%C3%87%C3%83O-BRASILEIRA-DE--OCUPA%C3%87%C3%95ES-MEC.pdf>. Acesso em: 15 mar. 2017.

5. BRASIL. Câmara dos Deputados. *PL 1202/2007*. Disciplina a atividade de *lobby* e a atuação dos grupos de pressão ou de interesse e assemelhados no âmbito dos órgãos e entidades da Admi-

Referido projeto legislativo, de autoria do Deputado Federal Carlos Zarattini, "disciplina a atividade de *lobby* e a atuação dos grupos de pressão ou de interesse e assemelhados no âmbito dos órgãos e entidades da Administração Pública". Na contramão da evolução que se observa no exterior, sugere a implementação de modelo voluntário de cadastramento dos lobistas, não prevê exigências relacionadas à divulgação das atividades por eles realizadas, não estipula sanções efetivas para a prática do *lobby* ilegal e não aprimora, em nenhuma medida, a transparência que deve imperar na interação entre agentes públicos e particulares.

Trata-se, a bem da verdade, considerada a realidade já experimentada no plano internacional, de proposta legislativa absolutamente inócua, que nenhum benefício trará ao país, na hipótese de aprovada pelo Congresso Nacional; ao contrário, criará a falsa ilusão de que a atuação dos lobistas é regulamentada na ordem jurídica nacional.

Releva mencionar, porque atesta a assertiva de que se tem discutido o *lobby* no Brasil, que sua regulamentação é prevista nas *Novas Medidas Contra a Corrupção* propostas pela Transparência Internacional e Fundação Getúlio Vargas (FGV). Consta do referido documento que "o *lobby* é uma forma legítima de atuação dos mais variados setores da sociedade – sindicatos, empresas, ONGs – junto ao poder público", que a falta de regulamentação dessa atividade "gera graves problemas" e que é imperiosa a sua regulamentação, para conferir à atuação dos lobistas "a transparência e a probidade necessárias e garantir a lisura das interações desses atores com autoridades públicas".

Nesse contexto, analisaremos os preceitos constitucionais que dão guarida à prática do *lobby* no Brasil, bem assim aqueles que deixam evidenciada a imprescindibilidade de que a relação entre os lobistas e os funcionários públicos seja regida pelos valores da transparência e da probidade, sendo necessário, para que se alcance verdadeiro equilíbrio democrático, a efetiva regulamentação do instituto.

Avaliaremos, desse modo, as medidas de natureza administrativa que poderão ser adotadas pelo legislador ordinário para mitigar os riscos decorrentes da interação entre agentes da esfera pública e da esfera particular. Em especial, salientaremos a necessidade, para que haja real monitoramento de tal interação, de que todos os lobistas sejam, obrigatoriamente, cadastrados junto ao Estado, de forma transparente; de que todos os seus representados e os interesses por eles defendidos sejam revelados em relatórios periódicos que deverão ser disponibilizados aos órgãos públicos competentes; de que todos os encontros com

nistração Pública Federal, e dá outras providências. Autor: Carlos Zarattini - PT/SP. Apresentação: 30/05/2007. Disponível em: <http://www.camara.gov.br/proposicoesWeb/fichadetramitacao?idProposicao=353631>. Acesso em: 08 jul. 2017.

funcionários públicos para fins de *lobby*, bem assim os assuntos neles tratados, sejam descritos nos referidos relatórios etc.

Ademais, no que concerne às consequências jurídicas do descumprimento das exigências de transparência a serem impostas, demonstraremos ser imperiosa a previsão de sanções administrativas gradativas, por via das quais o Estado ofereça resposta adequada e proporcional às condutas ilegais nas atividades de *lobby*, com o fim de reprimi-las e de criar um ambiente que estimule a observância dos preceitos normativos mínimos previstos na legislação.

Faremos, ainda, minudente análise dos tipos penais existentes na ordem jurídica brasileira que possam incidir sobre a atuação ilegal dos lobistas, ficando exposta nesse tópico a tese central do presente trabalho. Verificaremos que o *ius puniendi* estatal deve incidir apenas nas situações em que, efetivamente, constatar-se, na prática de *lobby,* atos graves que afetem a administração pública. *Contrario sensu*, não deverão ser sancionados os lobistas que simplesmente deixarem de observar as obrigações administrativas eventualmente criadas para disciplinar o *lobby*.

Por fim, após examinarmos as figuras típicas da corrupção, da prevaricação, da advocacia administrativa, do tráfico de influência e da exploração de prestígio, com o objetivo de avaliar se, da forma como descritas pelo legislador ordinário, são compatíveis com o instituto do *lobby* e em que medida dele se distinguem, proporemos, de *lege ferenda*, a criação de tipo penal. Tal tipo penal terá como objetivo sancionar o lobista que se proponha a adotar medidas de convencimento para a obtenção de decisão pública ilegal, bem como os clientes o contratem para tal fim.

1

O *LOBBY*: TEMAS ESSENCIAIS PARA A COMPREENSÃO DO INSTITUTO

1.1 O *lobby* e considerações a partir de uma perspectiva histórica

O estudo aprofundado do instituto do *lobby* permite notar que as controvérsias que o permeiam se iniciam já no momento de situar, na perspectiva histórica, o contexto e o lugar em que o vocábulo utilizado para designá-lo passou a ser efetivamente empregado[1]. Para a maior parte dos cientistas dedicados ao assunto, a utilização da palavra *lobby* para fazer referência ao tema objeto de exame no presente trabalho monográfico teria começado nos Estados Unidos, na segunda metade do século XIX, durante o mandato do presidente Ulysses Simpson Grant[2].

Afirma-se que o referido presidente seria frequentador assíduo do bar que se situava no *hall* de entrada do Hotel Willard, localizado a poucos metros da sede do Poder Executivo federal, na região central de Washington. Tendo em vista que era mais fácil encontrá-lo em tal recinto público do que nas dependências

---

1. Seligman, Milton; Bandeira, Mateus Affonso. Manual de melhores práticas em relações institucionais. In: Seligman, Milton; Mello, Fernando (Orgs.). *Lobby desvendado:* democracia, políticas públicas e corrupção no Brasil contemporâneo. Rio de Janeiro: Record, 2018. p. 219; Santos, Luiz Alberto dos. Regulação do lobby no Brasil: o Projeto de Lei nº 1.202, de 2007 - constitucionalidade e adequação aos fins pretendidos. *Interesse Público*, Belo Horizonte, ano 14, n. 72, mar./abr. 2012.

2. Zetter, Lionel. *Lobbying*: the art of political persuasion. London: Harriman House, 2014. p. 7: "*Uma versão coloca a origem do termo em Washington, nos anos de 1860. Aqueles que procuravam influenciar o presidente Ulysses S Grant se congregariam no lobby do Willard Hotel na tentativa de atrair a atenção do mandatário nas dependências do bar do hotel (...)*" (tradução livre).

da Casa Branca, agentes da iniciativa privada que pretendessem, pessoalmente, influenciá-lo a adotar decisões que os beneficiassem, teriam passado a abordar o presidente nas dependências do referido hotel.

Além dos corredores da Casa Branca, à época frequentados por inúmeros agentes dedicados a influenciar os processos de tomada de decisão na esfera pública, passou a ser palco de tratativas entre agentes do Estado e representantes de interesses privados o *lobby* do hotel no qual estava instalado o bar usualmente frequentado pelo presidente e parte de sua equipe de assessores.

Àquela altura, entendia-se que a prática do *lobby* consistia, tão somente, na aproximação pessoal entre alguém que representasse interesses privados e algum funcionário do Estado, ocupante de cargo relevante, que o auxiliasse no desenvolvimento de políticas públicas ou na criação de preceitos normativos que favorecessem economicamente tais interesses. Verificar-se-á nos tópicos seguintes que esse conceito passou por profundas reformulações, dado o alto grau de sofisticação e profissionalização que hoje caracteriza a atuação dos lobistas[3].

Consoante advertem Anastasiadis[4], Zetter[5] e Holman[6], portanto, repre-

---

3. Sanson, Alexandre. *Dos grupos de pressão na democracia representativa*: os limites jurídicos. 2013. Tese (Doutorado) - Programa de Pós-Graduação em Direito da Faculdade de Direito da Universidade de São Paulo, São Paulo, 2013. p. 197: "*Tal exercício, de fato, é o último estágio de um processo multifacetado que inclui reunir informações, preparar projetos de política e definir estratégia adequada para a defesa desses projetos, procurar aliados e outras providências*". No mesmo sentido: Jobim, Nelson; Souza, Luciano Inácio de. A regulamentação do *lobby*: análise comparada entre América Latina, Brasil e Estados Unidos. In: Seligman, Milton; Mello, Fernando (Orgs.). *Lobby desvendado*: democracia, políticas públicas e corrupção no Brasil contemporâneo. Rio de Janeiro: Record, 2018. p. 48; Godwin, Ken; Ainsworth, Scott H.; Godwin, Erik. *Lobbying and policymaking*: the public pursuit of private interests. Los Angeles: Congress Quarterly Press, 2013. p. 1; Coen, David. The European business lobby. *Business Strategy Review*, London, Business School, v. 8, p. 17, Dec. 1997; Rosenthal, Alan. *The third house*: lobbyists and lobbying in the States. 2. ed. Washington: Congressional Quarterly Press, 2001. p. 102; Smith, Richard. Interest group influence in the U.S. Congress. *Legislative Studies Quaterly*, v. 20, n. 1, p. 97, Feb. 1995.

4. Anastasiadis, Stephanos. Understanding corporate lobbying on its own terms. *International Center for Corporate Social Responsability Research*, Paper Series, n. 42, University of Nottingham, 2006. Disponível em: <http://citeseerx.ist.psu.edu/viewdoc/download?doi=10.1.1.98.9698&rep=rep1&type=pdf>. Acesso em: 20 fev. 2017: "*O lobby sempre foi instituto controverso (...). Desde o tempo em que surgiu pela primeira vez - Ulysses Grant introduziu o seu conceito (...) - até os dias presentes, o lobby tem sido identificado notoriamente como acordos feitos nos bastidores políticos para favorecer interesses especiais (...). O lobby surge como conceito na segunda metade do século 19. Silberfel (2006, p. 44) expõe como o então presidente Ulysses Grant buscava escapar da pressão inerente ao seu trabalho, refugiando-se em um hotel nas imediações da Casa Branca; e como aqueles que tinham interesse em manter contato com ele sobre assuntos do governo passaram a procurá-lo diretamente no hotel, dele se aproximando na área do lobby; isso fez com que o presidente a eles se referisse como lobistas*" (tradução livre). No mesmo sentido, veja-se: Krsmanovic, Dusko. *A guidebook on lobbying*. Belgrado: Konrad Adenauer Stiftung, 2013. p. 12.

5. Zetter, Lionel. *Lobbying*: the art of political persuasion, cit., p. 7.

6. Holman, Craig. *Origins, evolution and structure of the Lobbying Disclosure Act*. p. 2. Disponível em: <http://www.citizen.org/documents/LDAorigins.pdf>. Acesso em: 26 fev. 2013.

sentantes de interesses privados passaram a abordar os funcionários do governo estadunidense no *lobby* do hotel, em especial, o presidente, e, a partir de então, por esse motivo, passaram a ser identificados como lobistas (*lobbyists*).

Por outro lado, há estudiosos do fenômeno que entendem que a utilização do termo *lobby* teria principiado na Inglaterra, ainda em meados do século XVI, época na qual era comum que os membros da Câmara dos Lordes e da Câmara dos Comuns fossem abordados nos saguões e corredores do Palácio de Westminster por pessoas que intentavam convencê-los a favorecer, no âmbito de suas atividades públicas, os interesses privados que elas representavam[7].

Qualquer que seja a verdade sobre o momento histórico em que se passou a usar o vocábulo *lobby* para designar as iniciativas tomadas para buscar influir nas decisões dos agentes do poder público, é preciso destacar que tais iniciativas são inerentes[8] à vida social e sempre, desde as mais remotas civilizações, foram observadas. ZETTER[9], ao abordar essa temática, esclarece que a prática do *lobby* é imemorial, havendo registros históricos que indicam a sua recorrência nos fóruns da Grécia e da Roma antigas, bem assim no período que antecedeu a assinatura da Magna Carta por João Sem-Terra (1215).

Releva destacar a perspectiva de COEN[10], para quem o instituto é onipresente, e a visão de MILBRATH[11], já em 1963, de que a prática do *lobby* não era verificada apenas nas atividades desenvolvidas no âmbito do poder público, mas antes mesmo da definição dos contornos e limites institucionais dos governos. Para este último, a própria criação dos Estados demanda a acomodação de diversos

---

7. ROSENTHAL, Alan. *The third house*: lobbyists and lobbying in the States, cit., p. 1 e 211.

8. MILBRATH, Lester W. *The Washington lobbyists*, cit., p. 356: "*É relevante destacar que o lobby é inevitável e tende a sempre crescer*" (tradução livre).

9. ZETTER, Lionel. *Lobbying*: the art of political persuasion, cit., p. 7: "*O lobby é imemorial, e certamente é correto dizer que a prática do lobby é uma das mais antigas profissões do mundo (...). O lobby é tanto natural, quanto inevitável. Os fóruns da Grécia e de Roma eram frequentados por lobistas que tentavam influenciar os senadores e os plebeus para se posicionarem contra ou a favor de determinados interesses (...). Se os barões não tivessem adotado iniciativas de lobby junto ao Rei João Sem-Terra, ele não teria assinado a Magna Carta (...)*" (tradução livre).

10. COEN, David. *The European business lobby*, cit., p. 17. No mesmo sentido: SANSON, Alexandre. *Dos grupos de pressão na democracia representativa*: os limites jurídicos, cit., p. 197; MANCUSO, Wagner Pralon; ANGÉLICO, Fabiano; GOZETTO, Andrea Cristina. Ferramentas de transparência: o possível impacto da Lei de Acesso a Informações Públicas no debate sobre regulamentação do *lobby* no Brasil. *Revista de Informação Legislativa, RIL*, Brasília, ano 52, n. 212, p. 41, out./dez. 2016. Disponível em: <https://www12.senado.leg.br/ril/edicoes/53/212/ril_v53_n212_p41.pdf>. Acesso em: 06 maio 2017.

11. MILBRATH, Lester W. *The Washington lobbyists*, cit., p. 12 e 179: "*O lobby é provavelmente tão antigo quanto o próprio governo; em verdade, o parlamentar Celler sugere que o lobby provavelmente anteceda ao governo, uma vez que a composição de um sistema governamental demanda a acomodação de diversos interesses conflitantes. O rei ou o ditador estão provavelmente sujeitos a inúmeras mensagens enviadas com o propósito de fazer lobby, como ocorre com parlamentares ou com o presidente (...). Em qualquer sociedade, algumas pessoas atuam para influenciar as decisões oficiais do governo; portanto, o lobby existe em toda sociedade*" (tradução livre).

interesses e, por isso, invariavelmente, é precedida da atuação de lobistas, que existem em toda e qualquer sociedade[12-13].

Em importante documento intitulado *Lobbying, Government and Public Trust*, desenvolvido para servir de guia para os legisladores dos Estados-Nação que pretendam criar preceitos normativos que disciplinem a atuação dos lobistas, e a tornem mais transparente, a Organização para Cooperação e Desenvolvimento Econômico (OCDE) destaca com precisão a importância do *lobby*, fenômeno global e diário, para o funcionamento das instituições do Estado e para a legitimidade das decisões públicas. Tal fenômeno permeia desde tempos remotos os processos de decisão dos agentes da administração pública[14].

Na realidade histórica brasileira, a situação não é diversa. Consoante esclarecem Sanson, em tese intitulada *Dos Grupos de Pressão na Democracia Representativa*[15],

---

12. Saurugger adverte que a prática do *lobby* já era reconhecida por Tocqueville como elementar para a própria concepção de regime político (Saurugger, Sabine. Interest groups and democracy in the European Union. *West European Politics*, v. 31, n. 6, p. 1274, Nov. 2008. Disponível em: <https://www.researchgate.net/profile/Sabine_Saurugger/publication/248944331_Interest_Groups_and_Democracy_in_the_European_Union/links/56e4569308ae65dd4cbe7c1d/Interest-Groups-and-Democracy-in-the-European-Union.pdf>. Acesso em: 24 mar. 2017).

13. Krsmanovic, Dusko. *A guidebook on lobbying*, cit., p. 12; Sanson, Alexandre. *Dos grupos de pressão na democracia representativa*: os limites jurídicos, cit., p. 197; Jobim, Nelson; Souza, Luciano Inácio de. A regulamentação do *lobby*: análise comparada entre América Latina, Brasil e Estados Unidos, cit., p. 46-47.

14. OCDE. ORGANISATION FOR ECONOMIC CO-OPERATION AND DEVELOPMENT. *Lobbyists, government and public trust*: increasing transparency through legislation. Paris: OECD Publishing, 2009. v. 1, p. 9 e ss. Disponível em: <http://www.oecd.org/publications/lobbyists-governments-and-public-trust-volume-1-9789264073371-en.htm>. Acesso em: 27 mar. 2018: "*Grupos de interesse adotam esforços para influenciar as decisões governamentais e isso é lugar comum em qualquer democracia. Lobistas podem disponibilizar fundamentais informações e dados para decisões públicas mais consistentes. Atualmente, o lobby é um fenômeno mundial (...). O lobby é também explicitamente reconhecido como legítimo e essencial, dada a complexidade dos interesses sociais e, por conseguinte, do processo decisório do Estado (...). O lobby não é, porém, um fenômeno novo. Ao contrário, seu conceito remonta a vários séculos atrás e está presente de há muito em vários países*" (tradução livre).

15. Sanson, Alexandre. *Dos grupos de pressão na democracia representativa*: os limites jurídicos, cit., p. 182-187: "*A pesquisa de situações históricas denotativas da presença no cenário pátrio dos grupos de pressão e do lobby por eles praticado inicia-se com a certeza, como no Direito Estrangeiro, de que não são eventos recentes (...). A presença de grupos de pressão na realidade brasileira, evidenciada na segunda metade do século XX, remonta, todavia, ao limiar do século XIX, rememorando-se que a sociedade colonial foi marcada por forças dispersivas, desagregação e pobreza dos vínculos sociais (...). Desse modo, principia-se o exame ao final do referido período, com a criação de duas associações comerciais, a primeira no Rio de Janeiro, em 1809, mas inaugurada apenas em 1920, e a segunda na Bahia, em 1811, a qual, de acordo com Aragão, praticou o lobbying ao atuar, durante a Primeira República, na defesa dos interesses dos seus associados (...). Contudo, faz-se menção de que o primeiro lobista teria sido o Visconde de Cairu (...). Ciente da tributação elevada que impossibilitava a competição com outras colônias europeias, tal personagem influiu na Abertura dos Portos, que impôs o fim do monopólio português sobre o comércio exterior (...). Observe-se que costumeiramente são citados, ainda, os movimentos de independência e os abolicionistas como característicos de grupos de pressão (...). Um dos grupos de pressão de destaque no Império, consoante lições de Magalhães, foi o Exército (...). Deve-se enfatizar, ainda, a prática do lobbying por grupos de interesses promocionais ou ideológicos, constituídos antes da citada*

e Figueiredo[16], em seu *O Lobby no Brasil: uma trajetória histórica,* ainda no início do século XIX, teriam sido constituídas, no Rio de Janeiro (1809) e na Bahia (1811), associações comerciais que tinham como finalidade precípua interferir nas decisões da administração estatal para assegurar a satisfação dos interesses de seus associados.

Inicia-se, portanto, antes mesmo da proclamação da independência do país, a criação de entidades institucionalmente organizadas para a promoção do *lobby*, prática corrente entre nós, em todas as etapas de formação da nossa sociedade. Afirma-se ter sido importante a atuação de particulares no convencimento de agentes estatais, comportamento típico do *lobby,* por exemplo, no fim do monopólio português sobre a exportação dos produtos de origem brasileira; nos movimentos independentistas e abolicionistas, tais como a Inconfidência Mineira (1789), a Revolta dos Alfaiates (1798), a Conjuração Baiana (1880), e nas discussões da Assembleia Constituinte de 1823, época em que eram recorrentes os pleitos privados para que se preservasse o sistema escravocrata de então.

Ademais, de acordo com os estudos desenvolvidos por Sanson, o *lobby* também foi fundamental, por exemplo, para que as mulheres passassem a ter direito ao voto; para que os direitos dos trabalhadores fossem efetivamente contemplados à época do Estado Novo; para que se permitisse o divórcio e para muitas outras importantes mudanças normativas implementadas no país.

década de trinta, dando-se ênfase a uma organização fundada em 1922, a Federação Brasileira pelo Progresso Feminino, que assegurou às mulheres a importante conquista do direito ao voto (...). A Igreja Católica, no período pré-ditatorial, fez-se presente no cenário político em duas notórias ocasiões (...). As entidades, por ocasião do Processo Constituinte, iniciado em 1986 com a eleição dos parlamentares que integraram o Congresso Constituinte, instalado em 1987, organizaram-se e as ações de lobby multiplicaram-se, pois os movimentos pretendiam que seus interesses encontrassem acolhimento no texto constitucional (...)".

16. Figueiredo, Ney Lima. O lobby no Brasil: uma trajetória histórica. *Revista Brasileira de Comunicação Organizacional e Relações Públicas*, São Paulo, v. 8, n. 14, p. 183, 2011. Disponível em: <http://www.revistas.usp.br/organicom/article/view/139093/134442>. Acesso em: 02 jun. 2017: "*Nesse sentido bem amplo, pode-se afirmar que a primeira manifestação registrada de maneira formal em favor de setores empresariais ou determinados empresários aconteceu no governo de nosso primeiro imperador, D. Pedro I, por meio de sua famosa amante Domitila de Castro Canto e Melo, mais tarde Marquesa de Santos. Consta que, em 16 de janeiro de 1827, seu ex-sogro, Felício Moniz Pinto Coelho da Cunha, escreveu a Domitila em busca de favores especiais, pedindo ajuda para vender aos ingleses suas lavras de minérios da província de Minas Gerais (...). A maçonaria, que teve decisiva influência na decisão de D. Pedro de separar o Brasil de Portugal, também exerceu grande papel em alguns atos importantes do seu governo (...). Na verdade, a maçonaria foi um influente grupo de pressão na época da independência, não só no campo político, mas, também, dos negócios, como na manutenção da escravatura por um período demasiado longo. Aliás, no caso dos escravos, a elite brasileira soube utilizar a sua força de pressão para coibir os direitos mínimos daqueles, como aconteceu na assembleia constituinte de 1823 (...). No Segundo Império, ninguém utilizou melhor o lobby do que Irineu Evangelista de Souza, o Barão de Mauá (...). Conseguiu convencer o governo a elevar a taxação de produtos importados, sob o pretexto de curar a doença crônica do déficit público, proteger capitais nacionais já investidos no país e animar novos investidores (...)*".

Atualmente, adverte o estudioso, há um "quadro diversificado de entidades e métodos de atuação pelo *lobby*" no Brasil.

Oliveira[17], por sua vez, assevera que o *lobby* teve importante papel na manutenção, durante o período imperial, do regime escravocrata no Brasil, bem assim na discussão de inúmeros diplomas legais, como a lei que criou a Petrobrás, o Código Brasileiro de Radiodifusão e o Estatuto do Trabalhador Rural. Ademais, informa que, durante o período ditatorial, eram recorrentes as publicações em jornais e revistas, que noticiavam a atuação de lobistas, especialmente junto aos integrantes do Poder Executivo da União, com a finalidade de influenciar as suas decisões.

Destarte, o que se verifica é que o *lobby*, malgrado inequívoco tenha se tornado cada vez mais importante para a composição dos inúmeros interesses existentes nas sociedades democráticas do presente, é fenômeno imanente à própria natureza humana. Onde quer que existam pessoas compartilhando espaços de convivência, haverá interesses distintos a serem contemplados pelo Estado, situação que torna evidente o acerto dos estudiosos acima reverenciados, ao adjetivar o instituto de imemorial, natural, inevitável, antigo, global etc.

1.2 A expansão da prática do *lobby* nas últimas décadas e a sua presença nos diversos espaços da administração pública estatal

É importante mencionar que, embora a atuação dos lobistas seja uma constante na história das sociedades, nas últimas décadas, tem-se experimentado um vertiginoso aumento na quantidade de pessoas e entidades dedicadas à prática do *lobby*, bem assim na quantidade de recursos que investem com a finalidade de exercer influência nos processos decisórios havidos no ambiente público.

Ao discorrer sobre o *lobby* na Grã-Bretanha, nos idos de 1950, Finer[18] já

17. Oliveira, Andrea Cristina de Jesus. Breve histórico sobre o desenvolvimento do *lobbying* no Brasil. *Revista de Informação Legislativa, RIL,* Brasília, ano 42, n. 168, p. 35 e ss., out./dez. 2005. Disponível em: <https://www12.senado.leg.br/ril/edicoes/42/168/ril_v42_n168_p29.pdf>. Acesso em: 15 mar. 2017: "*Segundo Figueira (1987), no século passado já havia lobby no Brasil e o movimento da abolição da escravatura é um bom exemplo. Aragão (1994), por sua vez, acredita que no século XIX já se praticava lobbying no Brasil e cita como exemplo as práticas da Associação Comercial do Rio de Janeiro, que começou a se organizar em 1808 com o objetivo de defender e cooperar ativa e constantemente com relação a tudo quanto pudesse concorrer para o desenvolvimento das classes que representava (...). A tramitação de leis – como a criação da Petrobrás, o Código Brasileiro de Radiodifusão, o Estatuto do Trabalhador Rural, todas aprovadas antes do golpe militar de 1964 – teve decisiva participação dos grupos de pressão na sua aprovação (...)*". No mesmo sentido: Figueiredo, Ney Lima. O lobby no Brasil: uma trajetória histórica, cit., p. 184.

18. Finer, S. E. *Anonymous empire*: a study of the lobby in Great Britain. London: The Pall Mall Press Limited, 1958. p. 5: "*Interesses organizados, grupos dedicados a lobby (...) não são coisas novas na sociedade. Porém, nos últimos quarenta anos o papel desempenhado por esses grupos se tornou muito mais amplo. Há mais deles em atuação. Eles têm mais membros e são mais bem organizados (...). O número de empresas e associações na Federação Britânica de Indústrias era*

indicava haver, desde o início do século passado, um nítido crescimento no papel que os lobistas e grupos de interesse desempenhavam junto aos agentes responsáveis pelo encaminhamento das decisões estatais. Com a finalidade de ilustrar essa realidade, a obra intitulada *Anonymous Empire* traz dados comparativos que revelam a enorme expansão das entidades britânicas que representavam interesses setoriais da economia, destacando que algumas delas haviam aumentado em 1.000% a quantidade de membros, em menos de 40 anos.

Àquela época, o professor europeu atribuía o aumento da importância do *lobby* ao aumento da diversidade e da complexidade dos interesses e da tensão entre eles na sociedade[19], decorrência do desenvolvimento das atividades econômicas e do alargamento das funções do Estado. Ademais, o aprimoramento dos meios de transporte e de comunicação teria facilitado a interação de pessoas e entidades do setor privado com os integrantes do setor público responsáveis por decisões que impactavam os seus segmentos de atuação[20].

A conjunção desses fatores teria propiciado o aumento da importância do *lobby* na sociedade inglesa, porquanto, por um lado, foram superadas algumas das barreiras que dificultavam a adoção de estratégias de convencimento por representantes de interesses privados dedicados a influenciar os tomadores de decisão da administração pública. Por outro lado, a penetração da competência normativa do Estado em ambientes da vida econômica que ela anteriormente não alcançava passou a fazer com que a atuação dos agentes públicos impactasse de forma mais direta e frequente interesses econômicos de diversas entidades privadas[21].

O resultado disso, segundo Finer[22], teria sido o surgimento de inúmeras entidades profissionais dedicadas ao *lobby*, que interfeririam cotidianamente

pequeno e havia apenas cinquenta associações em 1916, quando a federação foi fundada. Hoje ela é composta por 7553 empresas e 238 associações comerciais. Quando a União Nacional dos Agricultores foi fundada, em 1908, era composta por apenas vinte mil membros. Hoje tem mais de dez vezes essa quantidade (...)" (tradução livre).

19. Jobim, Nelson; Souza, Luciano Inácio de. A regulamentação do *lobby*: análise comparada entre América Latina, Brasil e Estados Unidos, cit., p. 49.

20. Finer, S. E. *Anonymous empire*: a study of the lobby in Great Britain, cit., p. 6: *"Há razões óbvias para esse desenvolvimento. Nossa vida social e econômica se tornou muito mais complexa nos últimos cinquenta anos e as divisões sociais do trabalho e a especialização ficaram mais destacadas (...). Algumas profissões ganharam muita importância nos últimos anos (...). Assim, ao se tornarem mais organizados, os membros de tais profissões passaram a promover a defesa dos seus interesses (...). Melhores ferramentas de comunicação também favorecem a proliferação do lobby (...). O telefone, o desenvolvimento dos meios de transporte (carros, aviões etc.) facilitaram a aproximação das pessoas"* (tradução livre).

21. Id. Ibid., p. 2: *"Outro fator importante para o crescimento do lobby é a expansão das competências do Estado. Claramente, quanto maior o poder e o controle que os órgãos públicos detêm, maior o número de pessoas que a eles buscam influenciar"* (tradução livre).

22. Id. Ibid., p. 17.

na atuação dos órgãos do Estado, definindo o rumo de quase todas as políticas públicas, como se fossem um verdadeiro império anônimo.

COEN[23] esclarece que, nos Estados Unidos e na União Europeia[24], nas últimas décadas, houve um aumento significativo nos investimentos direcionados à prática do *lobby*, do que resultou verdadeira profissionalização na atuação dos lobistas. Adverte o professor, desde que constituída a entidade supranacional europeia, grupos de lobistas contratados por grandes conglomerados econômicos atuaram para ver criado o chamado *mercado comum*; nos Estados Unidos, primeira nação a criar plexo normativo para disciplinar o instituto do *lobby*, é fácil notar o aumento da importância dos lobistas nas decisões estatais, desde que a administração pública ampliou o seu pode regulamentar, nos anos de 1970, disciplinando setores econômicos antes integralmente autorregulados.

Atualmente, de acordo com COEN, quase todos os grandes conglomerados econômicos, além de se valerem da atuação de escritórios especializados em

---

23. COEN, David. The impact of U.S. lobbying practice on the european business-government relationship. *California Management Review,* University of California, Berkeley, v. 41, n. 4, p. 27 e ss., July 1999: "*Grandes empresas europeias e americanas têm praticado lobby junto aos Estados--Nação para viabilizar a criação do Mercado Comum Europeu, desde a fundação da Comunidade Econômica Europeia (...). A exata escala do lobby em Washington é difícil de estimar, mas a maior parte das empresas listadas na Fortune 500 têm alguma forma de representação política (...). A expansão das firmas na realização de lobby direto, nas audiências em Washington, se intensificou a partir dos anos de 1970, quando houve uma ampliação do papel regulatório do Estado (...). Em Washington, a partir de meados dos anos de 1980, as empresas norte-americanas reconheceram a importância de desenvolver seus setores de relação governamental e profissionalizá-los (...). Assim, já ao final dos anos de 1980, aproximadamente setenta conglomerados econômicos estadunidenses estabeleceram escritórios de lobby em Bruxelas para influenciar a União Europeia, onde também era intensa a atuação da American Chamber of Commerce (Amcham), o que sinalizava para as empresas do Velho Continente a importância da implementação de estratégias diretas e bem estruturadas de lobby (...)*" (tradução livre). Na mesma esteira, veja-se: CHARI, Raj; HOGAN, John; MURPHY, Gary. *Regulating lobbying*: a global comparison. New York: Manchester University Press, 2010. p. 45. (European Policy Research Unit Series); COEN, David; RICHARDSON, Jeremy. Learning to lobby the European Union: 20 years of change. In: COEN, David; RICHARDSON, Jeremy (Eds.). *Lobbying the European Union*: institutions, actors, and issues. Oxford: Oxford University Press, 2011. p. 3. Disponível em: <http://docenti.unimc.it/andrea.prontera/teaching/2016/15964/files/business-lobbying-in-the-european-union_chapter_8_reading_week_3>. Acesso em: 15 mar. 2017; BOUWEN, Pieter. The European Commission. In: COEN, David; RICHARDSON, Jeremy (Eds.). *Lobbying the European Union*: institutions, actors, and issues. Oxford: Oxford University Press, 2011. p. 32. Disponível em: <http://docenti.unimc.it/andrea.prontera/teaching/2016/15964/files/business-lobbying-in-the--european-union_chapter_8_reading_week_3>. Acesso em: 15 mar. 2017; VIDACAK, Igor. Interest groups and lobbying in the European Union. *Croatian International Relations Review*, v. 9, n. 33, p. 177, Oct./Dec. 2003. Disponível em: <https://hrcak.srce.hr/file/181369>. Acesso em: 18 jun. 2017; EISING, Rainer. Interest groups in EU policy-making. *Living Reviews in European Governance*, v. 3, n. 4, p. 9, Sept. 2008. Disponível em: <http://www.europeangovernance-livingreviews.org/Articles/lreg-2008-4/download/lreg-2008-4Color.pdf>. Acesso em: 19 ago. 2017.

24 Conforme se analisará de forma minudente em capítulo subsequente, na União Europeia a importância que se dá ao *lobby* é tamanha que a própria entidade supranacional financia entidades que a ele se dedicam. Sobre o assunto, veja-se: BOUWEN, Pieter. The European Commission, cit., p. 27.

lobby, desenvolveram complexos e hierarquizados setores internos que têm como função monitorar as ações governamentais que possam impactar os seus negócios, para dissuadir os agentes públicos de implementar aquelas que possam ser prejudiciais, e estimular a adoção daquelas que tenham o condão de lhes proporcionar benefícios econômicos.

Abordando o enorme crescimento das atividades dos lobistas no sistema político estadunidense, situação que encontra paralelo em todos os países do mundo, Smith[25] enfatiza que, após a década de 1960, os interesses privados passaram a ser representados de forma mais efetiva junto aos órgãos públicos do país. De acordo com ele, a profissionalização da atividade do *lobby* e o aumento vertiginoso na quantidade de agentes que a desempenham promoveram alterações na própria dinâmica do poder em Washington.

Anastasiadis[26], também analisando a expansão inconteste da atuação dos lobistas, tanto no plano doméstico, quanto no ambiente das entidades internacionais e supranacionais, pontifica que, a partir dos anos de 1970, repita-se, embora o *lobby* esteja presente nos agrupamentos humanos desde tempos imemoriais, percebe-se que cada vez mais setores e agentes econômicos se valem da atuação dos lobistas para assegurar o desenvolvimento de políticas públicas e a criação de normas que os beneficiem, e impedir tenham sucesso as que possam trazer consequências negativas.

Aduz o professor, no ambiente privado, propaga-se a ideia de que investir no *lobby* é a mais acertada escolha, se se pretende fazer com que as decisões dos organismos estatais favoreçam o desenvolvimento econômico dos agentes do mercado. Não por outra razão, grandes conglomerados empresariais como

---

25. Smith, Richard. Interest group influence in the U.S. Congress, cit., p. 89: "*Começando nos anos de 1960 e continuando até os anos de 1980, o número, a diversidade e a atividade dos grupos de interesse e de lobby em Washington cresceram vertiginosamente*" (tradução livre).

26. Anastasiadis, Stephanos. Understanding corporate lobbying on its own terms, cit.: "*O lobby desempenha um importante papel nas ações políticas das corporações. Elas investem elevadas somas de dinheiro na atuação dos lobistas: nos Estados Unidos apenas, por exemplo, a Pfizer gastou US$54.000.000,00 (cinquenta e quatro milhões de dólares) com o lobby, entre os anos de 1998 e 2004; a Boeing gastou US$71.000.000,00 (setenta e um milhões de dólares); e o Grupo Altria, US$125.200.000,00 (cento e vinte e cinco milhões e duzentos mil dólares), no mesmo período (...): o lobby é o mais importante instrumento de atuação de uma empresa no ambiente político*" (tradução livre). No mesmo sentido, veja-se: Godwin, Ken; Ainsworth, Scott H.; Godwin, Erik. *Lobbying and policymaking*: the public pursuit of private interests, cit., p. 1: "*De 2000 até 2010, os gastos com o lobby no plano federal cresceram de US$1.560.000.000,00 (um bilhão e quinhentos e sessenta milhões de dólares) para mais de US$3.500.000.000,00 (três bilhões e quinhentos milhões de dólares* (tradução livre); Chari, Raj; Hogan, John; Murphy, Gary. *Regulating lobbying*: a global comparison, cit., 2010, p. 48: "*(...) corporações estão cada vez mais implementando estratégias profissionais de lobby, inclusive desenvolvendo setores internos próprios para influenciar os agentes políticos europeus. Empresas, sejam aquelas estabelecidas na Europa, sejam aquelas estabelecidas em outros continentes, tais como a Airbus, Boeing, Telefonica, DuPont e Dow Chemical, dispõem de escritórios próprios dedicados ao lobby (...)*" (tradução livre).

Pfizer, Boeing, Airbus, Telefonica, DuPont, Dow Chemical e Altria Group aportam a cada ano mais recursos na implementação de estratégias idealizadas por lobistas, percebidos, hoje, como essenciais para o sucesso empresarial, tendo tais companhias estruturado setores internos voltados exclusivamente à prática do *lobby*.

Em idêntica linha, as considerações de Apollonio[27] e Rosenthal[28], que, debruçando-se sobre as peculiaridades do sistema político norte-americano, constatam inequívoco aumento da importância da atuação dos lobistas, uma verdadeira *explosão*[29], e as circunstâncias que a motivaram, situação que também pode ser percebida em boa parte das nações mundo afora. Esclarece este último que, nas últimas décadas, houve uma importante incursão do poder estatal na definição de preceitos normativos para a atuação de diversos agentes econômicos, o que tornou mais ativos os lobistas que os representam.

Ademais, o aumento da complexidade social experimentado desde meados do século passado teria aberto espaço para que diversos interesses, antes alijados do cenário político, passassem ao centro das discussões nos palcos do poder.

Atualmente, é fácil perceber que o Estado assumiu para si a tarefa de criar preceitos normativos sobre os novos espaços sociais e econômicos. Para ilustrar essa realidade, afirmam Woll[30], Lehmann[31] e Rosenthal[32] terem sido criados

---

27. Apollonio, Dorie; Cain, Bruce E.; Drutman, Lee. Access and lobbying: looking beyond the corruption paradigm. *Hastings Constitutional Law Quaterly*, California, v. 36, n. 1, p. 14, 2008. Disponível em: <https://www.researchgate.net/profile/Bruce_Cain/publication/265654601_Access_and_Lobbying_Looking_Beyond_the_Corruption_Paradigm%27/links/54b911070cf28faced626aa8/Access-and-Lobbying-Looking-Beyond-the-Corruption-Paradigm.pdf>. Acesso em: 23 jun. 2017.

28. Rosenthal, Alan. *The third house*: lobbyists and lobbying in the States, cit., p. 72.

29. Além de Rosenthal, também Coen compreende ter havido efetiva explosão na intensidade da atuação dos lobistas mundo afora e no volume financeiro que essa atividade movimenta. Sobre o assunto, veja-se: Coen, David. The impact of U.S. lobbying practice on the european business-government relationship, cit., p. 37; Woll, Cornelia. Lobbying in the European Union: from sui generis to a comparative perspective. *Journal of European Public Policy*, v. 13, n. 3, p. 458, 2006. Disponível em: <https://hal-sciencespo.archives-ouvertes.fr/hal-01021182/document>. Acesso em: 08 mar. 2017.

30. Woll, Cornelia. Lobbying in the European Union: from sui generis to a comparative perspective, cit., p. 463: "*O lobby, nos dois lados do Atlântico, vem experimentando um considerável crescimento nos últimos cinquenta anos, o que coincide com o crescimento do papel desempenhado pelo Estado*" (tradução livre).

31. Lehmann, Wilhelm; Bosche, Lars. Lobbying in the European Union: current rules and practices. *European Parliament*, Working Paper, Luxemburgo, 2003. p. iii. (Constitutional Affairs Series AFCO 104 EN). Disponível em: <http://www.europarl.europa.eu/RegData/etudes/etudes/join/2003/329438/DG-4-AFCO_ET(2003)329438_EN.pdf>. Acesso em: 19 fev. 2018; COEN, David. Lobbying in the European Union. *Constitutional Affairs,* PE 393.266, Nov. 2007. Brussels: European Parliament, 2007. p. 7. Disponível em: <http://www.eurosfaire.prd.fr/7pc/doc/1211469722_lobbying_eu.pdf>. Acesso em: 27 maio 2018, p. 2.

32. Rosenthal, Alan. *The third house*: lobbyists and lobbying in the States, cit., p. 2 e ss.: "*(...) cada vez mais grupos de interesse especializados são formados, com a ocorrência de verdadeira explosão na representação e na atuação dos lobistas na capital. Um estudioso faz menção ao sis-*

inúmeros grupos de *lobby* para a defesa dos consumidores, do meio ambiente, da higidez concorrencial, dos direitos humanos e das minorias. Tal como as grandes empresas, esses grupos passaram a lançar mão da atuação de lobistas para a promoção de seus anseios junto à administração estatal.

Em estudo que examinou o papel dos lobistas na formulação de disposições normativas sobre o ambiente concorrencial, Hillman e Hitt[33] expõem que, nas últimas décadas, passaram a ser objeto da atividade regulatória do Estado diversas áreas econômicas que, historicamente, eram disciplinadas por seus próprios atores. Antes irrelevantes, as decisões tomadas pelos administradores públicos passaram a ser fundamentais ao desenvolvimento de variados setores da economia, o que motivou uma verdadeira corrida para a contratação de agentes dedicados à prática do *lobby*.

Harris[34] adverte que as pesquisas realizadas no âmbito político evidenciam

tema contemporâneo como caracterizado por um hiperpluralismo, com a proliferação de grupos de interesse, lobbies e advocacy, desde os anos de 1960 (...). Conforme os programas governamentais se tornaram mais amplos e numerosos, passaram a despertar maior atenção dos grupos organizados e dos lobistas (...). Surgiram novos interesses protegidos no plano estatal, como o interesse dos consumidores, do meio ambiente, dos grupos de mulheres, dos homossexuais etc. (...). Em 1959, um total de 5.843 associações estavam listadas; em 1970, o número passou a ser de 10.308; em 1980, aumentou para 14.726; em 1990, houve salto para 22.259; e, em 1995, eram 23.298 associações listadas (...). Os estados seguiram a tendência verificada no plano federal, exibindo similar explosão na representação de grupos de interesse (...). Grupos de cidadãos preocupados com o interesse público estão agora mais ativos, assim como organizações que se ocupam de temas específicos. Eles têm sido capazes de formatar as agendas e as políticas públicas (...). Como consequência, mais interesses, e interesses mais competitivos, são articulados nos estados (...). Qualquer grupo pode ser alcançado pela atuação governamental ou por um concorrente que utilize a possibilidade de inter-relação com o Estado, em razão do que a defesa de seus interesses passa a ser fundamental (...). Se um grupo de interesses não percebe a importância da atividade de lobby, haverá de notar os prejuízos de não a realizar. Se uma pessoa contrata um lobista para a defesa dos seus interesses, aquele que pode ser por essa situação afetado também precisa fazê-lo. Mesmo quando não há oposição, os lobistas são necessários para promover a evolução das medidas de interesse" (tradução livre).

33. Hillman, Amy J.; Hitt, Michael A. Corporate political strategy formulation: a model of approach, participation, and strategy decisions. *Academy of Management Review*, v. 24, n. 4, p. 825 e ss., 1999: "*Porque as políticas governamentais têm impactos significativos no ambiente concorrencial das empresas, muitas delas estão expandindo os seus esforços para afetar as decisões públicas (...). Há substancial interdependência entre o sucesso econômico e competitivo das empresas e as políticas governamentais (...). Em verdade, o poder do governo sobre as práticas empresariais tem sido tão substancial que Widenbaum (1980) afirma que a expansão do papel regulatório do Estado desde 1970 alterou substancialmente a relação entre os negócios e os governos, a ponto de se falar em uma verdadeira revolução (...). Em muitos setores econômicos, o sucesso das empresas no ambiente político não é menos importante do que o sucesso no mercado; como resultado disso, é essencial para as empresas desenvolver estratégias políticas como parte integrante de seus planos de atuação (...). Em geral, a atuação corporativa no espaço político envolve tentativas de fazer com que as decisões governamentais propiciem a fruição de benefícios privados (...)*" (tradução livre).

34. Harris, Phil. The evolution of strategic political lobbying in the UK and the psychological network underpinning machiavellian marketing. *Journal of Political Marketing*, London, v. 1, n. 1, p. 238-239, 2002: "*Pesquisas sobre o tema (...) confirmam o crescimento substancial do lobby político e dos setores de relações públicas, situação particularmente estimulada pela globalização e*

que a importância da atuação dos lobistas, estimulada pela globalização, é cada vez maior nos regimes democráticos. Para o professor, dentre os fatores que, nas últimas décadas, contribuíram para que as atividades do *lobby* experimentassem crescimento, destacam-se a ocorrência das privatizações, a verticalização da globalização e a incursão da atuação regulatória estatal em espaços da atividade econômica que ela não alcançava.

Tal situação foi também exposta pela OCDE no intitulado *Lobbyists, Government and Public Trust*, do qual se extrai que, nos dias presentes, a atuação dos lobistas deve ser reputada indispensável. Consta do documento que a complexidade das normas vigentes e a enorme quantidade de interesses que sofrem direta interferência das decisões tomadas pela administração pública tornam imprescindível a atuação de profissionais que busquem influenciar a atuação dos funcionários estatais[35].

Leech e Baumgartner[36], importantes estudiosos do fenômeno do *lobby* nos Estados Unidos, e Harris[37] enfatizam haver uma relação direta entre a amplitude do poder regulatório dos Estados e a intensidade da atuação dos lobistas. Ensinam os professores, tendo havido, nos últimos cinquenta anos, um processo mundial de expansão da capacidade de interferência estatal no funcionamento de diversos segmentos da economia, como consequência, se constata um sensível aumento

pela expansão da atividade regulatória do Estado (...). Tais atividades começaram a crescer como resultado da venda, pelo Estado, de determinados ativos e da privatização de determinados monopólios estatais (...). O aprofundamento da globalização e a emergência de blocos comerciais que adotam normas harmônicas que tratam do ambiente econômico e social são também fatores importantes no crescimento das atividades de lobby (...). O crescimento do nível regulatório do Estado na economia e na sociedade pode ser visto quando se analisa a quantidade de normas criadas em momentos anteriores (...). Há uma clara relação entre o aumento na quantidade de normas produzidas pelo Estado, principalmente na regulação do mercado, e o crescimento da atuação dos lobistas, seja para corrigir o conteúdo das normas vigentes, seja para propor a criação de novas normas, ou para interromper a tramitação daquelas que possam prejudicar os interesses que representam (...). Isso prova que quanto maior o nível de regulação econômica, mais significante é a atuação dos lobistas" (tradução livre).

35. OCDE. ORGANISATION FOR ECONOMIC CO-OPERATION AND DEVELOPMENT. *Lobbyists, government and public trust*: increasing transparency through legislation, cit., v. 1, p. 40.

36. Leech, Beth; Baumgartner, Frank; La Pira, Timothy; Semanko, Nicholas. Drawing lobbyists to Washington: government activity and the demand for advocacy. *Political Research Quarterly*, v. 58, n. 1, p. 19 e ss., Mar. 2005: "*Nós acreditamos que a atividade do lobby vai crescer à medida que a atividade governamental se expandir (...). Conforme o governo se torna mais ativo em uma determinada área, os agentes sociais que podem ser afetados por ele passam a ser mais ativos também (...). Os governos tornaram-se mais ativos em uma grande quantidade de áreas nos últimos cinquenta anos, por isso, uma grande quantidade de grupos de interesse passou a desempenhar mais ativamente as suas atividades de convencimento (...). Onde o governo é ativo, os grupos e lobistas, gostem ou não, precisam monitorar, influenciar ou se opor às ações de seus integrantes (...)*" (tradução livre).

37. Harris, Phil. The evolution of strategic political lobbying in the UK and the psychological network underpinning machiavellian marketing, cit., p. 239.

na importância da atuação dos lobistas junto aos agentes públicos incumbidos da definição das normas que recaem sobre esses segmentos[38].

Assim, à medida que cresce a capacidade de interferência estatal na dinâmica de atuação dos agentes da iniciativa privada, também cresce a necessidade de que eles se valham de instrumentos que viabilizem a defesa de seus interesses, destacando-se o *lobby* entre eles. Não por outro motivo, aduzem os professores, quanto maior o poder outorgado aos órgãos estatais para agir no plano econômico, maior a quantidade de lobistas que buscarão influenciar os seus integrantes: a atuação estatal funciona como um imã que estimula e atrai a atuação dos lobistas; a atuação do governo é responsável por gerar demanda para a contratação de profissionais do *lobby*.

A OCDE[39], em estudo desenvolvido no ano de 2012, lança mão de dados estatísticos para demonstrar que a prática do *lobby* é inerente ao funcionamento de todos os regimes políticos hodiernos, e demanda, a cada ano que passa, mais tempo de seus profissionais e mais investimento daqueles que o utilizam. Consta do texto mencionado que, em Bruxelas, mais de 15 mil pessoas atuam como lobistas junto aos organismos da União Europeia, enquanto nos Estados Unidos, no intervalo compreendido entre os anos de 1998 e 2011, o volume de recursos aplicados em tal atividade mais do que dobrou.

Releva destacar que o aumento da importância dos lobistas não tem lugar apenas no ambiente empresarial. Dados estatísticos obtidos por organismos dedicados ao exame do fenômeno apontam que entidades de diversos matizes, constituídas com os mais diversos propósitos, têm recorrido com cada vez mais frequência a profissionais do *lobby*, para que os seus interesses sejam mais bem representados junto aos poderes estatais.

Na União Europeia, por exemplo, Lehmann[40], ainda em 2003, indicava haver mais de mil associações comerciais, 750 organizações não governamentais devotadas aos mais diversos fins (direito dos consumidores, ecologia, religião, auxílio a países subdesenvolvidos, direitos humanos, direitos das mulheres, direitos de minorias etc.), 500 grandes empresas e 150 representações oficiais de

---

38. A *Public Affairs Council*, principal associação de lobistas americanos, enfatiza que, à medida que o Estado cresceu em complexidade e em tamanho, mais lobistas passaram a ser necessários para esclarecer como as empresas devem atuar, como as tecnologias funcionam e de que forma a legislação interfere nos múltiplos interesses que permeiam a sociedade hodierna (Chari, Raj; Hogan, John; Murphy, Gary. Regulating lobbying: a global comparison, cit., 2010, p. 23).

39. OCDE. ORGANISATION FOR ECONOMIC CO-OPERATION AND DEVELOPMENT. (The CleanGovBiz Initiative). *Lobbying*: influencing decision making with transparency and integrity. July 2012. p. 3. Disponível em: <http://www.oecd.org/cleangovbiz/toolkit/50101671.pdf>. Acesso em: 26 mar. 2018.

40. Lehmann, Wilhelm; Bosche, Lars. Lobbying in the European Union: current rules and practices, cit., p. 5.

governos das mais diversas regiões do globo, todas formalmente estabelecidas em Bruxelas para fazer *lobby*.

Em obra monográfica, Nownes[41] adverte que todos os tipos de entidade, de forma mais ou menos institucionalizada e profissionalizada, buscam interferir nos processos de tomada de decisão dos agentes públicos, valendo-se da atuação de lobistas. Embora os atores que mais recursos despendem com a atuação de lobistas sejam os grandes conglomerados empresariais, também tentam influir nas decisões estatais as associações comerciais, as associações profissionais, as entidades da sociedade civil organizada, os sindicatos de trabalhadores, entidades de caridade, universidades, entidades religiosas e, até mesmo, órgãos do próprio Estado.

Não se pode ignorar, todavia, que grande parte dos lobistas são contratados por grandes conglomerados econômicos da iniciativa privada. Conforme relatam Chari, Hogan e Murphy[42], na União Europeia, 70% deles miram a defesa de interesses econômicos privados; Nownes[43], por sua vez, indica que estudos estatísticos realizados mundo afora revelam que os conglomerados empresariais são os mais bem representados pelos lobistas.

Sobre a prática do *lobby* pelos próprios agentes do Estado, Godwin, Ainsworth e Godwin[44] afirmam que pesquisas realizadas junto a entidades de lobistas americanos concluem que os oficiais do governo, não os agentes da iniciativa privada, são os mais ativos personagens na cena do poder em

---

41. Nownes. Anthony. *Total lobbying*: what lobbyists want (and how they try to get it). New York: Cambridge University Press, 2006. p. 3, 12-14. No mesmo sentido: Chari, Raj; Hogan, John; Murphy, Gary. Regulating lobbying: a global comparison, cit., 2010, p. 48; Coen, David; Richardson, Jeremy. Learning to lobby the European Union: 20 years of change, cit., p. 6; Saurugger, Sabine. Interest groups and democracy in the European Union, cit., p. 1.282; EUROPEAN UNION. Delegation of the European Commission to the USA. *Lobbying in the EU*: an overview. Disponível em: <http://www.lobbyists.ru/eu/9.pdf>. Acesso em: 19 maio 2018; Finer, S. E. *Anonymous empire*: a study of the lobby in Great Britain, cit., p. 28.

42. Chari, Raj; Hogan, John; Murphy, Gary. Regulating lobbying: a global comparison, cit., 2010, p. 47: "*Do total de 15.000 lobistas trabalhando na União Europeia, estima-se que 70% (setenta por cento) trabalhem direta ou indiretamente para conglomerados econômicos, 20% (vinte por cento) atuem na defesa dos interesses das diversas regiões do bloco supranacional, e 10% (dez por cento) representem associações comerciais e organizações não governamentais (...)*" (tradução livre). No mesmo sentido: Klüver, Heike. *Lobbying in the European Union*: interest groups, lobbying coalitions and policy change. Oxford: Oxford University Press, 2013. p. 139 e ss.; Coen, David; Richardson, Jeremy. Learning to lobby the European Union: 20 years of change, cit., p. 9.

43. Nownes. Anthony. *Total lobbying*: what lobbyists want (and how they try to get it), cit., p. 30.

44. Godwin, Ken; Ainsworth, Scott H.; Godwin, Erik. *Lobbying and policymaking*: the public pursuit of private interests, cit., p. 87: "*Uma importante constatação feita por Baumgartner e outros foi a de que os agentes governamentais, geralmente, são os mais importantes lobistas no cenário político (...). Os membros do Congresso, o presidente, os agentes do Poder Executivo e de seus órgãos, além dos lobistas da iniciativa privada, tentam a todo o tempo influir nas decisões públicas (...)*" (tradução livre).

Washington que atuam nos processos de criação normativa para ver satisfeitos os seus interesses e os interesses das entidades que integram.

Ao tratar dessa temática, ainda no ano de 1963, MILBRATH[45], em importante obra intitulada *The Washington Lobbyists*, enfatizava que as mais poderosas e agressivas tentativas de influenciar as decisões governamentais surgiam dentro do próprio governo. Em inúmeras situações, advertia o professor, agentes do Estado disputavam a agenda política entre si, com a finalidade de estimular decisões públicas que os beneficiassem.

BAUMGARTNER, BERRY, HOJNACKI, KIMBALL e LEECH[46], além de SANTOS[47], ratificam que os agentes públicos estão longe de ser apenas alvos da atuação de lobistas da iniciativa privada. Ao contrário, o *lobby* praticado dentro do próprio governo compreenderia, de acordo com dados estatísticos angariados pelos professores, algo em torno de 40% de todos os esforços de convencimento para orientar os processos de decisão no âmbito da administração pública.

Não por outra razão, GOODWIN e AINSWORTH[48] afirmam, de forma taxativa, que os legisladores e membros do governo são efetivos lobistas.

A recorrência com que lobistas e agentes estatais atuam em favor dos próprios entes da administração pública, o que KRSMANOVIC[49] denomina *lobby institucional*, é tamanha que, em alguns estados norte-americanos, aponta HOLMAN[50], foi criado um banco de dados específico para os chamados *public lobbyists*. Isso porque, considerada a circunstância de que os lobistas que buscam interferir nas decisões dos agentes públicos em favor do próprio Estado são remunerados com recursos oriundos do erário, seria salutar que se lhes conferisse tratamento diferenciado, com possibilidade de rigorosa exposição e monitoramento público de sua atividade.

Releva mencionar, ademais, que a atuação dos lobistas não tem como objetivo influenciar apenas a atuação do Poder Legislativo federal. Ao contrário, e

---

45. MILBRATH, Lester W. *The Washington lobbyists*, cit., p. 9 e 322.

46. BAUMGARTNER, Frank R.; BERRY, Jeffrey M.; HOJNACKI, Marie; KIMBALL, David; LEECH, Beth. *Lobbying and policy change*: who wins, who loses, and why. Chicago: University of Chicago Press, 2009. p. 13.

47. SANTOS, Luiz Alberto dos. Regulação do lobby no Brasil: o Projeto de Lei nº 1.202, de 2007 - constitucionalidade e adequação aos fins pretendidos, cit.

48. GODWIN, Ken; AINSWORTH, Scott H.; GODWIN, Erik. *Lobbying and policymaking*: the public pursuit of private interests, cit., p. 145.

49. KRSMANOVIC, Dusko. *A guidebook on lobbying*, cit., p. 17.

50. HOLMAN, Craig. *Origins, evolution and structure of the Lobbying Disclosure Act*, cit., p. 17: "*Arizona é um estado que diferencia conceitualmente os lobistas que atuam em favor dos órgãos públicos e aqueles que protegem interesses privados, requerendo deles cadastramentos diferenciados (...). Considerando que o lobby público é pago com dinheiro do erário, tem-se que ele deve ser mais rigorosamente monitorado, situação que motiva a criação de bancos de dados próprios para esse fim*" (tradução livre).

essa situação pode ser verificada em todos os países do mundo, a prática do *lobby* tem grande importância na conformação das decisões do Poder Executivo e do Poder Judiciário, tanto no plano local, quanto no estadual, e até mesmo, situação que se nota clara na União Europeia, nos planos internacional e supranacional[51].

Sobre o assunto, Nownes[52] ensina que o *lobby* ocorre em todos os três níveis de governo, para promover interesses privados e até mesmo interesses do próprio Estado. Hauser[53] e Milbrath[54] advertem que o *lobby* é fenômeno perene nas sociedades humanas e tem impacto cada vez mais destacado na definição das políticas públicas em todas as esferas, em escala global[55].

Malgrado seja inequívoco que a atuação dos lobistas, nos dias presentes, interfira nas decisões da administração pública, em todos os Poderes e esferas, foi no âmbito do Poder Legislativo que a prática do *lobby,* sob o prisma histórico, teve início efetivo[56]. Conforme destaca Mihut[57], atualmente considera-se que

---

51. OCDE. ORGANISATION FOR ECONOMIC CO-OPERATION AND DEVELOPMENT. *Lobbyists, government and public trust*: increasing transparency through legislation, cit., v. 1, p. 18: "*Embora as análises sobre o lobby costumem enfocar o Poder Legislativo, a sua prática ocorre com muita frequência no Poder Executivo (...) e estão absolutamente presentes nos alicerces constitucionais dos regimes democráticos*" (tradução livre).

52. Nownes. Anthony. *Total lobbying*: what lobbyists want (and how they try to get it), cit., p. 16 e 68: "*Em suma, não interessa em que lugar, em que cidade, em que estado ou em que país se viva, pois em todos há lobistas tentando influenciar as decisões públicas (...). O lobby ocorre em todos os três níveis do governo – estatal, local e nacional (...). O lobby ocorre em todos os Três Poderes do Estado (...)*" (tradução livre).

53. Hauser, Henry. European Union lobbying Post-Lisbon: an economic analysis. *Berkeley Journal of International Law*, v. 29, n. 2, p. 682, 2011. Disponível em: <https://scholarship.law.berkeley.edu/cgi/viewcontent.cgi?article=1411&context=bjil>. Acesso em: 15 mar. 2017.

54. Milbrath, Lester W. *The Washington lobbyists*, cit., p. 8.

55. OCDE. ORGANISATION FOR ECONOMIC CO-OPERATION AND DEVELOPMENT. *Lobbyists, government and public trust*: increasing transparency through legislation. Paris: OECD Publishing, 2010. v. 2, p. 23. Disponível em: <https://www.oecd-ilibrary.org/lobbyists-governments-and-public-trust-volume-2_5kmjpnlc8h6j.pdf?itemId=%2Fcontent%2Fpublication%2F9789264084940-en&mimeType=pdf>. Acesso em: 08 abr. 2018.

56. É interessante destacar, a revelar parte das circunstâncias que fazem do Poder Legislativo um ambiente favorável à prática do *lobby*, as colocações de Winston Churchill ao caracterizar o Parlamento Britânico. Afirmava o referido líder político sobre a Câmara dos Comuns: "*Todo mundo aqui tem interesses privados, alguns são diretores de empresas, outros são titulares de bens que podem ser afetados pela legislação discutida. Então, há aqueles que representam instituições públicas, outros que representam interesses particulares sem que haja vinculação partidária (...). Não estamos em uma assembleia de pessoas que não têm interesses. Isso é ridículo. Isso poderia se aplicar para o Céu, mas não, não se aplica ao Parlamento*" (Finer, S. E. *Anonymous empire*: a study of the lobby in Great Britain, cit., p. 40). Na mesma esteira, Rosenthal adverte ser impensável a existência de um processo legislativo, sem que dele participem os lobistas (Rosenthal, Alan. *The third house*: lobbyists and lobbying in the States, cit., p. 2). Também assim: Milbrath, Lester W. *The Washington lobbyists*, cit., p. 9.

57. Mihut, Liliana. Lobbying in the United States and the European Union: new developments in lobbying regulation. *Romanian Journal of European Affairs*, v. 8, n. 4, p. 6, Nov. 2008. Disponível em: <http://beta.ier.ro/documente/rjea_vol8_no4/RJEA_Vol8_No4_Lobbying_in_the_United_States_

o *lobby* compreende qualquer iniciativa que tenha como finalidade influenciar os processos decisórios de qualquer dos Poderes do Estado; tradicionalmente, porém, concebia-se o *lobby* apenas como as medidas adotadas pelos lobistas para interferir nas decisões dos legisladores.

Destaque-se, nesse aspecto, que FINER[58], ao examinar a realidade da prática do *lobby* na Inglaterra dos anos de 1950, salientava que, à época, eram os integrantes do Poder Legislativo os principais alvos das iniciativas de convencimento adotadas pelos lobistas. Segundo expõe o professor, no processo de criação legislativa, é ampla a possibilidade de que a interação entre agentes da iniciativa privada, na promoção de seus interesses, e funcionários do Estado, interfira nas escolhas do legislador.

Em estudo sobre a forma de atuação dos lobistas nos Estados Unidos, NOWNES[59] pontifica ser enorme o esforço por eles dedicado a interferir nas decisões dos integrantes do Poder Legislativo, seja no plano federal, seja nos estados e municípios, notadamente em temas de políticas públicas *lato sensu*. Assim, dados estatísticos sobre a matéria indicam que é intensa a participação dos profissionais do *lobby* em audiências promovidas para a discussão de propostas legislativas, bem como em reuniões das quais participam os parlamentares e suas equipes técnicas.

No Brasil, a realidade concreta não é diversa. Ao contrário, tendo em consideração que o Poder Legislativo, em todos os entes da federação, concentra amplo espectro de competências na criação de preceitos normativos, e que há um ambiente partidário absolutamente pulverizado, no qual atuam mais de 30 agremiações políticas, a atuação dos lobistas é intensa e fundamental.

De se destacar que, não obstante via de regra a atuação dos lobistas esteja associada à adoção de iniciativas de convencimento que recaiam sobre membros do Poder Legislativo, é induvidoso que o fenômeno do *lobby* seja uma constante também no cotidiano do Poder Executivo e do Poder Judiciário, em todos os níveis de governo: municipal, estadual e federal[60].

Houve, com a expansão da atuação de órgãos do Poder Executivo especializados na criação de preceitos normativos, uma efetiva mutação do *locus*

and_the_European_Union_New_Developments_in_Lobbying_Regulation.pdf>. Acesso em: 10 abril de 2017.

58. FINER, S. E. *Anonymous empire*: a study of the lobby in Great Britain, cit., p. 19 e ss.

59. NOWNES. Anthony. *Total lobbying*: what lobbyists want (and how they try to get it), cit., p. 57.

60. HAUSER, Henry. European Union lobbying Post-Lisbon: an economic analysis, cit., p. 682; SOTERO, Paulo; PRUSA, Anna C. O lobby nos EUA: a transparência de um sistema imperfeito. In: SELIGMAN, Milton; MELLO, Fernando (Orgs.). *Lobby desvendado*: democracia, políticas públicas e corrupção no Brasil contemporâneo. Rio de Janeiro: Record, 2018. p. 28-29.

em que se opera a maior parte da atuação dos lobistas. Tendo em vista que as normas que mais impacto trazem para o desenvolvimento das atividades econômicas têm sido geradas no cerne de tais órgãos, também eles e os seus agentes passaram sofrer interferência de lobistas nos processos decisórios, situação que já foi objeto de destaque em obra de Milbrath, no ano de 1963[61].

Em estudo sobre a atuação dos lobistas nas agências reguladoras, Godwin, Ainsworth e Godwin[62] explicam que, dada a concentração de poder normativo nas mãos dos órgãos do Poder Executivo, quase a metade dos esforços de convencimento dos lobistas é direcionada aos seus membros, não aos membros do Poder Legislativo. Advertem os professores, a conformação das constituições hodiernas, e a necessidade de que o processo de criação normativa se dê de forma veloz e com alto nível de embasamento técnico, fazem com que os burocratas criem preceitos legais em muito maior quantidade do que os próprios parlamentares eleitos pelo povo.

Com base em estudos estatísticos feitos junto às agências reguladoras norte-americanas, os três estudiosos referidos enfatizam que são criados por tais órgãos duas vezes mais preceitos normativos do que aqueles aprovados pelo Congresso estadunidense[63]. Salientam, ainda, que os próprios legisladores ordinários, por incapacidade técnica e operacional, delegam a organismos especializados do Poder Executivo competência para o desenvolvimento e implementação de normas nas áreas da saúde, direitos humanos, trabalho, educação, meio ambiente, concorrência, fabricação de medicamento, trânsito, desenvolvimento de tecnologia nuclear, armamentista etc.[64]

Por via da transposição do papel central de criação de normas jurídicas do Poder Legislativo ao Poder Executivo, em especial às agências reguladoras

61. Milbrath, Lester W. *The Washington lobbyists*, cit., p. 9, 33 e 121: "*Grupos de pressão e lobistas consideram as decisões emanadas do Poder Executivo tão importantes que muitos deles investem mais tempo na busca de influenciar os integrantes deste último do que os processos decisórios do Poder Legislativo*" (tradução livre). No mesmo sentido: Rosenthal, Alan. *The third house*: lobbyists and lobbying in the States, cit., p. 11; OCDE. ORGANISATION FOR ECONOMIC CO-OPERATION AND DEVELOPMENT. *Lobbyists, government and public trust*: increasing transparency through legislation, cit., v. 1, p. 18.

62. Godwin, Ken; Ainsworth, Scott H.; Godwin, Erik. *Lobbying and policymaking*: the public pursuit of private interests, cit., p. 11.

63. Nownes. Anthony. *Total lobbying*: what lobbyists want (and how they try to get it), cit., p. 39.

64. Godwin, Ken; Ainsworth, Scott H.; Godwin, Erik. *Lobbying and policymaking*: the public pursuit of private interests, cit., p. 75 e ss.: "*Enquanto os tribunais lidam com milhares de casos a cada ano e o Congresso produz centenas de leis, agências administrativas tratam de centenas de milhares de demandas (...). Os integrantes da burocracia, não os membros eleitos, acabam sendo os responsáveis pela criação da grande maioria das leis (...). Os órgãos do Poder Executivo criam aproximadamente o dobro de normas que o Poder Legislativo cria (...). Considerada essa circunstância, é fácil entender por qual motivo os grupos de interesse despendem milhões de dólares anualmente para interferir nos processos regulatórios do Estado (...)*" (tradução livre).

especializadas, busca-se viabilizar maior eficiência na administração estatal, bem como a criação de preceitos legais que, sob a perspectiva técnica, apresentem melhor qualidade. Sobre o tema, SANSON[65] adverte que, nas últimas décadas, houve verdadeiro agigantamento do espectro de competências do Poder Executivo, que o fez cada vez mais importante para o exercício profissional dos lobistas.

Em suma, concentra-se no Poder Executivo e nos órgãos que o compõem vasto poder de criação de normas jurídicas que interessam a vários setores da sociedade civil e da economia[66]. Por conseguinte, é intensa a atuação dos lobistas com o propósito de interferir nas decisões dos agentes públicos que ocupam cargos e desempenham funções de relevo em tais entidades. NOWNES[67] destaca a recorrência com que profissionais do *lobby* realizam reuniões nas dependências das agências reguladoras, oferecem material técnico para embasar as opções político-normativas que lhes interessem, contribuem na redação de minutas de propostas legislativas, participam de audiências técnicas para a discussão de projetos legislativos relacionados às suas áreas de atuação e fazem solicitações para que seus representados obtenham autorização para exercer suas atividades econômicas.

Não se pode ignorar, outrossim, também no âmbito das funções originárias do Poder Executivo, qual seja, a implementação das previsões erigidas pelo Poder Legislativo, a atuação dos lobistas pode ser de enorme relevância. Com efeito, uma vez que cabe a órgãos do Poder Executivo, em inúmeras circunstâncias, funcionar como intérpretes para a aplicação normativa, são recorrentes as situações nas quais os lobistas agem para influir em sua atuação.

Conforme ensina FINER[68], após buscar convencer os parlamentares a adotar decisões que os favoreçam, no plano da criação normativa, os lobistas lançam sua mira na atuação dos burocratas do Poder Executivo, para que os seus interesses sejam contemplados na interpretação e aplicação das normas criadas. Assim,

---

65. SANSON, Alexandre. *Dos grupos de pressão na democracia representativa*: os limites jurídicos, cit., p. 180.

66. SELIGMAN, Milton; BANDEIRA, Mateus Affonso. Manual de melhores práticas em relações institucionais, cit., p. 342: "*No Brasil e em muitos países, o governo federal precisa ser acompanhado, pois ele é o principal legislador. Mais de 60% das leis aprovadas no país têm origem no Poder Executivo*".

67. NOWNES. Anthony. *Total lobbying*: what lobbyists want (and how they try to get it), cit., p. 19-20 e 70: "*Por deter um elevado poder decisório no plano normativo, o Poder Executivo é usualmente alvo da atuação dos lobistas. Tal atuação costuma ocorrer de diversas maneiras. Eles se encontram pessoalmente com integrantes do Poder Executivo (...). Além disso, com a finalidade de interferir nos processos decisórios das agências estatais, é comum que os lobistas contribuam com a elaboração de minutas de textos legislativos/normativos e participem de audiências públicas para expor a perspectiva que orienta os seus representados (...). Durante essas exposições em audiências públicas, na maior parte dos casos, são feitas exposições técnicas sobre os temas e as normas discutidas*" (tradução livre).

68. FINER, S. E. *Anonymous empire*: a study of the lobby in Great Britain, cit., p. 20.

agendam encontros, enviam correspondência, fazem ligações telefônicas e participam de comitês, para assegurar a satisfação dos interesses que representam.

Em nosso país, é muito fácil perceber que, no âmbito do Poder Executivo, são criados preceitos normativos que incidem sobre a atividade de inúmeros grupos econômicos e sobre os interesses dos mais diversos segmentos sociais. Apenas a título exemplificativo, além dos órgãos da administração pública direta, existem várias agências reguladoras que, no exercício de poderes regulamentares e normativos, disciplinam a atuação das empresas de telecomunicação (ANATEL), das empresas do ramo petrolífero (ANP), das companhias de energia elétrica (ANEEL), das entidades provedoras de saúde suplementar (ANS), do cinema (ANCINE), das transportadoras terrestres (ANTT), aquáticas (ANTAQ) e aéreas (ANAC), todas elas destinatárias dos esforços dos lobistas, na defesa dos interesses de seus representados[69].

A prática do *lobby*, ademais, a revelar sua presença em todos os espaços do poder público, é recorrente também no Poder Judiciário.

Na União Europeia, por exemplo, inúmeros grupos que encontram dificuldade para defender os seus interesses por intermédio do *lobby*, junto ao Parlamento Europeu e à Comissão Europeia, se valem de iniciativas perante as Cortes domésticas e a Corte de Justiça do bloco supranacional, para fazer prevalecer os seus interesses. Também no Poder Judiciário, portanto, os lobistas encontram espaço para desenvolver as suas atividades, conforme já apontava, nos anos de 1960, Milbrath[70], existindo referências atuais às chamadas estratégias especiais de litígio, em McCown[71], Coen e Richarson[72].

---

69. Medauar, Odete. *Direito administrativo moderno*. 12. ed. São Paulo: Revista dos Tribunais, 2008. p. 114-115.

70. Milbrath, Lester W. *The Washington lobbyists*, cit., p. 9.

71. Mccown, Margaret. Interest groups and the European Court of Justice. In: Coen, David; Richardson, Jeremy (Eds.). *Lobbying the European Union*: institutions, actors, and issues. Oxford: Oxford University Press, 2011. p. 89-90. Disponível em: <http://docenti.unimc.it/andrea.prontera/teaching/2016/15964/files/business-lobbying-in-the-european-union_chapter_8_reading_week_3>. Acesso em: 15 mar. 2017. No mesmo sentido: Nownes. Anthony. *Total lobbying*: what lobbyists want (and how they try to get it), cit., p. 21: "*Tal como os outros dois Poderes do Estado, o Poder Judiciário atrai a atenção dos lobistas*" (tradução livre).

72. Coen, David; Richardson, Jeremy. Learning to lobby the European Union: 20 years of change, cit., p. 11: "*A Corte Europeia de Justiça oferece uma rota alternativa aos grupos de interesse que não alcançaram sucesso em suas estratégias de lobby em outros organismos da União Europeia ou no plano doméstico (...). Além disso, muitos grupos de interesse marginalizados, que não dispõem de recursos nem poder para interferir no processo de criação e desenvolvimento das políticas públicas, podem se valer das cortes domésticas para rechaçar ou redefinir leis já consolidadas que prejudiquem os seus interesses (...). Significativamente, as estratégias de lobby em litígio judicial (...) representam novas oportunidades para a prática do lobby*" (tradução livre). No mesmo sentido: Lehmann, Wilhelm; Bosche, Lars. Lobbying in the European Union: current rules and practices, cit., p. iv.

Na mesma esteira, Bouwen fala na existência de verdadeiro *lobbying for litigation*, por meio do qual grupos de pressão e seus representantes adotam providências para que os seus interesses sejam atendidos pelo Poder Judiciário, especialmente nas situações em que, nas esferas legislativa e executiva, não tenham êxito na adoção de estratégias de convencimento que assegurem a prolação de decisões públicas que os satisfaçam[73]. Isso porque, adverte Lehmann[74], atualmente os órgãos do Poder Judiciário têm sido fundamentais, não apenas para a solução de controvérsias, mas também para a efetiva promoção de direitos, muitas vezes invadindo os espaços de atuação de outras esferas do poder, situação que torna os tribunais cada vez mais atrativos para os lobistas.

Veja-se que Sanson[75], ao tratar dessa temática, aduz que "o Judiciário, com a ampliação de suas funções, em contexto denominado de judicialização da política", também torna-se alvo da atuação dos lobistas. Tal situação se manifesta, consoante pontifica Nownes[76], de três essenciais maneiras: por meio do ajuizamento ou financiamento de ações que tenham como finalidade promover determinados interesses específicos, por meio da atuação em ações existentes, na condição de *amicus curiae* e, também, por meio da adoção de iniciativas que direcionem os processos de escolha dos integrantes de alguns órgãos do Poder Judiciário.

Nos Estados Unidos, a figura do *amicus curiae*, também admitida na ordem jurídica brasileira, é comumente utilizada por lobistas para fazer com que os interesses dos seus representados sejam, de forma efetiva, defendidos perante os tribunais, com a finalidade de que sejam obtidas decisões que os privilegiem[77].

Em suma, onde quer que exista poder nos órgãos do Estado para a tomada de decisões que tenham o condão de impactar os interesses dos agentes sociais, haverá quem busque interferir no convencimento dos funcionários públicos, por via do *lobby*.

A respeito da experiência brasileira com a prática do *lobby*, Oliveira[78] es-

---

73. Bouwen, Pieter. The European Commission, cit., p. 21.

74. Lehmann, Wilhelm; Bosche, Lars. Lobbying in the European Union: current rules and practices, cit., p. 42.

75. Sanson, Alexandre. *Dos grupos de pressão na democracia representativa*: os limites jurídicos, cit., p 180.

76. Nownes. Anthony. *Total lobbying*: what lobbyists want (and how they try to get it), cit., p. 21.

77. Mccown, Margaret. Interest groups and the European Court of Justice, cit., p. 90.

78. Oliveira, Andrea Cristina de Jesus. Breve histórico sobre o desenvolvimento do *lobbying* no Brasil, cit., p. 36 e ss.: *"Além do grande número de matérias e artigos na imprensa, 1982 foi um ano propício à realização de eventos sobre lobbying (...). Nos anos que antecederam a Constituinte, de fato, as condições propiciadoras do lobbying se consolidaram. Podemos ressaltar dois fatores: a) diversificação de instrumentos e canais de comunicação entre segmentos, principalmente os empresariais e o Congresso; b) fragmentação crescente dessa representação (...). Segundo Aragão (1992),*

clarece que, embora no período colonial se tenha iniciado a criação de diversas entidades voltadas à congregação de lobistas, foi a partir dos anos de 1980 que a atividade passou por enorme evolução. Consoante esclarece a professora, fatos históricos evidenciam que, também no Brasil, operou-se a *explosão* da atuação dos lobistas.

Aduz OLIVEIRA que, em 1984, por iniciativa do senador Marco Maciel, foi formulada a primeira proposta de lei que mirava disciplinar a atuação dos lobistas[79], circunstância que deixa clara a atenção que se dispensava ao *lobby*, instituto, repita-se, inerente à vida social e que encontrava no processo de abertura democrática vivenciado pelo país à época um ambiente favorável ao seu desenvolvimento. Ademais, em 1992, "a questão dos lobbies motivou a publicação de mais de cinquenta matérias e artigos na imprensa", tendo ocorrido, em Brasília, congressos nacionais que objetivavam discutir as questões relacionadas ao instituto.

Sob o prisma histórico, a revelar o destaque que, ainda nos anos de 1980, tinha a atuação dos lobistas no cerne dos poderes constituídos em nosso país, bem assim a necessidade de que fosse objeto de cuidados normativos, cumpre destacar o relatório subscrito pelo deputado Inocêncio de Oliveira sobre o projeto de lei antes mencionado, que representava importante inovação em nossa sistemática jurídica, mas foi considerado inconstitucional pela Comissão de Constituição e Justiça da Câmara dos Deputados[80]:

> A propositura em epígrafe tem por escopo disciplinar a obrigatoriedade de registro de todas as pessoas físicas e jurídicas 'que exercerem qualquer atividade tendente a influenciar o processo legislativo' junto às Mesas Diretoras do Senado Federal e da Câmara dos Deputados.

após 1983, dezenas de entidades empresariais de setores específicos passaram a atuar no Congresso (...). Em 1988, diante da evidente atuação dos lobbies durante o funcionamento da Assembleia Nacional Constituinte, o Instituto Tancredo Neves e a Fundação Friedrich Naumann realizaram um debate acerca do tema. Nesse período, alguns grupos de pressão de natureza diversa passaram a atuar fortemente (...). Diversos projetos de lei discutidos e aprovados ao longo dos anos 80 tiveram a participação decisiva dos grupos de pressão, como o caso da revenda de veículos automotores em 1980; o aumento da contribuição previdenciária e as taxas sobre supérfluos em 1981; a reserva de mercado na informática em 1984; o estatuto da microempresa em 1984; proibição da demissão imotivada do trabalhador em 1983/1985; código de defesa do consumidor em 1990; regulamentação do novo salário-mínimo em 1991". No mesmo sentido: JOBIM, Nelson; SOUZA, Luciano Inácio de. A regulamentação do *lobby*: análise comparada entre América Latina, Brasil e Estados Unidos, cit., p. 56.

79. É importante mencionar que, desde então, inúmeros projetos legislativos foram apresentados ao Congresso Nacional, para disciplinar a matéria, o que revela a sua importância. São eles: Projeto de Lei nº 619/1995, Projeto de Lei nº 6.928/2002, Projeto de Lei nº 1.713/2003 e Projeto de Lei nº 5.470/2005.

80. BRASIL. Câmara dos Deputados. *Projeto de Lei n. 6.132-A, de 1990 (Do Senado Federal) PLS N2 203/89*. Disponível em: <www.camara.gov.br/proposicoesWeb/prop_mostrarintegra;jsessionid=A1A6AB70CC7C4A6642584A961EB941A1.proposicoesWebExterno2?codteor=982371&filename=Dossie+-PL+6132/1990>. Acesso em: 08 out. 2017.

Em síntese, o projeto prevê a emissão de credenciais às entidades registradas; o poder regulamentar de cada uma das Casas no que tange ao modo e limites de atuação dessas entidades; declaração de gastos, bem como da matéria legislativa em trâmite de seu interesse; sanção de advertência e cassação em caso de falsidade nas declarações (...).

A matéria, a par de suas implicações na esfera administrativa, revela a preocupação de disciplinar a atividade dos grupos de pressão ou de interesse que atuam junto às Casas do Congresso com vistas a influenciar o processo legislativo.

A atividade de pessoas – *lobbyists* – que procuram influir nas decisões políticas no âmbito do Poder Legislativo tem merecido interesse especial dos cientistas políticos, que ao longo dos últimos anos se debruçam sobre o tema (...). De nossa parte, colocamo-nos não apenas em defesa da atuação dos *lobbys*, mas também amparamos a necessidade de sua institucionalização.

É inegável que numerosos deputados federais e senadores encontram-se intimamente identificados com diversos grupos de interesse. Inegável, também, que tais grupos se constituem hoje na base do sistema representativo, são eles a força motriz do processo político (...).

Na sociedade moderna, a atuação de tais grupos avulta em importância, sobretudo em sistemas pluripartidários em acomodação, como ocorre no Brasil (...). Assim, entendemos que é de todo oportuna a proposição ora em exame, de vez que a nosso juízo é mais democrático o exercício do *lobby* nos moldes americanos, cujos contatos e atividades são inspecionados, que o *lobbying* furtivo, oficioso, como ocorre na Inglaterra e na Itália.

Incontestável a existência e a expansão dos grupos de interesse (...).

Durante as discussões da Assembleia Nacional Constituinte, que culminou com a promulgação da Carta da República de 1988, foi intensa a atuação e a interferência dos lobistas. Com efeito, o exame do material histórico produzido por ocasião das discussões havidas sobre a redação que se daria ao texto constitucional deixa claro que lobistas atuavam de forma intensa para promover os interesses do Ministério Público, do Poder Judiciário, do funcionalismo público, do empresariado nacional e estrangeiro, dos advogados, dos trabalhadores, dos aposentados, de grupos indígenas, de grupos de proteção ambiental, de grupos de proteção de mulheres, de grupos de proteção dos direitos humanos etc.[81]

É interessante destacar, porque retrata essa realidade, reportagem intitulada

---

81. SILVA, Carlos José Santos da. A regulamentação do *lobby* no Brasil. *Revista Brasileira da Advocacia*, ano 2, v. 5, p. 28, abr./jun. 2007: "*Só na constituinte de 1988, segundo estudos de Murilo Aragão, da Universidade de Brasília, pelo menos 400 grupos de pressão puderam ser identificados, vinculados a trabalhadores, empresários, empregados de empresas públicas, Magistratura, Ministério Público, governo, religiosos, ambientalistas, advocacia e demais setores da sociedade*".

Lobby marca estratégia do Ministério Público, veiculada no dia 23 de agosto de 1987 pelo jornal Folha de São Paulo[82], na qual se percebe que a pressão exercida pela referida instituição na época em que discutido o texto da Constituição Federal foi imprescindível para que se definisse a sua missão institucional. MEYER-PFLUG[83] afirma que naquela época "a quantidade de lobistas, nas mais diversas áreas, aumentou significativamente".

Em suma, inúmeros lobistas operaram durante as discussões que culminaram com a aprovação da Constituição Federal de 1988, para promover a defesa de variados interesses, situação absolutamente compatível com o espírito democrático que orientava a comissão encarregada de coordenar os trabalhos realizados pelo Poder Constituinte. COSTA[84] e FIGUEIREDO[85] afirmam que foi intensa a atuação dos lobistas à época.

Atualmente, ensina OLIVEIRA[86], "existem centenas de profissionais trabalhando na esfera de representação de interesses no Brasil e esse número tem crescido consideravelmente", de forma cada vez mais organizada e profissional, com a finalidade de interferir nos processos decisórios em todos os Poderes da República[87], na União, nos estados e nos municípios, a partir do que fica evidenciada a necessidade e a importância de que sejam desenvolvidas e implementadas medidas que assegurem transparência na relação que une os referidos agentes sociais aos agentes da administração pública.

1.3 O que é o *lobby* e como atuam os lobistas

Assentada a premissa de que o *lobby* é fenômeno presente em todas as sociedades, em todos os níveis do poder estatal, cumpre trazer reflexões sobre

82. 'LOBBY' marca estratégia do Ministério Público. *Folha de S. Paulo*, São Paulo, 23 ago. 1987. Disponível em: <https://www2.senado.leg.br/bdsf/bitstream/handle/id/134264/Agosto%2087_%20-%200140.phttps://www2.senado.leg.br/bdsf/bitstream/handle/id/134264/Agosto%2087_%20-%200140.pdf?sequence=3df?sequence=3>. Acesso em: 01 ago. 2018.

83. MEYER-PFLUG, Samantha Ribeiro (Coord. Acad.). *Grupos de interesse* (*lobby*). Brasília-DF: Secretaria de Assuntos Legislativos do Ministério da Justiça (SAL), 2009. p. 13. (Série Pensando o Direito, n. 8/2009). Disponível em: <http://pensando.mj.gov.br/wp-content/uploads/2015/07/08Pensando_Direito1.pdf>. Acesso em: 15 out. 2018.

84. COSTA, Lucas Nascimento Ferraz. Modelos de lobby no processo Constituinte de 1987-88. *Revista de Discentes de Ciência Política da UFSCAR*, v. 3, n. 1, p. 72 e ss., 2015: "*A ANC foi palco da atuação de muitos grupos de pressão (...). Na Constituinte muitas organizações se prepararam para articular o lobby dos grupos que representavam. Algumas, inclusive, foram criadas para este fim. Assim, a Constituinte de 1987-88 constitui uma arena privilegiada para a análise do lobby no Brasil (...)*".

85. FIGUEIREDO, Ney Lima. O lobby no Brasil: uma trajetória histórica, cit., p. 185.

86. OLIVEIRA, Andrea Cristina de Jesus. Breve histórico sobre o desenvolvimento do *lobbying* no Brasil, cit., p. 41.

87. SANTOS, Luiz Alberto dos. Regulação do lobby no Brasil: o Projeto de Lei nº 1.202, de 2007 – constitucionalidade e adequação aos fins pretendidos, cit.

a sua significação, sem deixar de considerar, conforme adverte a doutrina, que, em razão da sua complexidade e das inúmeras variáveis que o compõem em cada ambiente sociocultural, não é possível que se alcance uma conceituação unívoca, indene a críticas[88]. Esclarece Vidacak, uma das mais destacadas dificuldades enfrentadas por quem se debruça à análise científica do *lobby* é definir os seus contornos e conceito[89].

Anastasiadis[90], a revelar que não existe univocidade na definição do *lobby* e da forma em que se dá a atuação dos indivíduos que o praticam, expõe haver diferenças substanciais no tratamento a ele dedicado nos Estados Unidos e nos países da União Europeia, por exemplo. Tais diferenças decorrem, na visão do professor, essencialmente, das peculiaridades culturais e políticas que distinguem o ambiente de atuação dos lobistas americanos e dos lobistas do Velho Continente.

Coen[91] esclarece que, não obstante as características do mundo globalizado atual favoreçam a aproximação dos países, pois que facilitado o intercâmbio cultural e econômico, situação que tem propiciado uma redução efetiva dos contrastes existentes, é possível apontar que o fenômeno do *lobby* se apresenta de forma distinta em cada continente, em cada nação e, às vezes, até mesmo, em cada região ou município de um mesmo país.

Nesse diapasão, salienta que o exame aprofundado de sistemas jurídico-políticos diferentes revela que os aspectos culturais interferem no delineamento das características do *lobby*, assim como os referenciais normativos vigentes, o nível de transparência institucional que se dá à atuação dos órgãos da administração pública, a dimensão econômica dos interesses que dependem da atuação estatal em cada país, e, inclusive, os *standards* morais que orientam o comportamento social.

É possível afirmar, todavia, apesar da ressalva feita anteriormente, que há consenso doutrinário no sentido de que, do ponto de vista ontológico, qualquer prática de *lobby* está necessariamente associada a tentativas de influenciar a

---

88. Krsmanovic, Dusko. *A guidebook on lobbying*, cit., p. 15; Anastasiadis, Stephanos. Understanding corporate lobbying on its own terms, cit.; Woll, Cornelia. Lobbying in the European Union: from sui generis to a comparative perspective, cit., p. 463; Rosenthal, Alan. *The third house*: lobbyists and lobbying in the States, cit., p. 80.

89. Vidacak, Igor. Interest groups and lobbying in the European Union, cit., p. 177. No mesmo sentido: Thomas, Clive S. Interest group regulation across the United States: rationale, development and consequences. *Parliamentary Affairs*, v. 51, n. 4, p. 502, Oct. 1998; Mihut, Liliana. Lobbying in the United States and the European Union: new developments in lobbying regulation, cit., p. 6; OCDE. ORGANISATION FOR ECONOMIC CO-OPERATION AND DEVELOPMENT. *Lobbyists, government and public trust*: increasing transparency through legislation, cit., v. 1, p. 51.

90. Anastasiadis, Stephanos. Understanding corporate lobbying on its own terms, cit.

91. Coen, David. The impact of U.S. lobbying practice on the european business-government relationship, cit., p. 29 e ss.

atuação do Estado. Chari, Hogan e Muprhy[92], tal como Goodwin e Ainsworth[93] afirmam que tal instituto compreende, essencialmente, esforços direcionados a interferir nas decisões tomadas pelo poder público, e promover os interesses representados pelos lobistas.

Para Finer[94], que desenvolveu nos anos de 1950 estudo de título sugestivo sobre a sua perspectiva do instituto, *Anonymous Empire*, a prática do *lobby* consiste na adoção de iniciativa[95] que tenha como finalidade influenciar os processos de decisão da administração pública, para que pessoas que por eles sejam afetadas tenham os seus interesses preservados ou promovidos. Também nessa época, Milbrath[96] conceitua o *lobby* como a atividade que busca estimular, por via da transmissão de informações, o favorecimento, no âmbito estatal, de determinados e específicos interesses.

De acordo com ele, o lobista seria responsável por criar um verdadeiro canal de comunicação, que ligaria os seus clientes aos agentes do poder público responsáveis por tomar decisões que fossem de interesse dos primeiros. Assim, os

---

92. Chari, Raj; Hogan, John; Murphy, Gary. Regulating lobbying: a global comparison, cit., 2010, p. 3: "*(...) definir o lobby como um esforço para influenciar o processo político (...). Para Nownes (2006:5), o lobby é um esforço orientado a afetar o que o governo faz. Hunter e outros (1991:490) afirmam que uma definição comum de lobista é a de que ele é alguém que tenta interferir na ação legislativa do Estado*" (tradução livre). Também essa é a perspectiva da OCDE: "*A essência do lobby envolve a realização de comunicações, orais ou escritas, com um oficial público, para influenciar a legislação, a política ou as decisões administrativas (...)*" (tradução livre) - OCDE. ORGANISATION FOR ECONOMIC CO-OPERATION AND DEVELOPMENT. *Lobbyists, government and public trust*: increasing transparency through legislation, cit., v. 1, p. 9 e ss.

93. Godwin, Ken; Ainsworth, Scott H.; Godwin, Erik. *Lobbying and policymaking*: the public pursuit of private interests, cit., p. 3. No mesmo sentido, veja-se: Anastasiadis, Stephanos. Understanding corporate lobbying on its own terms, cit.: "*Como ação, a prática do lobby é persuasiva, feita por via de comunicação e disponibilização de informações, com o fim de influenciar atores políticos e assegurar que os interesses do lobista e de seus representados sejam contemplados nas decisões estatais*" (tradução livre).

94. Finer, S. E. *Anonymous empire*: a study of the lobby in Great Britain, cit., p. 2. No mesmo sentido: Mihut, Liliana. Lobbying in the United States and the European Union: new developments in lobbying regulation, cit., p. 6.

95. Em análise da realidade britânica dos anos 1950, Finer expõe que a representação de interesses privados junto aos órgãos públicos, ou seja, a prática de *lobby*, era feita por entidades de variados setores. Ele apontava para a existência de mais de 2.500 (duas mil e quinhentas) associações e empresas que buscavam fomentar a adoção de políticas públicas que as beneficiassem (*business lobby*); quase 700 (setecentos) sindicatos de trabalhadores que atuavam junto aos órgãos da administração estatal, para estimular a criação de políticas que ampliassem os direitos trabalhistas (*labour lobby*); diversas entidades de classes profissionais que buscavam se imiscuir nos espaços de poder público, para estimular políticas que as favorecessem (*professions*); e, até mesmo, entidades que buscavam promover interesses sociais difusos, todas elas, dedicadas à prática de *lobby* (Finer, S. E. *Anonymous empire*: a study of the lobby in Great Britain, cit., p. 8-16).

96. Milbrath, Lester W. *The Washington lobbyists*, cit., p. 8: "*Amplamente definido, o lobby é o estímulo e a transmissão de informações, por alguém que não seja um cidadão atuando em seu próprio benefício, dirigidos aos agentes estatais incumbidos das decisões públicas, com a finalidade de influenciá-los*" (tradução livre).

lobistas colheriam informações do governo, dos agentes do Estado e da imprensa, que transmitiriam aos seus representados com a finalidade de proteger os seus interesses; também atuariam na transmissão de informações na via inversa, ou seja, enviando mensagens aos funcionários públicos, com a finalidade de que as decisões por eles tomadas contemplassem os interesses de seus clientes[97].

De igual maneira, THIEL e BAUER[98], STEFAN[99] e COSTA[100] compreendem o *lobby* como um mecanismo estratégico voltado a interferir nas iniciativas do Estado e, em especial, nas etapas decisórias que as permeiam, com a finalidade de que determinados interesses sejam resguardados ou promovidos pelas decisões públicas.

Entre os brasileiros, JOBIM e SOUZA[101] afirmam que o *lobby* é "o processo por meio do qual representantes de grupos de interesse, agindo como intermediários, levam ao conhecimento dos legisladores ou dos *decision-makers* os desejos de seus grupos. *Lobbying* é, portanto, e sobretudo, uma transmissão de mensagens do grupo de pressão aos *decision-makers* por meio de representantes especializados".

ROSENTHAL[102] pontifica que a prática do *lobby* consiste na adoção de providências voltadas a influenciar as decisões do governo. Tais providências podem ser de diversas modalidades, dentre as quais ele destaca a realização de

97. Id. Ibid., p. 164.

98. THIEL, Marie; BAUER, Elisabeth. EU Transparency Register. *EPRS European Parliamentary Research Service,* May 2016, p. 2. Disponível em: <http://www.europarl.europa.eu/EPRS/EPRS-Briefing-542170-European-Transparency-Register-FINAL.pdf>. Acesso em: 24 fev. 2018: "*O lobby é essencialmente interpretado como um esforço para influenciar o processo de formulação política e de tomada de decisão pública, com a finalidade de assegurar a satisfação de determinados interesses. As atividades de lobby, assim, abarcam todas as iniciativas que têm como propósito, direta ou indiretamente, influenciar a formulação ou a implementação de políticas e o processo decisório público*" (tradução livre). Também assim, veja-se: WOLL, Cornelia. Lobbying in the European Union: from sui generis to a comparative perspective, cit., p. 456; KRSMANOVIC, Dusko. *A guidebook on lobbying*, cit., p. 15.

99. STEFAN, Oanta Ilie; NICOLETA, Vasilcoschi. The business fluctuations and the lobbying evolution in European Union, Canada and USA. *The Romanian Economic Journal*, ano 18, n. 55, p. 163-164, Mar. 2015. Disponível em: <http://www.rejournal.eu/sites/rejournal.versatech.ro/files/articole/2015-03-18/3251/yoanta.pdf>. Acesso em: 24 mar. 2017: "*O papel do lobby é interferir nas decisões dos agentes públicos ou no plano das organizações internacionais (...). As atividades de lobby têm como objetivo primeiro influenciar as políticas públicas, podendo também servir para alterar normas, programas etc., de modo a impactar de forma sensível todo o ambiente econômico*" (tradução livre).

100. COSTA, Lucas Nascimento Ferraz. Modelos de lobby no processo Constituinte de 1987-88, cit., p. 72.

101. JOBIM, Nelson; SOUZA, Luciano Inácio de. A regulamentação do *lobby*: análise comparada entre América Latina, Brasil e Estados Unidos, cit., p. 47. No mesmo sentido: SELIGMAN, Milton; BANDEIRA, Mateus Affonso. Manual de melhores práticas em relações institucionais, cit., p. 219: "*Pode-se simplesmente definir lobby como a atividade de pressão de um grupo social organizado com o objetivo de interferir diretamente nas decisões do poder público e, consequentemente, criar um novo cenário regulatório em favor de suas causas ou interesses*".

102. ROSENTHAL, Alan. *The third house*: lobbyists and lobbying in the States, cit., p. 1.

audiências presenciais com agentes públicos e o envio de documentos escritos que contenham argumentos que procurem convencê-los a tomar decisões que favoreçam determinados interesses em detrimento de outros.

Explorando as profundas alterações na dinâmica das atividades de *lobby* nos últimos anos, ROSENTHAL afirma estar superada a noção de que o lobista seria o sujeito que, em defesa de um membro da iniciativa privada, simplesmente abordaria agentes do Estado, de maneira informal, nas dependências de repartições públicas, convidando-os a discutir temas que lhe fossem de interesse.

Segundo o professor, a atuação dos lobistas hodiernos, muitas vezes identificados como agentes legislativos, conselheiros legislativos, profissionais de relações governamentais etc., embora sempre voltada a influenciar os processos decisórios da administração pública, é muito diversa daquela que se observava no início da segunda metade do século passado, pois que mais complexa. Além de muito mais dinâmicas as ferramentas de comunicação que estão à disposição dos profissionais do *lobby* e dos agentes públicos, diversas técnicas específicas foram desenvolvidas para tornar mais eficientes as tentativas de convencimento[103].

Embora os elementos socioculturais interfiram na compreensão do instituto estudado, o fenômeno da globalização tem fomentado a difusão, de forma relativamente uniforme em diversos países do mundo, das principais técnicas de convencimento usadas pelos lobistas. Tal situação, conforme atesta documento publicado pela OCDE, decorre do fato de que, atualmente, existem enormes conglomerados multinacionais especializados em *lobby*, que disseminam o seu *modus operandi* em todas as nações nas quais exercitam as suas atividades[104].

Apesar de hoje ser manifesta a alta complexidade das atividades desempenhadas pelos lobistas, já nos anos de 1950, FINER constatou que, para que fosse efetiva, qualquer estratégia de convencimento desenvolvida por lobistas deveria abarcar uma série de iniciativas. Contatar o agente público que se buscasse convencer, aduzia o professor, representava apenas uma das diversas providências que deveriam ser adotadas pelos lobistas, os quais deveriam dispor de aprofundado conhecimento sobre os temas de interesse de seus representados, conhecimentos esses que deveriam ser bem transmitidos aos funcionários do Estado, sempre sob uma perspectiva técnica, por meio de cartas, de livros, panfletos, memorandos etc.[105]

A prática do *lobby*, portanto, no passado e, em especial, nos tempos atuais, extrapola a interação pessoal entre o lobista e os agentes estatais. O desenvol-

---

103. Id. Ibid., p. 5 e 16.

104. OCDE. ORGANISATION FOR ECONOMIC CO-OPERATION AND DEVELOPMENT. *Lobbyists, government and public trust*: increasing transparency through legislation, cit., v. 1, p. 13 e 46. No mesmo sentido: STEFAN, Oanta Ilie; NICOLETA, Vasilcoschi. The business fluctuations and the lobbying evolution in European Union, Canada and USA, cit., p. 164.

105. FINER, S. E. *Anonymous empire*: a study of the lobby in Great Britain, cit., p. 53 e ss.

vimento das estratégias de *lobby*, consoante esclarece Lehmann[106], abrange a realização de análises amplas de todo o cenário que contorna as decisões públicas que interessem ao cliente, a obtenção de informações objetivas que facilitem o convencimento dos agentes responsáveis pelas decisões, bem assim a transmissão eficaz de tais informações.

Os lobistas buscam influenciar a opinião dos agentes do Estado nos processos decisórios que impactem os interesses que representam, por meio da participação em comitês e audiências técnicas que tenham como objetivo discutir propostas de criação ou alteração legislativa; por meio de reuniões com os tomadores de decisão da esfera pública; da apresentação de minutas de textos para eventual submissão a votação em casas legislativas e, até mesmo, por meio da concessão de vantagens a agentes públicos[107].

Ademais, destaca Lehmann, é cada vez mais usual a implementação de métodos de convencimento que estimulem a sociedade a exercer pressão sobre os órgãos estatais de forma direta, sem que haja interação imediata entre os lobistas e os funcionários públicos. Nesse caso, são adotadas providências para o convencimento dos agentes públicos, sem que, para isso, seja necessária a interação pessoal entre eles e os lobistas.

Trata-se do que se convencionou chamar, na língua inglesa, de *grass-roots lobbying* ou *public campaign,* utilizado no Brasil com sucesso, por exemplo, pelas empresas de transporte Uber, Cabify e 99, por ocasião da votação no Congresso Nacional, de projeto de lei que visava a criar restrições às suas ati-

---

106. Lehmann, Wilhelm; Bosche, Lars. Lobbying in the European Union: current rules and practices, cit., p. 17: "*(...) as táticas ou atividades dos lobistas podem ser agrupadas em três amplas categorias: - técnicas caracterizadas pela comunicação direta entre eles e os agentes públicos: tais técnicas incluem contatos pessoais com os agentes públicos; depoimentos em comitês e audiências de órgãos públicos; e a adoção de medidas legais, como a propositura de demandas judiciais ou apresentação de questionamentos técnicos em processos administrativos; - métodos pelos quais os lobistas e seus representados buscam atrair a atenção da população em geral: nesses casos, os profissionais do lobby funcionam como intermediários, estimulando os próprios cidadãos a exercer pressão junto ao Estado, por exemplo, por meio do envio de correspondência aos congressistas, da participação em protestos ou da abordagem pessoal aos membros do poder estatal; - grupos podem obter a satisfação dos seus interesses junto ao Estado, influenciando os processos eleitorais ou alterando a opinião pública, por via da doação de recursos, de campanhas publicitárias etc.*" (tradução livre). No mesmo sentido, veja-se: Nownes. Anthony. *Total lobbying*: what lobbyists want (and how they try to get it), cit., p. 2.

107. Nownes. Anthony. *Total lobbying*: what lobbyists want (and how they try to get it), cit., p. 17: "*Primeiro, os lobistas prestam testemunho em audiências legislativas (...). Muitas das testemunhas e experts em audiências legislativas são lobistas (...). Ademais, lobistas se encontram pessoalmente com legisladores ou outros agentes públicos (...). Tais encontros dão aos lobistas a chance de apresentar informações relevantes diretamente àqueles que detêm o poder de decisão no plano estatal (...). Além disso, em algumas ocasiões, os lobistas efetivamente introduzem minutas de textos normativos, ou colaboram em sua elaboração (...). Por fim, lobistas buscam interferir nas decisões públicas, oferecendo favores e presentes aos membros do corpo estatal (...)*" (tradução livre).

vidades[108]. Esclarecem Milbrath[109] e Finer[110] que, especialmente nos casos em que há dificuldade de convencimento dos membros do poder público, os lobistas buscam interferir na opinião dos eleitores, para que partam deles as iniciativas que pressionem os agentes do Estado a satisfazer os seus interesses.

O *grass-roots lobbying*, destarte, consoante conclui Nownes[111], tem como finalidade imediata influir na formação do pensamento dos cidadãos, dos eleitores, para que eles, então, pressionem os órgãos públicos a contemplar diretrizes políticas que favoreçam os interesses dos lobistas.

Gowdin, Ainsworth[112] e Nownes[113], debruçados sobre a realidade política norte-americana, destacam o que eles chamam de *lobby* eleitoral, utilizado de forma massiva pelos lobistas, tendo em vista que muitos dos agentes públicos responsáveis pelas mais importantes decisões tomadas pelo Estado são eleitos pelo povo[114]. Malgrado existam diversas restrições legais que incidem sobre a

---

108. Tais empresas, conforme revelam inúmeras reportagens publicadas no país em 2017, desenvolveram campanha junto aos principais veículos de comunicação nacionais, por via da qual solicitavam aos seus clientes que contatassem diretamente os membros do Congresso Nacional para pleitear que não fossem aprovadas disposições normativas que impactassem as suas atividades. Sobre o tema: UBER, Cabify e 99 criam campanha contra projeto de lei que inviabiliza serviços. 25 set. 2017. Disponível em: <https://canaltech.com.br/governo/uber-cabify-e-99-criam-campanha-contra-projeto-de-lei-que-inviabiliza-servicos-100934>. Acesso em: 16 jul. 2018.

109. Milbrath, Lester W. *The Washington lobbyists*, cit., p. 34: "*Lobistas não dependem exclusivamente da comunicação direta com agentes responsáveis pelas decisões no plano público para alcançar seus objetivos. Eles também dedicam esforços importantes para estimular o público em geral a ter iniciativas que cheguem ao conhecimento dos decisores. Assim, eles disseminam informações, financiam campanhas publicitárias, organizam campanhas para a elaboração de cartas e telegramas aos agentes do Estado etc. (...). Todas essas atividades junto à base da sociedade (grassroots lobbying) são orientadas a comunicar os desejos do grupo àqueles que têm o poder de definir os rumos do Estado, com a finalidade de que sejam satisfeitos*" (tradução livre).

110. Finer, S. E. *Anonymous empire*: a study of the lobby in Great Britain, cit., p. 75.

111. Nownes. Anthony. *Total lobbying*: what lobbyists want (and how they try to get it), cit., p. 22 e 76: "*O lobby de base (grassroots lobbying) é voltado a interferir na atitude dos cidadãos comuns, em vez de direcionar-se aos agentes do Estado. O seu objetivo é mobilizar a sociedade a participar, de alguma maneira, do processo político, de forma que os seus anseios coincidam com anseios dos representados pelo lobista e, então, cheguem ao conhecimento dos responsáveis pelas decisões de índole pública*" (tradução livre). No mesmo sentido: Rosenthal, Alan. *The third house*: lobbyists and lobbying in the States, cit., p. 153.

112. Godwin, Ken; Ainsworth, Scott H.; Godwin, Erik. *Lobbying and policymaking*: the public pursuit of private interests, cit., p. 164.

113. Nownes. Anthony. *Total lobbying*: what lobbyists want (and how they try to get it), cit., p. 23: "*A principal forma de os lobistas e grupos de interesse atuarem durante as campanhas eleitorais é por via da realização de contribuições financeiras*" (tradução livre). No mesmo sentido: Rosenthal, Alan. *The third house*: lobbyists and lobbying in the States, cit., p. 117 e ss: "*(...) os lobistas acreditam que as contribuições em campanha são uma importante ferramenta nas suas atividades*" (tradução livre); Smith, Richard. Interest group influence in the U.S. Congress, cit., p. 91.

114. Milbrath, Lester W. *The Washington lobbyists*, cit., p. 82; Apollonio, Dorie; Cain, Bruce E.; Drutman, Lee. Access and lobbying: looking beyond the corruption paradigm, cit., p. 19; Zetter, Lionel. *Lobbying*: the art of political persuasion, cit., p. 28; Carloni, Enrico. Regolazione

matéria[115], é recorrente a atuação de lobistas como patrocinadores de campanhas eleitorais, arrecadando recursos para financiar candidatos que possam, uma vez eleitos, contribuir para a satisfação dos interesses que representam, fazendo, inclusive, oposição a quem possa prejudicá-los[116].

No Brasil, esclarecem WARDE[117], CHAGAS[118], LAZZARINI e MUSACCHIO[119], constata-se que o emprego de recursos financeiros em campanhas políticas é ferramenta importante da qual se valem empresas e lobistas em sua interação com agentes públicos. Afinal, as empresas "com maior volume de investimento em partidos - notadamente, doações de campanhas eleitorais" - têm "mais acesso a crédito e outros benefícios" oriundos do Estado. Segundo os estudiosos, "o principal mecanismo utilizado" pelos lobistas brasileiros são "doações de campanha", situação que se comprova pela circunstância de que "75% das doações de campanha declaradas tiveram origem em empresas privadas".

Tal situação, verificada sem que a sociedade possa monitorá-la, representa um enorme perigo para a preservação dos valores democráticos, porque o dinheiro passa a ser o fator mais importante na formação da convicção dos agentes do Estado, o que diminui a importância do voto e dos interesses coletivos. Não por outro motivo, afirma-se que cuidar da arrecadação de campanhas eleitorais é fundamental na regulamentação da atuação dos lobistas[120], esclarecendo WARDE[121] que controlar os gastos privados com o financiamento eleitoral é medida salutar

del "lobbying" e politiche anticorruzione. *Rivista Trimestrale di Diritto Pubblico*, Milano, n. 2, p. 372, apr./giug. 2017.

115. ROBINS, Rand. Why the Honest Leadership and Open Government Act of 2007 falls short, and how it could be improved. *Legislation and Policy Brief*, v. 2, n. 2, Article 4, p. 2, 2010. Disponível em: <https://digitalcommons.wcl.american.edu/cgi/viewcontent.cgi?article=1015&context=lpb>. Acesso em: 26 fev. 2017.

116. ROSENTHAL, Alan. *The third house*: lobbyists and lobbying in the States, cit., p. 68.

117. WARDE JÚNIOR, Walfrido Jorge. A empresa pluridimensional: empresa política e *lobby*. *Revista do Advogado*, São Paulo, v. 28, n. 96, p. 143, mar. 2008: "*As contribuições a partido e a candidatos a cargo político-eletivo, como vimos, mesmo que não devam visar a qualquer retribuição direta em benefício dos donatários, em realidade, são atos que se inserem no âmbito do chamado lobby eleitoral, isto é, atividade dedicada a convencer candidatos a cargo político-eletivo, uma vez eleitos, a empregar o poder político que lhes atribui o cargo, com o propósito de satisfazer interesses de organizações e pessoas*".

118. CHAGAS, Lucas Squarize. *Estratégia e lobby*: uma análise da interação entre grupos econômicos e contribuição de campanha. 2014. Dissertação (Mestrado) - Faculdade de Economia, Administração e Contabilidade da Universidade de São Paulo. São Paulo, 2014. p. 8.

119. LAZZARINI, Sérgio G.; MUSACCHIO, Aldo. O Leviatã nos negócios no Brasil: práticas passadas, mudanças futuras. In: SELIGMAN, Milton; MELLO, Fernando (Orgs.). *Lobby desvendado*: democracia, políticas públicas e corrupção no Brasil contemporâneo. Rio de Janeiro: Record, 2018. p. 79-80.

120. HOUSE OF COMMONS. Public Administration Select Committee. *Lobbying*: access and influence in Whitehall: First Report of Session 2008-09. London: The Stationery Office Limited, 2009. v. 1, p. 9. Disponível em: <https://publications.parliament.uk/pa/cm200809/cmselect/cmpubadm/36/36i.pdf>. Acesso em: 18 jan. 2018.

121. WARDE JÚNIOR, Walfrido Jorge. A empresa pluridimensional: empresa política e *lobby*, cit., p. 143.

para se "evitar o aliciamento dos candidatos e, por fim, que seja o próprio Estado cooptado pelas organizações empresariais".

O *lobby*, por conseguinte, é um complexo processo[122]. Goodwin e Ainsworth[123], em análise das iniciativas dos lobistas para interferir nas decisões das agências reguladoras norte-americanas, advertem que eles, além de disponibilizarem informações técnicas para o convencimento dos agentes do Estado, também contribuem na redação de propostas legislativas, participam de grupos de discussão e comitês técnicos, nos quais expõem os argumentos favoráveis aos seus interesses, criam coalizões com outros lobistas e entidades, entre outras medidas direcionadas a influenciar a administração pública, de modo a beneficiar os seus representados[124].

Anastasiadis[125] assevera que a atuação dos lobistas abrange uma série de complexas iniciativas, dentre as quais se incluem a análise preliminar dos temas que podem ser impactados pela atuação do Estado, a realização de pesquisas e estudos sobre esses temas, a elaboração de minutas de propostas legislativas para regulamentá-los, a participação em comitês e audiências públicas, a interação direta com agentes públicos para a apresentação de informações técnicas que subsidiem os processos decisórios, entre outras atividades.

Também a revelar a enorme diversidade das medidas adotadas pelos lobistas com a finalidade de influir nas decisões dos agentes públicos, as considerações de Baumgartner, Berry, Hojnacki, Kimball e Leech[126]. Segundo os autores, em texto intitulado *Lobbying and Policy Change*, o *lobby* compreenderia um leque complexo de atividades, dentre as quais estariam a realização de contatos pessoais com agentes públicos, a criação de coalizões formadas por personagens sociais com interesses comuns, a elaboração de pesquisas técnicas sobre temas específicos, a participação em comitês de discussão e audiências públicas, o

---

122. Nownes. Anthony. *Total lobbying*: what lobbyists want (and how they try to get it), cit., p. 6 e 31.

123. Godwin, Ken; Ainsworth, Scott H.; Godwin, Erik. *Lobbying and policymaking*: the public pursuit of private interests, cit., p. 98 e ss.

124. Chari, Raj; Hogan, John; Murphy, Gary. Regulating lobbying: a global comparison, cit., 2010, p. 4.

125. Anastasiadis, Stephanos. Understanding corporate lobbying on its own terms, cit.: "*O lobby busca afetar os processos de tomada de decisão públicos provendo aos seus responsáveis – notadamente aos agentes formadores das políticas públicas – informações específicas sobre os temas em discussão e preferências da sociedade. Isso por envolver informações sobre os custos e benefícios da adoção das decisões que podem ser tomadas em determinada matéria, ou, mais amplamente, simplesmente buscar orientar o debate de forma a que ele seja favorável aos interesses representados pelo lobista (...). Os ativos que os lobistas disponibilizam aos agentes públicos são informações, que podem ser de diversas naturezas: relatórios de pesquisas feitas a partir da coleta de opinião pública, a apresentação de pesquisas e projetos, a participação em audiências públicas, a exposição de dados técnicos para orientar a formação do convencimento dos agentes do Estado etc.*" (tradução livre).

126. Baumgartner, Frank R.; Berry, Jeffrey M.; Hojnacki, Marie; Kimball, David; Leech, Beth. *Lobbying and policy change*: who wins, who loses, and why, cit., p. 151.

envio de correspondência a funcionários do Estado, a divulgação na mídia de informações que estimulem a adesão social aos interesses representados pelos lobistas, a execução de campanhas educativas etc.

VIDACAK[127] compreende que as iniciativas dos lobistas devem abarcar a realização de pesquisas técnicas, o monitoramento das discussões nacionais que podem ser impactadas por decisões da administração pública, a articulação com agentes da iniciativa privada e pública que disponham de informações técnicas sobre interesses comuns, e a participação em audiências sobre os temas que interessem aos seus representados.

Releva destacar, também sobre tal aspecto, o estudo desenvolvido por SANSON[128], segundo o qual "o *lobby*, originalmente um diálogo firmado entre representantes de interesses setoriais e agentes públicos, apresenta-se, atualmente, multifacetado, utilizando-se de conjunto variado de atitudes, como monitoramento legislativo, confecção de pesquisas e procura por aliados", sendo, pois, uma atividade complexa. Nela estariam abarcadas a elaboração de relatórios, "a avaliação do timing (cronograma e medidas a serem tomadas)", a "apresentação de documentos", a "identificação de aliados e adversários no poder público", a "elaboração de um plano mínimo de atuação", além do "envio de correspondência", a realização de "visitas" e "contatos pessoais", "a realização de viagens de estudo", "a participação em audiências públicas", "o uso de assessoria de imprensa", "o uso da propaganda" etc.

É interessante destacar que muitas das técnicas historicamente utilizadas pelos lobistas para ganhar a confiança dos agentes públicos e, assim, convencê-los a tomar decisões que satisfaçam os interesses dos seus representados, têm sido limitadas nos últimos anos, porque podem prejudicar a objetividade que deve pautar a atuação do Estado. Consoante adverte ROSENTHAL[129], a realização de eventos, o oferecimento de determinadas vantagens, a realização de investimentos em campanhas políticas, o custeio de despesas são tratados por disposições

---

127. VIDACAK, Igor. Interest groups and lobbying in the European Union, cit., p. 180. No mesmo sentido: OBRADOVIC, Daniela. Regulating lobbying in the European Union. In: COEN, David; RICHARDSON, Jeremy (Eds.). *Lobbying the European Union*: institutions, actors, and issues. Oxford: Oxford University Press, 2011. p. 306. Disponível em: <http://docenti.unimc.it/andrea.prontera/teaching/2016/15964/files/business-lobbying-in-the-european-union_chapter_8_reading_week_3>. Acesso em: 15 mar. 2017.

128. SANSON, Alexandre. *Dos grupos de pressão na democracia representativa*: os limites jurídicos, cit., p. 180. No mesmo sentido: OLIVEIRA, Andrea Cristina de Jesus. Breve histórico sobre o desenvolvimento do *lobbying* no Brasil, cit., p. 29 e 199: "*Lobbying é o processo pelo qual os grupos de pressão buscam participar do processo estatal de tomada de decisões, contribuindo para a elaboração das políticas públicas de cada país. Para isso, os grupos de pressão utilizam-se de uma cadeia multifacetada de atividades que incluem coleta de informações, propostas políticas, estratégias para dar suporte a tais demandas, pesquisas e procura por aliados*".

129. ROSENTHAL, Alan. *The third house*: lobbyists and lobbying in the States, cit., p. 93.

normativas que as restringem, situação que merece atenta observação quando se está a estudar a regulamentação do instituto.

Em suma, a compreensão que se tem do *lobby* extrapola a ideia simplista de que ele apenas abarca a interação pessoal entre os lobistas e os agentes do poder público que eles buscam influenciar. Embora essa seja uma das mais importantes atividades que caracterizam o instituto estudado, também são de grande relevância a elaboração de estudos técnicos, o monitoramento de projetos legislativos, a participação em comitês e audiências, a utilização de veículos de comunicação para divulgar e estimular determinados modelos decisórios, e diversas outras providências que possam, direta ou indiretamente, interferir na formação da convicção dos funcionários públicos sobre temas que possam afetar a esfera de interesses dos clientes dos lobistas.

1.4 O *lobby* e a sua relação com a democracia

A análise realizada nos tópicos anteriores revelou que o *lobby*, embora venha despertando maiores preocupações e interesses nos anos recentes, é fenômeno inerente à vida social: os agentes — da iniciativa privada e, também, da esfera pública — sempre buscam adotar medidas que visem a assegurar sejam satisfeitos, pelo poder público, os seus interesses. Por conseguinte, a prática do *lobby*, respeitadas as diferenças culturais que marcam os agrupamentos humanos[130], está presente em todos eles, em todos os períodos da História, independentemente do regime de poder que os caracterize.

Apesar disso, é nos regimes democráticos que a atuação dos lobistas assume seu mais importante papel. Chari, Hogan e Murphy[131], além de Vidacak[132], salientam que, apesar de o vocábulo *lobby* não raras vezes ser interpretado de forma pejorativa, a prática que ele nomeia, desde que observados critérios de transparência, é fundamental para a democracia e para o desenvolvimento de qualquer sociedade aberta e plural. Também nesse sentido é a conclusão da União Europeia, exposta em documento que analisou o *lobby,* instituto imanente a qualquer sistema de índole democrática[133].

---

130. Anastasiadis, Stephanos. Understanding corporate lobbying on its own terms, cit.

131. Chari, Raj; Hogan, John; Murphy, Gary. *Regulating lobbying*: a global comparison. New York: Manchester University Press, 2012. p. 1. (European Policy Research Unit Series): "*Todos os estudos têm mostrado que o trabalho desenvolvido pelos lobistas e grupos de interesse é central e integra o próprio processo democrático em qualquer sistema liberal. Embora o termo seja interpretado com viés negativo, no âmbito da democracia, o trabalho dos lobistas é essencial*" (tradução livre).

132. Vidacak, Igor. Interest groups and lobbying in the European Union, cit., p. 186: "*Embora os termos lobby e grupos de interesse carreguem conotação negativa (...), a atividade por eles realizada, principalmente se transparente, deve ser reputada inerente a qualquer sociedade efetivamente livre e democrática*" (tradução livre).

133. EUROPEAN UNION. Delegation of the European Commission to the USA. *Lobbying in the EU*: an overview, cit.

Em importante estudo sobre a matéria, COEN[134] adverte que, atualmente, não obstante exista preocupação com a prática do *lobby*, muitas vezes associada a atos ilícitos que interferem no regular funcionamento dos órgãos da administração pública, é preciso reconhecer que ela é fundamental para o aprimoramento democrático. Isso porque o intercâmbio de informações propiciado pela interação entre os lobistas e os agentes públicos favorece a qualidade da atuação do Estado, além de conferir maior legitimidade às suas escolhas, pois tomadas a partir de análises e discussões das quais participam os agentes sociais por elas impactados.

É fundamental destacar que a prática do *lobby* é usualmente inserida no espectro de proteção do direito fundamental de petição, expressamente previsto nas Cartas Constitucionais de diversos países mundo afora. Tal situação foi bem destacada em documento publicado pela OCDE, que enfatiza a importância do instituto estudado para a legitimidade da atuação dos órgãos do Estado, uma vez que a sua prática é manifestação elementar do direito essencial mencionado[135].

Na doutrina, KRSMANOVIC[136], ROSENTHAL[137], SOTERO e PRUSA[138], em igual sentido, esclarecem que a prática do *lobby*, especialmente quando implementada de forma transparente, representa uma das mais importantes manifestações do direito de petição, consagrado nos textos constitucionais da maior parte das nações democráticas da atualidade. Assim, onde quer que tal direito seja assegurado, há de se considerar admissível a adoção de iniciativas que caracterizem o que se usa denominar *lobby*.

A prática do *lobby* também é entendida por muitos estudiosos como importante instrumento de mitigação do déficit democrático que marca os modelos de representação atualmente vigentes na maior parte dos países do globo. Consoante adverte SAURUGGER[139], a consolidação de regimes políticos efetivamente

---

134. COEN, David. Lobbying in the European Union, cit. No mesmo sentido: LEHMANN, Wilhelm. The European Parliament. In: COEN, David; RICHARDSON, Jeremy (Eds.). *Lobbying the European Union*: institutions, actors, and issues. Oxford: Oxford University Press, 2011. p. 65. Disponível em: <http://docenti.unimc.it/andrea.prontera/teaching/2016/15964/files/business-lobbying-in-the-european-union_chapter_8_reading_week_3>. Acesso em: 15 mar. 2017; FINER, S. E. *Anonymous empire*: a study of the lobby in Great Britain, cit., p. 107.

135. OCDE. ORGANISATION FOR ECONOMIC CO-OPERATION AND DEVELOPMENT. *Lobbyists, government and public trust*: increasing transparency through legislation, cit., v. 1, p. 18 e 40: "*O lobby é comum e explicitamente reconhecido como legítimo e essencial, considerada a complexidade dos governos modernos (...). Por exemplo, ele está inter-relacionado com o fundamental direito de petição (...). O lobby não é apenas uma realidade incontornável, ele é legítimo e assim deve ser reconhecido. Em democracias, os cidadãos têm o direito de pedir ao governo, e é legítimo que eles paguem um terceiro para fazê-lo*" (tradução livre).

136. KRSMANOVIC, Dusko. *A guidebook on lobbying*, cit., p. 14.

137. ROSENTHAL, Alan. *The third house*: lobbyists and lobbying in the States, cit., p. 1.

138. SOTERO, Paulo; PRUSA, Anna C. O lobby nos EUA: a transparência de um sistema imperfeito, cit., p. 30.

139. SAURUGGER, Sabine. Interest groups and democracy in the European Union, cit., p. 1.274: "*Desde Tocqueville, associações e grupos de interesse têm sido considerados atores essenciais em*

democráticos não se consuma com a outorga à sociedade do direito de escolher seus representantes por meio do voto. Há de se assegurar aos atores sociais a possibilidade de interferir no rumo das decisões dos órgãos públicos, tanto no período de escolha dos mandatários dos poderes estatais, quanto no período em que eles desempenham as suas funções. Tal assertiva ganha ainda mais importância nos dias atuais, nos quais prevalece, no Brasil e em quase todos os países, uma grande descrença na classe política.

Na mesma esteira, KLÜVER[140] ensina que é amplamente aceita a ideia de que a prática do *lobby*, quando empreendida de forma transparente, encurta a distância que separa a população dos tomadores das decisões que lhe são de interesse. Assim, amplia-se a possibilidade de participação social nos processos de decisão na esfera pública, situação que os torna mais legítimos e democráticos. Afirmam SOTERO e PRUSA[141] que as ações de *lobby* dão voz à sociedade.

Não se pode desconsiderar, ainda, conforme já apontado em tópico anterior, que, atualmente, as decisões estatais não cabem apenas a funcionários públicos eleitos pelo voto, mas também a órgãos da burocracia estatal integrados por pessoas que não foram submetidas a escrutínio popular. Por isso, o intercâmbio de informação em tal ambiente, por meio da prática de *lobby*, é encarado como ferramenta importante para a legitimação da atuação do poder público.

Tratando especificamente da União Europeia, em cujos órgãos atuam diversos funcionários que não são eleitos, eis que nomeados com base em critérios não definidos pela sociedade, HAUSER[142] destaca a posição dos estudiosos que

sistemas verdadeiramente democráticos (...). Grupos de interesse são parte fundamental de qualquer sistema político democrático, simplesmente porque são vistos como ferramentas que viabilizam melhor representação dos interesses existentes. Teóricos da democracia participativa enxergam a participação para além da escolha pelo voto, dos representantes do Estado. Os altos níveis de abstenção nas eleições e o desencantamento da sociedade com os partidos políticos, fenômeno que se espraia mundo afora, estimularam a criação de novos canais de atuação política. Em geral, democracia demanda ampla participação no processo de decisão pública. Isso requer a criação de oportunidades para que todos os membros de todos os grupos possam contribuir com o processo de formação das decisões do Estado" (tradução livre). Na mesma esteira: DÜR, Andreas; DE BIÈVRE, Dirk. The question of interest groups influence. *International Public Policy*, Cambridge, v. 27, n. 1, p. 1, May 2007. Disponível em: <https://www.researchgate.net/profile/Andreas_Duer/publication/228394385_The_Question_of_Interest_Group_Influence/links/0a85e5379c096e24ce000000/The-Question-of-Interest-Group-Influence.pdf>. Acesso em: 20 set. 2017.

140. KLÜVER, Heike. *Lobbying in the European Union*: interest groups, lobbying coalitions and policy change, cit., p. 3. No mesmo sentido: JOBIM, Nelson; SOUZA, Luciano Inácio de. A regulamentação do *lobby*: análise comparada entre América Latina, Brasil e Estados Unidos, cit., p. 58: "*É evidente que os grupos de interesse possuem um papel importante no cenário político e na democracia de um país, uma vez que sua atuação resulta no aumento de participação da sociedade no processo de decisão política*".

141. SOTERO, Paulo; PRUSA, Anna C. O lobby nos EUA: a transparência de um sistema imperfeito, cit., p. 31.

142. HAUSER, Henry. European Union lobbying Post-Lisbon: an economic analysis, cit., p. 684:

veem o *lobby* como um instrumento legitimador das decisões que se tomam no plano supranacional. De acordo com ele, o intercâmbio de informações entre os lobistas e os indivíduos que decidem as políticas públicas no bloco europeu, do qual partem as balizas para a criação de mais de 80% das leis vigentes no plano doméstico, traz benefícios para toda a comunidade, porque aumenta o nível de legitimação de suas decisões, e as aprimora sob a perspectiva técnica.

É corrente entre os estudiosos do assunto a ideia de que a atuação dos lobistas, especialmente sua interação com os agentes da esfera pública responsáveis pelos processos de decisão estatais, no Poder Legislativo, no Poder Executivo ou no Poder Judiciário, propicia um inequívoco incremento na qualidade técnica da atuação dos órgãos do Estado. Isso porque, conforme mencionado no tópico em que foram descritas as técnicas de atuação dos lobistas, está no cerne de suas iniciativas o fornecimento de informação qualificada para os funcionários públicos, com o propósito de convencê-los a adotar os caminhos decisórios que mais interessem aos seus representados.

A OCDE[143] destaca que a atuação dos lobistas é fator importante na melhoria do nível técnico das decisões que emergem da administração pública, em razão das informações que eles podem oferecer aos agentes públicos. Sobre o assunto, Apollonio, Cain e Drutman[144] destacam que o papel desempenhado pelos profissionais do *lobby* é fundamental para prover os órgãos do Estado com

"Os estudiosos veem os lobistas da União Europeia como responsáveis por promover um intercâmbio de informações mutuamente benéfico, não pela geração de influências indevidas. Vistos com esse olhar, grupos de interesse e seus representantes acabam sendo importantes para contribuir com a legitimação democrática da atuação da União Europeia. Conforme a própria Comissão Europeia tem declarado, o lobby é instituto legítimo nos regimes de cariz democrático (...). Os lobistas podem criar pontes para superar as limitações democráticas que existem entre os organismos da União Europeia e os cidadãos, conferindo legitimidade às normas criadas pelo bloco. Grupos de interesse e seus representantes contribuem com recursos cruciais no processo decisório (...). Lobistas também utilizam os seus recursos para oferecer às instituições da União Europeia os dados técnicos necessários para o eficiente encaminhamento dos temas que são de interesse do bloco" (tradução livre). No mesmo sentido: Saurugger, Sabine. Interest groups and democracy in the European Union, cit., p. 1.280; EUROPEAN UNION. Delegation of the European Commission to the USA. *Lobbying in the EU*: an overview, cit.

143. OCDE. ORGANISATION FOR ECONOMIC CO-OPERATION AND DEVELOPMENT. *Lobbyists, government and public trust*: increasing transparency through legislation, cit., v. 1, p. 18.

144. Apollonio, Dorie; Cain, Bruce E.; Drutman, Lee. Access and lobbying: looking beyond the corruption paradigm, cit., p. 29: *"Muitos estudos concluíram que as informações são os mais importantes ativos dos lobistas, e disponibilizá-las aos agentes do Estado é sua mais importante função. A importância das informações decorre do fato de que os membros do poder público e suas equipes são, usualmente, generalistas (...). Parte das informações de que os lobistas dispõem é de natureza técnica (...). Os lobistas, além disso, geralmente têm conhecimentos específicos sobre as consequências eleitorais das decisões tomadas no plano público, por estarem em contato imediato com os eleitores (...). Ademais, tendo em vista que os lobistas mantêm intenso contato e comunicação com vários organismos e Poderes do Estado, eles com frequência transmitem aos responsáveis pelas decisões públicas informações amplas sobre o cenário político"* (tradução livre).

informações especializadas que tornem mais acertados os processos decisórios públicos.

Na mesma esteira são os ensinamentos de KRSMANOVIC[145], OLIVEIRA[146], GOODWIN, AINSWORTH[147] e NOWNES[148], salientando este último ter-se desenvolvido, inclusive, uma teoria da comunicação especificamente relacionada ao *lobby*, instituto que funciona como importante ferramenta de disponibilização de informações aos órgãos públicos, necessárias para que sejam mais ilustradas as decisões do Estado.

ROSENTHAL[149] pontifica que, para tanto, criam-se canais de comunicação entre os profissionais do *lobby* e os funcionários do Estado, por intermédio dos quais ocorrem trocas de informações que favorecem a ambos os atores referidos. Aduz o professor, a boa informação é a principal ferramenta de persuasão dos lobistas.

SANSON[150], por sua vez, pontifica que "os grupos utilizam-se do *lobbying* (...) para esclarecer o legislador ou a autoridade pública sobre as decisões ou propostas que possam vir a ser encaminhadas como mecanismos de persuasão, servindo como informação objetiva disponível para, em tempo hábil, instrumentar a melhor decisão". Com efeito, em sociedade complexa, na qual o Estado toma decisões que impactam os mais diversos interesses, e "tendo em vista a própria incapacidade humana dos agentes estatais conhecerem, amplamente, todos os temas que lhes são submetidos à apreciação", a atuação dos lobistas passa a ser fundamental para o aumento da qualidade e da eficiência dos processos decisórios da administração pública.

Destarte, adverte ZETTER[151], é amplamente difundida a ideia de que a prática do *lobby* propicia a produção de melhores decisões no plano estatal, situação

145. KRSMANOVIC, Dusko. *A guidebook on lobbying*, cit., p. 19: "*(...) o lobby facilita e aprimora a transmissão de informações na sociedade (...). O Estado e seus agentes não são especializados em analisar todos os mercados, nem todos os assuntos de que devem tratar; além disso, obter informação técnica precisa sobre todos os temas que demandem a atuação do Estado exige altos investimentos, embora os recursos sejam usualmente limitados. Assim, uma arena aberta ao lobby confere ao setor privado a possibilidade de fornecer aos agentes públicos uma ampla gama de informações e viabiliza uma atuação estatal mais eficiente*" (tradução livre).

146. OLIVEIRA, Andrea Cristina de Jesus. Breve histórico sobre o desenvolvimento do *lobbying* no Brasil, cit., p. 30: "*O lobbying deve ser visto como informação objetiva disponível para, em tempo hábil, instrumentar a melhor decisão*".

147. GODWIN, Ken; Ainsworth, Scott H.; GODWIN, Erik. *Lobbying and policymaking*: the public pursuit of private interests, cit., p. 5 e 80.

148. NOWNES. Anthony. *Total lobbying*: what lobbyists want (and how they try to get it), cit., p. 26.

149. ROSENTHAL, Alan. *The third house*: lobbyists and lobbying in the States, cit., p. 17 e 195.

150. SANSON, Alexandre. *Dos grupos de pressão na democracia representativa*: os limites jurídicos, cit., p. 197. No mesmo sentido: BOUWEN, Pieter. The European Commission, cit., p. 22.

151. ZETTER, Lionel. *Lobbying*: the art of political persuasion, cit., p. 10: "*É induvidoso que a indústria do lobby ajuda o parlamento a produzir melhores leis (...). Esse é um forte argumento no*

que revela não apenas que o instituto é legítimo, mas também importante para o aprimoramento da atuação do poder público. Também nesse sentido é o posicionamento da Transparência Internacional, em estudo dedicado ao assunto[152], destacando SMITH[153] que os agentes públicos dispõem de melhor informação sobre os temas legislativos, bem assim sobre os seus impactos, quando interagem com lobistas.

Fala-se, por esses motivos, que as vantagens geradas pela prática do *lobby* nos regimes democráticos não são unidirecionais[154]. Ao contrário, a interação entre os lobistas e os agentes do setor público gera benefícios recíprocos e dá origem a uma verdadeira relação de interdependência: enquanto os lobistas precisam estimular processos decisórios que favoreçam os interesses por eles representados, os funcionários do Estado dependem de informações especializadas de que dispõem os lobistas[155].

Destarte, nas circunstâncias em que o *lobby* torna disponíveis no espaço decisório informações que façam com que os agentes estatais atuem de forma mais ilustrada, ocorre verdadeiro intercâmbio de interesses entre o setor público e o setor privado, situação que deu azo ao surgimento, na doutrina, da expressão *exchange relation*[156]. São merecedoras de destaque, nesse aspecto, as lições de KLÜVER[157], segundo o qual, na dinâmica de atuação dos lobistas, ocorre troca

sentido de que o lobby é, além de legítimo, também louvável" (tradução livre). No mesmo sentido: CHARI, Raj; HOGAN, John; MURPHY, Gary. Regulating lobbying: a global comparison, cit., 2010, p. 52.

152. TRANSPARENCY INTERNATIONAL. *Money, politics, power*: corruption risks in Europe. Berlin: Transparency International. International Secretariat, 2012. Disponível em: <https://www.transparency.org/whatwedo/publication/money_politics_and_power_corruption_risks_in_europe>. Acesso em: 19 maio 2018.

153. SMITH, Richard. Interest group influence in the U.S. Congress, cit., p. 100.

154. SAURUGGER, Sabine. Interest groups and democracy in the European Union, cit., p. 1.277.

155. FINER, ainda nos anos de 1950, discorrendo sobre a realidade do *lobby* na Inglaterra, afirmava que os órgãos públicos precisam dos lobistas, essencialmente, porque os lobistas dispõem de muitas informações de índole técnica, primordiais para suprir os déficits de conhecimento dos agentes do Estado, e porque eles podem prestar esclarecimentos sobre a visão que tem a sociedade das políticas públicas escolhidas pelo governo. Por outro lado, a revelar a existência de uma via de mão dupla, adverte o estudioso inglês que, em contrapartida, os lobistas esperam receber informações importantes dos funcionários públicos com os quais interagem, além de fazer com que os interesses que representam sejam efetivamente satisfeitos nos processos decisórios estatais. Há, portanto, um efetivo intercâmbio, que interessa a ambas as partes (FINER, S. E. *Anonymous empire*: a study of the lobby in Great Britain, cit., p. 31).

156. BOUWEN, Pieter. The European Commission, cit., p. 19 e ss.: "*Em vez de se enxergar o lobby (...) como uma atividade unidirecional de promoção de interesses privados junto ao Estado, há de se concebê-lo como uma relação de intercâmbio e de intensa interdependência entre agentes públicos e privados (...). Seria um erro considerar que o lobby na Comissão Europeia fosse uma atividade unidirecional (...). A chave para compreender a atividade dos lobistas privados (...) é entender que eles estão em uma relação de troca com o Estado"* (tradução livre).

157. KLÜVER, Heike. *Interest groups influence on EU policy-making*: a quantitative analysis across issues. Paper prepared for Presentation at the 11th Biennial Conference of the European Union Studies Association, Los Angeles, 23-25, April 2009. p. 4. Disponível em: <http://aei.pitt.edu/33094/1/

de vantagens entre os agentes responsáveis pelas decisões na esfera pública e aqueles que buscam influenciá-los: intercambiam-se informações que subsidiam as decisões por influência.

Tais informações, conforme esclarece Nownes[158], abarcam, além dos aspectos técnicos relacionados aos temas em discussão na esfera pública, questões mais amplas, como a quantidade de empregos que a aprovação de determinado projeto legislativo pode criar, a medida em que os índices de poluição ambiental podem ser reduzidos, a quantidade de alunos matriculados em escolas que se pode aumentar, a proporção em que a economia pode crescer etc. Ademais, em muitas situações, os agentes públicos sobre os quais atuam lobistas são eleitos pelo povo e, por isso, informações sobre os impactos que suas decisões causam na população, em especial, em seus eleitores, são importantes nessa interação.

Na doutrina nacional, Oliveira[159] afirma que a prática do *lobby* dá origem a via de mão dupla, que une os interesses representados pelos lobistas aos agentes do Estado. Com efeito, adverte a professora, "a atividade de *lobbying*, independentemente do formato que assuma, é essencial em sociedades democráticas. Isso porque os tomadores de decisão são confrontados com uma complexa rede de interesses, e a informação técnica que os lobistas levam a eles é bastante importante, pois subsidia sua análise sobre o melhor caminho a seguir. O processo de *lobbying* transforma-se, assim, em uma via de mão dupla, pois, ao fornecer informações imparciais, confiáveis e comprováveis aos tomadores de decisão", os lobistas criam um importante canal de interlocução que contribui para que as decisões tomadas pelo Estado tenham alta qualidade técnica.

Bouwen[160] desenvolveu uma importante teoria que explica de que forma interagem os lobistas e os agentes públicos no âmbito de uma sociedade de cariz democrático. Esclarece o professor, de acordo com a sua teoria do acesso (*Theory of Access*), que a troca que caracteriza a relação dos profissionais do

kluever._heike.pdf>. Acesso em: 24 fev. 2018. No mesmo sentido: OCDE. ORGANISATION FOR ECONOMIC CO-OPERATION AND DEVELOPMENT. *Lobbyists, government and public trust*: increasing transparency through legislation, cit., v. 2, p. 13; Hillman, Amy J.; Hitt, Michael A. Corporate political strategy formulation: a model of approach, participation, and strategy decisions, cit., p. 833.

158. Nownes. Anthony. *Total lobbying*: what lobbyists want (and how they try to get it), cit., p. 63. No mesmo sentido: Godwin, Ken; Ainsworth, Scott H.; Godwin, Erik. *Lobbying and policymaking*: the public pursuit of private interests, cit., p. 5.

159. Oliveira, Andrea Cristina de Jesus. Breve histórico sobre o desenvolvimento do *lobbying* no Brasil, cit., p. 42. No mesmo sentido: Sotero, Paulo; Prusa, Anna C. O lobby nos EUA: a transparência de um sistema imperfeito, cit., p. 38; Seligman, Milton; Bandeira, Mateus Affonso. Manual de melhores práticas em relações institucionais, cit., p. 228.

160. Bouwen, Pieter. A comparative study of business lobbying in the European Parliament, The European Commission and the Council of Ministers. *Max-Planck-Institut für Gesellschaftsforschung*, MPIfG Discussion Paper, 02/07, p. 7, Köl, Germany, Nov. 2002. Disponível em: <https://www.mpifg.de/pu/mpifg_dp/dp02-7.pdf>. Acesso em: 18 mar. 2018.

lobby com os funcionários do Estado é regida pela lei da oferta e demanda, o que traz benefícios recíprocos para os personagens nela envolvidos. Assim, enquanto os lobistas buscam canais de comunicação que façam com que as informações sobre os temas de seu interesse cheguem ao conhecimento dos órgãos do Estado, estes últimos e seus integrantes precisam de tais informações para o bom desempenho de suas funções, o que confere legitimidade à sua atuação, bem como melhor nível técnico, e evidencia a relação direta existente entre *lobby* e democracia[161].

De se destacar, outrossim, os dizeres de SANTOS[162], segundo o qual "a prática do *lobbying* é importante instrumento no âmbito do sistema democrático, à medida que provê um fórum para a resolução de conflitos entre pontos de vista diversos e concorrentes e institui um sistema de *checks and balances* que permite a competição entre grupos de interesse. Além disso, provê informação, análise e opinião para legisladores e líderes do governo permitindo a tomada de decisão informada e equilibrada. Assim, os *lobbyists* podem ajudar a tornar o processo legislativo mais eficiente provendo dados e assessoramento acurado".

O *lobby*, consideradas as circunstâncias expostas no presente tópico, é fator importante para a promoção de valores democráticos, pois que representa manifestação elementar do direito constitucional de petição, confere à sociedade a possibilidade de interferir nos processos decisórios do Estado a todo o tempo, contribui para mitigar as limitações que surgem quando a sociedade é ouvida apenas no período eleitoral e propicia o intercâmbio de informações técnicas entre os lobistas e os funcionários públicos, do que resulta a elaboração de diplomas normativos de maior qualidade.

Desse modo, é inequívoco que a prática do *lobby* jamais poderá ser proibida em sociedade que se afirme democrática[163]. Todavia, não se pode ignorar que,

---

161. CHARRAD, Kristina. Lobbying the European Union. *NEZ - Nachwuchsgruppe Europäische Zivilgesellschaft*, Westfälische Wilhelms-Universität, Münster, 2005. p. 4. Disponível em: <http://lobbyists.ru/eu/Charrad_Literaturbericht_Lobbying_mit_Deckblatt.pdf>. Acesso em: 25 fev. 2018, p. 9.

162. SANTOS, Luiz Alberto dos. *Regulamentação das atividades de lobby e seu impacto sobre as relações entre políticos, burocratas e grupos de interesse no ciclo de políticas públicas*: análise comparativa dos Estados Unidos e Brasil. Brasília-DF: Ed. do Senado Federal, 2007. No mesmo sentido: MEYER-PFLUG, Samantha Ribeiro (Coord. Acad.). *Grupos de interesse (lobby)*, cit., p. 36-38: "*O lobby é uma prática lícita e essencial para a consolidação da sociedade democrática (...). A prática do lobby fornece informação, análise e opinião para legisladores e líderes de governo, o que ajuda a tornar o processo político de tomada de decisão mais eficiente, provendo dados e assessoramento acurado sobre os efeitos de determinadas legislações ou políticas (...). Longe de ser condenado, o lobby deve ser visto como um aspecto inerente à política democrática e ao repertório de seus instrumentos*". Também assim: ARAÚJO, Fabiano de Figueiredo. Os atores de política pública e a regulamentação do *lobby* no Brasil. *Fórum Administrativo*, Belo Horizonte, ano 16, n. 179, p. 41, jan. 2016; SANTOS, Luiz Alberto dos. Regulação do lobby no Brasil: o Projeto de Lei nº 1.202, de 2007 - constitucionalidade e adequação aos fins pretendidos, cit.

163. CARLONI, Enrico. Regolazione del "lobbying" e politiche anticorruzione, cit., p. 374;

a depender da maneira como se dá a interação entre os lobistas e os agentes públicos, é possível que as importantes vantagens potencialmente por ela geradas sejam suplantadas por efeitos negativos para a democracia e para a sociedade, situação que revela a importância de que se criem balizas normativas que incidam sobre o instituto.

1.5 Os problemas com o *lobby*

As considerações feitas no tópico anterior revelam que o *lobby* é instituto necessário à existência de qualquer regime democrático. Todavia, embora a atuação dos lobistas possa trazer benefícios importantes para o desenvolvimento social, não são raras as situações em que a sua prática está associada a atos prejudiciais à promoção dos interesses públicos. Conforme adverte FINER, o *lobby* tem efeitos positivos, mas também pode ter efeitos negativos nas decisões públicas[164].

ROSENTHAL[165] esclarece que, se, por um lado, a atuação dos lobistas é vital para a efetiva implementação dos ideais democráticos, por outro, pode ser fonte de ameaça para esses mesmos ideais. LUNEBURG[166], por sua vez, enfatiza inexistir qualquer incompatibilidade *prima facie* entre a democracia, a preservação dos interesses sociais e a atuação dos lobistas. Entretanto, a depender das estratégias e das ferramentas de convencimento utilizadas na prática do *lobby*, a sua legitimidade pode ser comprometida[167]. Tal é a situação verificada nas hipóteses em que, para convencer os agentes públicos, os profissionais do *lobby* lhes oferecem vantagens indevidas com o fim de assegurar decisões que os favoreçam.

MILBRATH[168], justamente sobre casos que tais, inicia o *The Washington*

SANTOS, Luiz Alberto dos. Regulação do lobby no Brasil: o Projeto de Lei nº 1.202, de 2007 - constitucionalidade e adequação aos fins pretendidos, cit.

164. FINER, S. E. *Anonymous empire*: a study of the lobby in Great Britain, cit., p. 106.

165. ROSENTHAL, Alan. *The third house*: lobbyists and lobbying in the States, cit., p. 7.

166. LUNEBURG, Willian V. The evolution of Federal Lobbying Regulation: where we are now and where we should be going. *McGeorge Law Review*, v. 41, p. 88, 2009. Disponível em: <https://www.mcgeorge.edu/Documents/Publications/MLR4104_Luneburg_MASTER.pdf>. Acesso em: 01 jul. 2017.

167. MANCUSO, Wagner Pralon; ANGÉLICO, Fabiano; GOZETTO, Andrea Cristina. Ferramentas de transparência: o possível impacto da Lei de Acesso a Informações Públicas no debate sobre regulamentação do *lobby* no Brasil, cit., p. 42: "*Praticado em diversos estágios do ciclo das políticas públicas (...), o lobby pode, ao mesmo tempo, trazer contribuições e acarretar problemas. Por um lado, quando obedece ao ordenamento jurídico vigente, o lobby pode ser útil aos decisores, proporcionando-lhes informações sobre itens da agenda decisória; aos interesses dos representados, oferecendo-lhes a oportunidade de serem ouvidos; à opinião pública, fomentando o debate sobre questões de interesse coletivo; e ao sistema político como um todo, contribuindo para sua legitimação, ao assegurar oportunidade de expressão para as demandas de relevantes interesses sociais. Por outro lado, quando é feito de forma ilícita, o lobby pode acarretar problemas graves, tais como crimes contra administração pública (...)*".

168. MILBRATH, Lester W. *The Washington lobbyists*, cit., p. 3 e ss. e 298: "*Em 3 de fevereiro*

Lobbyists, um dos mais importantes estudos monográficos já escritos sobre a atuação dos lobistas, com a descrição de caso concreto havido no Congresso norte-americano em 1956. Um importante senador revelou que um dos membros de seu comitê eleitoral fora procurado por um sujeito que defendia os interesses de companhias exploradoras de gás natural, o qual manifestou interesse em fazer contribuição eleitoral no montante de US$2.500,00 (dois mil e quinhentos dólares). Tal evento teria ocorrido dias antes da votação de projeto legislativo que traria impactos nos lucros das companhias representadas pelo lobista.

De acordo com as lições do professor, é esse tipo de situação que estimula a negativa percepção social que existe em torno do *lobby*. Com efeito, em relação especificamente ao caso por ele descrito em sua obra, logo após a exposição dos fatos pelo senador, toda a mídia voltou sua atenção para o assunto, fazendo inúmeras reportagens, sempre de modo a incutir a ideia de que a atuação dos lobistas, via de regra, compreendia o pagamento de vantagens indevidas a agentes do Estado e, portanto, assimilava-se à corrupção. Assim, seria danosa aos interesses coletivos, ao bom funcionamento das instituições públicas e do regime democrático.

Na literatura especializada no estudo do *lobby*, sobram referências à circunstância de que o instituto, em geral, é associado à prática de atos corruptos. Lehmann[169], Charrad[170], Balosin[171], Carloni[172] e Robins[173] afirmam que o vocábulo "lobista" apresenta conotação negativa em várias nações do mundo, porque se compreende que os profissionais que se dedicam ao *lobby* se valem do

de 1956, o Senador Francis Cas (...) anunciou no Senado dos Estados Unidos que um lobista do setor de gás natural havia se aproximado do seu chefe de campanha (...) e entregado a ele uma contribuição eleitoral de US$2.500,00 (dois mil e quinhentos dólares). Isso ocorreu poucos dias antes de o Senado votar uma lei do setor representado por referido lobista (...). A declaração do senador estimulou a ocorrência de uma série de eventos. Apresentada em inúmeras reportagens em todo o país, a situação descrita deu às pessoas a impressão de que era esse o padrão de atuação dos lobistas. Novos comentários indicavam que os lobistas estavam comprando e vendendo as decisões públicas (...). Muitos fatores contribuem com a desaprovação da atuação dos lobistas. A maior parte deles tem relação com o fato de que o público, geralmente por intermédio da imprensa, recebe informações negativas sobre a prática do lobby" (tradução livre).

169. Lehmann, Wilhelm; Bosche, Lars. Lobbying in the European Union: current rules and practices, cit., p. 1.

170. Charrad, Kristina. Lobbying the European Union, cit., p. 2.

171. Balosin, Miruna Andrea. Analyzing EU's lobbying. In: THE PROCEEDINGS OF THE EUROPEAN INTEGRATION - BETWEEN TRADITION AND MODERNITY CONGRESS, 2nd, *Romania:* Editura Universităţii Petru Maior, 2009. v. 3, p. 1181. Disponível em: <http://www.diacronia.ro/en/indexing/details/A23686/pdf>. Acesso em 26 fev. 2017.

172. Carloni, Enrico. Regolazione del "lobbying" e politiche anticorruzione, cit., p. 375.

173. Robins, Rand. Why the Honest Leadership and Open Government Act of 2007 falls short, and how it could be improved, cit., p. 16: "*80% (oitenta por cento dos americanos acreditam que os lobistas exercem influência indevida nas políticas públicas, e 81% (oitenta e um por cento) dos entrevistados, em pesquisa feita em janeiro de 2006 pela Pew Research Center, acreditam que é comum que lobistas paguem propina aos congressistas*" (tradução livre).

oferecimento de vantagens indevidas a agentes públicos para a satisfação de seus interesses e dos interesses das pessoas que representam, à custa do bem comum.

A OCDE, em estudo intitulado *Lobbyists, Government and Public Trust*[174], embora reconheça a importância da atuação dos lobistas para a efetivação dos valores democráticos, deixa claro que eles são percebidos pela sociedade, usualmente, como agentes que, para promover os interesses de classes privilegiadas, encetam negociações ocultas e ilegais com funcionários do Estado. Tal perspectiva também aparece expressa nas obras de Mihut[175], Côté[176] e Seligman[177], enfatizando este último que em quase todos os países do mundo, inclusive naqueles que de há muito dispõem de preceitos regulamentadores do *lobby*, os profissionais que a ele se dedicam são, invariavelmente, associados à prática de crimes contra a administração pública.

Discorrendo sobre a realidade brasileira, Melo[178] adverte que, não obstante a prática do *lobby* seja legítima, amparada, inclusive, por direito fundamental expressamente previsto na Constituição Federal, existe "preconceito em relação ao que o Brasil compreende por *lobby*". Afinal, "basta abrir os jornais desta quadra da história brasileira para ler entre matérias a respeito de processos, delações e prisões de corruptos, que tal e qual lobista estaria envolvido com a trapaça".

Oliveira[179], de seu turno, enfatiza que, há longo tempo, o termo que designa o instituto é utilizado pela imprensa para fazer menção à prática de corrupção

---

174. OCDE. ORGANISATION FOR ECONOMIC CO-OPERATION AND DEVELOPMENT. *Lobbyists, government and public trust*: increasing transparency through legislation, cit., v. 1, p. 9: "*O lobby é comumente notado de forma negativa, como se fosse ferramenta a cargo de assegurar vantagens especiais a diminuta parcela da sociedade, graças a negociações obscuras havidas de forma oculta, a portas fechadas*" (tradução livre).

175. Mihut, Liliana. Lobbying in the United States and the European Union: new developments in lobbying regulation, cit., p. 5: "*Os termos lobby e lobista são controversos. Geralmente, a conotação negativa que se lhes atribui é destacada, especialmente quando os termos são associados a alegações de corrupção e tráfico de influência. Não surpreende, portanto, que muitos lobistas prefiram utilizar, para identificar as suas atividades, termos como relações públicas, relações governamentais etc.*" (tradução livre).

176. Côté, André C. Quebec's Experience: developing a legal framework for lobbying and lobbyist registration. In: OCDE. ORGANISATION FOR ECONOMIC CO-OPERATION AND DEVELOPMENT. *Lobbyists, government and public trust*: increasing transparency through legislation, cit., v. 1, p. 126.

177. Seligman, Milton; Mello, Fernando (Orgs.). *Lobby desvendado:* democracia, políticas públicas e corrupção no Brasil contemporâneo, cit., p. 13. No mesmo sentido: Silva, Carlos José Santos da. A regulamentação do *lobby* no Brasil, cit., p. 21.

178. Melo, Carlos. Relações governamentais: significado, funcionamento e problemas da democracia no Brasil. In: Seligman, Milton; Mello, Fernando (Org.). *Lobby desvendado*: democracia, políticas públicas e corrupção no Brasil contemporâneo. Rio de Janeiro: Record, 2018. p. 153.

179. Oliveira, Andrea Cristina de Jesus. Breve histórico sobre o desenvolvimento do *lobbying* no Brasil, cit., p. 31.

e tráfico de influência, "criando um estigma de marginalidade que, hoje, longe de ter sido superado, ainda envolve a atividade". Assim, "o estigma que o *lobbying* carrega está relacionado ao fato de a atividade aparecer associada a escândalos, a licitações direcionadas, propinas e obras superfaturadas", situação que faz com que "os próprios profissionais da área" prefiram utilizar outros termos para identificar suas atividades.

Cumpre registrar que a visão crítica que recai sobre a atuação dos lobistas não surge sem motivo. Ao longo dos anos, inúmeros e graves casos de corrupção foram protagonizados por profissionais que, em tese, praticavam *lobby* junto a agentes do Estado. Rosenthal[180] adverte serem inequívocos os benefícios que a atuação dos lobistas traz para o aprimoramento dos valores democráticos, porém, em muitas oportunidades, eles se valem do oferecimento de vantagens indevidas para que os destinatários de suas estratégias de convencimento tomem decisões em favor dos interesses que representam.

Para Anastasiadis[181], é justamente esse tipo de situação que faz com que as discussões sobre *lobby* sejam, com enorme frequência, realizadas quando se está a tratar da prática de crimes contra a administração pública. Todavia, apesar da dificuldade de, em certos casos, demarcar os limites que separam a atuação legítima dos lobistas das práticas corruptas, é mister assentar que elas não se confundem.

Conforme bem esclarecem Krsmanovic[182], Harstad e Svensson[183], com os quais concordamos, enquanto a prática do *lobby* compreende, essencialmente, o intercâmbio de informações entre os lobistas e os agentes do setor público, a

180. Rosenthal, Alan. *The third house*: lobbyists and lobbying in the States, cit., p. 7: "*Ao longo do tempo, alguns lobistas e alguns legisladores efetivamente exibiram comportamentos escandalosos, situação que gerou preocupações públicas. Ao final dos anos de 1980 e no início dos anos de 1990, o FBI ou autoridades locais de investigação revelaram várias ilegalidades praticadas por lobistas e congressistas na Califórnia, Arizona, Carolina do Sul e Kentuchy. Desde então, casos de natureza menos grave têm surgido em diversos estados (...). A imprensa interpreta muito do que ocorre na relação entre lobistas e agentes públicos como verdadeiros atos de comercialização de votos (...). Dado o atual nível da corrupção e o tratamento dispensado aos lobistas e legisladores pela mídia, não surpreende que o público seja cético e desconfiado em relação a eles*" (tradução livre). No mesmo sentido: Thomas, Clive S. Interest group regulation across the United States: rationale, development and consequences, cit., p. 501.

181. Anastasiadis, Stephanos. Understanding corporate lobbying on its own terms, cit.

182. Krsmanovic, Dusko. *A guidebook on lobbying*, cit., p. 20: "*A usual representação que a sociedade tem do instituto do lobby o coloca como sinônimo de corrupção. Por isso, é fundamental destacar, desde o início, que o lobby e a corrupção são (...) conceitos antagônicos (...). O lobby não envolve a recompensa material para agentes que atuem em nome do Estado, em troca de favores indevidos. Os lobistas influenciam os agentes públicos primariamente por via do fornecimento de informações específicas, desconhecidas da administração estatal e importantes em seus processos decisórios*" (tradução livre).

183. Harstad, Bard; Svensson, Jakob. Bribes, lobbying and development. *American Political Science Review*, v. 105, n. 1, p. 46, Feb. 2011.

corrupção envolve a concessão de vantagens indevidas que servem de estímulo às decisões estatais, exclusivamente por interesses egoísticos do corrupto e do corruptor.

Destarte, é fácil perceber que o primeiro – e talvez mais grave – problema que decorre da atuação dos lobistas é justamente o fator que deu origem à percepção de que a sua atuação está associada à prática de atos atentatórios ao bem comum e à administração pública. Com efeito, dada a frequência e a intensidade das relações entre os profissionais do *lobby* e os agentes públicos, bem assim a circunstância de que é pouco denso o arcabouço normativo que usualmente as regula, tornam-se corriqueiras as iniciativas de convencimento que desaguam no oferecimento de vantagens a quem se busca convencer.

Essa realidade, tal como a percepção negativa que circunda o universo dos lobistas, poderá ser superada – ou, pelo menos, mitigada – na hipótese de se desenvolverem diplomas jurídicos cogentes que assegurem transparência na interação dos agentes que participam, ativa ou passivamente, das iniciativas de *lobby* e imponham sancionamentos dissuasórios àqueles que não se guiem pelas balizas neles definidas.

Outro aspecto da atuação dos lobistas que merece atenção dos estudiosos do fenômeno é a preservação da noção de igualdade, curial para que se fale na efetiva existência de regime democrático[184]. Tal igualdade, que não pode ser meramente formal, adverte SAURUGGER[185], abrange a possibilidade de que todos tenham condições equivalentes de acesso aos órgãos públicos e seus representantes, para promover a defesa de seus interesses, independentemente dos recursos financeiros, políticos e humanos de que disponham.

O que se verifica no plano da realidade concreta, todavia, é que a possibilidade de os atores sociais adotarem medidas com a finalidade de influenciar as decisões dos agentes estatais não respeita a ideia elementar de igualdade. Os estudiosos que se dedicam ao *lobby* e o observam com perspectiva crítica, embora o compreendam como inerente à vida social, apontam para o fato de que, muitas vezes, ele favorece apenas os interesses de quem dispõe de elevados recursos econômicos[186].

---

184. MANCUSO, Wagner Pralon; ANGÉLICO, Fabiano; GOZETTO, Andrea Cristina. Ferramentas de transparência: o possível impacto da Lei de Acesso a Informações Públicas no debate sobre regulamentação do *lobby* no Brasil, cit., p. 42.

185. SAURUGGER, Sabine. Interest groups and democracy in the European Union, cit., p. 1.283.

186. No Brasil, LAZZARINI e MUSACCHIO expõem que os conglomerados econômicos que mais recursos aportam na interação com agentes do setor público recebem benefícios importantes do Estado, ao passo que as empresas que não o fazem não costumam ser contempladas: "*Há farta evidência empírica no Brasil mostrando que empresas que realizam mais doações de campanha apresentam benefícios diversos, incluindo mais financiamento (...) e acesso diferenciado a concessões públicas*

Rosenthal[187] adverte que uma das mais importantes críticas ao instituto do *lobby* recai, justamente, sobre a circunstância de que, em geral, ele confere canais de acesso privilegiados a determinados grupos de interesse, em detrimento de outros. Vale mencionar que tais canais usualmente só são acessados por lobistas que representam pessoas e entidades que gozam de alta capacidade financeira, situação que gera verdadeiro desvirtuamento da noção de igualdade democrática[188].

Ao discorrer sobre a atuação dos lobistas na União Europeia, Saurugger[189] destaca que aqueles que atuam em favor de grandes conglomerados econômicos gozam de mais fácil acesso aos agentes da entidade do que aqueles que o fazem em benefício de grupos menos favorecidos financeiramente. Assim, para mitigar essa situação e assegurar maior equilíbrio nesse ambiente de influência e poder, algumas associações que advogam para grupos que dispõem de menos recursos, em especial aqueles que têm como fim a promoção de interesses difusos e coletivos, são financiadas pelo bloco supranacional.

Godwin e Ainsworth[190], sobre a dinâmica política norte-americana, preceituam que o crescimento dos recursos financeiros empregados na prática do *lobby*, nas últimas décadas, revela a importância que a disponibilidade econômica tem para que a atuação dos lobistas seja efetiva. Tal circunstância seria uma das responsáveis pela percepção difundida entre os estadunidenses de que o dinheiro na política, especialmente nas mãos dos lobistas, pode gerar desequilíbrios capazes de minar o valor democrático da igualdade[191], apesar de alguns estudos estatísticos indicarem a importância relativa que o uso do dinheiro tem no cenário político[192].

Destaque-se que as distorções que a disponibilidade econômica pode gerar na prática do *lobby* ganham contornos de especial gravidade quando se nota que muitos recursos são aplicados por lobistas e por entidades que têm interesse

(...)" (Lazzarini, Sérgio G.; Musacchio, Aldo. O Leviatã nos negócios no Brasil: práticas passadas, mudanças futuras, cit., p. 80). No mesmo sentido: Finer, S. E. *Anonymous empire*: a study of the lobby in Great Britain, cit., p. 110 e ss; Chari, Raj; Hogan, John; Murphy, Gary. *Regulating lobbying*: a global comparison, cit., 2012, p. 1.

187. Rosenthal, Alan. *The third house*: lobbyists and lobbying in the States, cit., p. 228: *"É corrente a compreensão de que apenas aqueles que têm recursos econômicos conseguem efetivamente exercer influência. Dinheiro, sem dúvida, confere força adicional à atuação dos lobistas, tanto porque custa caro contratá-los, quanto porque campanhas políticas demandam recursos"* (tradução livre).

188. OCDE. ORGANISATION FOR ECONOMIC CO-OPERATION AND DEVELOPMENT. *Lobbyists, government and public trust*: increasing transparency through legislation, cit., v. 2, p. 22.

189. Saurugger, Sabine. Interest groups and democracy in the European Union, cit., p. 1.283.

190. Godwin, Ken; Ainsworth, Scott H.; Godwin, Erik. *Lobbying and policymaking*: the public pursuit of private interests, cit., p. 2.

191. Sotero, Paulo; Prusa, Anna C. O lobby nos EUA: a transparência de um sistema imperfeito, cit., p. 39.

192. Smith, Richard. Interest group influence in the U.S. Congress, cit., p. 91.

nos processos decisórios estatais, no financiamento de campanhas políticas, o que se denomina *lobby* eleitoral. Esse tipo de iniciativa, é evidente, tem por propósito estimular que as escolhas implementadas pelo Estado, em especial as emanadas de agentes eleitos pelo povo, privilegiem os interesses daqueles que contribuem para o seu sucesso eleitoral, do que decorrem preocupações legítimas relacionadas aos critérios que orientam a conduta de tais funcionários da administração pública.

Conforme alerta ROBINS[193], os lobistas optam por aportar recursos para auxiliar campanhas eleitorais de agentes públicos por compreenderem que, com isso, terão mais facilidade de acessá-los e de beneficiarem-se por via da prolação de suas decisões, o que indica o perigo que essa situação pode trazer para um equilibrado jogo democrático. Corre-se o risco, nas palavras do professor, de que os bolsos mais cheios exerçam influência em demasia junto aos órgãos públicos, em detrimento dos menos favorecidos economicamente, que correspondem à maioria da sociedade.

É evidente que o sucesso das iniciativas de *lobby* daqueles que procuram defender os seus interesses depende de inúmeros fatores, conforme esclarece VIDACAK[194], que não se restringem aos recursos financeiros disponíveis para implementá-las. Todavia, é essencial que se garanta igualdade a todos os atores sociais.

Ao discorrer sobre a realidade brasileira, OLIVEIRA[195] aponta que, malgrado

---

193. ROBINS, Rand. Why the Honest Leadership and Open Government Act of 2007 falls short, and how it could be improved, cit., p. 15: *"A tensão entre o princípio democrático de igualdade política – 'uma pessoa, um voto' – e o direito de petição e de fazer doações para campanhas políticas dá origem a preocupações centrais, no sentido de que a intensa participação dos lobistas no financiamento eleitoral pode distorcer o processo democrático. Tendo em vista que grandes contribuições de campanha podem facilitar o acesso aos legisladores, há uma legítima preocupação de que aqueles que tenham os 'bolsos mais fundos' exerçam maior influência no processo legislativo, em detrimento do público em geral"* (tradução livre). No mesmo sentido: APOLLONIO, Dorie; CAIN, Bruce E.; DRUTMAN, Lee. Access and lobbying: looking beyond the corruption paradigm, cit., p. 21 e ss.: *"Muitos lobistas e executivos de grupos econômicos doam dinheiro para campanhas (...). Muitas companhias, associações e uniões também fazem doações eleitorais (...). Porque campanhas eleitorais recebem financiamento privado, candidatos que desejam ser reeleitos constantemente buscam angariar recursos. Críticos ao sistema de financiamento eleitoral privado apontam que as corridas eleitorais resultam em candidatos vinculados a interesses, por conta do recebimento de recursos (...). Certamente, há uma série de casos emblemáticos que evidenciam que os legisladores, em alguns casos, desenvolvem políticas sob encomenda, para satisfazer às demandas que lhe são direcionadas por seus apoiadores, e que os lobistas acreditam que contribuições de campanha influenciam a política (...). Esses estudos indicam que a ferramenta favorita dos lobistas para obter acesso aos agentes do Estado é a contribuição em campanhas eleitorais (...). Membros do Congresso, por exemplo, solicitam aos lobistas recursos para as suas campanhas, sabendo que estes últimos preferirão atender aos pedidos a correr o risco de perder acesso aos legisladores (...). Críticos dessa forma indevida de atuação costumam a ela se referir como compra e venda do tempo e dos votos dos legisladores, ou como 'pagamento paga jogar"* (tradução livre).

194. VIDACAK, Igor. Interest groups and lobbying in the European Union, cit., p. 179.

195. OLIVEIRA, Andrea Cristina de Jesus. Breve histórico sobre o desenvolvimento do *lobbying* no Brasil, cit., p. 32.

a prática do *lobby* possa ser importante ferramenta de aproximação entre a sociedade e os agentes públicos, "apenas alguns segmentos da sociedade são aptos a implementar uma ação de *lobbying*", o que "leva a um desequilíbrio na esfera de representação de interesses".

Destarte, consideradas as premissas já assentadas ao longo do presente estudo, constata-se que o *lobby* é, efetivamente, um fenômeno que integra a dinâmica do poder em qualquer regime, especialmente nos regimes democráticos. Assim, por um lado, representa importante ferramenta de aproximação e diálogo entre a sociedade e os exercentes de cargos públicos, assegurado por direitos fundamentais. Por outro, a depender da forma como atuam os lobistas, pode pôr em posição de vulnerabilidade alguns dos valores mais caros à própria democracia, quais sejam, os valores de igualdade e de contemplação, pela administração pública, dos interesses coletivos, por meio da atuação objetiva e impessoal de seus agentes.

Disso se conclui, sendo visto por BAUMGARTNER[196] como um mal necessário, que o *lobby* precisa ser monitorado, para que se alcance um ponto de equilíbrio, no qual se atenuem os riscos de que dele advenham efeitos negativos, ao mesmo tempo em que se assegurem as vantagens que ele pode gerar na efetivação da democracia.

1.6 A regulamentação do *lobby* como mecanismo de proteção da transparência e da moralidade no âmbito da administração pública

O *lobby*, conforme ficou demonstrado nos tópicos anteriores, é fenômeno presente em todos os agrupamentos humanos, desde tempos imemoriais, e desempenha papel de singular relevância nos regimes democráticos, porque é manifestação inequívoca do direito de petição, propicia a participação dos atores sociais na definição dos caminhos trilhados pela administração pública para além da possibilidade de votação[197], e estimula reflexão mais aprofundada sobre as opções à disposição dos agentes públicos nos processos decisórios que diuturnamente são impelidos a realizar.

Trata-se, por conseguinte, de instituto que pode trazer benefícios importantes para o desenvolvimento e a legitimação da atuação dos órgãos da administração pública. A atuação dos lobistas é, *prima facie,* totalmente compatível com os preceitos normativos que devem imperar na ordem jurídica brasileira, realiza o fundamento do pluralismo, consubstancia faceta do direito à livre manifestação do pensamento e do direito de petição, e é importante para que o Estado atue com eficiência, eis que aumenta o nível técnico das discussões em seu bojo travadas.

---

196. BAUMGARTNER, Frank R.; LEECH, Beth L. *Basic interests*: the importance of groups in politics and in political science. New Jersey: Princeton University Press, 1998. p. xv.

197. GRANT, Wyn. *Pressure groups and british politics*. London: Macmillan, 2000. p. 6.

Entretanto, na realidade concreta, o que muitas vezes se percebe é que os lobistas, principalmente porque na maior parte dos países não existem balizas normativas que orientem a sua atuação[198], geram desequilíbrio na dinâmica da representatividade democrática e têm comportamentos que os colocam como verdadeiros promotores da corrupção. Tal situação revela ser "necessária a adoção de medidas de transparência que visem a garantir, em última análise, a continuidade da democracia"[199], pois que incorreta a "demonização do *lobby*"[200-201].

Mancuso, Angélico e Gozetto[202] ensinam que, "ao iluminar a interação de lobistas e decisores e definir padrões para essa interação, a regulamentação do *lobby* pode reduzir o espaço do *lobby* ilícito. Pode também incentivar o aprimoramento do *lobby* lícito, com benefícios para decisores, grupos de interesse, opinião pública e o sistema político".

Em estudo desenvolvido pela Transparência Internacional no ano de 2012, intitulado *Money, Politics, Power*[203], dos 25 países que tiveram seu ordenamento

198. Chari, Raj; Hogan, John; Murphy, Gary. Regulating lobbying: a global comparison, cit., 2010, p. 8: "*(...) avançadas democracias que dispõem de regulamentação do lobby são relativamente raras: não há normas para a prática do lobby na maior parte das nações*" (tradução livre). No mesmo sentido, veja-se: Lehmann, Wilhelm; Bosche, Lars. Lobbying in the European Union: current rules and practices, cit., p. 43; Thiel, Marie; Bauer, Elisabeth. EU Transparency Register, cit., p. 1.

199. Jobim, Nelson; Souza, Luciano Inácio de. A regulamentação do *lobby*: análise comparada entre América Latina, Brasil e Estados Unidos, cit., p. 48.

200. Warde Júnior, Walfrido Jorge. A empresa pluridimensional: empresa política e *lobby*, cit., p. 145: "*É incorreto, diante do estado de coisas descrito, fomentar uma demonização do lobby que é, em verdade, uma atividade cujo fim é promover técnicas de convencimento de servidores públicos e de órgãos da administração para que exerçam seu poder político de modo a satisfazer os interesses sociais manifestos. A coexistência e a concorrência entre esses interesses são inerentes às formas de organização da sociedade civil, e a sua manifestação, por certo, caracteriza a própria Democracia. O essencial, entretanto, é submeter as técnicas de convencimento a critérios de justiça, equidade e, sobretudo, licitude próprios do processo democrático*".

201. Carloni, Enrico. Regolazione del "lobbying" e politiche anticorruzione, cit., p. 380: "*As razões que justificam a regulamentação do lobby são múltiplas, como evidenciam os estudos internacionais: entre elas está a tutela da concorrência (...), o aprimoramento da qualidade das normas e decisões públicas, o reforço da capacidade de participação social nos processos de decisão públicos e a proteção da dinâmica democrática e da imparcialidade da administração pública, em contraste com o fenômeno patológico da corrupção*" (tradução livre).

202. Mancuso, Wagner Pralon; Angélico, Fabiano; Gozetto, Andrea Cristina. Ferramentas de transparência: o possível impacto da Lei de Acesso a Informações Públicas no debate sobre regulamentação do *lobby* no Brasil, cit., p. 52.

203. TRANSPARENCY INTERNATIONAL. *Money, politics, power*: corruption risks in Europe, cit.: "*(...) a prática do lobby sem balizas normativas e o controle limitado sobre a atuação dos parlamentares gera sério risco de corrupção. Embora disseminada a ideia de que é necessário regulamentar a atividade dos lobistas, regras opacas prevalecem mundo afora, o que faz com que o lobby seja praticado de forma velada e secreta. Recente estudo conduzido pela Transparência Internacional (TI) em 25 países europeus mostrou que apenas seis têm alguma forma – em alguns casos, mínima – de regulamentação do lobby. Esforços são necessários na Europa para que haja*

jurídico examinado, apenas seis dispunham de preceitos normativos que recaíam sobre a prática do *lobby*. Consequência disso, de acordo com as conclusões expostas no documento, é que alguns lobistas acabam por desempenhar as suas atividades de forma oculta, à revelia de qualquer mecanismo de controle que as monitore, situação que gera sério incremento nos riscos de corrupção[204].

Com efeito, conforme observa Obradovic[205], é inegável que, em todos os países do mundo, a atuação dos lobistas pode gerar consequências importantes nos processos decisórios do Estado. Todavia, tal situação não é acompanhada, via de regra, pela adoção de providências que confiram à população a possibilidade de conhecer, de maneira efetiva, a forma pela qual foi construído o caminho que conduziu às escolhas feitas pelos agentes públicos, o que se poderia buscar por via da regulamentação do instituto.

Finer[206] e Carloni[207] esclarecem que, sem prévia regulamentação, a atuação dos lobistas se converte em fator que pode distorcer as regras do jogo democrático. Afinal, em muitas hipóteses, é impossível compreender as motivações dos agentes do Estado para escolher uma ou outra política pública, bem como saber se as suas opções foram influenciadas pela atuação de lobistas: o *lobby*, nesse contexto, funciona como um efetivo império anônimo, no qual a sociedade não consegue interferir.

A Câmara dos Comuns da Inglaterra, em documento analítico que teve como propósito evidenciar a necessidade de que se criassem efetivos mecanismos que

maior controle da prática do lobby, por intermédio de sanções, registro obrigatório dos lobistas, restrições para o exercício da função de lobista por ex-agentes do Estado (...). O referido estudo mostrou que medidas que impõem aos membros do parlamento a disponibilização de informações são insuficientes em mais de 40% (quarenta por cento) dos países analisados. Assim, o risco de corrupção – causado por fraca regulamentação – é alto" (tradução livre). Sobre a realidade da América Latina, veja-se: Jobim, Nelson; Souza, Luciano Inácio de. A regulamentação do *lobby*: análise comparada entre América Latina, Brasil e Estados Unidos, cit., p. 54: "*A regulamentação do lobby e da atuação através de grupos de interesse ainda não é uma realidade consolidada na América Latina. No que diz respeito à regulamentação (...) na América Latina, concisamente, sabe-se que a discussão ocorre em poucos países (...), sempre de forma pontual e discreta*".

204. Cumpre registrar, conforme bem exposto em estudo desenvolvido pela OCDE, intitulado *Lobbying: influencing decision making with transparency and integrity*, que transparência, integridade e lealdade nos processos decisórios da administração pública são cruciais para a proteção dos interesses sociais e para a preservação da própria democracia. Tal situação evidencia a importância de que se dispense tratamento jurídico adequado ao fenômeno do *lobby* (OCDE. ORGANISATION FOR ECONOMIC CO-OPERATION AND DEVELOPMENT. (The CleanGovBiz Initiative). *Lobbying*: influencing decision making with transparency and integrity, cit., p. 4).

205. Obradovic, Daniela. Regulating lobbying in the European Union, cit., p. 305. No mesmo sentido: Carloni, Enrico. Regolazione del "lobbying" e politiche anticorruzione, cit., p. 380; Mihut, Liliana. Lobbying in the United States and the European Union: new developments in lobbying regulation, cit., p. 11.

206. Finer, S. E. *Anonymous empire*: a study of the lobby in Great Britain, cit., p. 133.

207. Carloni, Enrico. Regolazione del "lobbying" e politiche anticorruzione, cit., p. 374.

disciplinassem a atuação dos lobistas na entidade, destacou que, em um regime democrático, o *lobby* é necessário e deve ser realizado de forma explícita, de maneira que a sociedade possa conhecer os fatores que influenciam os processos de decisão no âmbito da administração pública. Por isso, seria necessária a adoção de medidas normativas que visassem a estimular a ética na atuação dos lobistas, garantir que ela se desse de forma deveras transparente, e sancionar quem praticasse lobby de forma ilícita[208].

Não é outro o posicionamento manifestado pelos doutrinadores brasileiros Sotero e Prusa[209]. Ao discorrer sobre o tema, partem da premissa de que o *lobby* é "atividade legal, garantida pela Constituição e incentivada pela busca constante de influência e participação por empresas, associações empresariais e profissionais, grupos cívicos e religiosos e facções políticas". Logo, é preciso sejam adotadas medidas normativas para que seja conduzido "às claras".

Para a neutralização desses riscos, e tendo em consideração a noção bem fixada por Baumgartner[210] de que o *lobby,* ainda que seja considerado um mal, é um mal necessário, impor-se-ia a concentração de esforços para a criação de corpos normativos que regessem a sua prática, por via da imposição de específicas restrições à atuação dos lobistas e da previsão de instrumentos sancionatórios efetivos para os casos em que praticadas ilegalidades. Sobre o assunto, Krsmanovic[211] adverte que, embora exista certa resistência dos legisladores a criar dispositivos normativos sobre a atuação dos lobistas, fazê-lo é fundamental para superar a carga negativa que a expressão *lobby* encerra e para assegurar maior transparência à administração pública.

Conforme adverte Robins[212], criar regulamentação que lance luzes sobre a atuação dos lobistas serve como um verdadeiro *desinfetante* que contribui para o controle da higidez da administração pública. Por esse motivo, Chari, Hogan

---

208. HOUSE OF COMMONS. Public Administration Select Committee. *Lobbying*: access and influence in Whitehall: First Report of Session 2008-09, cit., p. 42.

209. Sotero, Paulo; Prusa, Anna C. O lobby nos EUA: a transparência de um sistema imperfeito, cit., p. 34.

210. Baumgartner, Frank R.; Leech, Beth L. *Basic interests*: the importance of groups in politics and in political science, cit., p. xv.

211. Krsmanovic, Dusko. *A guidebook on lobbying*, cit., p. 12.

212. Robins, Rand. Why the Honest Leadership and Open Government Act of 2007 falls short, and how it could be improved, cit., p. 6: "*A abertura pública das informações sobre o lobby pode funcionar como um poderoso desinfetante contra a violação de normas e a prática de atos corruptos. Revelar a identidade dos lobistas pode beneficiar muitos grupos, sendo o primeiro deles o grupo dos legisladores e dos agentes do Estado (...). Além disso, informações disponibilizadas por meio de relatórios obrigatórios podem tornar claras as motivações, a extensão e a natureza das atividades de lobby (...). Finalmente, o público em geral pode se beneficiar com a divulgação das informações sobre o lobby (...). Tais informações possibilitam à sociedade entender a forma como o governo atua*" (tradução livre).

e Murphy[213], assim como Maskell[214], Jobim e Souza[215], e Sanson[216] afirmam ser fundamental a criação de mecanismos que assegurem transparência e integridade aos processos decisórios havidos no bojo do Estado, pois, considerada a premissa de que o *lobby* é uma realidade natural e inafastável da vida democrática, tanto melhor quanto mais transparente for a interação entre os lobistas e os agentes públicos[217].

Em estudo dedicado ao instituto do *lobby*, a OCDE compreende que, no século XXI, a criação de preceitos normativos que visem a assegurar maior transparência à atuação da administração pública e higidez à relação entre lobistas e funcionários do Estado é medida da qual nenhuma nação democrática deve se olvidar[218].

É essa a lógica que permeia todas as discussões mundo afora sobre a importância do desenvolvimento de marcos normativos que incidam sobre a atuação dos lobistas: a sociedade precisa conhecer, de forma efetiva, os fatores que interferem nas decisões dos agentes do Estado, notadamente, naquelas em que há iniciativas de *lobby* envolvidas[219]:

> As principais ideias que suportam as democracias participativas estão relacionadas ao fato de que as razões que motivam as decisões políticas devem ser públicas, e os seus responsáveis passíveis de responsabilização jurídica (...). Conforme Stasavage (2004:668) afirma, quanto mais os cidadãos souberem sobre a atuação dos oficiais do Estado, mais fácil será a avaliação da

213. Chari, Raj; Hogan, John; Murphy, Gary. Regulating lobbying: a global comparison, cit., 2010, p. 2: "*A razão elementar para a regulamentação do lobby está associada ao fato de que a sociedade deve ter condições de avaliar a atuação dos lobistas no ambiente político, com o fim de mais bem compreender como as políticas públicas são influenciadas*" (tradução livre).

214. Maskell, Jack. Lobbying Congress: an overview of legal provisions and congressional ethics rules. *Congressional Research Service Report*, p. 2, Oct. 2007. Disponível em: <https://fas.org/sgp/crs/misc/RL31126.pdf>. Acesso em: 06 maio 2017.

215. Jobim, Nelson; Souza, Luciano Inácio de. A regulamentação do *lobby*: análise comparada entre América Latina, Brasil e Estados Unidos, cit., p. 61: "*Não há mais espaço (...) para atuação nas sombras. É fundamental a regulamentação desta atividade. É fundamental termos regras que levem para cima da mesa toda a discussão e participação democrática nos processos legislativos e nas (...) políticas públicas*".

216. Sanson, Alexandre. *Dos grupos de pressão na democracia representativa*: os limites jurídicos, cit., p. 259: "*A necessidade de aprovação de uma norma regulatória está alicerçada, principalmente, no pilar da busca por transparência nas relações (...) entre sociedade civil e Estado*".

217. Zetter, Lionel. *Lobbying*: the art of political persuasion, cit., p. 10.

218. OCDE. ORGANISATION FOR ECONOMIC CO-OPERATION AND DEVELOPMENT. *Lobbyists, government and public trust*: increasing transparency through legislation, cit., v. 1, p. 19: "*Há um crescente reconhecimento de que normas que exijam a abertura de informações sobre o lobby e a comunicação entre os agentes públicos e os lobistas são aspectos vitais da transparência nas democracias do século 21*" (tradução livre). No mesmo sentido: Milbrath, Lester W. *The Washington lobbyists*, cit., p. 316.

219. Chari, Raj; Hogan, John; Murphy, Gary. Regulating lobbying: a global comparison, cit., 2010, p. 14.

> compatibilidade dela com os interesses públicos. Nesse contexto, é importante contornar a falta de transparência nos processos decisórios, por meio de regras que permitam ao público saber quem influencia o que, quando as políticas são formuladas. Stasavage (2003:389) afirma que é a forma mais direta de eliminar problemas de comportamento dos agentes públicos e torná-los observáveis. Assim, aumentando a transparência e a possibilidade de responsabilização dos agentes públicos, a regulamentação do lobby poderá lançar importantes luzes sobre a caixa preta do processo político (...). De acordo com Héritier (1999) e Scharpf (2006), a transparência não apenas aumenta a pressão para que os funcionários estatais satisfaçam o interesse público, mas também evita comportamentos desviados (tradução livre).

É cada vez mais frequente, no plano das discussões legislativas, a preocupação dos países com a regulamentação do instituto do *lobby*[220]. Sobre o assunto, MALONE[221] adverte que, embora ainda não existam normas que recaiam sobre a atuação dos lobistas em boa parte dos países do mundo, já são raras as nações em que não se discute a necessidade de que elas sejam criadas, porquanto difundida a noção de que necessárias, para que, ao mesmo tempo em que se assegure a todos o direito de recorrer à administração pública na defesa dos seus interesses, haja transparência na atuação dos agentes do Estado.

Resultado disso, conforme revela estudo desenvolvido pela OCDE, é que, de 2009 a 2014, foram criados mais diplomas normativos que disciplinam a atividade dos lobistas do que nos 60 anos anteriores, o que se nota na ilustração a seguir[222]:

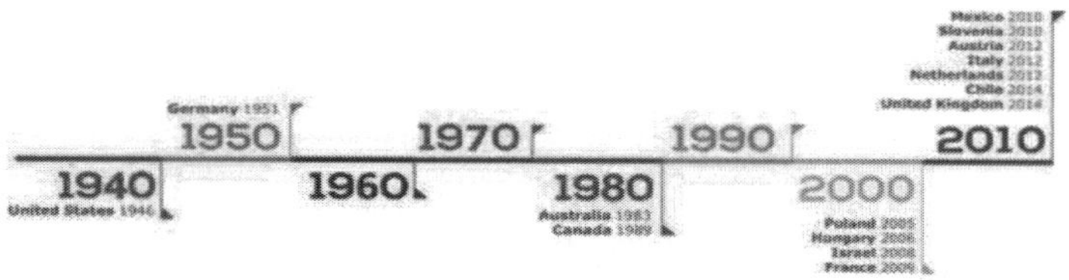

220. OCDE. ORGANISATION FOR ECONOMIC CO-OPERATION AND DEVELOPMENT. *Lobbyists, government and public trust*: increasing transparency through legislation, cit., v. 1, p. 9 e 19: "*Um crescente número de propostas para incrementar a transparência nas atividades de lobby vem sendo discutido por legisladores de inúmeros países da OCDE, com o fim de que se satisfaça a demanda por mais abertura na comunicação entre os funcionários do Estado e os lobistas*" (tradução livre). No mesmo sentido: HOUSE OF COMMONS. Public Administration Select Committee. *Lobbying*: access and influence in Whitehall: First Report of Session 2008-09, cit., p. 3.

221. MALONE, Margaret May. *Regulation of lobbying in developed countries*: current rules and practices. p. 3, Institute of Public Administration.Disponível em: <https://www.housing.gov.ie/sites/default/files/migrated-files/en/Publications/LocalGovernment/Administration/FileDownLoad%2C2048%2Cen.pdf>. Acesso em: 09 abr. 2017, p. 3.

222. OCDE. ORGANISATION FOR ECONOMIC CO-OPERATION AND DEVELOPMENT. *Lobbyists, government and public trust*: increasing transparency through legislation. Paris: OECD Publishing, 2014. v. 3, p. 17. Disponível em: <http://www.oecd.org/fr/corruption/lobbyists-governments-and-public-trust-volume-3-9789264214224-en.htm>. Acesso em: 10 abr. 2018.

Na União Europeia, que tem convivido com a atuação cada vez mais intensa dos lobistas, são ingentes os esforços para que sejam criadas normas que disciplinem a sua atuação. Com efeito, nos últimos anos, foram criados diversos códigos de conduta autorregulatórios[223] por entidades europeias que congregam profissionais dedicados ao *lobby*, e os organismos do ente supranacional têm desenvolvido preceitos legais cada vez mais detalhados para definir diretrizes a serem observadas pelos lobistas.

Tal como ocorre em todos os demais centros de poder que têm direcionado atenção à regulamentação do instituto, busca-se desenvolver ferramentas que assegurem o acesso dos atores sociais aos agentes responsáveis pelas decisões públicas, para que os primeiros possam influenciar os processos decisórios que os atinjam, porém, sempre de forma transparente e sem que haja abusos e ilegalidades.

Sobre o assunto, LEHMANN[224] aponta que existe, por parte dos próprios lobistas, a demanda pela criação de preceitos que, de forma clara e objetiva, regulamentem suas atividades, diferenciando-as daquelas que comprometem a moralidade e a higidez da administração pública. Salienta o professor, tais preceitos devem vir acompanhados de mudanças normativas que atinjam os funcionários do Estado, a evidenciar a imprescindibilidade de que todo o sistema de interação entre agentes públicos e privados passe por aprimoramento que tenha o condão de assegurar maior transparência e evitar a prática de condutas ilícitas.

Ao discorrer sobre a realidade política estadunidense, na qual existem inúmeros diplomas normativos que alcançam a atuação dos lobistas, nos planos municipal, estadual e federal, ROSENTHAL[225] e THOMAS[226] esclarecem que o au-

---

223. Também nos Estados Unidos, ensina ROSENTHAL, desde o início dos anos de 1980, é intensa a atuação de grupos de lobistas no desenvolvimento de códigos de conduta próprios, que rejam a sua relação com os agentes públicos (ROSENTHAL, Alan. *The third house*: lobbyists and lobbying in the States, cit., p. 105).

224. LEHMANN, Wilhelm; BOSCHE, Lars. Lobbying in the European Union: current rules and practices, cit., p. v e 35: "*A regulação dos abusos na prática do lobby deve ser vista como apenas um aspecto de medidas mais amplas que devem ser adotadas, como aquelas relacionadas à definição de padrões de comportamento, abertura e transparência, de modo a mitigar o déficit democrático que caracteriza a cidadania na União Europeia. O propósito básico de qualquer sistema de regulamentação do lobby e dos códigos de conduta respectivos é tornar clara a atuação dos lobistas*" (tradução livre). No mesmo sentido: ZETTER, Lionel. *Lobbying*: the art of political persuasion, cit., p. 10: "*A maioria dos lobistas concorda que eles precisam atuar de forma aberta e transparente em suas tentativas de informar e influenciar a agenda de políticas públicas, e que eles devem ser efetivamente monitorados e responsabilizados*" (tradução livre).

225. ROSENTHAL, Alan. *The third house*: lobbyists and lobbying in the States, cit., p. 99. No mesmo sentido: OPHEIM, Cynthia. Explaining the differences in State lobby Regulation. *The Western Political Quarterly*, v. 44, n. 2, p. 405, June 1991.

226. THOMAS, Clive S. Interest group regulation across the United States: rationale, development and consequences, cit., p. 514: "*Evidências sugerem que o crescimento da regulamentação do lobby*

mento no rigor em relação à atuação deles fez com que se assegurasse maior transparência à administração pública, do que resultou uma redução nos casos de abuso decorrentes do *lobby*. Isso porque, com o advento de regras claras que estatuem limites às técnicas empregadas pelos lobistas, tanto eles quanto os agentes públicos passaram a adotar postura mais objetiva, situação elementar para o funcionamento de qualquer regime democrático.

É preciso repisar, todavia, conforme já exposto em tópico anterior, que a prática do *lobby* é fundamental para a legitimação dos processos decisórios em qualquer sistema democrático, inclusive porque propicia maior qualidade técnica na atuação dos agentes de Estado. Por isso, conforme adverte Coen[227], qualquer iniciativa que vise a criar preceitos que recaiam sobre a atuação dos lobistas deve ser feita com cuidado para que não se restrinjam suas atividades de modo a impedir que se efetivem as vantagens por ela criadas.

Com efeito, não se pode conceber modelos regulatórios para o *lobby* que sejam tão restritivos que impeçam à sociedade beneficiar-se das vantagens que o instituto traz. É mister, pois, que se criem balizas para a atuação dos lobistas, no estrito limite necessário ao resguardo da transparência e da moralidade da administração pública, isto é, sem que sejam erigidas barreiras de difícil transposição à prática do *lobby*, notadamente por aqueles que dispõem de menor poder financeiro para interagir com o Estado[228].

e outras medidas de abertura têm gerado efeitos positivos na conduta dos agentes do Estado (...). Ao assegurar a disponibilização de informações sobre quem adota práticas de lobby, a quem elas são direcionadas, quais legisladores, membros do Poder Executivo ou da burocracia estatal são procurados pelos lobistas, e quem são os doadores das campanhas eleitorais, cria-se um ambiente mais transparente" (tradução livre).

227. Coen, David. Lobbying in the European Union, cit., p. 3: "*(...) não se deve perder de vista que o lobby é familiar, para não dizer bem-vindo, aos regimes políticos do ocidente, sendo que muitos cientistas afirmam que a interação entre os agentes públicos e privados desempenha um papel importante e legítimo no processo político (...). Portanto, não causa surpresa que se constate uma certa dependência entre os agentes do Estado e os lobistas, baseada em necessidades no plano regulatório, conhecimentos técnicos, informações e reputação (...). Por esse motivo, é fundamental, ao se criar balizas para a atuação dos lobistas e sua inter-relação com funcionários estatais, não sejam criadas barreiras que prejudiquem o intercâmbio de informação e a credibilidade necessária ao processo político"* (tradução livre). No mesmo sentido: Thomas, Clive S. Interest group regulation across the United States: rationale, development and consequences, cit., p. 504.

228. Convém registrar, nesse aspecto, que os opositores da regulamentação do *lobby*, em sua maioria, justificam a sua posição em relação à matéria justamente com base no argumento de que, a depender das restrições impostas pelas disposições normativas que recaiam sobre a atuação dos lobistas, podem ser criadas limitações de acesso aos órgãos da administração pública que prejudiquem, essencialmente, os interesses que disponham de menos recursos econômicos. Assim, há de se ter muito cuidado na sintonia que deve ser feita na regulamentação, para que as suas vantagens, vinculadas ao aumento da transparência nos processos decisórios do Estado, não sejam superadas por eventuais restrições demasiadas nos aspectos democráticos que a atividade dos lobistas encerra. Sobre o tema, veja-se: Chari, Raj; Hogan, John; Murphy, Gary. Regulating lobbying: a global comparison, cit., 2010, p. 7; HOUSE OF COMMONS. Public Administration Select Committee. *Lobbying*: access

Conforme advertem Milbrath[229] e Thomas[230], os principais argumentos jurídicos daqueles que se opõem à regulamentação do *lobby* estão relacionados aos potenciais impactos que tal providência poderia causar na efetividade dos direitos constitucionais de petição e de liberdade de expressão, assegurados pela Carta Magna de todos os países ocidentais. Por conseguinte, qualquer iniciativa que tenha como finalidade definir balizas que orientem a atuação dos lobistas deve assegurar transparência à interação entre eles e os agentes da administração pública, e preservar os direitos fundamentais que legitimam e suportam essa essencial interação.

É relevante destacar, porquanto ratifica a importância de que exista um fino equilíbrio entre a proteção dos direitos fundamentais que sustentam o exercício do *lobby* e aqueles que preservam os ideais democráticos, o estudo desenvolvido pela OCDE. Colhe-se das conclusões nele lançadas que tão importante quanto garantir que a atuação dos agentes do Estado seja transparente e objetiva, é garantir que os agentes sociais (pessoas físicas e jurídicas) possam adotar, em condição de igualdade, iniciativas para que os seus interesses sejam considerados nos processos de decisão estatais[231]: a regulamentação do *lobby* jamais poderá interromper o fluxo de informações que, em um regime democrático, deve existir entre as esferas pública e privada[232].

and influence in Whitehall: First Report of Session 2008-09, cit., p. 3; Santos, Luiz Alberto dos. Regulação do lobby no Brasil: o Projeto de Lei nº 1.202, de 2007 – constitucionalidade e adequação aos fins pretendidos, cit.

229 Milbrath, Lester W. *The Washington lobbyists*, cit., p. 315: "*É praticamente universalmente aceito que nenhum tipo de norma que incida sobre a atuação dos lobistas pode infringir o direito constitucional de petição. Esse direito é tão fundamental para o processo da democracia que seria melhor sofrer com os abusos praticados pelos lobistas a infringi-lo. Assim, qualquer proposta para proibir ou banir o lobby deve ser automaticamente rechaçada*" (tradução livre).

230 Thomas, Clive S. Interest group regulation across the United States: rationale, development and consequences, cit., p. 504: "*Fortes proponentes de reformas desejam regras efetivas exigindo dos lobistas que se registrem, listando os assuntos que lhes são de interesse e revelando as suas receitas e despesas. Adicionalmente, propugna-se necessária a revelação de todos os contatos mantidos entre lobistas e funcionários do Estado incumbidos de processos decisórios, em relatórios periódicos (...). Além disso, restringir certas atividades, como a doação de presentes para oficiais públicos, ou impor limites às doações eleitorais, tem sido encarado como elemento importante nas propostas que se tem feito acerca da regulamentação do lobby. Muitos dos que se opõem a essas previsões acreditam que o direito constitucional de livre expressão e de petição não seriam compatíveis com preceitos que, efetivamente, regulassem a atuação dos lobistas*" (tradução livre).

231 OCDE. ORGANISATION FOR ECONOMIC CO-OPERATION AND DEVELOPMENT. (The CleanGovBiz Initiative). *Lobbying*: influencing decision making with transparency and integrity, cit., p. 5: "*É importante encontrar um equilíbrio entre regulamentar a atuação dos lobistas e assegurar que o direito à prática do lobby não seja indevidamente reduzido, senão que, de forma transparente, expandido*" (tradução livre). No mesmo sentido: Apollonio, Dorie; Cain, Bruce E.; Drutman, Lee. Access and lobbying: looking beyond the corruption paradigm, cit., p. 20.

232. OCDE. ORGANISATION FOR ECONOMIC CO-OPERATION AND DEVELOPMENT. *Lobbyists, government and public trust*: increasing transparency through legislation, cit., v. 1, p. 48: "*Uma vez que a comunicação é a essência do processo político, a regulamentação do lobby não*

Ademais, é importante destacar, como também destaca com precisão a referida organização internacional, para que se assegure efetiva transparência à atuação dos agentes da administração pública, não é suficiente a criação de preceitos normativos sobre a atuação dos lobistas. É fundamental que se promovam alterações substanciais em todo o arcabouço normativo, no tocante aos mecanismos de controle da atuação dos particulares e dos agentes do Estado, porquanto apenas assim será assegurada a higidez no tratamento dos interesses públicos[233].

Em suma, é inequívoca a necessidade de que se dedique atenção ao fenômeno do *lobby*, por via do desenvolvimento de modelos regulamentadores que propiciem o exercício amplo dos direitos fundamentais a ele relacionados, e ao mesmo tempo protejam a higidez da administração pública.

No Brasil, experimentamos, nas últimas décadas, um sensível aprimoramento do arcabouço legal que busca resguardar a moralidade na atuação dos agentes do Estado. A título de exemplificação, o país subscreveu a Convenção da OCDE sobre a Corrupção de Funcionários Públicos Estrangeiros (1997) e a Convenção da ONU de Combate à Corrupção (2003); elevou os patamares sancionatórios de diversas modalidades típicas de crime contra a administração pública (2003), criou recentemente complexas leis que têm como fim combater os atos de corrupção (Lei Federal nº 12.846/2013) e os crimes praticados por organizações criminosas (Lei Federal nº 12.850/2013) e é palco de permanentes discussões sobre a importância e a necessidade de que sejam implementadas medidas que assegurem maior transparência e moralidade à atuação dos agentes do Estado. Tal situação foi muito bem explorada por Jobim e Souza[234], Taylor[235], Rizzo e Velasco[236], em trabalho dedicado ao *lobby*.

pode impedir o fluxo de informações entre o setor público e aqueles que o pretendem influenciar" (tradução livre).

233. Id. Ibid., v. 1, p. 21.

234. Jobim, Nelson; Souza, Luciano Inácio de. A regulamentação do *lobby*: análise comparada entre América Latina, Brasil e Estados Unidos, cit., p. 52-53.

235. Taylor, Matthew M. A corrupção e as reformas anticorrupção no Brasil. In: Seligman, Milton; Mello, Fernando (Orgs.). *Lobby desvendado*: democracia, políticas públicas e corrupção no Brasil contemporâneo. Rio de Janeiro: Record, 2018. p. 109: *"(...) a última geração desde a retomada da democracia testemunhou: a criação de órgãos mais fortes de combate à corrupção, como o Ministério Público; o aumento do financiamento e dos recursos humanos destinados aos órgãos de combate à corrupção; o maior enquadramento das máquinas administrativas brasileiras nas estruturas e acordos internacionais; a criação de melhores estruturas legais e o reforço das leis anticorrupção existentes; o aumento da transparência das contas do governo; a ampliação da cobertura pela imprensa de ilícitos cometidos e a pressão ativa da sociedade civil pela priorização do combate à corrupção".*

236. Rizzo, Alana; Velasco, Joel. As empresas conseguem migrar do crony capitalism para práticas íntegras de interação com o governo? In: Seligman, Milton; Mello, Fernando (Orgs.). *Lobby desvendado*: democracia, políticas públicas e corrupção no Brasil contemporâneo. Rio de Janeiro: Record, 2018. p. 198.

De se destacar, conforme anteriormente mencionado, que tramitam no Congresso Nacional projetos legislativos que, embora absolutamente falhos tecnicamente, tratam do assunto e evidenciam a atenção que a ele tem sido dispensada. Ademais, organismos com atuação no Brasil, como a Transparência Internacional, têm apresentado propostas para discutir a necessidade de regulação e controle da atuação dos lobistas.

Colhe-se das *Novas Medidas Contra a Corrupção*, desenvolvidas pela referida entidade em parceria com a Fundação Getúlio Vargas (FGV), que "a falta de regulamentação" do *lobby* "gera graves problemas, especialmente considerando-se os desafios éticos dessa interação". Assim, tal como nós, propõem "a regulamentação do *lobby* para conferir a essa atividade a transparência e a probidade necessárias e garantir a lisura das interações" entre o setor público e o setor privado, para o que é essencial eleger, com cuidado, as ferramentas a serem empregadas para tanto.

1.7 As ferramentas de controle utilizadas na regulamentação do *lobby*

Assentada a premissa de que a criação de preceitos normativos que disciplinem a atuação dos lobistas e a tornem mais transparente é essencial, por conferir proteção à higidez e à moralidade da administração pública, cumpre destacar que, sob uma perspectiva de direito comparado, diversos são os modelos de regulamentação existentes[237], bem assim as ferramentas de que se valem os ordenamentos jurídicos para mitigar os riscos inerentes à prática do *lobby*.

Também nesse tocante, o estudo do instituto objeto do presente trabalho é permeado de muitas dificuldades. Para além das inúmeras dúvidas que o cercam, algumas delas expostas nos tópicos anteriores, se se decide regulamentá-lo, muitos são os caminhos às mãos dos legisladores para fazê-lo[238]. Com base em análise comparativa de ordenamentos jurídicos que contêm disciplina jurídica para o instituto do *lobby*, Chari, Hogan e Murphy[239] apontam para a existência de três níveis de regulamentação, baixo, médio e alto, a depender da quantidade de exigências e restrições impostas aos lobistas.

---

237. Zetter, Lionel. *Lobbying*: the art of political persuasion, cit., p. 25.

238. Opheim, Cynthia. Explaining the differences in State lobby Regulation, cit., p. 407: "*A definição legal de lobista delineia quem é demandado a registrar e a divulgar informações sobre suas atividades. A frequência da elaboração de relatórios e o seu conteúdo contribuem para a amplitude da transparência. As regulamentações mais antigas exigem atualização periódica das informações cadastrais, enquanto as mais modernas trazem exigências de maior especificidade (...). Todavia, a definição dos conceitos-chave relacionados ao lobby varia*" (tradução livre). No mesmo sentido: OCDE. ORGANISATION FOR ECONOMIC CO-OPERATION AND DEVELOPMENT. *Lobbyists, government and public trust*: increasing transparency through legislation, cit., v. 1, p. 9; Malone, Margaret May. *Regulation of lobbying in developed countries*: current rules and practices, cit., p. 3.

239. Chari, Raj; Hogan, John; Murphy, Gary. Regulating lobbying: a global comparison, cit., 2010, p. 14.

De acordo com os professores, com os quais comunga Opheim[240], qualquer que seja o grau de complexidade dos preceitos normativos que incidam sobre as atividades de *lobby* – de adesão voluntária ou não – é elementar que exista um banco de dados que congregue informações básicas para a identificação de todos os lobistas. Tal banco de dados deve conter, ainda, detalhes sobre os interesses que eles buscam promover[241].

A OCDE, em série de publicações que têm como propósito oferecer às nações que a integram informações para orientar o processo de criação de normas atinentes ao instituto do *lobby*, enfatiza que a abertura aos órgãos públicos e à sociedade em geral, de dados relacionados à atuação dos lobistas, é a pedra de toque de qualquer regramento que sobre eles pretenda incidir[242]. É elementar, pois, que, pelo menos, sejam disponibilizadas à sociedade, pelos lobistas, informações que permitam identificar os interesses por eles representados, os beneficiários finais de suas iniciativas e os órgãos do poder público delas destinatários[243], sendo insuficiente que apenas se lhes exija sejam previamente credenciados[244].

Destaca a referida entidade, não é suficiente que se criem ferramentas que permitam a identificação dos lobistas e dos agentes do Estado que os primeiros

---

240. Opheim, Cynthia. Explaining the differences in State lobby Regulation, cit., p. 406.

241. Chari, Raj; Hogan, John; Murphy, Gary. Regulating lobbying: a global comparison, cit., 2010, p. 6: *"A regulamentação do lobby invariavelmente traz exigências relacionadas ao registro dos lobistas (...). Largerlof e Frissel (2004:16) advertem que o propósito da exigência de tal registro é contribuir para um ambiente de transparência. Além disso, impor aos lobistas a obrigação de revelar a identidade daqueles em favor de quem atuam é fator orientado à promoção do interesse público"* (tradução livre). No mesmo sentido: Robins, Rand. Why the Honest Leadership and Open Government Act of 2007 falls short, and how it could be improved, cit., p. 03.

242. OCDE. ORGANISATION FOR ECONOMIC CO-OPERATION AND DEVELOPMENT. *Lobbyists, government and public trust*: increasing transparency through legislation, cit., v. 1, p. 12 e 26: *"A divulgação de informações é o coração de qualquer sistema de regulamentação que pretenda assegurar transparência às atividades de lobby. Sistemas efetivos de abertura de informações proveem aos agentes públicos e à sociedade condição para compreender de que forma se dá a atuação dos lobistas. O direito da sociedade de conhecer os processos decisórios estatais deve, todavia, ser balanceado para que se evitem exigências demasiadas em face dos lobistas (...). É fundamental que se exija, como mínimo, que os lobistas identifiquem os interesses por eles representados, revelem os nomes dos seus clientes, os beneficiários das suas estratégias de convencimento e os seus objetivos (...). Essa informação elementar deve ser disponibilizada em relatórios públicos periódicos, acessíveis a toda a sociedade"* (tradução livre).

243. OCDE. ORGANISATION FOR ECONOMIC CO-OPERATION AND DEVELOPMENT. *Lobbyists, government and public trust*: increasing transparency through legislation, cit., v. 1, p. 72.

244. Id. Ibid., v. 1, p. 27, 54 e 70: *"Normas sobre o lobby que visem a promover a transparência em tal atividade devem demandar informações que: revelem as intenções das iniciativas de lobby; identifiquem os seus beneficiários; e apontem as entidades às quais foram direcionadas as tentativas de convencimento dos lobistas (...). Um registro que simplesmente concentre os nomes dos indivíduos ou organizações que pretendem estabelecer relações de comunicação com parlamentares e comitês de ministros não é suficiente, por não informar quem está trabalhando junto ao governo e em favor de quem são realizadas as atividades de lobby (...). O registro dos lobistas deve procurar identificar os pontos do processo decisório sobre os quais eles buscam exercer influência. Todavia, há uma grande variação na quantidade de informações"* (tradução livre).

buscam influenciar; é curial, ademais, seja possível conhecer, de forma efetiva, os beneficiários das iniciativas de *lobby* empreendidas e, mais importante, os interesses que eles têm nos processos decisórios da administração pública[245].

Em sistemas normativos mais sofisticados, que preveem obrigações mais complexas para o exercício da atividade de lobista, é comum que se exija, além do cadastramento prévio, a divulgação periódica de informações sobre as iniciativas de *lobby* realizadas. Conforme se verificará em tópico seguinte, no qual analisados diversos modelos de regulamentação do *lobby*, impõe-se aos lobistas que disponibilizem aos órgãos públicos todos os dados relativos às pessoas que buscaram influenciar, aos assuntos com elas tratados, aos valores recebidos e despendidos, inclusive no financiamento eleitoral[246].

De acordo com a OCDE, em tais sistemas, destacam-se exigências de que os profissionais que praticam o *lobby* disponibilizem informações sobre o que fazem, como fazem, em favor de quem atuam e quais agentes públicos buscam influir no exercício de suas atividades. Ademais, a Organização aponta para a importância da criação de preceitos que obriguem à divulgação dos dados econômicos atrelados às atividades de *lobby*, porquanto tal medida, demais de contribuir para que haja transparência na atuação dos lobistas, permite a identificação dos seus efetivos beneficiários[247].

Além disso, é usual e extremamente importante a criação de limitações

---

245. Id. Ibid., v. 1, p. 59-60: "*Enquanto o cadastramento permite a identificação do lobista, ele não deixa claro quem é o beneficiário de sua atuação. Em razão disso, as regulamentações do lobby passaram a exigir que também fossem identificados os nomes daqueles que recorrem aos lobistas (...)*" (tradução livre).

246. Sobre as normas hoje vigentes no sistema jurídico dos Estados Unidos, para ilustrar, Holman afirma que se exige o cadastramento prévio de todos os lobistas, a obrigação de que revelem todas as informações sobre as atividades que desenvolvem (quantidade de recursos que recebem e gastam, volume financeiro que aplicam em campanhas eleitorais, pessoas da administração pública com as quais interagem, temas que são com elas tratados etc.). Ademais, são proibidas aos lobistas diversas iniciativas, tais como a concessão de qualquer tipo de vantagem de cunho econômico (presentes, viagens, bilhetes para eventos, entre outros), com a finalidade de interferir nas decisões da administração pública (Holman, Craig. *Making the U.S. Lobbying Disclosure Act Work as intended*: implications for the European Transparency Initiative. p. 17. Disponível em: <https://www.citizen.org/sites/default/files/making-lda-work.pdf>. Acesso em: 06 abr. 2017, p. 11 e ss.). No mesmo sentido: Dover, Agnes P.; Gilliland, Michael; Bell, Michael J. Lobbying Disclosure Act. *Briefing Papers,* Second Series, v. 8, n. 8, p. 8 e ss., July 2008. Disponível em: <https://www.hoganlovells.com/~/media/hogan-lovells/pdf/publication/briefing_pdf.pdf>. Acesso em: 12 out. 2017.

247. OCDE. ORGANISATION FOR ECONOMIC CO-OPERATION AND DEVELOPMENT. *Lobbyists, government and public trust*: increasing transparency through legislation, cit., v. 1, p. 10 e 60: "*Preceitos relativos à disponibilização de informações sobre as atividades de lobby devem exigir, pelo menos, que os lobistas identifiquem os interesses por eles representados, os seus clientes, os beneficiários e seus objetivos. Regimes efetivos de abertura de informações, por sua vez, requerem registros em prazos bem definidos, relatórios periódicos com informações sobre as atividades de lobby (...). Abertura sobre informações financeiras também são importantes na promoção da transparência (...)*" (tradução livre).

temporais para o exercício do *lobby* aos agentes que tenham atuado na administração pública. Com efeito, dada a circunstância de que ex-funcionários públicos podem exercer especial influência sobre aqueles com os quais tenham trabalhado[248], mostra-se salutar a imposição de períodos de quarentena, dentro dos quais ficam impedidos de serem contratados para a função de lobista[249].

De se destacar, outrossim, que, invariavelmente, a atuação dos lobistas envolve o aporte de recursos em campanhas eleitorais de candidatos a cargos definidos por sufrágio. Tal situação tem feito com que, em muitos países que dedicam atenção ao instituto do *lobby*, mais rígidos preceitos normativos incidam sobre o financiamento político, pois é corrente a compreensão de que os lobistas que contribuem com o desenvolvimento de campanhas de agentes públicos conseguem mais fáceis e efetivos canais de comunicação para a implementação das suas atividades e promoção dos interesses que representam[250].

Em síntese, conforme advertem Chari, Hogan e Murphy[251] e, no mesmo sentido, Garín Gonzalez[252], os diplomas normativos que visam a disciplinar a

---

248. Sotero, Paulo; Prusa, Anna C. O lobby nos EUA: a transparência de um sistema imperfeito, cit., p. 24.

249. Garín Gonzaléz, Renato. *The Chilean Lobbying Act*: legal analysis and criticism. 2015. Degree of Magister Juris, University of Oxford, 2015. p. 25 e ss. Disponível em: <https://www.u--cursos.cl/inap/2016/1/ELE661/1/material_docente/bajar?id_material=1291791>. Acesso em: 18 dez. 2017.: "*(...) é a chamada revolving door (porta giratória). Esse é o movimento de alguém que se vale da sua condição de ex-funcionário público para atuar no setor privado. O objetivo das normas que regulamentam a revolving door é evitar o fluxo de informações estratégicas, de know--how e prestígio do setor público para o setor privado. A restrição mais comum é a imposição de períodos de quarentena (...). Assim, regulamentações sobre o lobby devem incluir limitações dessa natureza, porque a influência dos lobistas pode ser muito impactada em casos nos quais eles mantenham estreitas relações com agentes públicos*" (tradução livre). No mesmo sentido: Maskell, Jack. Lobbying Congress: an overview of legal provisions and congressional ethics rules, cit., p. 15; OCDE. ORGANISATION FOR ECONOMIC CO-OPERATION AND DEVELOPMENT. *Lobbyists, government and public trust*: increasing transparency through legislation, cit., v. 1, p. 24.

250. HOUSE OF COMMONS. Public Administration Select Committee. *Lobbying*: access and influence in Whitehall: First Report of Session 2008-09, cit., p. 9.

251. Ao discorrerem sobre as ferramentas de controle da atuação dos lobistas nos estados norte--americanos, Chari, Hogan e Murphy ressaltam ser comum: a imposição de cadastramento prévio para o exercício do *lobby*, a obrigatoriedade de divulgação periódica das informações sobre as atividades desenvolvidas, a criação de restrições para a atuação na condição de lobista, de ex-funcionários da administração pública, e proibições relacionadas à concessão de vantagens por profissionais do *lobby*, aos funcionários do Estado aos quais buscam influenciar (Chari, Raj; Hogan, John; Murphy, Gary. Regulating lobbying: a global comparison, cit., 2010, p. 26).

252. Garín Gonzaléz, Renato. *The Chilean Lobbying Act*: legal analysis and criticismo, cit., p. 18: "*A primeira característica que deve ostentar qualquer legislação sobre o lobby é a clara definição de lobista; a segunda, a exigência de cadastramento prévio do lobista; a terceira, a existência de mecanismos de divulgação dos recursos envolvidos nas estratégias de convencimento implementadas pelos lobistas; a quarta, a identificação dos interesses em jogo; a quinta, o desenvolvimento de mecanismos de alimentação eletrônica das informações sobre as atividades de lobby; a sexta, a exigência de que tais informações sejam acessíveis ao público; a sétima, a existência de ferramentas de imposição de seus preceitos e de sanções, para os casos em que descumpridos; e a oitava, a criação de limitações para que ex-agentes públicos atuem como lobistas*" (tradução livre).

prática do *lobby* contemplam a exigência elementar de que os lobistas, os seus contratantes e os interesses que defendem junto aos agentes da administração estatal sejam devidamente identificados e registrados em bancos públicos de informações. Ademais, em diplomas sofisticados, impõe-se a divulgação de relatórios periódicos sobre as atividades por eles desenvolvidas, os montantes investidos, além de se proibir uma série de comportamentos que podem fazer com que a atuação dos funcionários do Estado não observe os princípios da moralidade, da impessoalidade e da legalidade.

Na mesma esteira, Thomas[253] esclarece que nos diplomas normativos dos entes federados norte-americanos, via de regra, é exigido o cadastramento dos lobistas e de seus clientes, bem assim a disponibilização aos órgãos competentes de informações detalhadas sobre os seus recebimentos e despesas. Ainda, são proibidas determinadas modalidades de comportamento, tais como a cobrança de honorários condicionada ao sucesso das iniciativas de *lobby*[254], o oferecimento de vantagens econômicas ou presentes para agentes do poder público, além da atuação, como lobistas, de ex-funcionários públicos.

Destarte, conclui o professor, por via da implementação de disposições normativas que incidem sobre a atuação dos lobistas, tem-se criado um ambiente de maior transparência na administração pública, porquanto as informações essenciais sobre a prática do *lobby* ficam disponíveis para exame de toda a sociedade, ao mesmo tempo em que são criadas proibições importantes que favorecem a preservação da objetividade nos processos decisórios do Estado[255].

---

253. Thomas, Clive S. Interest group regulation across the United States: rationale, development and consequences, cit., p. 501: "*As normas que recaem sobre o instituto do lobby costumam prever a necessidade de cadastramento dos lobistas e, em alguns casos, de seus contratantes, a necessidade de elaboração de relatórios periódicos sobre as receitas e despesas relacionadas às estratégias de convencimento implementadas, e, também, a necessidade de proibição de algumas atividades, como a cobrança de taxas de êxito (...). É necessário também conhecer o tipo de conexão que pode haver entre legisladores, membros do Poder Executivo e outros agentes do setor público com indivíduos, grupos, organizações e empresas do setor privado. Isso porque, em alguns casos, as normas relativas ao lobby proíbem determinadas formas de relação e negociação. Com efeito, em todos os níveis de governo, em uma tentativa de reduzir a prática de corrupção, leis que versam sobre ética pública usualmente proíbem que ex-funcionários públicos graduados sejam empregados na iniciativa privada para atuar como lobistas. Ademais, existem muitas previsões que restringem as possibilidades de financiamento de campanhas eleitorais*" (tradução livre). No mesmo sentido: Opheim, Cynthia. Explaining the differences in State lobby Regulation, cit., p. 408.

254. Trata-se da cobrança de valores adicionais nos casos em que o lobista alcance êxito. Acredita-se que essa possibilidade estimule a adoção de atos ilegais, tais como o oferecimento de vantagens indevidas aos agentes públicos responsáveis pelas decisões que poderão favorecer os interesses representados pelos lobistas. Essa situação justificaria a proibição de remuneração fixada com base nesse critério. Sobre o assunto, veja-se: Maskell, Jack. Lobbying Congress: an overview of legal provisions and congressional ethics rules, cit., p. 11.

255. Thomas, Clive S. Interest group regulation across the United States: rationale, development and consequences, cit., p. 512.

Destaque-se que em muitos países nos quais o Estado não criou normas cogentes que incidam sobre a atuação dos lobistas, foram desenvolvidos códigos de conduta voluntários - em alguns casos, até mesmo informais - que contemplam padrões de comportamento que devem ser observados por todos aqueles que se propõem à prática do *lobby*, inclusive, pelos próprios agentes do Estado[256]. Tais códigos de conduta, encontrados, por exemplo, na Bélgica, Dinamarca e Irlanda e usualmente criados por associações de lobistas, pelas empresas para as quais trabalham ou pelo próprio poder público, contemplam uma série de preceitos deontológicos que visam a assegurar legitimidade às atividades dos lobistas, porém, têm se mostrado pouco eficazes[257].

A doutrina sinaliza que, em ordenamentos jurídicos nos quais vigora sistema voluntário e autorregulatório de cadastramento dos lobistas, é baixo o percentual daqueles que disponibilizam às autoridades as informações sobre as atividades que desempenham e sobre sua interação com agentes do setor público. Com o fim de contornar essa situação, em alguns sistemas, foram desenvolvidas ferramentas de incentivo, que asseguram maior facilidade de acesso aos órgãos públicos, aos profissionais do *lobby* que, voluntariamente, optam por registrar em bancos de dados públicos as suas atividades como lobistas.

Dentre as medidas de incentivo mais comuns, tem-se o desenvolvimento de sistemas eletrônicos de alerta, que informam os lobistas cadastrados sobre a atuação do Estado em áreas e assuntos que lhes sejam de interesse, e a criação de acesso privilegiado a reuniões dos comitês técnicos, aos agentes públicos que os compõem e a outros funcionários estatais que possam ter importância nos processos decisórios sobre temas em que eles atuem[258].

De qualquer maneira, a compreensão que prevalece sobre os sistemas voluntários de cadastramento de lobistas, ainda que neles haja a previsão de medidas de incentivo, como as referidas, é a de que são pouco efetivos. Conforme consta de documentos produzidos pela OCDE, a análise comparativa

---

256. A OCDE enfatiza que, mesmo em nações que decidam criar preceitos obrigatórios para disciplinar a atuação dos lobistas, a existência de códigos de conduta é essencial (OCDE. ORGANISATION FOR ECONOMIC CO-OPERATION AND DEVELOPMENT. *Lobbyists, government and public trust*: increasing transparency through legislation, cit., v. 1, p. 12 e 40).

257. Id. Ibid., v. 1, p. 80: "*Códigos de conduta têm se tornado cada vez mais comuns na regulamentação do lobby (...). Tais códigos preveem normas para disciplinar a relação dos lobistas entre si, com os seus clientes e com os funcionários do Estado, todavia, tendo em vista que a possibilidade de exigir o seu cumprimento e aplicar sanções para os casos de violação é limitada, reduzido é o grau de interferência que eles geram no comportamento dos lobistas*" (tradução livre). No mesmo sentido: MALONE, Margaret May. *Regulation of lobbying in developed countries*: current rules and practices, cit., p. 3 e ss.

258. THIEL, Marie; BAUER, Elisabeth. EU Transparency Register, cit., p. 5. No mesmo sentido: OBRADOVIC, Daniela. Regulating lobbying in the European Union, cit., p. 309.

do funcionamento da normativa do *lobby* mundo afora permite concluir que apenas sistemas obrigatórios têm o condão de contribuir para a promoção da transparência e da integridade que devem caracterizar a relação entre os lobistas e os funcionários da administração pública. Afinal, só o Estado pode impor a observância de padrões mínimos de comportamento, pode exigir dos lobistas a abertura de informações sobre suas atividades e pode aplicar sanções jurídicas nas hipóteses em que verificada a prática de conduta ilegal[259].

A Transparência Internacional, após examinar o tratamento jurídico dispensado ao *lobby* nos países da Europa, passou a recomendar às nações que têm interesse em disciplená-lo, que adotem os seguintes referenciais elementares: (i) previsão da criação de registros obrigatórios para todas as pessoas e entidades que pretendam se engajar na atividade de *lobby*; (ii) conceituação ampla, porém, precisa, do que se entenda por lobista; (iii) elaboração de códigos de conduta aplicáveis aos lobistas e aos funcionários públicos aos quais dirijam as suas tentativas de convencimento; (iv) desenvolvimento de banco de dados com informações sobre as iniciativas dos lobistas, com detalhes sobre os temas de que tratem e os agentes públicos que procurem; (v) imposição de períodos mínimos de quarentena, dentro dos quais ex-agentes do Estado fiquem impedidos de exercer atividades de *lobby*; e (vi) previsão de sanções dissuasórias para coibir ilegalidades[260].

A OCDE, por sua vez, embora não haja tratados que imponham aos seus membros a criação de preceitos normativos que incidam sobre a atuação dos lobistas, desenvolve estudos e guias legislativos para orientar os legisladores dos países nos quais se tem debatido a necessidade de regulamentação do *lobby*. Compreende a entidade internacional que é necessário que se estabeleçam, com precisão, quais são as atividades compreendidas no conceito de *lobby*, quem deve ser considerado lobista, quais informações relativas à sua atuação devem

259. OCDE. ORGANISATION FOR ECONOMIC CO-OPERATION AND DEVELOPMENT. *Lobbyists, government and public trust*: increasing transparency through legislation, cit., v. 1, p. 33, 40 e 89: "*A sociedade tem o direito de saber como as decisões públicas são influenciadas (...). Quando há muito em jogo e, em razão disso, torna-se impossível controlar a atuação dos lobistas por via de disposições normativas facultativas (voluntárias), diplomas e códigos de comportamento cogentes são necessários para que o lobby seja exercido de forma transparente e responsável (...). Apenas os Estados têm autoridade para exigir dos lobistas que divulguem informações. Apenas o Estado pode obrigar os agentes públicos a reportar situações nas quais os lobistas descumpram os preceitos normativos que regem as suas atividades. Apenas o Estado pode investigar os casos em que violadas as normas que disciplinam a atividade de lobby e processar as pessoas envolvidas. Apenas o Estado pode impor sanções (...). Organizações profissionais, mesmo com o apoio do Estado, encontram dificuldade, em razão desses fatores, para disciplinar a conduta de seus membros*" (tradução livre).

260. TRANSPARENCY INTERNATIONAL. *Money, politics, power*: corruption risks in Europe, cit.

ser reveladas periodicamente[261] ao público, e de que forma os agentes estatais devem se relacionar com lobistas[262].

É interessante mencionar que, no tocante às imposições que podem ser feitas aos agentes públicos alvos da prática do *lobby*, a OCDE entende que eles ocupam a melhor posição para avaliar a correção das ações dos lobistas. Por esse motivo, seria salutar que se exigisse dos funcionários públicos que verificassem as credenciais dos lobistas que os procuram, que mantivessem banco de dados próprio, com registro das iniciativas de *lobby* de que foram destinatários e que fossem obrigados e fazer comunicações formais sempre que constatassem comportamentos ilegais de lobistas[263].

Ademais, de acordo com o *Lobbying: influencing decision making with transparency and integrity*[264], organizado pela OCDE, é imperioso, para a efetiva

---

261. OCDE. ORGANISATION FOR ECONOMIC CO-OPERATION AND DEVELOPMENT. *Lobbyists, government and public trust*: increasing transparency through legislation, cit., v. 1, p. 48 e 79; HOUSE OF COMMONS. Public Administration Select Committee. *Lobbying*: access and influence in Whitehall: First Report of Session 2008-09, cit., p. 37.

262. No que concerne à importância de que, na regulamentação do *lobby*, também sejam criadas balizas para a atuação dos agentes públicos, é interessante destacar outro estudo desenvolvido pela OCDE, do qual se colhe que estes últimos são peças-chave para a atuação dos lobistas. Por isso, com eles compartilham a responsabilidade de garantir que os processos de interação na atividade de *lobby* sejam efetivamente transparentes (OCDE. ORGANISATION FOR ECONOMIC CO-OPERATION AND DEVELOPMENT. *Lobbyists, government and public trust*: increasing transparency through legislation, cit., v. 1, p. 10 e 87: "*Considerada a circunstância de que o lobby é atividade que envolve dois personagens, ambos compartilham a responsabilidade de assegurar que a sua interação seja íntegra e transparente. Consequentemente, esforços conjuntos para alcançar essa transparência são vitais (...). Autoridades públicas têm a principal tarefa de estabelecer standards de conduta para os funcionários estatais que participam do lobby. Os agentes públicos são responsáveis por assegurar que os seus contatos com os lobistas sejam conduzidos em conformidade com os princípios, regras e processos da administração pública, de forma que sejam asseguradas a imparcialidade e a transparência, afastadas as situações de conflito de interesses (...). Não é suficiente que se imponha aos lobistas que informem o seu papel e os seus clientes, nem que disponham de uma autorização (cadastramento) para atuar. Os agentes públicos devem ter condições de acessar os bancos de dados em que disponíveis as informações cadastrais, para verificar a validade das credenciais (...). Deve haver regras que imponham aos agentes públicos o dever de verificar as credencias dos lobistas e, mais do que isso, denunciar eventuais práticas ilegais*" (tradução livre). No mesmo sentido: ZETTER, Lionel. *Lobbying*: the art of political persuasion, cit., p. 25; PROSS, Paul A. The Lobbyists Registration Act: its application and effectiveness. In: Restoring accountability - research studies: volume 2 - The Public Service and transparency. John H. Gomery, Commissioner. Ottawa - Ontario: Privy Council 2006. p. 208. Disponível em: <https://www.cbc.ca/news2/background/groupaction/v2fullreport/CISPAA_Vol2_5.pdf>. Acesso em: 28 maio 2017.

263. OCDE. ORGANISATION FOR ECONOMIC CO-OPERATION AND DEVELOPMENT. *Lobbyists, government and public trust*: increasing transparency through legislation, cit., v. 1, p. 31.

264. OCDE. ORGANISATION FOR ECONOMIC CO-OPERATION AND DEVELOPMENT. (The CleanGovBiz Initiative). *Lobbying*: influencing decision making with transparency and integrity, cit., p. 6 e ss.: "*A definição de lobby e de lobista deve ser robusta, compreensível e suficientemente explícita para evitar dificuldades de interpretação (...). Normas e guias de conduta devem inicialmente ser direcionadas àqueles que são remunerados para exercer atividades de lobby (...). As definições normativas também devem abranger, de forma clara, o tipo de interação entre lobistas e agentes*

disciplina da atuação dos lobistas, que todos os dados sobre a sua interação com os funcionários do Estado fiquem disponíveis para a sociedade, que determinadas modalidades de conduta sejam expressamente vedadas e que, nas hipóteses em que constatadas transgressões às normas, sejam previstas efetivas e dissuasórias sanções, de índole financeira, administrativa e, inclusive, criminal.

Colhe-se do estudo intitulado *Lobbying, Government and Public Trust*, desenvolvido também da OCDE, ser elementar para que se assegure efetiva transparência às iniciativas dos lobistas, seja limitado, senão proibido, que eles paguem ou ofereçam qualquer tipo de vantagem (presentes, viagens, ingressos para eventos sociais e esportivos etc.) a agentes do poder público; sejam bem definidas as hipóteses nas quais se admita o aporte de recursos por lobistas em campanhas eleitorais; sejam previstos períodos rigorosos de quarentena para ex-funcionários públicos; seja proibida a remuneração de lobistas com honorários de êxito; e, caso violadas as normas atinentes à matéria, sejam impostas rigorosas sanções àqueles – funcionários públicos ou não – que as infrinjam[265].

O referido texto internacional enfatiza que a aplicação de sanções nos casos em que se constate a atuação de lobistas e agentes públicos em desconformidade com as disposições normativas é vital para que se alcance a transparência que se persegue com a disciplina jurídica do instituto. Afirma-se necessária a previsão – e a efetiva aplicação – de sanções visíveis e proporcionais, de caráter pecuniário, administrativo (por exemplo, a proibição da prática do *lobby* e a divulgação, em bancos de dados acessíveis ao público, dos nomes dos transgressores das normas a ele relacionadas) e criminal[266].

públicos que deve ser considerado próprio do lobby e quais deles devem ficar fora da abrangência normativa (...). As informações sobre as atividades dos lobistas devem contemplar tudo aquilo que seja necessário e suficiente para viabilizar o escrutínio público (...). As nações devem implementar ferramentas tecnológicas, como a internet, para fazer com que as informações exibidas pelos lobistas nos relatórios periódicos obrigatórios sejam acessadas de forma simples pelo público em geral (...). As nações devem também criar diretrizes claras, com a definição de princípios que confiram aos agentes públicos a condição de identificar a forma como devem se comportar na interação com lobistas (...). Sanções visíveis e proporcionais, tais como as tradicionais penas econômicas, administrativas (por exemplo, a suspensão do direito de exercício do lobby) e, até mesmo, as sanções criminais, devem ser combinadas com abordagens inovadoras, como a divulgação pública dos casos de violação normativa" (tradução livre).

265. OCDE. ORGANISATION FOR ECONOMIC CO-OPERATION AND DEVELOPMENT. *Lobbyists, government and public trust*: increasing transparency through legislation, cit., v. 1, p. 67.

266. OCDE. ORGANISATION FOR ECONOMIC CO-OPERATION AND DEVELOPMENT. *Lobbyists, government and public trust*: increasing transparency through legislation, cit., v. 1, p. 32: "*Sanções: há de se combinar tradicionais sanções com abordagens mais inovadoras, para estabelecer visíveis e proporcionais sanções. Sanções tradicionais devem abarcar aquelas de cunho econômico (por exemplo, multa), sanções administrativas (por exemplo, o cancelamento do registro do lobista e a proibição da atuação por determinado período de tempo) e sanções criminais, nos casos de influência ilegal. Ademais, abordagens mais inovadoras, como a divulgação pública dos casos de atuação desviada de lobistas e agentes públicos, podem trazer resultados importantes, já*

Em suma, toda a exposição feita no presente capítulo evidencia uma realidade inafastável: é imperioso seja estruturado arcabouço normativo que crie balizas para a atuação dos lobistas e delimite com precisão a distinção entre o *lobby* e as práticas corruptas que põem em posição de vulnerabilidade a democracia e os preceitos elementares que norteiam o funcionamento da administração pública.

Há disponível, para que essa estruturação seja realizada, um rico leque de instrumentos, que precisam ser muito bem empregados para que se alcance uma posição de fina sintonia, a qual assegure sejam realizadas de forma ampla as atividades dos lobistas, com a observância de limites claros que jamais poderão ser ultrapassados.

É mister salientar que a eleição de tal instrumental deve respeitar a realidade jurídica de cada nação. Consta de estudo elaborado também pela OCDE, a estruturação de modelo normativo a ser implementado no Brasil não pode partir da simples importação de preceitos existentes alhures[267]. Todavia, cumpre-nos conhecê-los, para que tenhamos condição de verificar os modelos mais eficazes e, então, idealizar a regulamentação do instituto em nosso país.

que a reputação é essencial para o lobby (...). Aplicar sanções nos casos de descumprimento das exigências é um ingrediente vital para assegurar efetiva transparência na interação entre os lobistas e os agentes que atuam para o Estado" (tradução livre).

267. Id. Ibid., v. 1, p. 13.

2

A REGULAMENTAÇÃO DO *LOBBY* NO DIREITO COMPARADO: MODELOS E INSTRUMENTOS DE CONTROLE

2.1 A história do tratamento jurídico do *lobby* nos Estados Unidos

Nos Estados Unidos, as discussões sobre a criação de preceitos normativos de abrangência nacional que regulassem a atuação dos lobistas no Congresso iniciaram-se ainda no século XIX, depois da Guerra Civil Americana, travada entre os anos de 1861 e 1865, conforme aponta Thomas[1]. Logo após o término do conflito, teve início a construção, no território americano, de inúmeras linhas férreas, e as entidades privadas responsáveis pela execução das obras passaram a contratar pessoas influentes, com a finalidade de que os seus interesses fossem representados junto aos membros do Congresso, situação que viabilizou, por exemplo, fossem elas mais bem remuneradas[2].

As estratégias, muitas vezes questionáveis sob a perspectiva moral, utilizadas pelos agentes que buscavam influir nas decisões políticas, atuando em favor das companhias ferroviárias, e os eventuais prejuízos para o Estado que dessa situação poderiam derivar, fizeram com que, no ano de 1876, surgisse a primeira tentativa — malsucedida — da Câmara dos Deputados americana (*House*

---

1. Thomas, Clive S. Interest group regulation across the United States: rationale, development and consequences, cit., p. 500.

2. Chari, Raj; Hogan, John; Murphy, Gary. *Regulating lobbying*: a global comparison, cit., 2012, p. 18.

of Representatives) de regulamentação do *lobby*[3]. Tal situação faz dos Estados Unidos o país que primeiro dedicou atenção normativa ao fenômeno estudado[4].

Na proposta elaborada à época, previa-se necessário que todos os agentes que pretendessem exercer atividades de lobista se registrassem junto aos órgãos públicos. Tal medida, essencial para a regulamentação do *lobby*, foi rejeitada pelos congressistas. Entretanto, desde então, as discussões sobre o *lobby*, suas consequências e a necessidade de que seja regulamentado, fazem parte da vida política estadunidense[5].

Convém mencionar que a resistência inicialmente existente à criação de normas que regulamentassem o instituto do *lobby* era em parte explicada pela circunstância de que a sua prática estaria albergada pela Primeira Emenda à Constituição, na qual foram inscritos, no ano de 1791, os direitos de liberdade religiosa, liberdade de expressão e de petição[6].

Destarte, para que não se promovesse uma compressão da abrangência dos referidos direitos fundamentais, notadamente do direito de petição, no qual estariam inseridas as práticas usualmente adotadas pelos lobistas, malgrado fossem recorrentes as discussões sobre o assunto, não era amplamente admitida a possibilidade de criação de normas que impusessem limitações ao *lobby*. Conforme salientam Chari, Murphy e Hogan[7], bem como

3. É interessante mencionar que a grande quantidade de escândalos que envolveram lobistas e membros do poder público nos Estados Unidos (linhas férreas; Teapot Dome, 1920; Carolina do Sul e Arizona, 1990; Wedtech, 1990, Jack Abramoff, 2006) incutiu na sociedade a percepção de que o *lobby*, se não for devidamente regulamentado, pode trazer consequências graves para o país, pois favorece práticas corruptas. Sobre o assunto, veja-se: Thomas, Clive S. Interest group regulation across the United States: rationale, development and consequences, cit., p. 502-504.

4. Embora a maior parte da doutrina indique que foi após o término da Guerra Civil que se iniciaram as discussões sobre a necessidade de regulamentação do *lobby*, há referências a tentativas anteriores, ainda em 1852, de que jornalistas fossem registrados para que pudessem acessar as dependências da Câmara. De qualquer maneira, adverte Thomas, pelo menos desde 1911, discussões sobre a normatização das atividades dos lobistas ocupam os salões do Congresso dos Estados Unidos todos os anos (Id. Ibid., p. 504). No mesmo sentido: Chari, Raj; Hogan, John; Murphy, Gary. *Regulating lobbying*: a global comparison, cit., 2012, p. 20.

5. Chari, Raj; Hogan, John; Murphy, Gary. *Regulating lobbying*: a global comparison, cit., 2012, p. 18: "*Desde o final da Guerra Civil, o lobby passou a ser um assunto nunca distante da superfície política dos Estados Unidos (...). Práticas extremamente questionáveis de empresários do setor de ferrovias nos anos posteriores à Guerra Civil levaram ao surgimento de significativas demandas para regulamentar as atividades daqueles que pretendiam influenciar as condições de atuação do setor (...). A Câmara dos Deputados, em 1876, tentou exigir dos lobistas que se registrassem para poder atuar, mas a iniciativa não alcançou êxito*" (tradução livre).

6. First Amendment: "*Congress shall make no law respecting an establishment of religion, or prohibiting the free exercise thereof; or abridging the freedom of speech, or of the press; or the right of the people peaceably to assemble, and to petition the government for a redress of grievances*".

7. Chari, Raj; Hogan, John; Murphy, Gary. *Regulating lobbying*: a global comparison, cit., 2012, p. 23.

LUNEBURG[8] e MIHUT[9], a prática do *lobby* é o exercício legítimo de um direito humano fundamental, o direito de petição.

A resistência mencionada, todavia, foi aos poucos superada pela constatação de que o *lobby* era uma realidade inafastável da dinâmica política norte-americana, e que criar dispositivos normativos que o disciplinassem seria medida salutar para que fosse claramente diferenciado da prática de corrupção. ROBINS[10] explica que a própria Suprema Corte reconheceu que as condutas que caracterizam o *lobby* estão inseridas no espectro de abrangência do direito de petição; não obstante, apresentam, a depender de como são praticadas, pontos de contato com a corrupção.

LUNEBURG[11] afirma que a vinculação do *lobby* com a corrupção surge quando os lobistas exercem influência não com base em elementos de persuasão técnicos, mas com o pagamento de vantagens indevidas e de gratificações.

Thomas[12], por sua vez, esclarece que, em razão da tensão existente entre o exercício pleno do direito constitucional de petição e a criação de preceitos regulamentadores do *lobby*, prevaleceu, entre a maior parte dos estudiosos estadunidenses, a ideia de que nenhuma norma poderia ser criada de maneira a proibir *in totum* a atuação dos lobistas. Em verdade, segundo acredita o professor, ao tratar do pensamento que prevaleceu por muitos anos na doutrina, o Estado poderia, no máximo, criar mecanismos legais que impusessem àqueles que se dedicam ao *lobby* a obrigação de tornar públicas as suas atividades; jamais cerceá-las, sob pena de que se esvaziasse o conteúdo da cláusula constitucional mencionada.

Não obstante, a constatação da inter-relação entre *lobby* e corrupção, somada ao fato de que os contatos entre lobistas e membros do poder público podem

---

8. LUNEBURG, Willian V. The evolution of Federal Lobbying Regulation: where we are now and where we should be going, cit., p. 87.

9. MIHUT, Liliana. Lobbying in the United States and the European Union: new developments in lobbying regulation, cit., p. 5.

10. ROBINS, Rand. Why the Honest Leadership and Open Government Act of 2007 falls short, and how it could be improved, cit., p. 1.

11. LUNEBURG, Willian V. The evolution of Federal Lobbying Regulation: where we are now and where we should be going, cit., p. 88.

12. THOMAS, Clive S. Interest group regulation across the United States: rationale, development and consequences, cit., p. 504: "*(...) sérias dúvidas existem sobre a constitucionalidade das normas que incidem sobre o lobby, em razão de potencial restrição ao direito de petição (...). Ao longo dos anos, defensores e opositores da regulamentação da atividade concordaram que a possibilidade de os indivíduos e grupos utilizarem o lobby na defesa dos seus interesses não poderia ser proibida. Por isso, o objetivo de ambos os grupos sempre foi o de fazer com que as iniciativas dos lobistas se tornassem públicas. Em outras palavras, a abordagem norte-americana tem sido no sentido de monitorar a atuação dos lobistas, em vez de restringi-la (...). Restringir determinadas modalidades de conduta, tais como a concessão de benefícios (presentes) aos agentes públicos e as contribuições eleitorais, também surgem como medidas admissíveis. Todavia, muitos daqueles que se opõem a essas últimas medidas acreditam que elas não seriam compatíveis com o direito constitucional de liberdade de expressão e de petição*" (tradução livre).

gerar desequilíbrios em uma sociedade democrática, afirma o professor, exigiria a definição de restrições ao exercício de atividade que, *prima facie*, encontra guarida constitucional. Tais restrições, todavia, não poderiam extrapolar critérios de adequação, necessidade e proporcionalidade *strictu sensu*, sob pena de que fossem consideradas inconstitucionais.

Ao analisar as justificativas para a criação de preceitos normativos sobre o *lobby*, no sistema jurídico norte-americano, THOMAS[13] afirma que elas estão relacionadas, essencialmente, à proteção de valores democráticos elementares. Aduz o referido professor que a regulamentação do instituto é curial para fomentar a confiança da sociedade no Estado e em seus agentes, evitar práticas indevidas no âmbito da administração pública, assegurar transparência aos critérios decisórios que envolvam interesses públicos e, assim, distribuir de forma justa os benefícios que possam deles advir.

É interessante notar que a evolução legislativa americana a respeito do instituto do *lobby*, ao contrário do que intuitivamente se pode imaginar, não teve início no plano federal. Muito antes da criação de normas de abrangência nacional que tratassem do fenômeno, já haviam sido criados, na esfera dos estados federados, corpos normativos autônomos orientados a discipliná-lo. Por esse motivo, THOMAS[14] destaca que o governo federal não liderou o processo de desenvolvimento da regulamentação da atuação dos lobistas, senão que seguiu as tendências que se observavam no plano estatal.

A confirmar tal assertiva, OPHEIM[15] esclarece que no estado de Massachusetts, já nos idos de 1890, aprovou-se corpo legal que criava parâmetros para orientar o comportamento dos lobistas. Na mesma esteira, CHARI, MURPHY e HOGAN[16] esclarecem que, em 1950 — logo que aprovada a criação da primeira lei federal relativa ao *lobby*, 38 estados dispunham de regulamentação sobre o assunto; após a crise gerada pelo escândalo de Watergate, em 1970, pontifica THOMAS[17], todos os 50 estados norte-americanos passaram a disciplinar o *lobby*. Fala-se, inclusive, que há, no plano estadual, em razão dessa experiência mais antiga com a elaboração de normas sobre o *lobby*, textos legais mais acurados sobre a matéria[18].

---

13. Id. Ibid., p. 503.
14. THOMAS, Clive S. Interest group regulation across the United States: rationale, development and consequences, cit., p. 500.
15. OPHEIM, Cynthia. Explaining the differences in State lobby Regulation, cit., p. 405.
16. CHARI, Raj; HOGAN, John; MURPHY, Gary. *Regulating lobbying*: a global comparison, cit., 2012, p. 20.
17. THOMAS, Clive S. Interest group regulation across the United States: rationale, development and consequences, cit., p. 505.
18. Mesmo assim, adverte OPHEIM, tal como ocorre no âmbito federal, há dificuldades para tornar efetivos os preceitos regulamentadores do instituto do *lobby* no plano estadual (OPHEIM, Cynthia.

O federalismo norte-americano, pelo qual os estados dispõem de ampla competência para criar preceitos normativos que rejam suas atividades, é o fator que fomenta essa grande diversidade de diplomas normativos sobre a matéria. Além de existirem detalhados preceitos legais no plano federal[19], há ainda, atualmente, 50 leis estaduais, integralmente orientadas à disciplina do *lobby*[20].

Apenas em 1935, foi criado pela primeira vez, no âmbito federal, um dispositivo pontual, no *Public Utilities Holding Company Act*, que tocava a figura do *lobby*. Consoante previsão existente no corpo legal mencionado, proibiu-se que agentes relacionados a companhias que exerciam atividade no setor de energia realizassem qualquer tentativa de interferir nos processos decisórios do Congresso, da Comissão Federal de Energia e da *Securities and Exchange Commission* (SEC)[21].

Um ano depois, em 1936, reagindo a escândalos em que se falava de atos de corrupção no setor marítimo, o Congresso americano decidiu inserir, também de forma pontual, no *Merchant Marine Act*, limitações ao exercício do *lobby*. À luz do disposto na seção 807[22] do referido diploma legal, quem pretendesse

Explaining the differences in State lobby Regulation, cit., p. 405). É interessante mencionar, ainda, a revelar a importância dos preceitos normativos estaduais sobre a figura do *lobby*, que Robins, ao tratar do assunto, sugere que a legislação nacional deveria se inspirar, para que sofresse efetivo aprimoramento, nos textos legislativos de cada um dos estados federados (Robins, Rand. Why the Honest Leadership and Open Government Act of 2007 falls short, and how it could be improved, cit., p. 22).

19. É necessário mencionar que, desde o início dos anos de 1990, surgiram vários diplomas normativos municipais, que tinham como finalidade regulamentar o fenômeno do *lobby*, apontando Thomas para a existência de verdadeira tendência, nas cidades e regiões metropolitanas, de criação de normas para disciplinar a atuação dos lobistas. Tal disciplina tinha foco na divulgação de informações sobre as atividades dos lobistas, sendo raras as restrições à sua atuação. Portanto, nos Estados Unidos, cuidados normativos foram direcionados ao instituto em todos os níveis da federação. Sobre o assunto: Thomas, Clive S. Interest group regulation across the United States: rationale, development and consequences, cit., p. 500.

20. Chari, Raj; Hogan, John; Murphy, Gary. *Regulating lobbying*: a global comparison, cit., 2012, p. 13.

21. Id. Ibid., p. 20; Stefan, Oanta Ilie; Nicoleta, Vasilcoschi. The business fluctuations and the lobbying evolution in European Union, Canada and USA, cit., p. 170.

22. Merchant Marine Act of 1936, seção 807: "*It shall be unlawful for any person employed or retained by any shipbuilder or ship operator holding or applying for a contract under the provisions of this Act, or employed or retained by any subsidiary, affiliate, associate, or holding company of such shipbuilder or ship operator, to present, advocate, or oppose any matter affecting any such shipbuilder or ship operator or any subsidiary, affiliate, associate, or holding company thereof, before the Congress or any Member of committee thereof, or before the Commission, or any other governmental agency or any member, officer, or employee thereof, unless such shipbuilder or ship operator shall have previously filed with the Commission in such form and detail as the Commission shall by rules and regulations or order prescribe as necessary or appropriate in the public interest, a statement of the subject matter in respect of which such person is retained or employed, the nature and character of such retainer or employment, and the amount of compensation received or to be received by such person, directly or indirectly, in connection therewith. It shall be the duty of every such person so employed or retained to file with the Commission within ten days after the close of*

exercer influência no Congresso ou em órgãos da administração pública, em favor de empresas fabricantes ou operadoras de embarcações, deveria se submeter a cadastro prévio, declarar o valor dos recursos recebidos e gastos nas atividades exercidas, e os assuntos de interesse; quem descumprisse tais obrigações ficava sujeito à punição por delito de menor potencial ofensivo[23].

Ainda na primeira metade do século XX, especificamente no ano de 1938, foi criado outro texto normativo que tratava do fenômeno do *lobby*, o *Foreign Agents Registration Act of 1938* (FARA). Enquanto o *Public Utilities Holding Company Act* de 1935 e o *Merchant Marine Act* de 1936 eram voltados a disciplinar a atuação de indivíduos nos setores energético e marítimo, o FARA objetivava limitar a prática de *lobby* no âmbito do governo norte-americano, por agentes que trabalhavam em favor de nações e corporações estrangeiras[24].

Todos os textos normativos acima referidos, em que pese tenham sido os primeiros nos quais foram inseridas previsões de regulamentação do *lobby*, no plano federal, tinham escopo bastante restrito. Afinal, em cada um deles, foram criadas obrigações de registro e de prestação de informações para um reduzido número de agentes que buscavam interferir nas decisões públicas relativas a específicos setores econômicos.

Tal situação sofreu profunda alteração no ano de 1946, com o advento do *Federal Regulation Lobbying Act*, primeira lei federal que disciplinou o *lobby* de forma sistemática[25]. A partir da entrada em vigência do referido corpo legal,

each calendar month during such retainer or employment, in such form and detail as the Commission shall by rules and regulations or order prescribe as necessary or appropriate in the public interest, a statement of expenses incurred and the compensation received by such person during such month in connection with such retainer or employment. Whosoever shall violate this provision shall be guilty of a misdemeanor".

23. Chari, Raj; Hogan, John; Murphy, Gary. *Regulating lobbying*: a global comparison, cit., 2012, p. 20.

24. Thomas, Clive S. Interest group regulation across the United States: rationale, development and consequences, cit., p. 505; Chari, Raj; Hogan, John; Murphy, Gary. *Regulating lobbying*: a global comparison, cit., 2012, p. 22; Luneburg, Willian V. The evolution of Federal Lobbying Regulation: where we are now and where we should be going, cit., p. 103.

25. Holman, Craig. *Making the U.S. Lobbying Disclosure Act Work as intended*: implications for the European Transparency Initiative, cit., p. 3: "*Logo após o término da 2ª Guerra Mundial, o Congresso norte-americano aprovou o primeiro diploma normativo para tornar mais transparente a atuação dos lobistas: o Federal Regulation of Lobbying Act de 1946. O objetivo central do texto normativo de 1946 era estabelecer um sistema de cadastramento dos lobistas e divulgação de informações sobre as suas atividades. Assim como o FARA, o novo ato não pretendeu restringir a conduta dos lobistas ou as suas atividades financeiras. O Federal Regulation of Lobbying Act previa um sistema de registro e divulgação de informações econômicas daqueles que pretendessem influenciar os rumos da criação legislativa no Congresso. O objetivo do texto legal era assegurar publicidade às informações atinentes às pressões realizadas para influenciar a legislação (...). O texto legal de 1946 exigia que qualquer pessoa que tivesse como atividade principal influenciar a aprovação ou rejeição de leis debatidas no Congresso se cadastrasse junto às Secretarias da Câmara dos Deputa-*

passou-se a exigir de qualquer pessoa envolvida em atividades de *lobby* – físicas e jurídicas – que se submetesse a prévio cadastramento junto aos órgãos estatais competentes, os quais também deveriam ter acesso a informações financeiras sobre tais atividades[26].

Entretanto, não obstante tenham representado um avanço no tratamento jurídico do *lobby* nos Estados Unidos, os preceitos normativos introduzidos no ano de 1946 se mostravam absolutamente ineficazes. Convém mencionar, para atestar tal situação, dados estatísticos apresentados por Scolar[27] em audiência pública realizada no Congresso, justamente para que fossem discutidas medidas legislativas que aprimorassem a regulamentação do fenômeno, porquanto aquela vigente à época era considerada pelo Departamento de Justiça ineficiente, inadequada e inaplicável:

O *Federal Regulation Lobbying Act* tem sido largamente ineficaz desde

dos e do Senado, e apresentasse relatórios trimestrais com informações de natureza financeira. Os relatórios financeiros deveriam contemplar informações sobre o nome e o endereço do lobista e seus clientes, os valores cobrados, o responsável, efetivamente, pelo pagamento e a forma como esses recursos foram aplicados nas atividades de lobby realizadas" (tradução livre). No mesmo sentido: Chari, Raj; Hogan, John; Murphy, Gary. *Regulating lobbying*: a global comparison, cit., 2012, p. 22; Mihut, Liliana. Lobbying in the United States and the European Union: new developments in lobbying regulation, cit., p. 11.

26. Straus, Jacob R. Honest Leadership and Open Government Act of 2007: the role of the clerk and of the House and secretary of the Senate. *Congressional Research Service Report*, p. 2, Apr. 2017. Disponível em: <https://www.senate.gov/CRSpubs/63879f94-6966-4341-9342-03ab6d8bff33.pdf>. Acesso em: 23 abr. 2017; UNITED STATES GENERAL ACCOUNTING OFFICE. *Federal Regulation on Lobbying Act of 1946 is ineffective* (Statement of Milton J. Scolar), 16 July 1991. p. 1. Disponível em: <http://www.gao.gov/assets/110/104007.pdf>. Acesso em: 06 de maio de 2017; THOMAS, Clive S. Interest group regulation across the United States: rationale, development and consequences, cit., p. 507; Stefan, Oanta Ilie; Nicoleta, Vasilcoschi. The business fluctuations and the lobbying evolution in European Union, Canada and USA, cit., p. 170.

27. UNITED STATES GENERAL ACCOUNTING OFFICE. *Federal Regulation on Lobbying Act of 1946 is ineffective* (Statement of Milton J. Scolar), 16 July 1991, cit. No mesmo sentido: Holman, Craig. *Making the U.S. Lobbying Disclosure Act Work as intended*: implications for the European Transparency Initiative, cit., p. 2: "*Os Estados Unidos há muito tempo buscam tornar mais transparentes as atividades do lobby (...). Porém, no passado, as normas que tratavam do assunto, principalmente o Foreing Agents Registration Act de 1938 e o Federal Regulation Lobbying Act de 1946, se tornaram obsoletas logo que criadas (...). Tais normas eram vistas como ineficazes e mal escritas. Apenas dois anos após o Presidente Harry Truman aprovar o texto de 1946, várias revisões foram feitas para torná-lo mais efetivo. Algumas das fragilidades mais importantes verificadas no ato de 1946 era que ele não abarcava a atuação das equipes dos parlamentares, nem a do Poder Executivo (...). Além disso, suas disposições eram vagas (...). Não previam claramente o que era o lobby (...). De igual maneira, era problemática a aplicação concreta das suas previsões (...). O texto em questão foi ainda mais enfraquecido quando a Suprema Corte norte-americana, ao julgar o caso United States v. Harris, restringiu o seu escopo, por entender que, de tão vagas, algumas de suas disposições eram inconstitucionais"* (tradução livre). Também assim, Thomas afirma que, à época em que vigentes os preceitos do *Federal Regulation of Lobbying Act*, apenas 1% do montante gasto com *lobby* era efetivamente reportado às autoridades competentes (Thomas, Clive S. Interest group regulation across the United States: rationale, development and consequences, cit., p. 509).

> a sua criação em 1946. O seu propósito, de forma sucinta, é promover transparência às iniciativas dos lobistas para influenciar as discussões legislativas federais. O ato exige que qualquer organização ou pessoa remunerada para influenciar na criação legislativa se cadastre junto a órgãos específicos do Congresso e apresente relatórios e recibos dos valores envolvidos nas suas iniciativas de persuasão.
>
> Em 1989, 6.000 registros foram realizados (...), porém, 62% deles com atraso e mais de 90% de forma incompleta (...). Muitas pessoas engajadas em atividades de *lobby* não se registravam devidamente (tradução livre).

Tal circunstância, conforme apontado no excerto transcrito, decorreu, também, de julgamento realizado pela Suprema Corte norte-americana, no caso *United States v. Harriss* (1954[28]). Nele, o *Federal Regulation of Lobbying Act* de 1946 foi declarado parcialmente inconstitucional, porquanto dotado de termos vagos, sendo definido que apenas seria aplicado às situações em que o lobista realizasse contato direto com membros eleitos do Congresso, sendo inaplicável a contatos mantidos com quem não fosse deputado ou senador, bem como com integrantes do Poder Executivo. Assim, seu âmbito de aplicação foi sensivelmente limitado, a ponto de se afirmar, na doutrina, que ninguém temia ser responsabilizado por ilicitudes eventualmente cometidas[29].

Em razão das deficiências existentes no diploma normativo referido, foi elaborado o *Lobbying Disclosure Act* de 1995, que passou por reformas importantes, a última delas em 2007, com o advento do *Honest Leadership and Open Government Act*, ainda vigente, e que serão objeto de aprofundada análise nos tópicos subsequentes.

É essencial mencionar que existem diferenças substanciais entre os textos normativos vigentes nos Estados Unidos sobre o *lobby*, em todos os níveis da federação[30]. Entretanto, via de regra, neles são encontradas cinco medidas

---

28. Íntegra da decisão: UNITED States v. Harriss - 347 U.S. 612, 74 S.Ct. 808, 98 L.Ed. 989 (1954). Disponível em: <https://www.princeton.edu/aci/cases-pdf/aci1.harriss.pdf>. Acesso em 18 jun. 2017.

29. Vale mencionar, pois sintetizam a fragilidade da regulamentação do *lobby*, à época em que vigia o *Federal Regulation of Lobbying Act* de 1946, as conclusões de Thomas: "*(...) os principais problemas com o Federal Regulation of Lobbying Act de 1946 eram: muitos lobistas deixavam de se cadastrar (...). Previsões que limitavam a aplicação da norma aos parlamentares, afastando-a das suas equipes, enfraqueciam o texto (...). Uma vez que a norma abrangia apenas o Congresso, o lobby praticado junto à Casa Branca, aos órgãos do Poder Executivo, agências reguladoras etc., não estava sujeito à regulamentação (...). A decisão sobre as informações que seriam inseridas nos relatórios periódicos era feita individualmente por cada lobista (...). Por fim, investigação e exigência de cumprimento do texto eram quase inexistentes*" (tradução livre) (Thomas, Clive S. Interest group regulation across the United States: rationale, development and consequences, cit., p. 507-508).

30. Id. Ibid., p. 509: "*(...) com cinquenta governos, uma variedade enorme de culturas políticas, históricas e de níveis de desenvolvimento, também há grande variedade na regulamentação do lobby*

distintas, todas elas voltadas a tornar mais transparente a atuação dos lobistas e sua interação com os agentes dos Poderes Executivo e Legislativo.

Apesar das diferenças, os legisladores estaduais e federais costumam (i) exigir que o lobista seja registrado nos órgãos competentes, (ii) exigir que o lobista e seus contratantes apresentem relatórios periódicos das suas atividades, bem assim dos valores recebidos e despendidos, (iii) criar restrições para que ex-funcionários estatais desempenhem atividades como lobistas, definindo períodos de quarentena, (iv) estabelecer limitações que visem a evitar a ocorrência de conflito de interesses e (v) elencar modalidades de comportamento permitidas e proibidas[31].

A necessidade de normas que regulamentem o *lobby* nos Estados Unidos fica clara, quando se percebe que estudos estatísticos realizados junto à sociedade norte-americana em 2006 apontam que 80% dos cidadãos acreditam que lobistas exercem influência indevida nas definições das políticas públicas do país, ao passo que 81% informaram que tinham convicção de que eles pagavam propina aos membros do Congresso[32].

No plano econômico, o *lobby* também é muito importante. A confirmar essa assertiva, os crescentes montantes despendidos pelos grandes conglomerados econômicos multinacionais com a contratação de escritórios especializados no assunto. Segundo revelam os dados coletados pelo *Center for Responsive Politics (Open Secrets)*, enquanto no ano de 1998 foram reportados aos órgãos competentes $1.45 bilhão de dólares em despesas com lobistas, em 2016, esse valor foi de $3.15 bilhões.

(...). As diferenças em relação a quem é abrangido pelas normas estaduais são grandes (...). As exigências em relação aos relatórios periódicos e às informações que deles devem constar também variam, assim como as atividades proibidas (...)" (tradução livre).

31. Id. Ibid., p. 501: *"As chamadas leis de lobby preveem o cadastramento dos lobistas e de seus contratantes, a disponibilização de informações sobre gastos e, em alguns casos, a proibição de remuneração atrelada ao êxito (...). Além disso, há normas relacionadas a conflitos de interesses e à abertura de informações financeiras (...). Nos três níveis de governo, em uma tentativa de reduzir a corrupção, normas de ética pública usualmente proíbem ex-funcionários públicos, especialmente aqueles que detiveram cargos de confiança, de ser contratados pela iniciativa privada para exercer a função de lobista (...). Ainda, há regulamentação sobre financiamento de campanha (...). Impõem-se, ademais, limites de atuação e proibição de doações (...)"* (tradução livre).

32. Esses dados foram obtidos pelo *Pew Research Center* (Robins, Rand. Why the Honest Leadership and Open Government Act of 2007 falls short, and how it could be improved, cit., p. 16).

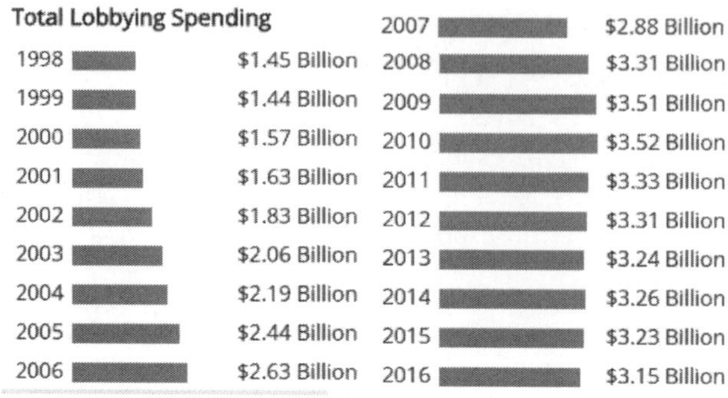

(Fonte: *Open Secrets*)[33]

Afirma-se, por isso, que o *lobby* é um grande negócio na economia americana[34]. Apesar disso, no plano federal, apenas após o advento do *Lobbying Disclosure Act* de 1995, aprimorado com a aprovação do *Honest Leadership and Open Government Act* de 2007, é que efetivamente começou a ter sucesso a regulamentação do instituto. Por esse motivo, Holman[35] esclarece que, mesmo nos Estados Unidos, país que dispõe de larga tradição no tratamento jurídico do *lobby*, só recentemente o fenômeno foi, a contento, disciplinado, para o que foi imprescindível se criassem conceitos e obrigações jurídicas claras para aqueles que têm atuação voltada a influenciar o processo de tomada de decisão pública, seja no âmbito do Poder Legislativo, seja no âmbito do Poder Executivo.

Passados mais de 100 anos desde que criados os primeiros preceitos normativos estadunidenses sobre a matéria, percebe-se, conforme adverte o professor antes mencionado, que conferir à população acesso à atuação dos agentes estatais na interação com agentes privados é o melhor instrumento de proteção dos interesses públicos. Por conseguinte, conclui Thomas[36], a regulamentação do *lobby*

33. Lobbying Database. Washington, DC., The Center for Responsive Politics (Open Secrets). Disponível em: <https://www.opensecrets.org/lobby/>. Acesso em: 16 maio 2017.

34. Luneburg, Willian V. The evolution of Federal Lobbying Regulation: where we are now and where we should be going, cit., p. 85; Chari, Raj; Hogan, John; Murphy, Gary. *Regulating lobbying*: a global comparison, cit., 2012, p. 18.

35. Holman, Craig. *Making the U.S. Lobbying Disclosure Act Work as intended*: implications for the European Transparency Initiative, cit., p. 40; Mihut, Liliana. Lobbying in the United States and the European Union: new developments in lobbying regulation, cit., p. 11.

36. Thomas, Clive S. Interest group regulation across the United States: rationale, development and consequences, cit., p. 512-514: "*O principal aspecto das leis de lobby é prover à sociedade informações sobre aqueles que o praticam e aqueles a quem buscam influenciar (...). A divulgação dessas informações aumenta o potencial de escrutínio público e particular (...). Evidências demonstram que o crescimento na quantidade de normas que incidem sobre o lobby e outras previsões para a divulgação de informações têm um efeito positivo no processo político nos Estados Unidos. Com*

nos Estados Unidos viabilizou verdadeira reformulação no *modus operandi* dos lobistas e dos agentes públicos e conferiu maior - e essencial - transparência às suas relações.

2.1.1 O Lobbying Disclosure Act de 1995: história e conteúdo normativo

O *Lobbying Disclosure Act* de 1995 foi criado após quase 50 anos de vigência do *Federal Regulation of Lobbying Act* de 1946 para disciplinar as atividades dos lobistas no âmbito dos órgãos federais[37]. Seu advento foi resultado de esforços direcionados a conferir maior transparência à relação entre agentes privados e funcionários do Estado.

A exposição de motivos do referido diploma normativo[38] revela que a necessidade de aprimoramento da disciplina dispensada ao *lobby* decorreria de dois fatores elementares. Consta do texto legal que é essencial, em qualquer democracia representativa, que o público tenha pleno acesso a informações sobre as atividades desenvolvidas por lobistas, remunerados para interferir

a abertura de informações sobre quem pretende influenciar quem nas atividades de lobby, quais legisladores, membros de suas equipes ou do Poder Executivo mantêm relações com grupos de interesse e seus representantes, e quem financia as iniciativas dos lobistas, a atuação governamental fica mais profissional e transparente" (tradução livre).

37. Sobre o panorama histórico em que se deu a aprovação do *Lobbying Disclosure Act* de 1995, além da comprovada ineficiência dos preceitos normativos então vigentes e da eclosão de escândalos de corrupção envolvendo lobistas e membros do Congresso, são esclarecedores os ensinamentos de Holman: "*Depois de décadas de tentativas malsucedidas de reparar as falhas do texto de 1946, o Congresso finalmente avançou e aprovou o Lobbying Disclosure Act (LDA) de 1995 (...). O texto recebeu aprovação unânime no Senado e foi promulgado pelo Presidente Bill Clinton em 19 de dezembro de 1995, passando a viger em janeiro de 1996. O LDA foi a primeira lei ampla sobre o lobby em cinquenta anos. O Congresso relutava para modificar a lei de 1946, apesar de o texto ser amplamente reconhecido como ineficaz (...). Muitas forças entraram em jogo em meados dos anos de 1990 para impelir o Congresso a atuar (...). Inicialmente, e mais importante, o Congresso havia sido atingido por um caso de corrupção de grandes proporções que envolvia vários de seus membros (escândalo Wedtech). Constatou-se que a Wedtech havia contratado inúmeros lobistas, incluindo ex-membros do Congresso, para auxiliar em contratações com o governo. Todas as atividades de lobby desenvolvidas não foram reportadas e, em certos casos, houve o pagamento de propina para agentes públicos"* (tradução livre) (Holman, Craig. *Making the U.S. Lobbying Disclosure Act Work as intended*: implications for the European Transparency Initiative, cit., p. 5). No mesmo sentido: Chari, Raj; Hogan, John; Murphy, Gary. *Regulating lobbying*: a global comparison, cit., 2012, p. 22; Thomas, Clive S. Interest group regulation across the United States: rationale, development and consequences, cit., p. 509.

38. Lobbying Disclosure Act: "*The Congress finds that - (1) responsible representative Government requires public awareness of the efforts of paid lobbyists to influence the public decision-making process in both legislative and executive branches of the Federal Government; (2) existing lobbying disclosure statutes have been ineffective because of unclear statutory language, weak administrative and enforcement provisions, and an absence of clear guidance as to who is required to register and what they are required to disclose; and (3) the effective public disclosure of the identity and extent of the efforts of paid lobbyists to influence Federal officials in the conduct of Government actions will increase public confidence in the integrity of Government*".

nas decisões dos Poderes Legislativo e Executivo. Ademais, os preceitos que regulamentavam o instituto – *Lobbying Act de 1946* – já tinham se mostrado ineficazes, genéricos e com reduzida possibilidade de aplicação, o que demandava reformas que lançassem luzes sobre o fenômeno do *lobby* e aumentassem a confiança da população no Governo[39].

Nesse contexto, segundo disposição do artigo 7° do texto normativo em análise[40], as atividades de *lobby* consistiriam não apenas nos contatos com agentes públicos, mas também nas iniciativas destinadas a conferir suporte a esses contatos – definição de estratégias, pesquisas e outros trabalhos preparatórios. Ou seja, no plano conceitual, todas as atividades de preparação, bem como as de convencimento dos funcionários públicos propriamente ditas são consideradas atividades próprias do *lobby*[41].

Para tornar mais claro o espectro de comportamentos regulados pelo *Lobbying Disclosure Act*, foi inserida no diploma legal uma ampla definição do tipo de interação entre lobistas e funcionários públicos que deve ser compreendido como próprio do *lobby*. Conforme expresso no artigo 8° do LDA[42], o termo

---

39. No relatório apresentado na sessão de votação em que foi aprovado o *Lobbying Disclosure Act* de 1995 constou: "*O ato foi desenvolvido para incrementar a confiança pública no governo, substituindo o arcabouço jurídico que versava sobre o lobby por um único estatuto, que abrange as atividades de todos os lobistas profissionais. O ato prevê a divulgação de informações para garantir que os dados importantes sobre as atividades sejam apresentados ao Estado e à sociedade e impõe que todos os lobistas profissionais se cadastrem e preencham relatórios periódicos (semestrais), com a identificação dos seus clientes, dos temas que lhes são de interesse, dos valores envolvidos em suas contratações etc.*" (tradução livre) (U.S. CONGRESS. House Committee on the Judiciary. *Lobbying Disclosure Act of 1995*. Report to accompany H.R. 2564, 104th Congress, 1ª Sessão: Washington, 1995). Na doutrina, Straus esclarece que, com o advento do *Lobbying Disclosure Act*, foram introduzidos na sistemática estadunidense preceitos que, de forma mais clara, definiram as atividades de *lobby*, os contatos para fins de *lobby*, quem deveria ser considerado lobista etc. Ou seja, aprimorou-se o tratamento jurídico dispensado ao fenômeno (STRAUS, Jacob R. Honest Leadership and Open Government Act of 2007: the role of the clerk and of the House and secretary of the Senate, cit., p. 1).

40. Lobbying Disclosure Act: "*(7) Lobbying activities – The term lobbying activities means lobbying contacts and efforts in support of such contacts, including preparation and planning activities, research and other background work that is intended, at the time it is performed, for use in contacts, and coordination with the lobbying activities of others*".

41. HOLMAN, Craig. *Making the U.S. Lobbying Disclosure Act Work as intended*: implications for the European Transparency Initiative, cit., p. 7; LUNEBURG, Willian V. The evolution of Federal Lobbying Regulation: where we are now and where we should be going, cit., p. 91.

42. Lobbying Disclosure Act: "*(8) Lobbying Contact. (A) Definition. The term lobbying contact means any oral or written communication (including an electronic communication) to a covered executive branch official or a covered legislative branch official that is made on behalf of a client with regard to: (i) the formulation, modification, or adoption of Federal legislation (including legislative proposals); (ii) the formulation, modification, or adoption of a Federal rule, regulation, Executive order, or any other program, policy, or position of the United States Government; (iii) the administration or execution of a Federal program or policy (including the negotiation, award, or administration of a Federal contract, grant, loan, permit, or license); or (iv) the nomination or confirmation of a person for a position subject to confirmation by the Senate*".

lobbying contact abarca qualquer comunicação, oral ou escrita, eletrônica ou não, com agente do setor público que disponha de competência para influir em decisões estatais, a fim de defender interesses de terceiros. Tal comunicação deve ter o propósito de influenciar (i) a criação ou alteração de leis federais, (ii) a criação ou alteração de regulamentação federal, (iii) o desenvolvimento de algum programa ou política estatal, (iv) a negociação de contratos e remuneração, (v) a nomeação de agentes públicos etc.[43]

De se destacar que, no diploma normativo, cuidou-se de prever situações que, embora *prima facie* tenham relação com o *lobby*, com ele não se confundem, ao menos do ponto de vista legal. Com efeito, o legislador excluiu da definição de *lobbying contact*, de forma expressa, diversas formas de interação entre lobistas e agentes do setor público. Apenas para exemplificar[44], não se considera contato para fins de *lobby* a atuação de agente público no exercício

---

43. Chari, Raj; Hogan, John; Murphy, Gary. *Regulating lobbying*: a global comparison, cit., 2012, p. 22; Dover, Agnes P.; Gilliland, Michael; Bell, Michael J. Lobbying Disclosure Act, cit., p. 4; Luneburg, Willian V. The evolution of Federal Lobbying Regulation: where we are now and where we should be going, cit., p. 90.

44. Veja-se a íntegra do dispositivo em que se inseriu o rol completo de situações de interação entre pessoas – físicas e jurídicas - e agentes públicos que, de acordo com o *Lobbying Disclosure Act*, não configuram *lobby*: "*(B) Exceptions. The term lobbying contact does not include a communication that is: (i) made by a public official acting in the public official's official capacity; (ii) made by a representative of a media organization if the purpose of the communication is gathering and disseminating news and information to the public; (iii) made in a speech, article, publication or other material that is distributed and made available to the public, or through radio, television, cable television, or other medium of mass communication; (iv) made on behalf of a government of a foreign country or a foreign political party and disclosed under the Foreign Agents Registration Act of 1938; (v) a request for a meeting, a request for the status of an action, or any other similar administrative request, if the request does not include an attempt to influence a covered executive branch official or a covered legislative branch official; (vi) made in the course of participation in an advisory committee subject to the Federal Advisory Committee Act; (vii) testimony given before a committee, subcommittee, or task force of the Congress, or submitted for inclusion in the public record of a hearing conducted by such committee, subcommittee, or task force; (viii) information provided in writing in response to an oral or written request by a covered executive branch official or a covered legislative branch official for specific information; (ix) required by a subpoena, civil investigative demand, or otherwise compelled by statute, regulation, or other action of the Congress or an agency; (x) made in response to a notice in the Federal Register, Commerce Business Daily, or other similar publication soliciting communication from the public and directed to the agency official specifically designated in the notice to receive such communications; (xi) not possible to report without disclosing information, the unauthorized disclosure of which is prohibited by law; (xii) made to an official in an agency with regard to a judicial proceeding or a criminal or civil law enforcement inquiry, investigation, or proceeding, or a filing or proceeding that the Government is specifically required by statute or regulation to maintain or conduct on a confidential basis, if the agency is charged with responsibility for such proceeding, inquiry, investigation, or filing; (xiii) made in compliance with written agency procedures regarding an adjudication conducted by the agency under section 554 of this title 5, United States Code, of substantially similar provisions; (xiv) a written comment filed in the course of a public proceeding or any other communication that is made on the record in a public proceeding; (xv) a petition for agency action made in writing and required to be a matter of public record pursuant to established agency procedures; (xvi) made on behalf of an individual with regard to that individual's benefits, employment, or other personal matters involving only that individual (...);*

de suas funções, a atuação de pessoas físicas na proteção de interesses exclusivamente seus, a realização de discursos e palestras sobre temas inseridos na agenda de decisões públicas, desde que informações sobre tais decisões sejam acessíveis ao público em geral.

Destarte, o *Lobbying Disclosure Act* de 1995 definiu o tipo de atividade de convencimento que tem relevância legal, um extenso rol de comportamentos que, via de regra, podem causar impacto no convencimento dos agentes públicos e nas suas decisões, e também aqueles que não se enquadrariam no conceito de *lobby* definido na regulamentação.

O diploma legal em questão traz também regras importantes sobre os procedimentos a serem adotados nos contatos entre o lobista e os agentes públicos. O lobista é obrigado, ao fazer contatos orais com determinados agentes públicos, caso solicitado, a identificar seus clientes e seus interesses; nos contatos escritos, a identificar os clientes, notadamente os estrangeiros[45].

O *Lobbying Disclosure Act* de 1995, tal como *Federal Regulation of Lobbying Act* de 1946, dispensa preceitos mais rigorosos às atividades de *lobby* para estrangeiros, a evidenciar que persiste a preocupação de ampla proteção dos interesses domésticos.

Destaque-se, outrossim, que os contatos para fins da prática de *lobby,* segundo disposição expressa do texto em análise, apenas receberiam atenção do legislador em hipóteses nas quais o agente público efetivamente gozasse de poder para influenciar as decisões estatais. Não é, por conseguinte, qualquer tipo de contato, com qualquer classe de funcionário público, o objeto de incidência dos dispositivos do *Lobbying Disclosure Act*.

Exige-se que o destinatário das atividades de *lobby* seja qualificado no âmbito do Poder Executivo ou do Poder Legislativo[46]. Cite-se para ilustrar que, no

(xvii) a disclosure by an individual that is protected under the amendments made by the Whistleblower Protection Act (...); (xviii) made by a church (...), a religious order (...)".

45. Lobbying Disclosure Act: "*(a) Oral lobbying contacts. Any person or entity that makes an oral lobbying contact with a covered legislative branch official or a covered executive branch official shall, on the request of the official at the time of the lobbying contact: (1) state whether the person or entity is registered under this Act and identify the client on whose behalf the lobbying contact is made; and (2) state whether such client is a foreign entity and identify any foreign entity required to be disclosed under section 4(b)(4) that has a client interest in the outcome of the lobbying activity. (b) Written lobbying contacts. Any person or entity registered under this Act that makes a written lobbying contact (including an electronic communication) with a covered legislative branch official or a covered executive branch official shall: (1) if the client on whose behalf the lobbying contact was made is a foreign entity, identify such client, state that the client is considered a foreign entity under this Act, and state whether the person making the lobbying contact is registered on behalf of that client (...); and (2) identify any other foreign entity identified pursuant to section 4(b)(4) that has a direct interest in the outcome of the lobbying activity*".

46. Chari, Raj; Hogan, John; Murphy, Gary. *Regulating lobbying*: a global comparison, cit., 2012, p. 22.

Executivo, a atuação dos lobistas assume importância quando voltada a estimular decisões do Presidente, do Vice-presidente e de agentes que com eles atuem, ou que desempenhem funções de elevado patamar hierárquico[47]; no legislativo, tão somente as tentativas de influenciar a atuação de membros do Congresso, deputados e senadores eleitos, ou de pessoas que desempenhem funções de relevo na instituição, recebem disciplina no *Lobbying Disclosure Act* de 1995[48].

Nesse aspecto, houve importante ampliação na abrangência dos dispositivos normativos vigentes nos Estados Unidos. Enquanto o *Federal Regulation of Lobbying Act* de 1946 era aplicável apenas a agentes eleitos do Poder Legislativo, com a alteração normativa de 1995, também passou a ser regulamentada a conduta de lobistas orientada a influenciar as decisões de membros do Poder Executivo e de suas agências, e daqueles que, embora não eleitos, exercessem atividades relevantes nos órgãos do Estado[49].

Estabelecidas essas premissas, o *Lobbying Disclosure Act* de 1995[50] definia o lobista como o indivíduo que dedicava, no mínimo, 20% do seu tempo às atividades de *lobby* – nas quais estão inseridas, inclusive, as atividades de preparação – e que realizava, a cada período de seis meses, mais de um contato com agentes públicos qualificados, com o objetivo de influenciá-los em processos decisórios estatais[51]. Tal atividade, para a qual o lobista deveria ser remunerado,

---

47. Lobbying Disclosure Act: "*(3) Covered Executive Branch Official. The term covered executive branch official means: (A) the President; (B) the Vice President; (C) any officer or employee, or any other individual functioning in the capacity of such an officer or employee, in the Executive Office of the President; (D) any officer or employee serving in a position in level I, II, III, IV or V of the Executive Schedule, as designated by statute or Executive order; (E) any member of the uniformed services whose pay grade is at or above 0-7 under section 201 of title 37, United States Code; and (F) any officer or employee serving in a position of a confidential, policy-determining, policy-making, or policy-advocating character (...)*".

48. Lobbying Disclosure Act: "*(4) Covered Legislative Branch Official. The term covered legislative branch official means: (A) a Member of Congress; (B) an elected officer of either House of Congress; (C) any employee of, or any other individual functioning in the capacity of an employee of (i) a Member of Congress; (ii) a committee of either House of Congress; (iii) the leadership staff of the House of Representatives or the leadership staff of the Senate; (iv) a joint committee of Congress; and (v) a working group or caucus organized to provide legislative services or other assistance to Members of Congress; and (D) any other legislative branch employee serving in a position described under section 109 (13) of the Ethics in Government Act (...)*".

49. Holman, Craig. *Making the U.S. Lobbying Disclosure Act Work as intended*: implications for the European Transparency Initiative, cit., p. 7; Thomas, Clive S. Interest group regulation across the United States: rationale, development and consequences, cit., p. 509; Dover, Agnes P.; Gilliland, Michael; Bell, Michael J. Lobbying Disclosure Act, cit., p. 6.

50. Lobbying Disclosure Act: "*(10) LOBBYIST. The term lobbyist means any individual who is employed or retained by a client for financial or other compensation for services that include more than one lobbying contact, other than an individual whose lobbying activities constitute less than 20 percent of the time engaged in the services provided by such individual to that client over a six month period*".

51. Chari, Raj; Hogan, John; Murphy, Gary. *Regulating lobbying*: a global comparison, cit., 2012, p. 23.

poderia ser desempenhada tanto em benefício de sua empregadora (*in-house lobbying*), quanto em benefício de alguém que o contratasse especificamente para praticar *lobby* (*contract lobbying*)[52-53].

Todas as definições acima mencionadas, em que pese importantes para a compreensão do *lobby*, de acordo com os preceitos do *Lobbying Disclosure Act* de 1995, seriam totalmente inócuas, não fossem as exigências àqueles que nele se engajavam. Por essa razão, além de estabelecer a conceituação normativa de lobista e de suas atividades, o texto legal impunha àqueles que se dedicassem ao *lobby* que se submetessem a processo de registro e à prestação periódica de informações aos órgãos públicos, sob pena de responsabilização jurídica.

Três pilares alicerçavam o tratamento dispensado pelo legislador ordinário norte-americano ao instituto do *lobby*, ao tempo do *Lobbying Disclosure Act* de 1995: obrigatoriedade de registro, abertura total das atividades realizadas pelos lobistas e punição no caso de descumprimento de tais exigências[54].

No que concerne à obrigatoriedade de registro, a norma estatuía que, no prazo de 45 dias, contados a partir do primeiro contato com os agentes do Estado, com o propósito de interferir em suas decisões públicas, ou da data da efetiva contratação, o lobista ou a empresa (*lobbying firms*) que o contratasse seriam obrigados a apresentar formulários de cadastramento junto às Secretarias do Senado ou da Câmara dos Deputados[55].

Tal obrigatoriedade, vale dizer, não recaía sobre situações em que os in-

---

52. HOLMAN, Craig. *Making the U.S. Lobbying Disclosure Act Work as intended*: implications for the European Transparency Initiative, cit., p. 7: "*A nova definição de lobista prevê duas categorias: lobistas internos, que promovem o interesse das organizações ou empresas de que são empregados, e os lobistas externos ou contratados, que são terceirizados para a realização de lobby*" (tradução livre). No mesmo sentido: LUNEBURG, Willian V. The evolution of Federal Lobbying Regulation: where we are now and where we should be going, cit., p. 89; MASKELL, Jack. Lobbying Congress: an overview of legal provisions and congressional ethics rules, cit., p. 4.

53. O lobista contratado, que não integra o quadro de colaboradores da entidade que pretende se beneficiar com os *lobbying contacts*, pode ser tanto uma pessoa física quanto um ente coletivo que se dedique à atividade de *lobby*. Sobre o tema, o *Lobbying Disclosure Act* define *lobbying firm* como a entidade que tem um ou mais lobistas contratados, que prestam serviços a terceiros. As maiores de tais entidades estão listadas pelo *Center for Responsive Politics (Open Secrets)*: LOBBYING. Washington, DC., The Center for Responsive Politics (Open Secrets). Disponível em: <https://www.opensecrets.org/lobby/top.php?indexType= l&showYear=2017>. Acesso em: 16 maio 2017.

54. CHARI, Raj; HOGAN, John; MURPHY, Gary. *Regulating lobbying*: a global comparison, cit., 2012, p. 24.

55. Lobbying Disclosure Act: "*(a) REGISTRATION. (1) General rule. No later than 45 days after a lobbyist first makes a lobbying contact or is employed or retained to make a lobbying contact, whichever is earlier, such lobbyist (or, as provided under paragraph (2), the organization employing such lobbyist), shall register with the Secretary of the Senate and the Clerk of the House of Representatives. (2) Employer filing. Any organization that has 1 or more employees who are lobbyists shall file a single registration under this section on behalf of such employees for each client on whose behalf the employees act as lobbyists*".

teresses econômicos envolvidos fossem insignificantes[56]. Assim, o texto legal previa desnecessário o registro de lobistas que tivessem a expectativa de ganhar, para atuar em favor de cada cliente, menos do que cinco mil dólares, em um período de seis meses. Também não era obrigatório o registro das entidades (pessoas jurídicas) que despendessem, no mesmo lapso temporal, menos que vinte mil dólares com a implementação de atividades de *lobby* por seus próprios funcionários (*in-house lobbying*)[57].

Aqueles sobre os quais recaísse o dever de se registrar precisavam, segundo o *Lobbying Disclosure Act* de 1995, fazer registros individualizados para cada cliente[58], com informações sobre o cliente, sobre os responsáveis pelo custeio das atividades de *lobby*, e sobre as atividades econômicas de todos os agentes envolvidos na ação[59].

Além disso, com o objetivo de conferir mais transparência à relação entre lobistas e agentes do poder público, o diploma normativo estabelecia a obrigatoriedade, para todos aqueles aos quais era imposta a submissão ao registro, de apresentar relatórios semestrais completos sobre as atividades realizadas. Essa determinação é essencial em qualquer texto regulamentador do *lobby*, pois é por meio da análise das informações existentes nesses relatórios periódicos que, efetivamente, se torna possível compreender os complexos feixes de relação que vinculam os lobistas aos agentes do Estado que pretendem influenciar.

Desse modo, o *Lobbying Disclosure Act* 1995[60] exigia dos lobistas que, a

---

56. CHARI, Raj; HOGAN, John; MURPHY, Gary. *Regulating lobbying*: a global comparison, cit., 2012, p. 22.

57. Lobbying Disclosure Act: "*(3) Exemption. General Rule. Notwithstanding paragraphs (1) and (2), a person or entity whose: (i) total income for matters related to lobbying activities on behalf of a particular client (in the case of a lobbying firm) does not exceed and is not expected to exceed $5,000; or (ii) total expenses in connection with lobbying activities (in the case of an organization whose employees engage in lobbying activities on its own behalf) do not exceed or are not expected to exceed $20,000 (...) in the semiannual period (...) is not required to register under subsection (a) with respect to such client*".

58. Lobbying Disclosure Act: "*Multiple clients. In the case of a registrant making lobbying contacts on behalf of more than 1 client, a separate registration under this section shall be filed for each such client*".

59. HOLMAN, Craig. *Making the U.S. Lobbying Disclosure Act Work as intended*: implications for the European Transparency Initiative, cit., p. 8.

60. Lobbying Disclosure Act: "*(b) CONTENTS OF REPORT. Each semiannual report filed under subsection (a) shall contain - (1) the name of the registrant, the name of the client, and any changes or updates to the information provided in the initial registration; (2) for each general issue area in which the registrant engaged in lobbying activities on behalf of the client during the semiannual filing period - (A) a list of the specific issues upon which a lobbyist employed by the registrant engaged in lobbying activities, including, to the maximum extent practicable, a list of bill numbers and references to specific executive branch actions; (B) a statement of the House of Congress and the Federal agencies contacted by lobbyists employed by the registrant on behalf of the client; (C) a list of the employees of the registrant who acted as lobbyists on behalf of the client; and (D) a description of the interest, if any, of any foreign entity identified under section 4(b)(4) in the specific*

cada seis meses, fornecessem às Secretarias do Senado e da Câmara dos Deputados informações sobre os seus clientes, sobre os assuntos da agenda política que lhes seriam de interesse, os temas específicos das atividades de *lobby* desenvolvidas, os números de identificação de eventuais projetos de lei discutidos com agentes públicos, os nomes e os cargos ocupados por cada agente público com os quais os temas de interesse foram tratados, todos os valores recebidos e gastos para viabilizar as atividades de *lobby* etc. [61]

Ou seja, o *Lobbying Disclosure Act* de 1995 exigia amplo acesso estatal ao conteúdo das informações relacionadas à prática do *lobby*[62]. Tais informações, uma vez fornecidas aos órgãos competentes, não se destinavam exclusivamente à fiscalização da regularidade da atuação dos lobistas e dos agentes públicos. Para além disso, com a finalidade de dar transparência à interação entre esses personagens, e levar ao conhecimento da sociedade detalhes sobre os fatores que determinam as escolhas dos agentes do Estado, o diploma normativo previu que as Secretarias do Senado e da Câmara dos Deputados desenvolvessem bancos de dados públicos, nos quais se pudessem encontrar todas as informações reportadas[63].

Ademais, caberia às referidas Secretarias, receptoras de todos os registros

issues listed (...); (3) in the case of a lobbying firm, a good faith estimate of the total amount of all income from the client (including any payments to the registrant by any other person for lobbying activities on behalf of the client) during the semiannual period, other than income for matters that are unrelated to lobbying activities; and (4) in the case of a registrant engaged in lobbying activities on its own behalf, a good faith estimate of the total expenses that the registrant and its employees incurred in connection with lobbying activities during the semiannual filing period".

61. Chari, Raj; Hogan, John; Murphy, Gary. *Regulating lobbying*: a global comparison, cit., 2012, p. 22.

62. Holman, Craig. *Making the U.S. Lobbying Disclosure Act Work as intended*: implications for the European Transparency Initiative, cit., p. 8: *"O LDA é essencialmente uma lei de divulgação de informações"* (tradução livre).

63. Lobbying Disclosure Act: *"Disclosure and Enforcement. The Secretary of the Senate and the Clerk of the House of Representatives shall: (1) provide guidance and assistance on the registration and reporting requirements of this Act and develop common standards, rules, and procedures for compliance with this Act; (2) review, and, where necessary, verify and inquire to ensure the accuracy, completeness, and timeliness of registration and reports; (3) develop filing, coding, and cross-indexing systems to carry out the purpose of this Act, including: (A) a publicly available list of all registered lobbyists, lobbying firms, and their clients; and (B) computerized systems designed to minimize the burden of filing and maximize public access to materials filed under this Act; (4) make available for public inspection and copying at reasonable times the registrations and reports filed under this Act; (5) retain registrations for a period of at least 6 years after they are terminated and reported for a period of at least 6 years after they are filed; (6) compile and summarize, with respect to each semi-annual period, the information contained in registrations and reports filed with respect to such period in a clear and complete manner; (7) notify any lobbyist or lobbying firm in writing that may be in noncompliance with this Act; and (8) notify the United States Attorney for the District of Columbia that a lobbyist or lobbying firm may be in noncompliance with this Act, if the registrant has been notified in writing and has failed to provide an appropriate response within 60 days after notice was given under paragraph (7)".*

e relatórios semestrais sobre as atividades de *lobby* realizadas no plano federal, (i) criar manuais para orientar as pessoas sujeitas às exigências da norma[64], (ii) revisar os dados encaminhados e atuar para que eles refletissem, na amplitude necessária, a realidade das atividades de *lobby* implementadas, (iii) desenvolver mecanismos computadorizados de armazenagem e recebimento de informações, (iv) notificar os indivíduos que as tivessem fornecido de forma incompleta e, por fim, (v) informar ao Procurador-Geral as hipóteses nas quais se identificassem suspeitas de violação consciente dos comandos definidos no *Lobbying Disclosure Act* de 1995.

Essa última providência abriria a possibilidade de que fossem sancionados os indivíduos e entidades que, não obstante obrigados a se registrar e a enviar relatórios semestrais de suas atividades, deixassem de fazê-lo[65]. Para tais hipóteses, originalmente, o diploma legal estudado previa a possibilidade de aplicação de sanção de índole exclusivamente civil, consubstanciada em multa não superior a cinquenta mil dólares[66], que deveria ser fixada em consideração à extensão e à gravidade das violações apuradas.

Com a finalidade de evitar questionamentos sobre a constitucionalidade do *Lobbying Disclosure Act* de 1995, como ocorrera com o *Federal Regulation of Lobbying Act* de 1946, o legislador ordinário americano previu, de forma expressa, logo após definir a possibilidade de punição à violação de seus comandos, que essa punição jamais poderia ser confundida com uma restrição indevida e desproporcional aos direitos constitucionais de petição, de livre expressão do pensamento e de livre associação[67]. Isso porque, a lógica que inspirou a construção do corpo normativo foi a de assegurar que o *lobby* fosse realizado,

---

64. O Congresso americano atualiza, anualmente, o chamado *Lobbying Disclosure Act Guidance*, por via do qual são divulgadas as interpretações da instituição sobre o conteúdo e os conceitos existentes no *Lobbying Disclosure Act*. Para ter acesso ao documento mais recente, alterado em 31 de janeiro de 2018, veja-se: SENATE. *Lobbying Disclosure Act Guidance*. Effective January 1, 2008. Reviewed January 31, 2018/Last Revised January 31, 2017. Disponível em: <https://lobbyingdisclosure.house.gov/ldaguidance.pdf>. Acesso em: 16 jan. 2018.

65. CHARI, Raj; HOGAN, John; MURPHY, Gary. *Regulating lobbying*: a global comparison, cit., 2012, p. 22.

66. Lobbying Disclosure Act: "*Whoever knowingly fails to (1) remedy a defective filing within 60 days after notice of such a defect by the Secretary of the Senate or the Clerk of the House of Representatives; or (2) comply with any other provision of this Act; shall, upon proof of such knowing violation by a preponderance of the evidence, be subject to a civil fine of not more than $50,000, depending on the extent and gravity of the violation*".

67. Lobbying Disclosure Act: "*(a) Constitutional Rights. Nothing in this Act shall be construed to prohibit or interfere with (1) the right to petition the Government for the redress of grievances; (2) the right to express a personal opinion; or (3) the right of association, protected by the first amendment to the Constitution. (b) Prohibition of activities. Nothing in this Act shall be construed to prohibit, or to authorize any court to prohibit, lobbying activities or lobbying contacts by any person or entity, regardless of whether such person or entity is in compliance with the requirements of this Act*".

porém, com a observância de alguns cuidados e exigências básicas, que o faria visível à toda sociedade, como é necessário em qualquer nação democrática.

Ao discorrer sobre o *Lobbying Disclosure Act* de 1995, seus objetivos e os resultados alcançados com a sua aplicação, HOLMAN[68] pontifica que o texto normativo foi erigido para conferir transparência à atuação dos lobistas, fazendo com que a sociedade conhecesse a maneira pela qual o *lobby* interferia na dinâmica decisória do Estado. Assim, com as exigências de cadastramento prévio e da divulgação ampla de informações sobre as iniciativas de convencimento adotadas pelos lobistas, conclui o professor que os preceitos legais cumpriam o seu papel e expunham graves escândalos de corrupção política no país.

Apesar disso, no plano concreto, era necessário criar mecanismos que atribuíssem maior eficiência à atuação das Secretarias do Senado e da Câmara dos Deputados. Outrossim, algumas previsões vagas existentes no *Lobbying Disclosure Act* enfraqueciam a possibilidade de que, efetivamente, se assegurasse o controle sobre a atuação dos lobistas e a distinção clara entre atividades de *lobby* e atividades corruptas.

Foi nesse ambiente, no qual também se inseriram graves escândalos relacionados a importantes lobistas de Washington e membros do Congresso, que foi aprovado, no ano de 2007, o *Honest Leadership and Open Government Act*, texto atualmente em vigor versante sobre o *lobby* no âmbito federal norte-americano, que promoveu sensíveis alterações na redação original do *Lobbying Disclosure Act* de 1995, aprimorando-o.

2.1.2 O Honest Leadership and Open Government Act de 2007: história e conteúdo normativo

Em que pese bastante detalhados os preceitos normativos existentes no *Lobbying Disclosure Act* de 1995, desde a sua entrada em vigência, inúmeros escândalos políticos eclodiram nos Estados Unidos da América, muitos dos quais relacionados à forma como eram estabelecidas as relações entre os lobistas e os membros do Congresso, às transações entre eles e à possibilidade de que dessas circunstâncias adviesse indevida interferência nas decisões públicas[69].

Assim, tiveram início discussões sobre a necessidade de aprovar reformas nas leis norte-americanas que tratavam do *lobby*. Afinal, a ocorrência de

---

68. HOLMAN, Craig. *Making the U.S. Lobbying Disclosure Act Work as intended*: implications for the European Transparency Initiative, cit., p. 10-11. No mesmo sentido: DOVER, Agnes P.; GILLILAND, Michael; BELL, Michael J. Lobbying Disclosure Act, cit., p. 1.

69. CHARI, Raj; HOGAN, John; MURPHY, Gary. *Regulating lobbying*: a global comparison, cit., 2012, p. 24.

escândalos relacionados à atuação dos lobistas, malgrado vários os preceitos normativos que disciplinavam a matéria, sinalizava necessários aprimoramentos do *Lobbying Disclosure Act*[70].

No bojo dos inúmeros casos de corrupção que envolviam lobistas e membros do poder público norte-americano, teve destaque, em janeiro de 2006, a revelação de informações sobre pagamentos de vantagens indevidas feitos por Jack Abramoff, à época, o mais respeitado e ativo lobista com atuação em Washington. Sobre esse caso, no qual foram implicados importantes personagens do mundo político dos Estados Unidos, Holman[71] explica que Jack Abramoff admitiu que, mesmo com a vigência dos preceitos legais regulamentadores do *lobby*, habitualmente ele concedia vantagens indevidas a diversos membros do parlamento, com a finalidade de conduzi-los a decisões que favorecessem os seus representados: a sistemática de controle e monitoramento da atuação dos lobistas norte-americanos era falha e, assim, verificava-se a existência de amplo espaço para a prática de corrupção.

Nesse contexto, no ano de 2007, alterações significativas foram introduzidas no plexo normativo que disciplinava o instituto do *lobby* no ordenamento jurídico norte-americano. Foi aprovado, então, o *Honest Leadership and Open Government Act*[72], sancionado em setembro de 2007, que promoveu sensíveis

---

70. Luneburg, Willian V. The evolution of Federal Lobbying Regulation: where we are now and where we should be going, cit., p. 86: "*O texto normativo foi alterado em 1998, para aprimorar vários temas pontuais e técnicos e, depois, em 2007, foi modificado mais profundamente com a criação do Honest Leadership and Open Government Act (HLOGA), que representou o resultado de esforços do Congresso em reação a uma série de escândalos associados ao lobista Jack Abramoff*" (tradução livre).

71. Holman, Craig. *Making the U.S. Lobbying Disclosure Act Work as intended*: implications for the European Transparency Initiative, cit., p. 1: "*Tudo mudou em janeiro de 2006, quando o super lobista Jack Abramoff admitiu, em um acordo de colaboração, ter praticado corrupção, e indicou os legisladores para os quais pagara propina. De repente, a maior parte dos membros do Congresso passou a admitir a necessidade de promover reformas na regulamentação do lobby (...). Isso veio à tona porque se percebeu que os elevados gastos de Abramoff com contribuições de campanha, presentes, viagens e promessas de trabalho futuro no setor privado a agentes públicos eram práticas correntes nos corredores do Capitólio (...). Um ano e meio após a confissão de Jack Abramoff, uma dúzia de membros do Congresso, suas equipes e membros do Poder Executivo foram condenados*" (tradução livre). Vale mencionar que, após cumprir pena, Jack Abramoff foi, em 22 de junho de 2017, reinserido na lista dos lobistas americanos (Levine, Carrie. Jack Abramoff is back - as a registered lobbyist. *The Center for Public Integrity*, June 22, 2017. Disponível em: <https://www.publicintegrity.org/2017/06/22/20942/jack-abramoff-back-registered-lobbyist>. Acesso em: 01 jul. 2017).

72. A evidenciar a necessidade de que houvesse alterações nas normas relacionadas à prática do *lobby*, bem como a ampla aceitação parlamentar em torno da questão, é conveniente mencionar que o *Honest Leadership and Open Government Act* foi aprovado na Câmara dos Deputados por 411 votos favoráveis e apenas 8 contrários; no Senado, 83 senadores aprovaram a lei, ao passo que apenas 14 a rejeitaram (Chari, Raj; Hogan, John; Murphy, Gary. *Regulating lobbying*: a global comparison, cit., 2012, p. 25).

alterações no *Lobbying Disclosure Act*[73], aumentando o rigor em relação às práticas que visavam a influenciar o mérito de decisões de agentes do Estado.

O texto aprovado em 2007 não alterou conceitos essenciais fixados no corpo legal originário. Assim, o significado normativo de atividades de *lobby* (*lobbying activities*[74]), as modalidades de contato entre agentes públicos e lobistas disciplinadas (*lobbying contacts*[75]), os preceitos relacionados às exigências de identificação dos agentes em tais contatos (*identification of clients and covered officials*), bem assim a delimitação dos agentes públicos abrangidos pela regulamentação (*covered official*) quedaram-se inalterados, conforme salientam DOVER, GILLILAND e BELL[76].

Não obstante, o *Honest Leadership and Open Government Act* de 2007 elevou os níveis de exigência aos sujeitos que se dedicam à prática do *lobby*. De acordo com o referido diploma legal, o lobista[77] é o sujeito empregado ou contratado por alguém, em troca de algum tipo de compensação – financeira ou não –, para prestar serviços que incluem mais de uma interação com agentes públicos para influenciar os seus critérios decisórios, desde que essa interação consuma pelo menos 20% do tempo total que ele dedique ao cliente[78]. Aqui, a aferição da quantidade de contatos e do tempo dedicado ao *lobby* é feita tri-

---

73. STRAUS, Jacob R. Honest Leadership and Open Government Act of 2007: the role of the clerk and of the House and secretary of the Senate, cit.; ROBINS, Rand. Why the Honest Leadership and Open Government Act of 2007 falls short, and how it could be improved, cit., p. 1.

74. HOLMAN, Craig. *Making the U.S. Lobbying Disclosure Act Work as intended*: implications for the European Transparency Initiative, cit., p. 15; DOVER, Agnes P.; GILLILAND, Michael; BELL, Michael J. Lobbying Disclosure Act, cit., p. 1: "*Tempo gasto com atividades de lobby incluem (1) contatos (...), (2) preparação e planejamento de atividades relacionadas aos contatos diretos, (3) pesquisas e outras medidas prévias voltadas a viabilizar os contatos diretos e (4) coordenação das atividades de lobby em geral. Esse conceito de lobby propositalmente alargado tem como finalidade assegurar que as informações exigidas pela norma não se restrinjam aos contatos diretos, que muitas vezes consomem pouco tempo, para alcançar também todo o cenário preparatório*" (tradução livre).

75. ROBINS, Rand. Why the Honest Leadership and Open Government Act of 2007 falls short, and how it could be improved, cit., p. 3: "*O contato para fins de lobby abarca qualquer comunicação oral ou escrita com membros do Poder Executivo ou Legislativo abrangidos pela norma, feita em favor de um cliente para tratar da formulação, modificação ou adoção de normas, regulamentos ou administração de programas e políticas públicas, incluindo a negociação de contratos e financiamentos federais*" (tradução livre). No mesmo sentido: DOVER, Agnes P.; GILLILAND, Michael; BELL, Michael J. Lobbying Disclosure Act, cit., p. 3.

76. DOVER, Agnes P.; GILLILAND, Michael; BELL, Michael J. Lobbying Disclosure Act, cit., p. 2.

77. Lobbying Disclosure Act (alterado pelo Honest Leadership and Open Government Act de 2007): "*(10) Lobbyist. - The term lobbyist means any individual who is employed or retained by a client for financial or other compensation for services that include more than one lobbying contact, other than an individual whose lobbying activities constitute less than 20 percent of the time engaged in the services provided by such individual to a client over a 3-month period*".

78. HOLMAN, Craig. *Making the U.S. Lobbying Disclosure Act Work as intended*: implications for the European Transparency Initiative, cit., p. 15.

mestralmente, diferentemente do que se previa no texto original do LDA, de periodicidade semestral[79].

Tal como se previa no texto original, atualmente é obrigatório o cadastramento junto às Secretarias da Câmara e do Senado dos agentes que se dedicam à atividade de *lobby*. Conforme salienta Robins[80], exigência central da disciplina jurídica do fenômeno estudado, nos Estados Unidos, é que as atividades daqueles que se submetem à regulamentação sejam amplamente divulgadas aos órgãos estatais competentes.

Para tanto, no prazo máximo de 45 dias, contados desde o primeiro contato com os agentes públicos que vise a influenciá-los em suas decisões, tal como dispunha a redação original do texto legal, devem os lobistas apresentar ao Congresso as informações exigidas para que sejam devidamente cadastrados. Essas informações abarcam os dados individuais do lobista (nome, endereço, telefone, atividade profissional), os de seu cliente (nome, endereço, local de atuação, atividades desenvolvidas), os dados de qualquer entidade que disponibilize ao lobista ou ao seu cliente mais de cinco mil dólares por trimestre, além de informações sobre qualquer pessoa ou entidade que contribua com as atividades de *lobby* que serão desenvolvidas[81].

Essa última imposição decorre da constatação de que muitos agentes, aos quais interessa a atuação do lobista, se ocultam detrás de terceiros, via de regra, grupos de pessoas ou associações, situação que Dover, Gilliland e Bell[82]

---

79. Dover, Agnes P.; Gilliland, Michael; Bell, Michael J. Lobbying Disclosure Act, cit., p. 3: "*O HLOGA não alterou a definição de lobista, mas mudou de semestral para trimestral a periodicidade dos relatórios de atividades. Ainda, para que alguém contratado por um particular para interagir com o setor público seja considerado um lobista, é preciso que atenda a dois requisitos. Primeiro, o sujeito precisa ser contratado para a realização, entre outras atividades, de pelo menos um contato para fins de lobby (...). Segundo, o tempo que ele gasta com atividades de lobby durante cada período trimestral deve corresponder a pelo menos 20% do tempo que ele gasta no desempenho de suas funções (...)*" (tradução livre). No mesmo sentido: Straus, Jacob R. Honest Leadership and Open Government Act of 2007: the role of the clerk and of the House and secretary of the Senate, cit., p. 2.

80. Robins, Rand. Why the Honest Leadership and Open Government Act of 2007 falls short, and how it could be improved, cit., p. 3.

81. Straus, Jacob R. Honest Leadership and Open Government Act of 2007: the role of the clerk and of the House and secretary of the Senate, cit., p. 4; Dover, Agnes P.; Gilliland, Michael; BELL, Michael J. Lobbying Disclosure Act, cit., p. 2.

82. Dover, Agnes P.; Gilliland, Michael; Bell, Michael J. Lobbying Disclosure Act, cit., p. 12: "*Em resposta a críticas de que entidades estariam conduzindo atividades de lobby anonimamente, por meio de coalizões e associações comerciais, o HLOGA adicionou uma nova exigência à divulgação das informações para essas entidades. Especificamente, se uma coalização ou associação emprega um lobista externo, esse lobista deve revelar em seus cadastros não apenas a identidade de seu cliente direto (...), mas também a identidade de qualquer organização parceira (...) que contribua com mais de cinco mil dólares para as atividades de lobby em cada trimestre e que, ativamente, tenha participado das medidas de planejamento, supervisão e controle de tais atividades*" (tradução livre).

identificam como "*anonymous lobbying activities*". Destarte, na hipótese, por exemplo, de uma associação que defende empresas de um determinado setor econômico contratar um lobista externo, deverá ela ser mencionada nos relatórios por ele encaminhados, além de todos os terceiros que a integrem e contribuam, de qualquer maneira, para a consecução do *lobby*.

Ademais, no texto normativo[83], há exigências específicas para o registro de lobistas que pretendam desempenhar suas atividades para favorecer entidades estrangeiras, sendo a eles imposto, para todos os casos, que explicitem as áreas e os temas em que exercerão suas atividades de *lobby*, bem como, no caso de o registro ser feito por pessoas jurídicas, as pessoas físicas específicas que serão responsáveis pela realização dos *lobbying contacts* e quais delas, nos 20 anos anteriores, ocuparam cargos públicos relevantes[84].

Em todos os casos, é obrigação daquele que se submete ao cadastro junto às Secretarias do Senado e da Câmara que especifique os assuntos que lhe são de interesse, bem assim os temas específicos sobre os quais tratarão com agentes do poder público[85].

---

83. Lobbying Disclosure Act (alterado pelo Honest Leadership and Open Government Act de 2007): "*(b) Content of Registration - Each registration under this section shall contain - (1) the name, address, business telephone number, and principal place of business of the registrant, and a general description of its business or activities; (2) the name, address, and principal place of business of the registrant's client, and a general description of its business or activities (if different from paragraph 1); (3) the name, address, and principal place of business of any organization, other than the client that - (A) contributes more than $5,000 to the registrant or the client in the quarterly period to fund the lobbying activities of the registrant; and (B) actively participates in the planning, supervision, or control of such lobbying activities; (4) the name, address, principal place of business, amount of any contribution of more than $5,000 to the lobbying activities of the registrant, and approximate percentage of equitable ownership in the client (if any) of any foreign entity that - (A) holds at least 20 percent equitable ownership in the client or any organization identified under paragraph 3; (B) directly or indirectly, in whole or in major part, plans, supervises, controls, directs, finances, or subsidizes the activities of the client or any organization identified under paragraph (3); (C) is an affiliate of the client or any organization identified under paragraph (3) and has a direct interest in the outcome of the lobbying activity; (5) a statement of - (A) the general issue areas in which the registrant expects to engage in lobbying activities on behalf of the client; and (B) to the extent practicable, specific issues that have (as of the date of the registration) already been addressed or are likely to be addressed in lobbying activities; and (6) the name of each employee of the registrant who has acted or whom the registrant expects to act as a lobbyist on behalf of the client and, if any such employee has served as a covered executive branch official or a covered legislative branch official in the 20 years before the date on which the employee first acted as a lobbyist on behalf of the client, the position in which such employee served*". Sobre o assunto, na doutrina, veja-se: ROBINS, Rand. Why the Honest Leadership and Open Government Act of 2007 falls short, and how it could be improved, cit., p. 4.

84. Há preocupação com o controle das atividades de indivíduos que, após exercerem cargos públicos, passam a desempenhar as atividades de *lobby*. Isso porque, os relacionamentos por eles mantidos à época em que faziam parte dos quadros do Estado podem fazer com que haja desequilíbrio no jogo democrático. Assim, para assegurar transparência ao exercício das funções públicas, exige-se que os ex-funcionários públicos que migram para a iniciativa privada sejam devidamente identificados junto às Secretarias do Congresso.

85. DOVER, Agnes P.; GILLILAND, Michael; BELL, Michael J. Lobbying Disclosure Act, cit., p. 8.

Por ser comum que o mesmo lobista tenha mais de um cliente, e que realize inúmeras interações com agentes públicos para atender a cada um desses clientes, a atual redação do *Lobbying Disclosure Act* traz preceitos normativos específicos para regulamentar essa situação. Assim, na primeira hipótese, o lobista deverá apresentar um registro específico para cada cliente[86]; na hipótese de realizar múltiplos contatos com funcionários públicos para o mesmo cliente, apenas um registro é suficiente[87].

A partir de 2007, com o advento do *Honest Leadership and Open Government Act*, passou-se a exigir que os relatórios de atividades fossem entregues pelos lobistas aos órgãos competentes com menor periodicidade. Conquanto a redação original do *Lobbying Disclosure Act* demandasse a apresentação de relatórios semestrais, atualmente, é obrigatório que os lobistas disponibilizem às Secretarias do Senado e da Câmara, a cada três meses, detalhada descrição de todas as atividades por eles desenvolvidas, sendo obrigatório o envio de relatórios individualizados para cada cliente[88].

Verifica-se, com base em tal modificação legislativa, que o registro é apenas a primeira obrigação do lobista, tendo aumentado o rigor estatal em relação a ele. Afinal, os dispositivos legais que vigem hoje na sistemática normativa dos Estados Unidos demandam informações muito mais específicas sobre as atividades concretas desempenhadas pelo lobista para cada um de seus clientes[89]. Tal circunstância possibilita ao Estado acesso amplo a informações sobre o *lobby*, sobre os personagens que dele se utilizam, os interesses que os motivam a atuar e sobre as ferramentas de que se valem para alcançar seus objetivos.

Registre-se que é extensa a lista de informações que o lobista deve fornecer às autoridades públicas sobre as atividades por ele desenvolvidas no trimestre[90].

---

86. Lobbying Disclosure Act (alterado pelo Honest Leadership and Open Government Act de 2007): "*Multiple clients. – In the case of a registrant making lobbying contacts on behalf of more than 1 client, a separate registration under this section shall be filed for each such client*".

87. Lobbying Disclosure Act (alterado pelo Honest Leadership and Open Government Act de 2007): "*Multiple contacts. – A registrant who makes more than 1 lobbying contact for the same client shall file a single registration covering all such lobbying contacts*".

88. Lobbying Disclosure Act (alterado pelo Honest Leadership and Open Government Act de 2007): "*Quarterly Report. – No later than 20 days after the end of the quarterly period beginning on the first day of January, April, July, and October of each year in which a registrant is registered under section 4, or on the first business day after such 20th day if the 20th day is not a business day, each registrant shall file a report with the Secretary of the Senate and the Clerk of the House of Representatives on its lobbying activities during such quarterly period. A separate report shall be filed for each client of the registrant*".

89. Dover, Agnes P.; Gilliland, Michael; Bell, Michael J. Lobbying Disclosure Act, cit., p. 3.

90. Lobbying Disclosure Act (alterado pelo Honest Leadership and Open Government Act de 2007): "*Contents of Report. – Each quarterly report filed under subsection (a) shall contain – (1) the name of the registrant, the name of the client, and any changes or updates to the information provided in the initial registration, including information under section 4(b)(3); (2) for each general*

As exigências iniciais, no que concerne aos relatórios trimestrais, abrangem os dados do cliente, os temas que lhe são de interesse, as atividades de interação com agentes públicos efetivamente realizadas, os números dos projetos legislativos nos quais objetivaram influir, as entidades do Congresso às quais direcionaram os esforços de *lobby* e, por fim, as entidades estrangeiras interessadas na atuação dos lobistas[91].

Ademais, impõe-se[92] às pessoas físicas e jurídicas, exerçam elas *lobby* para terceiros (*contract lobbying*) ou em seu próprio benefício (*in-house lobbying*), que apresentem estimativa[93] dos recursos investidos nas estratégias de convencimento implementadas, havendo, ainda, exigências para os casos em que interesses de Estados estrangeiros sejam favorecidos. Sobre as informações exigidas pelo *Honest Leadership and Open Government Act* de 2007, Dover, Gilliland e Bell[94] assim esclarecem:

> No cadastramento inicial e nos relatórios trimestrais subsequentes (ambos apresentados de forma individualizada para cada cliente), o lobista deve, além de outras coisas, identificar o seu cliente (...), os seus temas de

issue area in which the registrant engaged in lobbying activities on behalf of the client during the quarterly period – (A) a list of the specific issues upon which a lobbyist employed by the registrant engaged in lobbying activities, including, to the maximum extent practicable, a list of bill numbers and references to specific executive branch actions; (B) a statement of the Houses of Congress and the Federal agencies contacted by lobbyists employed by the registrant on behalf of the client; (C) a list of the employees of the registrant who acted as lobbyists on behalf of the client; and (D) a description of the interest, if any, of any foreign entity identified under section 4(b)(4) in the specific issues listed under subparagraph (A) (...)".

91. Robins, Rand. Why the Honest Leadership and Open Government Act of 2007 falls short, and how it could be improved, cit., p. 5: "*O registro é apenas o primeiro passo do processo de divulgação de informações. Cada membro cadastrado deve apresentar relatórios trimestrais das atividades de lobby desenvolvidas (...). Em tais relatórios, destacam-se informações sobre (1) os temas específicos em relação aos quais o lobista adotou iniciativas de lobby e, na máxima medida possível, a lista dos projetos de lei correlatos; (2) os órgãos e pessoas do Estado contatadas; (3) os valores recebidos e gastos para a prática do lobby; e (4) a identificação de qualquer órgão público (estadual ou municipal) em favor do qual as iniciativas de lobby tenham sido realizadas*" (tradução livre).

92. Lobbying Disclosure Act (alterado pelo Honest Leadership and Open Government Act de 2007): "*(3) in the case of a lobbying firm, a good faith estimate of the total amount of all income from the client (...) during the quarterly period (...); (4) in the case of a registrant engaged in lobbying activities on its own behalf, a good faith estimate of the total expenses that the registrant and its employees incurred in connection with lobbying activities during the quarterly period; (5) for each client, immediately after listing the client, an identification of whether the client is a State or local government or a department, agency, special purpose district, or other instrumentality controlled by one or more State or local government*".

93. A estimativa de recursos abarca não apenas os valores relacionados aos contatos diretos entre o lobista e os agentes públicos, mas também os valores gastos com atividades acessórias, desde que desenvolvidas para possibilitar a atividade fim. Apesar de ser essa a diretriz a ser contemplada quando do preenchimento dos relatórios exigidos, não há um método rígido para estimar os valores, o que faz surgir insegurança jurídica.

94. Dover, Agnes P.; Gilliland, Michael; Bell, Michael J. Lobbying Disclosure Act, cit., p. 2.

interesse, ações concretas que tenha adotado para promovê-los e qualquer organização que tenha dado suporte às atividades (...). Ademais, o lobista deve reportar os valores de remuneração recebidos de cada cliente ou, em caso de empresas que praticam *lobby* em seu próprio benefício, divulgar uma estimativa de boa-fé do volume total de recursos investidos na prática do lobby, o que inclui o custo dos contatos diretos com agentes públicos, bem assim das atividades preparatórias (tradução livre).

Inovação importante trazida pelo *Honest Leadership and Open Government Act* de 2007 tem relação com os aportes financeiros para apoiar campanhas eleitorais[95]. Não obstante se soubesse que a arrecadação de valores, a realização de doações para candidatos e a entrega de benefícios são mecanismos importantes de exercício de poder, capazes de influenciar decisões dos agentes públicos, não existia, na redação original do *Lobbying Disclosure Act* de 1995, previsões específicas sobre o tema.

Atualmente, entretanto, é obrigatório que, além dos relatórios trimestrais, agentes dedicados ao *lobby* forneçam às Secretarias do Senado e da Câmara relatórios semestrais, nos quais especifiquem (i) para quem trabalham, (ii) em nome de quem procuram influenciar os agentes públicos, (iii) que tipo de atividade política foi desenvolvida no período, (iv) se houve doações a partidos, candidatos ou comitês de campanha em montante superior a duzentos dólares, (v) em que data as contribuições foram feitas, e (vi) quem foram seus beneficiários[96]. Devem

---

95. Sobre o assunto, Robins destaca que a cada ano é maior a quantidade de recursos gastos pelos lobistas com o financiamento de campanhas eleitorais. Apenas entre os anos de 2000 e 2004, o crescimento dos recursos contabilizados foi de quase 100%, o que revela a importância de que a relação entre os lobistas e os funcionários públicos, sob a perspectiva político-eleitoral, seja regulamentada. Conforme esclarece o professor, pesquisas confirmaram haver relação entre contribuições eleitorais e facilidade de acesso de lobistas aos congressistas. Entretanto, não há consenso sobre a maneira pela qual a disciplina dessa situação deveria ser feita. Nesse contexto, enquanto alguns estados proíbem doações eleitorais durante o período legislativo (Arizona, Colorado, Utah e Wisconsin), outros apenas exigem a divulgação dos valores doados (Robins, Rand. Why the Honest Leadership and Open Government Act of 2007 falls short, and how it could be improved, cit., p. 19-21). No mesmo sentido: Luneburg, Willian V. The evolution of Federal Lobbying Regulation: where we are now and where we should be going, cit., p. 102-109.

96. Lobbying Disclosure Act (alterado pelo Honest Leadership and Open Government Act de 2007): "*Not later than 30 days after the end of the semiannual period beginning on the first day of January and July of each year, or on the first business day after such 30th day if the 30th day is not a business day, each person or organization who is registered or is required to register under paragraph (1) or (2) of section 4(a), and each employee who is or is required to be listed as a lobbyist under section 4(b)(6) or subsection (b)(2)(C) of this section, shall file a report (...) containing – (A) the name of the person or organization; (B) in the case of an employee, his or her employer; (C) the names of all political committees established or controlled by the person or organization; (D) the name of each Federal candidate or officeholder, leadership PAC, or political party committee, to who aggregate contributions equal to or exceeding $200 were made by the person or organization, or a political committee established or controlled by the person or organization within the semiannual period, and the date and amount of each such contribution made within the semiannual period*".

fornecer também informações precisas e detalhadas (data, valores, favorecidos etc.) sobre contribuições que tenham feito, direta ou indiretamente, para custear eventos em homenagem a ocupantes de cargos de destaque nos Poderes Executivo e Legislativo, para patrocinar entidades que tenham relação com eles ou sejam por eles administradas, ou para subsidiar encontros e conferências idealizados com o fim de promover o nome ou os interesses de tais agentes estatais etc.[97]

A inclusão desses dispositivos, de extrema importância para que haja efetivo monitoramento das atividades dos lobistas, tem como finalidade assegurar transparência na relação entre eles e os agentes do Estado, no *lobby* eleitoral[98]. Considerando que o oferecimento das vantagens acima mencionadas (custeio de campanhas e eventos, por exemplo) pode gerar uma aproximação muito grande entre o funcionário público que toma decisões estratégicas e o lobista, é evidente a necessidade de ampla abertura ao público e às autoridades estatais, das informações relacionadas às referidas vantagens.

É importante mencionar que o *Honest Leadership and Open Government Act* de 2007 faz menção a dispositivos normativos criados internamente pelo Senado e pela Câmara para proibir que os seus membros recebam presentes e tenham suas viagens custeadas por lobistas e contempla, ele próprio, previsões que vedam a concessão por lobistas, em qualquer hipótese, desse tipo de vantagem, com a finalidade de estimular decisões públicas que satisfaçam os seus interesses e os interesses de seus representados.

Nos relatórios semestrais exigidos pelo texto legal, impõe-se a todos aqueles que a ele devem respeito, que preencham documento no qual atestem conhecer as normas de conduta criadas pelo Senado e pela Câmara dos Deputados, notadamente, as que vedam presentes e pagamento de viagens em favor de seus membros[99], bem assim não terem oferecido nem entregado a qualquer agente

---

97. Lobbying Disclosure Act (alterado pelo Honest Leadership and Open Government Act de 2007): "*(E) the date, recipient, and amount of funds contributed or disbursed during the semiannual period by the person or organization or a political committee established or controlled by the person or organization – (i) to pay the cost of an event to honor or recognize a covered legislative branch official or covered executive branch official; (ii) to an entity that is named for a covered legislative branch official, or to a person or entity in recognition of such official; (iii) to an entity established, financed, maintained, or controlled by a covered legislative branch official or covered executive branch official, or an entity designated by such official; or (iv) to pay the costs of a meeting, retreat, conference, or other similar event held by, or in the name of, 1 or more covered legislative branch officials or covered executive branch officials (...); (F) the name of each Presidential library foundation, and each Presidential inaugural committee, to whom contributions equal to or exceeding $200 were made by the person or organization, or a political committee established or controlled by the person or organization, within the semiannual period, and the date and amount of each such contribution within the semiannual period (...)*".

98. Straus, Jacob R. Honest Leadership and Open Government Act of 2007: the role of the clerk and of the House and secretary of the Senate, cit., p. 10; Dover, Agnes P.; Gilliland, Michael; Bell, Michael J. Lobbying Disclosure Act, cit., p. 11.

99. Luneburg, Willian V. The evolution of Federal Lobbying Regulation: where we are now

público com os quais tenham interagido na atividade de *lobby*, vantagem expressamente vedada pelas normas de conduta referidas[100].

Sobre o assunto, LUNEBURG[101] explica que, antes do advento deste diploma normativo, existiam apenas preceitos específicos que regiam a atuação dos funcionários públicos, impedindo-os de solicitar ou receber benesses que os estimulassem a favorecer determinados interesses em sua atuação funcional. Tal situação sofreu alteração em 2007, com a criação desses comandos que vedam aos lobistas a possibilidade de oferecimento de vantagens a agentes estatais, sob pena de que sejam sancionados civil e criminalmente.

A seção 25[102] do *Honest Leadership and Open Government Act* de 2007, então, de forma expressa, proíbe a qualquer lobista oferecer vantagens, presentes ou viagens a funcionários públicos aos quais direcionam as suas estratégias de convencimento.

Com efeito, uma das mais importantes providências adotadas pelos lobistas, antes do advento do diploma legal estudado, era conceder vantagens como presentes, jantares, viagens para jogar golfe em países europeus, transporte gratuito em aviões executivos, ingressos para jogos de futebol americano etc., para congressistas, membros do Poder Executivo e integrantes de suas equipes.

and where we should be going, cit., p. 106; KINGSLEY, Elizabeth. A lobbyist by any other name. Originally published in the journal *Taxation of Exempts*, v. 20, n. 6, p. 1, May/June 2009. Disponível em: <http://www.harmoncurran.com/library/BK%20TOE-Other%20Name.pdf>. Acesso em: 29 jun. 2018.

100. Consta da norma que devem ser apresentados ao Estado, semestralmente: *"(G) a certification by the person or organization filing the report that the person or organization – (i) has read and is familiar with those provisions of the Standing Rules of the Senate and the Rules of the House of Representatives relating to the provision of gifts and travel; and (ii) has not provided, requested, or directed a gift, including travel, to a Member of Congress or an officer or employee of either House of Congress with knowledge that receipt of the gift would violate rule XXXV of the Standing Rules of the Senate or rule XXV of the Rules of the House of Representatives"*.

101. LUNEBURG, Willian V. The evolution of Federal Lobbying Regulation: where we are now and where we should be going, cit., p. 105: *"Desde 2007, nenhum presente ou vantagem de qualquer valor pode ser aceito por agentes públicos, se oferecidos por lobista cadastrado ou seus contratantes, a menos que incida alguma das limitadas exceções existentes na norma. No passado, as normas sobre a matéria estavam presentes apenas em textos regulamentadores da atuação dos congressistas. Quem desse presentes ou oferecesse vantagens não podia ser punido pelo Congresso, tampouco ser responsabilizado na esfera civil ou criminal (...). A situação se alterou completamente com a criação do HLOGA"* (tradução livre).

102. Lobbying Disclosure Act (alterado pelo Honest Leadership and Open Government Act de 2007): *"(a) Prohibition. – Any person described in subsection (b) may not make a gift or provide travels to a covered legislative branch official if the person has knowledge that the gift or travel may not be accepted by that covered legislative branch official under the Rules of the House of Representatives or the Standing Rules of the Senate (as the case may be). (b) Persons Subject to Prohibition. – The persons subject to the prohibition under subsection (a) are any lobbyist that is registered or is required to register under section 4(a)(1), any organization that employs 1 or more lobbyists and is registered or is required to register under section 4(a)(2), and any employee listed or required to be listed as a lobbyist by a registrant under section 4(b)(6) or 5(b)(2)(C)"*.

Tais práticas foram, com detalhes, expostas nas investigações realizadas por ocasião do escândalo que envolveu o lobista Jack Abramoff, a partir do que passou a ser induvidosa a necessidade de que fossem proibidas[103].

De se destacar que o *Honest Leadership and Open Government Act* de 2007, além de criar mecanismos voltados a garantir que o Estado norte-americano receba informações detalhadas das atividades desenvolvidas pelos lobistas e agentes públicos, previu medidas essenciais para que tais informações fossem divulgadas ao público. Afinal, não basta, para o efetivo controle do exercício do *lobby*, que os personagens envolvidos sejam impelidos a fornecer aos órgãos estatais informações sobre as suas atividades; é elementar, demais disso, que a população conheça e compreenda de que forma, nos bastidores do poder, pessoas e entidades atuam para fazer prevalecer os seus interesses nas decisões tomadas pela administração pública.

Prevê a sessão 6[104] do *Lobbying Disclosure Act* dos Estados Unidos que às Secretarias do Senado e da Câmara cumpre receber os registros e relatórios periódicos dos indivíduos que praticam *lobby* e também criar-lhes manuais com diretrizes sobre o seu cumprimento, verificar o conteúdo das informações que lhes são prestadas e criar ferramentas de acesso às referidas informações abertas ao público e gratuitas[105].

---

103. HOLMAN, Craig. *Making the U.S. Lobbying Disclosure Act Work as intended*: implications for the European Transparency Initiative, cit., p. 11-12: "*A nova lei busca essencialmente assegurar a divulgação de informações sobre as atividades de lobby, mas também impõe certos limites à conduta dos lobistas e legisladores (...). Muitas das ferramentas potencialmente associadas à prática de corrupção, utilizadas pelos lobistas para obter influência junto aos agentes públicos, foram banidas (...). Uma dessas ferramentas, da qual Jack Abramoff fazia uso regularmente, era a concessão de presentes, jantares e viagens para congressistas e suas equipes, incluindo famosas temporadas para jogar golfe na Escócia, ingressos em jogos do Super Bowl (...) e viagens grátis em jatos corporativos (...). De acordo com a nova norma, os lobistas, e até mesmo as companhias e organizações que empregam lobistas (...), estão proibidos de oferecer presentes ou qualquer tipo de vantagem a congressistas e suas equipes (...)*" (tradução livre). No mesmo sentido: LUNEBURG, Willian V. The evolution of Federal Lobbying Regulation: where we are now and where we should be going, cit., p. 105.

104. Lobbying Disclosure Act (alterado pelo Honest Leadership and Open Government Act de 2007): "*(a) In general. - The Secretary of the Senate and the Clerk of the House of Representatives shall - (1) provide guidance and assistance on the registration and reporting requirements of this Act and develop common standards, rules, and procedures for compliance with this Act; (2) review, and, where necessary, verify and inquire to ensure the accuracy, completeness, and timeliness of registration and reports; (3) develop filing, coding, and cross-indexing systems to carry out the purpose of this Act, including - (A) a publicly available list of all registers lobbyists, lobbying firms, and their clients; and (B) computerized systems designed to minimize the burden of filing and maximize public access to materials filed under this Act; (4) make available for public inspection and copying at reasonable times the registrations and reports filed under this Act and, in the case of a report filed in electronic form under section 5(e), make such report available for public inspection over the Internet as soon as technically practicable after the report is so filed. (...) (9) maintain all registrations and reports filed under this Act, and make them available to the public over the Internet, without a fee or other access charge, in a searchable, sortable, and downloadable manner, to the extent technically practicable (...)*".

105. Sobre o assunto, Straus explica que as Secretarias concentram as atribuições relacionadas

As Secretarias do Senado e da Câmara devem também fiscalizar o conteúdo das informações prestadas pelos lobistas e notificá-los, nas hipóteses em que verificado o descumprimento das obrigações legalmente definidas. Ainda, se se constatar que, 60 dias após devidamente notificado, o lobista não tenha adotado providências para se adequar às exigências do *Honest Leadership and Open Government Act* de 2007, às Secretarias se impõe comuniquem à Procuradoria-Geral as irregularidades verificadas e não sanadas[106].

Com as informações obtidas, o Ministério Público e o Departamento de Justiça[107] são obrigados a sancionar os indivíduos que não observarem as disposições do *Lobbying Disclosure Act*[108]. Assim, no plano da responsabilidade civil, é possível a imposição de multa não superior a US$200 mil, fixada de acordo com a gravidade da conduta apurada, para os indivíduos que, dolosamente, descumprem os preceitos legais[109].

Nota-se na sanção financeira imposta àqueles que descumprem os precei-

ao registro dos lobistas, ao recebimento dos relatórios periódicos, e à adoção de providências para o cumprimento das exigências do diploma legal. Destaca o professor: "*As Secretarias da Câmara e do Senado são responsáveis por registrar os lobistas e coletar trimestral e semestralmente os relatórios, sempre de forma eletrônica; dispor todas as informações correspondentes na internet; revisar de forma acurada cada documento apresentado pelos cadastrados; notificar o lobista nos casos de falhas constatadas e reportá-las aos órgãos de controle para apuração. Tais Secretarias são responsáveis por, efetivamente, implementar o texto de regulamentação do lobby (...) e devem tornar públicos em websites todos os documentos e cadastros apresentados*" (tradução livre) (STRAUS, Jacob R. Honest Leadership and Open Government Act of 2007: the role of the clerk and of the House and secretary of the Senate, cit., p. 3).

106. Lobbying Disclosure Act (alterado pelo Honest Leadership and Open Government Act de 2007): "*(a) In general. – The Secretary of the Senate and the Clerk of the House of Representatives shall – (...) (7) notify any lobbyist or lobbying firm in writing that may be in noncompliance with the Act; (8) notify the United States Attorney for the District of Columbia that a lobbyist or lobbying firm may be in noncompliance with this Act, if the registrant has been notified in writing and has failed to provide an appropriate response within 60 days after notice was given under paragraph (7)*".

107. O texto legal estudado prevê que os órgãos encarregados das providências sancionatórias apresentem, obrigatoriamente, relatórios periódicos das medidas adotadas em face daqueles que perpetrem ilegalidades. Consta do diploma normativo a obrigatoriedade da divulgação, inclusive, das medidas sancionatórias adotadas pelo Estado: "*(b) Enforcement Report. – (1) Report. – The Attorney General shall report to the congressional committees referred to in paragraph (2), after the end of each semiannual period beginning on January 1 and July 1, the aggregate number of enforcement actions taken by the Department of Justice under this Act during that semiannual period and, by case, any sentences imposed, except that such report shall not include the names of individuals, or personally identifiable information, that is not already a matter of public record*".

108. STRAUS, Jacob R. Honest Leadership and Open Government Act of 2007: the role of the clerk and of the House and secretary of the Senate, cit., p. 4.

109. Lobbying Disclosure Act (alterado pelo Honest Leadership and Open Government Act de 2007): "*(a) Civil Penalty. – Whoever knowingly fails to – (1) remedy a defective filing within 60 days after notice of such a defect by the Secretary of the Senate or the Clerk of the House of Representatives; or (2) comply with any other provision of this Act; shall upon proof of such knowing violation by a preponderance of the evidence, be subject to a civil fine of not more than US$200.000,00 depending on the extent and gravity of the violation*".

tos do *Honest Leadership and Open Government Act* de 2007 uma severidade muito maior do que aquela de outrora. Com efeito, o texto legislativo atual dos Estados Unidos estatuiu a possibilidade de aplicação de reprimenda civil quatro vezes maior, numericamente, do que aquela prevista na redação originária do *Lobbying Disclosure Act* de 1995, o que revela a preocupação do legislador norte-americano com a criação de medidas punitivas graves em face daqueles que atuem ilegalmente como lobistas.

A mais importante novidade introduzida no ano de 2007 foi a tipificação penal de tal comportamento. Conforme esclarece Mihut[110], pela primeira vez, foi prevista a possibilidade de imposição de sanção penal de até cinco anos de prisão caso se constate violação consciente dos comandos deste diploma legal[111].

A criação de tipo penal para sancionar o crime de exercício irregular do *lobby* foi medida escolhida pelo legislador ordinário norte-americano, em razão da compreensão de que as sanções de índole estritamente financeiras não se mostraram suficientes para assegurar o equilíbrio que deve existir na interação entre os agentes públicos e o lobista. Dado o grande poderio econômico dos agentes que se favorecem do *lobby*, em muitos casos, as vantagens econômicas obtidas ilegalmente superam o valor das sanções legalmente admitidas, o que motivou passassem a receber tratamento penal as violações intencionais e mais graves ao *Honest Leadership and Open Government Act* de 2007.

Assim, previu-se crime próprio, posto que apenas pode ser praticado por quem esteja sujeito aos preceitos do *Lobbying Disclosure Act,* doloso e de perigo abstrato. É possível a punição daquele que, tendo a obrigação de cumprir as exigências da lei, não o faça conscientemente.

Cumpre registrar que, da nossa perspectiva, respeitadas as peculiaridades do sistema jurídico norte-americano, é descabido recurso ao Direito Penal, ao menos da forma como foi concretizado, para coibir as hipóteses de descumprimento das exigências trazidas pelo diploma legal em questão. Tal conclusão se assenta no fato de que o tipo penal elaborado é absolutamente vago e, portanto, não atende ao postulado elementar da legalidade, nada mais faz do que sancionar o mero descumprimento das normas administrativas relacionadas à matéria, e não destaca comportamentos efetivamente graves que ponham em perigo bens jurídicos dotados de dignidade penal.

---

110. Mihut, Liliana. Lobbying in the United States and the European Union: new developments in lobbying regulation, cit., p. 12: *"(...) pela primeira vez, sanções criminais são previstas para os casos de prática ilegal de lobby, consistentes em prisão, que alcançam até cinco anos, além de multa, ou ambas"* (tradução livre).

111. Lobbying Disclosure Act (alterado pelo Honest Leadership and Open Government Act de 2007): *"(b) Criminal Penalty. – Whoever knowingly and corruptly fails to comply with any provision of this Act shall be imprisoned for not more than 5 years or fined under title 18, United States Code, or both".*

Não obstante seja evidente o avanço promovido na ordem jurídica norte-americana com o advento do *Honest Leadership and Open Government Act* de 2007, críticas ainda são feitas à forma como o *lobby* é regulamentado naquele país. Conforme adverte Robins[112], o diploma normativo atualmente vigente nos Estados Unidos contém expressões vagas e poderia definir de maneira mais precisa as informações que os lobistas devem fornecer às autoridades públicas nos relatórios exigidos. Ademais, destaca o professor, é reduzido o número de procedimentos instaurados para apurar violações do *Lobbying Disclosure Act*, o que revelaria não um elevado grau de observância aos seus preceitos, mas uma falha nos mecanismos de controle.

Mais importante do que aumentar a gravidade sancionatória da conduta ilegal dos lobistas, prevendo preceitos incriminadores meramente simbólicos, é adotar mecanismos que, efetivamente, tornem transparente a interação que eles mantêm com os agentes do Estado, mediante efetivo controle e monitoramento das suas atividades.

2.2 A história do tratamento jurídico do *lobby* no Canadá

Em que pese o Canadá figure nos relatórios produzidos pela Transparência Internacional como um dos países menos afetados pela atuação desviada daqueles que ocupam cargos e desempenham funções públicas[113], em inúmeros episódios da sua história fica claro que decisões políticas importantes foram tomadas pelos agentes estatais com a única finalidade de que interesses privados fossem atendidos. Chari, Hogan e Murphy[114], em estudo específico sobre o tema, destacam situações concretas, ocorridas a partir do século XIX, as quais evidenciam que membros do alto escalão governamental adotaram posicionamentos estratégicos que apenas a eles e a agentes privados que pretendiam influenciá-los interessavam.

112. Robins, Rand. Why the Honest Leadership and Open Government Act of 2007 falls short, and how it could be improved, cit., p. 8.

113. TRANSPARENCY INTERNATIONAL. *Corruption Perceptions Index 2016*. 25 Jan. 2017. Disponível em: <https://www.transparency.org/news/feature/corruption_perceptions_index_2016#table>. Acesso em: 01 jul. 2017.

114. Chari, Raj; Hogan, John; Murphy, Gary. *Regulating lobbying*: a global comparison, cit., 2012, p. 31: *"Em sua história, o Canadá tem vivenciado situações nas quais os atores políticos foram notados como responsáveis por atos pouco transparentes, que favoreceram alguns grupos privados. Um exemplo foi no final dos anos de 1980, quando a Canadian Pacific Railway foi construída; o primeiro ministro canadense, John A. Mc Donald construiu a ferrovia com o fim de unir o país de leste a oeste. Todavia, a obra foi marcada por muitos rumores de que teria propiciado a obtenção de ganhos financeiros a grupos de construtores. Outro exemplo ocorreu na província de Quebec, no governo de Maurice Duplessis, entre os anos de 1950 e 1960, quando contratados do governo para a construção de grandes obras foram utilizados para captar votos do eleitorado. Até mesmo recentemente, nos anos de 1980 (...), e nos anos de 1990 e 2000 (...), há notícias de diferentes agentes públicos que favoreceram interesses privados"* (tradução livre). No mesmo sentido: Dyck, Rand. *Canadian politics*: critical approaches. 4. ed. Toronto: Thomson Nelson, 2004. p. 369.

É interessante mencionar que, ao contrário do que acontece no Brasil — e mesmo nos Estados Unidos —, países nos quais a faculdade de encaminhar proposições legislativas é conferida a inúmeros atores sociais, no Canadá, seja no plano federal, seja nas províncias, há forte concentração de poder. Via de regra, partem do poder central as iniciativas de alteração normativa naquele país, sendo que a possibilidade de interferência dos parlamentares, individualmente considerados, no curso do processo legislativo, é bastante remota. Conforme destacam os professores mencionados, praticamente não existem iniciativas legislativas adotadas pelos congressistas[115], em razão das imposições feitas pelos partidos, com base nas orientações do Primeiro Ministro e dos premiês.

Destarte, o processo de definição das políticas públicas, bem assim o de criação do Direito positivo, ficam concentrados na esfera de competências e poderes de um reduzido número de agentes do Estado. É sobre eles que recaem as iniciativas de convencimento engendradas pelos lobistas canadenses.

Destaque-se que, assim como acontece em todas as nações democráticas do mundo, há no Canadá iniciativas de agentes privados e do próprio governo para influenciar os processos de deliberação de temas afetos ao Estado. Inúmeras empresas, pessoas físicas, associações, organizações não governamentais etc.[116] investem milhões de dólares anualmente, para que os seus interesses sejam defendidos junto ao governo, contratando empresas especializadas em *lobby* ou criando setores internos para implementá-lo[117].

Impende mencionar, porquanto revelador da importância que as atividades de *lobby* têm na sistemática jurídico-política canadense, que, em julho de 2017, 5.662 (cinco mil, seiscentos e sessenta e dois) lobistas estavam registrados junto à Comissão mantida pelo Governo para tratar da matéria[118]. De acordo com os bancos de dados mantidos pela Comissão, os temas centrais tratados pelos lobistas estão relacionados, para exemplificar, à produção industrial, ao comércio internacional, à proteção do meio ambiente, tributação, saúde, trans-

---

115. Chari, Raj; Hogan, John; Murphy, Gary. *Regulating lobbying*: a global comparison, cit., 2012, p. 31.

116. Empresas como Bombardier, Visa, Thomson Corporation, Merril Lynch e General Motors figuram entre as que mais recursos investem com o *lobby* no Canadá, segundo o *Center for Public Integrity* (THE CENTER FOR PUBLIC INTEGRITY. Disponível em: <http://projects.publicintegrity.org/lobby/profile.aspx?=countries&year=2003=co=ca&sub=1>. Acesso em: 01 jul. 2017).

117. Chari, Raj; Hogan, John; Murphy, Gary. *Regulating lobbying*: a global comparison, cit., 2012, p. 32: "*Assim como acontece em todos os países, o Canadá abriga diversas organizações profissionais que praticam lobby em favor de seus clientes, incluindo empresas e organizações não governamentais (...). Ademais, muitas empresas dispõem de corpo interno dedicado à prática do lobby*" (tradução livre).

118. CANADA. Office of the Commissioner of Lobbying of Canada. *Active Lobbyists and Registrations by Type*. Disponível em: <https://lobbycanada.gc.ca/app/secure/ocl/lrs/do/lbsRegs>. Acesso em: 02 jul. 2017.

porte, ao desenvolvimento da ciência e tecnologia, à infraestrutura, energia, agricultura etc.[119]:

SUBJECT MATTER IN LOBBYIST REGISTRATIONS	MENTIONS
Industry	17,339
International Trade	14,392
Environment	12,911
Taxation and Finance	12,722
Health	12,361
Economic Development	10,867
Transportation	10,284
Science and Technology	10,097
Infrastructure	9,871
Employment and Training	9,278

(Relatório Anual do *Lobby* no Canadá:
10 assuntos mais abordados pelos lobistas[120])

GOVERNMENT INSTITUTION IN LOBBYIST REGISTRATIONS	MENTIONS
House of Commons	30,748
Innovation Science and Economic Development Canada	25,265
Prime Minister's Office (PMO)	25,038
Finance Canada	21,312
Senate of Canada	18,383
Global Affairs Canada	17,084
Privy Council Office (PCO)	14,924
Health Canada	13,920
Environment and Climate Change Canada	13,500
Transport Canada	11,954

(Relatório Anual do *Lobby* no Canadá:
10 órgãos públicos mais demandados pelos lobistas[121])

119. CANADA. Office of the Commissioner of Lobbying of Canada. *Subject Matter in Active Registrations*. Disponível em: <https://lobbycanada.gc.ca/app/secure/ocl/lrs/do/regSms>. Acesso em: 02 jul. 2017. No mesmo sentido: Chari, Raj; Hogan, John; Murphy, Gary. *Regulating lobbying*: a global comparison, cit., 2012, p. 33.

120. CANADA. Office of the Commissioner of Lobbying of Canada. *Annual Report 2016-17*. Ottawa: Office of the Commissioner of Lobbying of Canada, 2017. Disponível em: <https://lobbycanada.gc.ca/eic/site/012.nsf/vwapj/OCL_AR16-17.pdf/%24FILE/OCL_AR16-17.pdf>. Acesso em: 02 jul. 2017.

121. Id. Ibid.

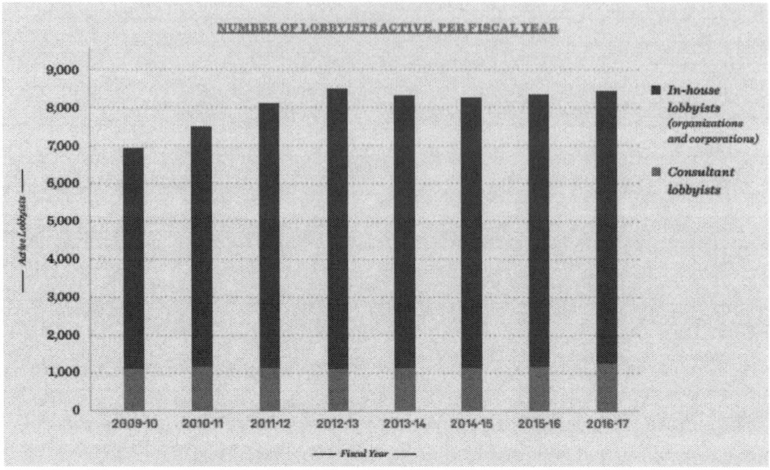

(Relatório Anual do *Lobby* no Canadá:
evolução da quantidade de lobistas cadastrados[122])

O instituto estudado foi objeto de inúmeras discussões no Canadá, o que conduziu à criação de normas para discipliná-lo. Consoante advertem Chari, Hogan e Murphy[123], legislações sobre o *lobby* foram criadas e aperfeiçoadas tanto por Conservadores, quanto por Liberais, desde os anos de 1980, com o fim de assegurar maior transparência ao processo de tomada de decisões públicas.

Atualmente, há sofisticados canais de acesso às informações sobre as atividades dos lobistas canadenses. Com efeito, o *Office of the Commissioner of Lobbying of Canada*, justamente com a finalidade de assegurar absoluta transparência às atividades relacionadas ao *lobby*, mantém sítio eletrônico na rede mundial de computadores, no qual podem ser encontrados os preceitos legais aplicáveis à matéria[124], a lista completa dos lobistas registrados[125], os relatórios anuais das atividades de monitoramento, implementação e *compliance* das normas regulamentadoras do *lobby*[126], as cópias de procedimentos instaurados para

122. CANADA. Office of the Commissioner of Lobbying of Canada. *Annual Report 2016-17*, cit.

123. Chari, Raj; Hogan, John; Murphy, Gary. *Regulating lobbying*: a global comparison, cit., 2012, p. 32. No mesmo sentido: Pross, Paul A. The Lobbyists Registration Act: its application and effectiveness, cit.

124. CANADA. Office of the Commissioner of Lobbying of Canada. *Lobbying Act*. Disponível em: <https://lobbycanada.gc.ca/eic/site/012.nsf/eng/h_00009.html>. Acesso em: 02 jul. 2017.

125. CANADA. Office of the Commissioner of Lobbying of Canada. *Registry Search and Statistics*. Disponível em: <https://lobbycanada.gc.ca/eic/site/012.nsf/eng/00035.html>. Acesso em: 02 jul. 2017.

126. CANADA. Office of the Commissioner of Lobbying of Canada. *Reports and Publications*. Disponível em: <https://lobbycanada.gc.ca/eic/site/012.nsf/eng/h_00017.html>. Acesso em: 02 jul. 2017.

investigar condutas ilícitas de lobistas[127], os bancos de dados com pesquisas e estatísticas sobre o assunto etc.

O primeiro diploma legal criado no Canadá para disciplinar a matéria entrou em vigor em 1989 e tinha abrangência federal[128]. Com o propósito de fazer com que o Estado conhecesse os indivíduos que se dedicavam às atividades de *lobby,* por via de cadastramento prévio obrigatório, o *Lobbyist Registration Act* introduziu preceitos que versavam sobre o instituto, tendo sido submetido a reformas que o aprimoraram[129].

Assim como acontece nos Estados Unidos, há no sistema federalista canadense amplos poderes constitucionalmente conferidos às suas 10 províncias. Tal circunstância viabilizou fossem criadas, na maior parte delas[130], leis específicas sobre as atividades dos lobistas, as quais lhes impõem a obrigatoriedade de cadastramento junto às autoridades competentes, antes de iniciarem as suas atividades de comunicação e interação com agentes públicos.

Como já exposto em inúmeros tópicos do presente estudo, também no Canadá as atividades de *lobby* são consideradas manifestação natural de direitos democráticos basilares. Entende-se que a atuação dos lobistas nada mais é do que uma atividade política legítima. Por isso, jamais poderá ser proibida, senão regulamentada, de forma que a sociedade tenha efetiva condição de conhecer as forças que interferem nos processos decisórios do Estado.

Advertem CHARI, HOGAN e MURPHY[131], a existência de preceitos que definam parâmetros para a atuação dos lobistas é essencial para eles próprios, para

---

127. CANADA. Office of the Commissioner of Lobbying of Canada. *Reports on Investigation.* Disponível em: <https://lobbycanada.gc.ca/eic/site/012.nsf/eng/h_00016.html>. Acesso em: 02 jul. 2017.

128. STEFAN, Oanta Ilie; NICOLETA, Vasilcoschi. The business fluctuations and the lobbying evolution in European Union, Canada and USA, cit., p. 164.

129. CHARI, Raj; HOGAN, John; MURPHY, Gary. *Regulating lobbying*: a global comparison, cit., 2012, p. 32: *"No plano federal, o Canadá iniciou a regulamentação do lobby em 1989, por meio do chamado Lobbyist Registration Act, com o objetivo de promover transparência e abertura no processo político (...). O ato de 1989 foi reformulado em 1995 por uma emenda, que tentou incrementar as informações exigidas dos lobistas que se registrassem. Posteriormente, em 2003, nova alteração foi feita no texto federal, tendo entrado em vigor em 2005 com o fim de corrigir algumas falhas existentes no modelo anterior. A última e mais importante alteração, contudo, ocorreu em 2008, quando o texto passou a se chamar Lobbying Act (...)".*

130. Ontário (*Lobbyist Legislation Act* – 1998), British Columbia (*Lobbying Registration Act* – 2001), Nova Escócia (*Lobbyist Registration Act* - 2001), Quebec (*Lobbying Transparency and Ethics Act* - 2002) e Newfoundland (2005) são províncias que criaram diplomas legais específicos para regulamentar a atuação dos lobistas em seu território. Sobre o tema: Id. Ibid., p. 36.

131. Id. Ibid., p. 37: *"Baseado na premissa de que o lobby é uma atividade política legítima, regulamentá-lo é medida voltada a assegurar transparência e abertura ao processo democrático (...). Se os cidadãos, os grupos de interesse e os funcionários públicos sabem quem está praticando lobby e por qual motivo, tem-se mais condição de compreender o cenário político. Os cidadãos se beneficiam, porque podem conhecer os interesses privados que estariam tentando influenciar o processo*

os políticos com quem interagem, e para a população como um todo, à qual devem ser disponibilizadas ferramentas que propiciem acesso aos dados sobre as atividades dos agentes públicos.

A legislação canadense sobre o *lobby* tem exigências mais restritas do que aquelas verificadas no texto estadunidense. Enquanto nos Estados Unidos impõe-se ao lobista que ofereça aos órgãos estatais informações detalhadas sobre suas atividades a cada três meses, mesmo que não tenha havido contato direto com funcionários públicos, no Canadá, o objetivo central da regulamentação é garantir que aqueles que se dedicam ao *lobby* sejam devidamente cadastrados e forneçam informações periódicas apenas se, efetivamente, tiverem contato com agentes do Estado.

São elucidativos os dizeres de Chari, Hogan e Murphy[132], segundo os quais o objetivo central do legislador canadense é dispor informações que permitam identificar as pessoas e entidades que se dedicam ao *lobby*. Portanto, sendo o cadastramento o elemento central da sistemática regulatória adotada, não se exige do lobista, por exemplo, que revele aos órgãos públicos os dados financeiros das suas atividades.

Assim, o nível de ingerência estatal nas atividades dos lobistas no Canadá é inferior ao que é imposto aos lobistas norte-americanos. Afinal, aos primeiros cumpre tão somente a obrigação de se registrar junto aos órgãos competentes e fornecer informações, ao passo que os últimos, além do registro, estão obrigados a fornecer inúmeros relatórios, inclusive com dados econômicos, sobre suas atividades e os valores a elas relacionados[133].

Pross[134] afirma que, na sistemática jurídica canadense, as normas que recaem sobre as atividades dos lobistas têm como propósito central assegurar que eles sejam registrados, sem criar rígida regulamentação sobre a maneira como devem atuar.

político e as instituições; outros lobistas se beneficiam porque podem identificar as iniciativas dos seus concorrentes; e os políticos se beneficiam porque (...) favorecida a transparência no processo político (...). Em suma, é um jogo de soma positiva, no qual todos saem ganhando" (tradução livre).

132. Chari, Raj; Hogan, John; Murphy, Gary. *Regulating lobbying*: a global comparison, cit., 2012, p. 37. No mesmo sentido: CANADA. Office of the Commissioner of Lobbying of Canada. *Annual Report 2016-17*, cit., p. 20; Stefan, Oanta Ilie; Nicoleta, Vasilcoschi. The business fluctuations and the lobbying evolution in European Union, Canada and USA, cit., p. 169.

133. HOUSE OF COMMONS. Public Administration Select Committee. *Lobbying*: access and influence in Whitehall: First Report of Session 2008-09, cit., p. 37: "*O Canadá representa um exemplo importante de modelo diferente do americano. A preocupação no Canadá é focada menos diretamente nos financiamentos eleitorais, e mais amplamente nos acessos indevidos àqueles que tomam decisões políticas. Como consequência disso, o modelo de regulamentação do lobby canadense não costuma exigir a abertura de informações financeiras, ficando voltado para a divulgação de informações sobre a identidade do lobista e dos beneficiários de sua atuação, além de dados sobre os assuntos tratados e os agentes públicos abordados"* (tradução livre).

134. Pross, Paul A. The Lobbyists Registration Act: its application and effectiveness, cit., p. 182.

2.2.1 O Lobbyist Registration Act de 1989: história e conteúdo normativo

O *Lobbyist Registration Act* canadense entrou em vigência no ano de 1989 e foi assentado, de acordo com disposições expressas de seu excerto preambular, em quatro premissas elementares, que podem ser segmentadas em dois grandes grupos: (i) de um lado, a possibilidade de acesso dos cidadãos aos agentes do Estado, para a discussão de temas de seu interesse, é inerente a qualquer sistema democrático, a revelar a legitimidade das atividades daqueles que praticam o *lobby*; e, (ii) de outro lado, é fundamental que a sociedade possa identificar os lobistas e os interesses que defendem, o que seria alcançado por via de regulamentação que impusesse fossem todos eles cadastrados[135].

Sobre o tema, Dyck[136] e Pross[137] afirmam que, considerada a premissa de que o *lobby* é atividade legítima, *prima facie*, em qualquer sociedade democrática, pois que contribui para que os indivíduos participem do processo de decisão dos agentes públicos, é necessário que se criem mecanismos que o regulamentem. Afinal, é preciso que a população saiba quem tenta influenciar as iniciativas do Estado e por qual motivo.

Nessa esteira, a regulamentação do *lobby* no Canadá exigia que se submetesse a cadastramento, junto ao órgão estatal competente, qualquer pessoa que, em troca de remuneração[138], fosse contratada por um terceiro - pessoa física ou jurídica - para interagir com agentes públicos (*public office holder*) com a finalidade de estimular o encaminhamento de proposta de alteração normativa (lei ordinária, regulamentos, portarias etc.) ou o desenvolvimento de programas e políticas públicas do governo.

---

135. Extrai-se do preâmbulo do *Lobbyist Registration Act* de 1989 que ele teria levado em consideração os seguintes aspectos: "*A consideração de que a abertura e o acesso livre ao governo é importante para o interesse público; a consideração de que o lobby é uma atividade legítima; a consideração de que é desejável que os agentes públicos e a sociedade em geral saibam quem está engajado em atividades de lobby; a consideração de que um sistema de cadastramento de lobistas remunerados não impede o livre e aberto acesso ao governo*" (tradução livre).

136. De acordo com o autor mencionado, o *Lobbying Registration Act* de 1989 (tradução livre): "*(...) reconhece que o lobby é uma atividade legítima, mas requer que os lobistas sejam cadastrados, pois é necessário que os agentes públicos e a sociedade tenham condição de saber quem tenta influenciar as decisões públicas*" (Dyck, Rand. *Canadian politics*: critical approaches, cit., p. 368).

137. Pross, Paul A. The Lobbyists Registration Act: its application and effectiveness, cit., p. 183: "*Ao dispor que o acesso livre ao governo é importante para o interesse público, o ato reconhece a existência do direito constitucional de petição (...). Com a afirmação de que é desejável que os funcionários públicos e os cidadãos saibam quem está tentando influenciar as decisões do governo, o ato estatui que as comunicações para convencimento devem ser abertas ao escrutínio da sociedade. Em outras palavras, o direito de acesso ao governo é reconhecido, mas também é reconhecida a necessidade de que esse acesso se dê de forma transparente (...)*" (tradução livre).

138. De acordo com o artigo 2º do *Lobbyist Registration Act* de 1989, insere-se no conceito legal de remuneração (pagamento) qualquer dinheiro ou bem de valor que seja oferecido ao lobista para recompensá-lo por sua atuação junto a agentes do setor público. Consta do dispositivo normativo referido: "*payment means money or anything of value and includes a contract, promise or agreement to pay money or anything of value*".

Cumpre registrar que o *Lobbyist Registration Act* de 1989[139] distinguia a figura do lobista terceirizado (*consultant lobbyist*) da figura do lobista que, funcionário de uma pessoa ou entidade, exercesse atividades de *lobby* para favorecer o seu *principal* (*in-house lobbyist*). Chari, Hogan e Murphy[140], nesse tocante, esclarecem que, de acordo com a norma jurídica canadense, o lobista seria qualquer pessoa que atuasse para interferir no convencimento de agentes públicos, em processos decisórios de seu interesse, sendo obrigado a apresentar aos órgãos competentes solicitação de cadastramento, nos termos do artigo 5º do texto legal[141].

Referido dispositivo é de importância singular, pois confere abrangência ao espectro de condutas de indivíduos e funcionários do Estado consideradas típicas de *lobby*[142]. Com efeito, a simples intermediação de encontros entre agentes públicos e terceiros é considerada relevante para que se afira a necessidade de que o lobista se registre, sendo que tal obrigação deve ser cumprida no prazo máximo de 10 (dez) dias após iniciadas as atividades[143].

Não se previa necessário para a configuração da prática de *lobby,* que as tentativas de interferir nas decisões dos agentes públicos efetivamente produzissem resultados concretos. De forma clara, o dispositivo legal estatuía que bastava que o lobista se dirigisse a membros do Estado para tratar de assuntos de seu interesse, para que emergisse a obrigatoriedade de cadastramento junto ao órgão competente. Conforme preceituam Chari, Hogan e Murphy[144], qual-

---

139. Pross, Paul A. The Lobbyists Registration Act: its application and effectiveness, cit., p. 164.

140. Chari, Raj; Hogan, John; Murphy, Gary. *Regulating lobbying*: a global comparison, cit., 2012, p. 39.

141. Artigo 5º do Lobbyist Registration Act de 1989: *"5(1) An individual shall file with the registrar, in the prescribed form and manner, a return setting out the information referred to in subsection (2), if the individual, for payment, on behalf of any person or organization (in this section referred to as the 'client'), undertakes to (a) communicate with a public office holder in respect of (i) the development of any legislative proposal by the Government of Canada or by a member of the Senate or the House of Commons, (ii) the introduction of any Bill or resolution in either House of Parliament or the passage, defeat or amendment of any Bill or resolution that is before either House of Parliament, (iii) the making or amendment of any regulation as defined in subsection 2(1) of the Statutory Instruments Act, (iv) the development or amendment of any policy or program of the Government of Canada, (v) the awarding of any grant, contribution or other financial benefit by or on behalf of Her Majesty in right of Canada, or (vi) the awarding of any contract by or on behalf of Her Majesty in right of Canada, or (b) arrange a meeting between a public office holder and any other person".*

142. Pross, Paul A. The Lobbyists Registration Act: its application and effectiveness, cit., p. 181: *"O ato define o lobista como qualquer pessoa que receba pagamento para representar uma terceira parte em face de funcionários públicos ou para realizar interações que tenham relação com a elaboração ou modificação de leis e regulamentos, com políticas de desenvolvimento, celebração de contratos ou financiamentos etc."* (tradução livre).

143. Lobbyist Registration Act de 1989, artigo 1.1.

144. Chari, Raj; Hogan, John; Murphy, Gary. *Regulating lobbying*: a global comparison, cit., 2012, p. 38.

quer tipo de interação entre agentes do *lobby* e funcionários estatais faz surgir a obrigatoriedade do cadastramento[145].

Assim como ocorre nos Estados Unidos, o texto original do *Lobbyist Registration Act* de 1989 exigia do lobista que apresentasse às autoridades públicas, no ato do registro, um extenso rol de informações e documentos. Informações sobre as pessoas físicas e jurídicas que tivessem relação com o *lobby* (o lobista, seus clientes e outros interessados na interação com agentes públicos), sobre os assuntos de interesse e sobre a forma de contratação do serviço.

Mais especificamente, o texto legal exigia fossem fornecidas às autoridades o nome e o endereço do lobista, bem como da empresa para a qual prestasse serviços; o nome e o endereço dos clientes do lobista e de todas as pessoas, físicas (diretores, administradores, proprietários) e jurídicas (subsidiárias, controladoras, outras empresas do mesmo grupo econômico) a ela relacionadas e que tivessem interesse nos resultados perseguidos com o exercício do *lobby*; e o nome e o endereço de todos os interessados nas atividades de *lobby*, e, na hipótese de o cliente ser uma coligação ou associação, as atividades econômicas por ele desenvolvidas.

Ademais, era imposto ao registrante que especificasse os assuntos que seriam objeto da interação com os agentes públicos, identificasse as leis, regulamentos, os tratados, certames, os contratos e os pedidos de financiamento que lhes fosse de interesse, a previsão de remuneração de êxito, a participação de ex-funcionário público etc.[146]

---

145. OCDE. ORGANISATION FOR ECONOMIC CO-OPERATION AND DEVELOPMENT. *Lobbyists, government and public trust*: increasing transparency through legislation, cit., v. 1, p. 111.

146. Lobbyist Registration Act de 1989, artigo 2º: "*The return shall set out the following information with respect to the undertaking: (a) the name and business address of the individual and, if applicable, the name and business address of the firm where the individual is engaged in business; (b) the name and business address of the client and the name and business address of any person or organization that, to the knowledge of the individual, controls or directs the activities of the client and has a direct interest in the outcome of the individual's activities on behalf of the client; (c) where the client is a corporation, the name and business address of each subsidiary of the corporation that, to the knowledge of the individual, has a direct interest in the outcome of the individual's activities on behalf of the client; (d) where the client is a corporation that is a subsidiary of any other corporation, the name and business address of that other corporation; (e) where the client is a coalition, the name and business address of each corporation or organization that is a member of the coalition; (e.1) the client is funded in whole or in part by a government or government agency, the name of the government or agency, as the case may be, and the amount of funding received; (f) particulars to identify the subject-matter in respect of which the individual undertakes to communicate with a public office holder or to arrange a meeting, and any other information respecting the subject-matter that is prescribed; (g) where applicable, whether the payment to the individual is in whole or in part contingent on the individual's degree of success in influencing any matter described in subparagraphs (1)(a)(i) to (iv); (h) particulars to identify any relevant legislative proposal, bill, resolution, regulation, policy, program, grant, contribution, financial benefit or contract; (h.1) if the individual is a*

Ao estudar o tema, Chari, Hogan e Murphy[147] sistematizaram uma lista de informações que obrigatoriamente deveriam ser divulgadas pelo lobista às autoridades. Tal lista, que abrange os personagens envolvidos no *lobby*, lobistas e funcionários públicos, os assuntos de seu interesse, os critérios remuneratórios fixados para a prestação do serviço e as técnicas de persuasão adotadas, é complexa e ampla de modo a permitir compreender, de forma vertical, detalhes importantes da prática do *lobby* e sua relação com a administração pública.

O *Lobbyist Registration Act* de 1989 também previu a necessidade de registros para os praticantes de *grass-roots lobbying*, que, como já foi explicado, consiste na utilização de ferramentas de comunicação de massa para gerar na sociedade reações que estimulem os agentes públicos a acolher os interesses defendidos pelo lobista, situação não contemplada na normativa estadunidense[148].

Nas hipóteses em que empresas ou organizações tivessem, dentro de seu quadro de colaboradores, pessoas dedicadas às atividades de *lobby*, caberia a elas apresentar aos órgãos públicos competentes informações sobre tais atividades, observados os prazos impostos pela legislação. Consoante disposições do diploma normativo, o cadastramento se impunha sempre que algum funcionário de

former public officer holder, a description of the offices held: (i) the name of any department or other governmental institution in which any public office holder with whom the individual communicates or expects to communicate in respect of any matter described in subparagraphs (1)(a)(i) to (vi) or with whom a meeting is, or is to be, arranged, is employed or serves; (j) if the individual undertakes to communicate with a public office holder in respect of any matter described in subparagraphs (1)(a)(i) to (vi), particulars to identify any communication technique that the individual uses or expects to use in connection with the communication with the public office holder, including any appeals to members of the public through the mass media or by direct communication that seek to persuade those members of the public to communicate directly with a public office holder in an attempt to place pressure on the public office holder to endorse a particular opinion (in this Act referred to as grass-roots communication); and; (k) such other information relating to the identity of the individual, the client, any person or organization referred to in paragraph (b), any subsidiary referred to in paragraph (c), the other corporation referred to in paragraph (d), any member of a coalition referred to in paragraph (e) or any department or institution referred to in paragraph (i) as is prescribed".

147. As informações exigidas são: *"(...) name, position, title and business address of the lobbyist; name and business address of the lobbying firm/corporation; client's name and business address (if consultant lobbyist); name of the principal representative of the client; name and business address of any person or organization that controls or directs the client's activities; if the client is a corporation, the name and business address of the parent corporation and those subsidiaries which directly benefit from the lobbying; if the client is a coalition, the name and business addresses of the corporate and organizational members; if the individual is a former public office holder, a description of the offices held and at what time; subject matters, including specific legislative proposal, bill or resolution, regulation, policy, program, grant, contribution, other financial benefit or contract sought; name of each department or other governmental institution lobbied; source and amount of any government funding provided to the client; whether payment is contingent on the success of the lobbying (...); the communication techniques used, including grass-roots lobbying"* (Chari, Raj; Hogan, John; Murphy, Gary. *Regulating lobbying*: a global comparison, cit., 2012, p. 40).

148. Giorno, Guy. Staying on the right side of the law. In: THIRD Annual Government Relations Summit. Ontario: Ottawa, Feb. 2006. p. 9.

empresa ou organização tivesse a atribuição de manter contato com funcionários públicos para favorecer seu empregador ou alguém que com ele tivesse vínculo – subsidiárias, por exemplo –, no desenvolvimento de propostas legislativas, na criação de normas infralegais, na implementação de alguma política pública, obtenção de financiamento ou adjudicação de contratos públicos[149].

Tal como com o lobista contratado, o *Lobbyist Registration Act* de 1989 previa que as entidades que tivessem funcionários dedicados ao *lobby* apresentassem às autoridades públicas inúmeras informações sobre as atividades por eles realizadas. A título exemplificativo, exigia-se[150] fosse identificado o responsável pelo encaminhamento dos dados ao órgão estatal competente; era obrigatório o apontamento de todos os elementos que permitissem identificar o empregador

149. Lobbyist Registration Act de 1989, artigo 7(1): "*The officer responsible for filing returns for a corporation or organization shall file with the registrar, in the prescribed form and manner, a return setting out the information referred to in subsection (3) if: (a) the corporation or organization employs one or more individuals any part of whose duties is to communicate with public office holders on behalf of the employer or, if the employer is a corporation, on behalf of any subsidiary of the employer or any corporation of which the employer is a subsidiary, in respect of: (i) the development of any legislative proposal by the Government of Canada or by a member of the Senate or the House of Commons, (ii) the introduction of any bill or resolution in either House of Parliament or the passage, defeat or amendment of any bill or resolution that is before either House of Parliament, (iii) the making or amendment of any regulation as defined in subsection 2(1) of the Statutory Instruments Act, (iv) the development or amendment of any policy program of the Government of Canada, or (v) the awarding of any grant, contribution or other financial benefit by or on behalf of Her Majesty in right of Canada; and (b) those duties constitute a significant part of the duties of one employee or would constitute a significant part of the duties of one employee if they were performed by only one employee*".

150. Lobbyist Registration Act de 1989, artigo 7(3): *The return shall set out the following information: (a) the name and business address of the officer responsible for filing returns; (b) the name and business address of the employer; (b.1) if the employer is a corporation, the name and business address of every subsidiary of the corporation that, to the knowledge of the officer responsible for filing returns, has a direct interest in the outcome of an employee's activities on behalf of the employer in respect of any matter described in subparagraphs (1)(a)(i) to (v); (b.2) if the employer is a corporation that is a subsidiary of any other corporation, the name and business address of that other corporation; (c) a description in summary form of the employer's business or activities and any other information to identify its business or activities that is prescribed; (d) if the employer is an organization, a description of the organization's membership and any other information to identify its membership that is prescribed; (e) if the employer is funded in whole or in part by a government agency, the name of the government or agency, as the case may be, and the amount of funding received; (f) if the employer is an organization, the name of each employee any part of whose duties is as described in paragraph (1)(a) (...); (g) if the return is filed under paragraph (2)(a), particulars to identify the subject-matter of any communication between any employee named in the return and a public office holder in respect of any matter described in subparagraphs (1)(a)(i) to (v) during the period between the date on which the requirement to file a return first arises under subsection (1) and the date of filing, and any other information respecting that subject-matter that is prescribed (...); (h.3) if any employee named in the return is a former public office holder, a description of the offices held; (i) particulars to identify any relevant legislative proposal, Bill, resolution, regulation, policy, program, grant, contribution or financial benefit; (j) the name of any department or other governmental institution in which a public office holder is employed or serves (...); (k) particulars to identify any communication technique, including grass-roots communication (...)*".

do lobista (nome, endereço, subsidiárias, controladoras, atividades econômicas desenvolvidas, seus representantes legais etc.). Ademais, demandava-se fossem discriminados os assuntos que seriam objeto do *lobby*; nominados os ex-funcionários públicos que exercessem atividade de *lobby* em favor da entidade; e especificadas as técnicas de persuasão utilizadas.

Em suma, fosse para o lobista profissional, contratado para desempenhar atividades de *lobby* específicas, fosse para aquele que atuava como empregado da empresa que buscava se favorecer com tais atividades, o diploma legal canadense trazia exigências bastante amplas no que concerne às informações que deveriam ser apresentadas à administração estatal[151].

É interessante mencionar que o *Lobbyist Registration Act* canadense, não obstante previsse extenso rol de situações que exigiam cadastramento, também especificou situações nas quais o cadastramento não era obrigatório. Com efeito, eram inaplicáveis os preceitos regulamentadores do *lobby* às situações em que, por exemplo, as articulações do lobista fossem públicas, ou feitas por membros do Poder Legislativo das províncias ou de governos locais, por agentes das comunidades aborígenes, por diplomatas estrangeiros, por membros das Nações Unidas ou de qualquer entidade internacional que gozasse de privilégios e imunidades legais[152].

Questão que merece destaque no *Lobbyist Registration Act* de 1989 diz respeito ao rol de funcionários públicos que os lobistas remunerados, devidamente registrados, poderiam influenciar. Enquanto nos Estados Unidos apenas membros dos Poderes Legislativo e Executivo, congressistas e suas equipes são

---

151. Pross, Paul A. The Lobbyists Registration Act: its application and effectiveness, cit., p. 165.

152. Lobbyist Registration Act de 1989, artigo 4: "*4(1) This Act does not apply to any of the following persons when acting in their official capacity, namely, (a) members of the legislature of a province or persons on the staff of such members; (b) employees of the government of a province; (c) members of a council or other statutory body charged with the administration of the civil or municipal affairs of a city, town municipality or district, persons on the staff of such members or officers or employees of a city, town, municipality or district (...); (e) diplomatic agents, consular officers or official representatives in Canada of a foreign government; or (f) officials of a specialized agency of the United Nations in Canada or officials of any other international organization to whom there are granted, by or under any Act of Parliament, privileges and immunities. (2) This Act does not apply in respect of (a) any oral or written submission made to a committee of the Senate or House of Commons or of both Houses of Parliament or to anybody or person having jurisdiction or powers conferred by or under an Act of Parliament, in proceedings that are a matter of public record; (b) any oral or written communication made to a public office holder by an individual on behalf of any person or organization with respect to the enforcement, interpretation or application of any Act of Parliament or regulation by that public office holder with respect to that person or organization; or (c) any oral or written communication made to a public office holder by an individual on behalf of any person or organization if the communication is restricted to a request for information*". Na doutrina, veja-se: Chari, Raj; Hogan, John; Murphy, Gary. *Regulating lobbying*: a global comparison, cit., 2012, p. 40.

considerados *covered officials*, no Canadá, também alguns agentes do Poder Judiciário são assim considerados[153].

Verifica-se no texto legal que o lobista, nas hipóteses em que atuasse para obter algum tipo de remuneração, seria obrigado ao cadastramento prévio junto aos órgãos competentes se pretendesse interferir em decisões do Congresso (Senadores, Deputados e seus subordinados), do Poder Executivo, do Poder Judiciário, das Forças Armadas e da Cavalaria Real[154].

Cumpre mencionar que todo o processo de cadastramento do lobista, nos moldes delineados no *Lobbyist Registration Act* de 1989, era eletrônico[155], tendo sido outorgado a um órgão específico – *The Registrar General of Canada*[156] – amplos poderes para realizá-lo, controlar o recebimento e a análise das informações, além de fazer a manutenção dos bancos de dados correspondentes, que se impunha fossem acessíveis ao público[157].

Para tornar mais claros os preceitos normativos e facilitar a sua efetiva implementação, previu-se que o *The Registrar General of Canada* criaria um Código de Conduta para o lobista (*Lobbyist's Code of Conduct*)[158], que especificasse, além das condutas legalmente aceitas, a maneira como deveriam ser conduzidas investigações sobre aqueles que descumprissem a lei.

Tal como acontece atualmente nos Estados Unidos, o descumprimento do *Lobbyist Registration Act* de 1989 ensejava sanções de caráter cível e criminal.

---

153. O artigo 2º do texto legal prevê que estão abarcados pelo conceito de *public office holder "any officer or employee of Her Majesty in right of Canada and includes: (a) a member of the Senate or the House of Commons and any person on the staff of such a member, (b) a person who is appointed to any office or body by or with the approval of the Governor in Council or a minister of the Crown, other than a judge receiving a salary under the Judges Act (...) or the lieutenant governor of a province, (c) an officer, director or employee of any federal board, commission or other tribunal as defined in the Federal Courts Act (...), (d) a member of the Canadian Armed Forces, and (e) a member of the Royal Canadian Mounted Police"*.

154. Giorno, Guy. Staying on the right side of the law, cit., p. 4.

155. Dada a circunstância de que todo o material encaminhado pelos lobistas ao órgão responsável era digital, o *Lobbyist Registration Act* de 1989 previu que os documentos eletrônicos, para fins probatórios, tinham o mesmo valor que os documentos físicos originais. É o que estatuia o artigo 7.2 do diploma normativo.

156. Pross, Paul A. The Lobbyists Registration Act: its application and effectiveness, cit., p. 201.

157. Lobbyist Registration Act de 1989: "*8. The Registrar General of Canada may designate any person employed in the office of the Registrar General of Canada as the registrar for the purposes of this Act. 9(1). The registrar shall establish and maintain a registry in which shall be kept a record of all returns and other documents submitted to the registrar under this act (...). The registrar may verify the information contained in any return or other document submitted to the registrar under this act. 9(4). The registry shall be open to public inspection at such place and at such reasonable hours as the registrar may determine (...)*".

158. Lobbyist Registration Act de 1989, artigo 10: "*The registrar shall develop a Lobbyist's Code of Conduct respecting the activities described in subsections 5(1) and 7(1)*".

Assim, nos casos de violação não intencional dos preceitos normativos, previa-se que o indivíduo fosse declarado culpado e impelido ao pagamento de multa de até vinte e cinco mil dólares[159].

A sanção, todavia, era mais severa, e incluía o aprisionamento, nos casos em que ficasse demonstrado que, propositalmente, indivíduos que deveriam observar as exigências legais e se submeter ao cadastramento, prestavam informações falsas ou incompletas ao *Registrar General of Canada*. Enquanto nos casos em que se adotasse procedimento sumário havia a possibilidade de sanção econômica não superior a vinte e cinco mil dólares e prisão de até seis meses, naqueles submetidos ao rito ordinário, a pena pecuniária podia alcançar a cifra de cem mil dólares e a pena corporal podia chegar a dois anos de prisão[160].

Releva salientar que o legislador canadense, desde o primeiro momento em que optou pela criação de preceitos regulamentadores do *lobby*, previu que o seu descumprimento deveria ser sancionado civil e criminalmente.

Assim, foi previsto o crime de exercício ilegal do *lobby*, que se configuraria nas hipóteses em que pessoas não se submetessem, intencionalmente, ao cadastramento prévio junto ao órgão estatal competente (crime omissivo próprio), a fim de esconder informações sobre suas articulações com agentes públicos qualificados.

Além disso, era igualmente sancionado o lobista que, no ato do cadastramento, ou no envio de qualquer informação ao *Registrar General of Canada*, oferecesse (crime comissivo), conscientemente, informações falsas ou enganosas, de maneira que ao Estado não fosse dado conhecer, com exatidão, as atividades por ele realizadas.

2.2.2 O Lobbying Act de 2008: história e conteúdo normativo

O *Lobbyist Registration Act* de 1989, consoante exposto no tópico anterior, introduziu no ordenamento jurídico canadense, pela primeira vez, preceitos normativos que se propunham a disciplinar as atividades dos lobistas. Embora

---

159. Pross, Paul A. The Lobbyists Registration Act: its application and effectiveness, cit., p. 166.

160. Lobbyist Registration Act de 1989, artigo 14: *"Contravention of Act or Regulations: 14(1) Every individual who contravenes any provision of this Act, other than subsection 10.3(1), or the regulations is guilty of an offence and liable on summary conviction to a fine not exceeding twenty-five thousand dollars. False or Misleading Statements: (2) Every individual who knowingly makes any false or misleading statement in any return or other document submitted to the registrar under this Act, whether in electronic or other form, is guilty of an offence and liable: (a) on a summary conviction, to a fine not exceeding twenty-five thousand dollars or to imprisonment for a term not exceeding six months, or to both; and (b) on proceedings by way of indictment, to a fine not exceeding one hundred thousand dollars or to imprisonment for a term not exceeding two years, or to both".*

bastante complexa[161], a disciplina jurídica criada em 1989 no Canadá passou por várias reformas pontuais ao longo do tempo[162], porque não se havia alcançado um modelo normativo que, efetivamente, fizesse frente ao fenômeno do *lobby*[163]. Ademais, o seu descumprimento era recorrente[164], situação que motivou, em 2008, a reformulação legislativa, com a criação do *Lobbyist Registration Act*.

Mesmo com as diversas reformas legislativas, o *Lobbyist Registration Act* de 1989, atualmente denominado *Lobbying Act*[165], não sofreu alteração em sua essência. O texto legal vigente no Canadá preserva as premissas básicas do *Lobbying Registration Act de 1989*: extrai-se do preâmbulo da norma hoje vigente que o *lobby* é próprio das sociedades democráticas, nas quais também é necessário assegurar à coletividade acesso a informações sobre os processos de tomada de decisão na esfera pública[166].

Destarte, para que se alcance o equilíbrio entre o direito individual de interferir na atuação dos agentes públicos e o interesse de toda a sociedade de conhecer a maneira como essa interferência é operada, revela-se necessária a definição de balizas que o assegurem. Consta do *Lobbying Act* que é curial a criação de parâmetros para a atuação dos lobistas, onde quer que se entenda que amplo acesso ao governo é salutar para a democracia, onde quer que se entenda que direcionar pedidos a funcionários públicos é uma atividade legítima, onde quer que se busque transparência nas decisões da administração pública.

Justamente porque não visava a transformar a lógica que permeou a criação do *Lobbyist Registration Act* de 1989, a reforma realizada em 2008 deixou inalterados inúmeros de seus dispositivos. Para exemplificar, os conceitos legais de organização, de pagamento, de *public office holder* não sofreram modificação.

De igual maneira, a obrigação de cadastramento do lobista profissional terceirizado (*consultant lobbyist*) e daquele que exerce atividade de *lobby* para o seu próprio empregador (*in-house lobbyist*) não sofreu mudança[167]. Em ambos os

---

161. Pross destaca que, além do *Lobbyists Registration Act* de 1989, o legislador ordinário canadense criou diversos outros preceitos normativos com a finalidade de assegurar mais transparência à atuação da administração pública (Pross, Paul A. The Lobbyists Registration Act: its application and effectiveness, cit., p. 205).

162. Id. Ibid., p. 167.

163. Id. Ibid., p. 165-166: "*O diploma era muito mais fraco do que se esperava. O mapeamento das iniciativas do Estado - serviço oferecido por inúmeros escritórios especializados - não estava previsto, nem a figura do lobby indireto (...). Os poderes do órgão de fiscalização eram limitados*" (tradução livre).

164. Id. Ibid., p. 186.

165. OCDE. ORGANISATION FOR ECONOMIC CO-OPERATION AND DEVELOPMENT. *Lobbyists, government and public trust*: increasing transparency through legislation, cit., v. 1, p. 123.

166. CANADA. Office of the Commissioner of Lobbying of Canada. *Annual Report 2016-17*, cit., p. 1.

167. Id. Ibid., p. 1.

casos, é obrigatório que se forneça ao Estado informações detalhadas sobre toda comunicação do lobista com autoridades públicas que tenha por objetivo interferir na tramitação de propostas legislativas, na criação de normas infralegais, na adoção de políticas públicas, na obtenção de empréstimos de instituições financeiras estatais ou na adjudicação de contratos com a administração pública[168]-[169].

Entretanto, foram feitas novas previsões essenciais na regulamentação do *lobby*, que possibilitam maior controle e conhecimento das atividades do lobista: (i) criação de comissão para tratar do tema, (ii) criação de obrigações adicionais para os indivíduos submetidos aos preceitos legais, aos quais cumpre o dever de apresentar relatórios periódicos de suas atividades, (iii) criação de normas mais rígidas sobre a remuneração do lobista e sobre o exercício do *lobby* por ex-funcionários públicos, (iv) aprimoramento das normas de investigação das violações da lei, e (v) exasperação das sanções – civis e criminais – para as hipóteses em que descumpridos os comandos do *Lobbying Act*.

Em substituição ao *The Registrar General of Canada*, o texto legal em vigência determinou a criação de um comissariado — *Office of the Commissioner of Lobbying* — que tem função exclusiva de cuidar do seu cumprimento. Esse comissariado é administrado por pessoa indicada politicamente, com mandato renovável de sete anos[170], que goza de amplo espectro de competências e é remunerada pelo Estado[171].

Cabe ao *Office of the Commissioner of Lobbying of Canada* receber todas as informações, relatórios e formulários dos lobistas sobre suas atividades[172];

168. A evidenciar que o *Lobbying Act* de 2008 preservou a ideia que inspirou o *Lobbyist Registration Act* de 1989, basta verificar que a redação de inúmeros de seus dispositivos é idêntica à do texto original: no preâmbulo, na definição de organização, de pagamento, de *public office holder*, de *subsidiary corporation*, na definição da abrangência da norma, de *consultant lobbyists*, de *in-house lobbyists* etc. Ademais, preserva-se íntegra a redação do texto no tocante às informações que devem ser fornecidas ao Estado.

169. CANADA. Office of the Commissioner of Lobbying of Canada. *Annual Report 2016-17*, cit., p. 10.

170. Lobbying Act de 2008: "*4.1(1) The Governor in Council shall, by commission under the Great Seal, appoint a Commissioner of Lobbying after consultation with the leader of every recognized party in the Senate and House of Commons and approval of the appointment by resolution of the Senate and House of Commons. (2). Subject to this section, the Commissioner holds office during good behavior for a term of seven years, but may be removed for cause by the Governor in Council at any time on address of the Senate and House of Commons. (3) The Commissioner, on the expiry of a first or any subsequent term of office, is eligible to be reappointed for a further term not exceeding seven years (...). 4.2 (...) (3) The Commissioner shall be paid the remuneration and expenses set by the Governor in Council (...)*".

171. CANADA. Office of the Commissioner of Lobbying of Canada. *Annual Report 2016-17*, cit., p. 3.

172. Confirmam essa assertiva os artigos do *Lobbying Act* que preveem a obrigatoriedade de cadastramento dos lobistas, para que possam fazer comunicações com funcionários públicos, bem como a necessidade de encaminhamento de relatórios periódicos: "*5(1) An individual shall file with the Commissioner, in the prescribed form and manner, a return setting out the information*

desenvolver programas educacionais para os lobistas, seus clientes e funcionários públicos, sobre os limites impostos pela legislação à sua atuação[173], manter bancos de dados públicos dos registros e relatórios encaminhados pelos lobistas, organizações e corporações[174], criar códigos de conduta para os lobistas[175], elaborar relatórios anuais sobre as medidas adotadas para assegurar o cumprimento normativo e reprimir as hipóteses em que constatada a sua violação.

O *Lobbying Act* de 2008, outrossim, definiu que compete ao referido comissariado adotar todas as providências necessárias à efetiva observância de seus postulados. Por conseguinte, estabeleceu que o órgão tem poder para verificar o conteúdo das informações apresentadas pelos lobistas[176], requisitar a retificação de dados ou determinar a apresentação de esclarecimentos[177] e, demais disso, conduzir procedimentos investigatórios que visem a apurar eventuais violações das exigências legais[178], nos quais se há observar o direito de defesa[179].

referred to in subsection (2) (...). 7(1) The officer responsible for filing returns for a corporation or organization shall file with the Commissioner, in the prescribed form and manner, a return setting out the information (...). Every individual who submits a return or other document to the Commissioner pursuant to this Act shall certify on the return or other document or, where it is submitted in electronic or other form in accordance with subsection 7.2(1), in such manner as is specified by the Commissioner, that the information contained in it is true to the best of their knowledge and belief".

173. Lobbying Act de 2008: "*Duties and functions. (2) The Commissioner's duties and functions (...) include developing and implementing educational programs to foster public awareness of the requirements of this Act, particularly on the part of lobbyists, their clients and public office holders".*

174. Lobbying Act de 2008: "*Submission of documents. 7.2(1) Subject to the regulation, any return or other document that is required to be submitted to the Commissioner under this Act may be submitted in electronic or other form by such means and in such manner as is specified by the Commissioner (...). Registry 9(1). The Commissioner shall establish and maintain a registry in which shall be kept a record of all returns and other documents submitted to the Commissioner under this Act (...). Access to registry. (4) The registry shall be open to public inspection at such place and at such reasonable hours as the Commissioner may determine".*

175. Lobbying Act de 2008: "*10.2(1) The Commissioner shall develop a Lobbyists' Code of Conduct (...)".*

176. Lobbying Act de 2008: "*Audit. (3) The Commissioner may verify the information contained in any return or other document submitted to the Commissioner under this Act.*

177. Lobbying Act de 2008: "*Clarification and corrections. (3.1) Every individual who is required to submit returns or other documents referred to in subsection (1), or to provide responses referred to in that subsection, shall provide in the prescribed time, manner and form any clarification or correction to them that the Commissioner requires".*

178. CANADA. Office of the Commissioner of Lobbying of Canada. *Annual Report 2016-17*, cit., p. 3: "*O OCL conduz o monitoramento e a fiscalização das atividades para garantir que todas as informações sobre as atividades de lobby sujeitas à divulgação sejam devidamente declaradas, e que sejam completas e acuradas. Suspeitas de descumprimento das exigências normativas são revistas e, se necessário, investigações formais são realizadas para assegurar que as atividades de lobby sejam realizadas de forma ética e transparente*" (tradução livre).

179. Lobbying Act de 2008: "*Investigation:10.4(1): The Commissioner shall conduct an investigation if he or she has reason to believe, including on the basis of information received from a member of the Senate or the House of Commons, that an investigation is necessary to ensure compliance with the Code or this Act, as applicable (...). Power of Investigation: (2) For the purpose of conducting the investigation, the Commissioner may (a) in the same manner and to the same extent*

Ao concentrar em um órgão especializado todas as questões relacionadas ao *Lobbying Act* de 2008, inclusive a fiscalização de seu cumprimento e a adoção de providências de *compliance*, o legislador ordinário deu passo importante para a efetividade da regulamentação do *lobby*. Parece-nos elementar, para que seja efetivamente assegurada a transparência nas atividades desempenhadas pelos lobistas, que qualquer nação que pretenda discipliná-las outorgue a apenas um órgão de controle, dada a especificidade da matéria, competência para receber e processar as informações exibidas ao Estado pelos lobistas, que poderão ser sancionados se constatadas violações às exigências legais.

O *Office of the Commissioner of Lobbying*, no cumprimento das obrigações que lhe foram outorgadas, desenvolveu um código de conduta, com os preceitos e as regras que devem reger a atuação dos lobistas. O documento confirma a lógica que orienta a disciplina do *lobby* no país, qual seja, a proteção da confiança na regular atuação dos agentes estatais e a preservação de uma sociedade verdadeiramente democrática.

Por isso, por princípio, o lobista deve atuar de modo a evidenciar preocupação com os valores e instituições democráticos, deve conduzir com lealdade e honestidade as relações com agentes do Estado, observar em seu cotidiano elevados ditames éticos e direcionar sua atenção também para a promoção dos interesses sociais[180].

O código de conduta prevê que o lobista deve, obrigatoriamente, sob pena de que seja instaurada investigação administrativa, informar aos funcionários públicos com os quais interagem quais são seus clientes e interesses, conhecer com clareza as condutas permitidas e as condutas vedadas pelo *Lobbying Act*, informar aos seus clientes os limites legais do exercício do *lobby*, e preservar o sigilo das informações obtidas com funcionários públicos, quando não relacionadas diretamente às específicas atividades de *lobby*[181].

as a superior court of record, (i) summon and enforce the attendance of persons before the Commissioner and compel them to give oral or written evidence on oath, and (ii) compel persons to produce any documents or other things that the Commissioner considers relevant for the investigation; and (b) administer oaths and receive and accept information, whether or not it would be admissible as evidence in a court of law (...). Opportunity to present views: (5) Before finding that a person has breached the Code, the Commissioner shall give the person a reasonable opportunity to present their views to the Commissioner".

180. Lobbyists' Code of Conduct: *"The trust that Canadian place in public office holders to make decisions in the public interest is vital to a free and democratic society. Public office holders, when they deal with public and with lobbyists, are required to adhere to the standards set out for them in their own codes of conduct. For their part, lobbyists communicating with public office holders must also abide by standards of conduct (...). Lobbyists should act in a manner that demonstrates respect for democratic institutions, including the duty of public office holders to serve the public interest (...). Lobbyists should conduct with integrity and honesty all relations with public office holders (...). Lobbyists should be open and frank about their lobbying activities (...). Lobbyists should observe the highest professional and ethical standards".*

181. Lobbyists' Code of Conduct: "*1. A lobbyist shall, when communicating with a public office*

Ademais, considerada a circunstância, bem colocada em julgamento da Corte de Apelação do Canadá[182], de que a distinção entre *lobby* legítimo e *lobby* ilegítimo desaparece quando a atuação do funcionário público é motivada por vínculos pessoais com o lobista, ou de interesse pessoal no tema do *lobby*, o código de conduta elaborado pelo *Office of the Commissioner* cria vedações expressas que visam a mitigar eventuais conflitos de interesses.

Desse modo, é defeso ao lobista qualquer iniciativa que conduza o funcionário público a uma situação de conflito de interesses. Em particular, prevê o documento em análise que não é permitido[183] que lobistas promovam encontros entre agentes estatais e terceiros com quem os agentes tenham vínculos pessoais, exerçam suas atividades por meio de funcionários públicos com quem mantenham relação pessoal ou política, e concedam vantagens a agentes públicos[184] com quem pretendam praticar *lobby*.

Tais vedações, é fácil perceber, têm por propósito assegurar que as decisões dos agentes públicos, não obstante possam ser influenciadas pelos lobistas, não

holder, disclose the identity of the person, organization or corporation on whose behalf the communication is made and the nature of their relationship with that person, organization or corporation, as well as the reasons for the approach. 2. A lobbyist shall avoid misleading public office holders by taking all reasonable measures to provide them with information that is accurate and factual. 3. A consultant lobbyist shall inform each client of their obligations as a lobbyist under the Lobbying Act and the Lobbyists' Code of Conduct. 4. The responsible officer (the most senior paid employee) of an organization or corporation shall ensure that employees who lobby on the organization's or corporation's behalf are informed of their obligations under the Lobbying Act and the Lobbyists' Code of Conduct. 5. A lobbyist shall use and disclose information received from a public office holder only in the manner consistent with the purpose for which it was shared. If a lobbyist obtains a government document they should not have, they shall neither use nor disclose it".

182. CANADA. Federal Court of Appeal. *Democracy Watch v. Campbell, [2010] 2 FCR 139, 2009 FCA 79 (CanLII)*. Disponível em: <https://www.canlii.org/en/ca/fca/doc/2009/2009fca79/2009fca79.html?searchUrlHash=AAAAAQAZImRhdmlkIGJha2VyIiBvciBiYWtlcmxhdwAAAAAB>. Acesso em: 16 jul. 2017.

183. Lobbyists' Code of Conduct: "*6. A lobbyist shall not propose or undertake any action that would place a public office holder in a real or apparent conflict of interest. 7. A lobbyist shall not arrange for another person a meeting with a public office holder when the lobbyist and public office holder share a relationship that could reasonably be seen to create a sense of obligation. 8. A lobbyist shall not lobby a public office holder with whom they share a relationship that could reasonably be seen to create a sense of obligation. 9. When a lobbyist undertakes political activities on behalf of a person which could reasonably be seen to create a sense of obligation, they may not lobby that person for a specified period if that person is or becomes a public office holder. If that person is an elected official, the lobbyist shall also not lobby staff in their office(s). 10. To avoid the creation of a sense of obligation, a lobbyist shall not provide or promise a gift, favor, or other benefit to a public office holder, whom they are lobbying or will lobby, which the public office holder is not allowed to accept*".

184. O conceito de vantagem na ordem jurídica canadense para fins de avaliação de conflito de interesses é amplo. Compreende dinheiro (em espécie, cheques, créditos etc.), bens móveis e imóveis (flores, livros, quadros, esculturas, carros, casas, móveis, vinhos etc.), oferecimento de serviços a valores mais baixos do que os praticados no mercado (aluguel), pagamento por serviços prestados por terceiros (serviços médicos, odontológicos, salões de beleza etc.), jantares, viagens, ingressos para eventos etc.

sejam motivadas por critérios estranhos à racionalidade e à efetiva promoção dos interesses de toda a sociedade.

Outra alteração substancial introduzida com o *Lobbying Act* está relacionada ao fato de que, atualmente, já não se exige do lobista apenas o cadastramento junto ao órgão competente. Além disso, é obrigatório que tanto o lobista profissional contratado (*consultant lobbyist*), quanto empregado de empresas e organizações que praticam o *lobby* (*in-house lobbyist*) ofereçam ao Estado, periodicamente, relatórios descritivos de todos os contatos que estabelecerem com funcionários públicos a fim de interferir em seus processos decisórios.

De acordo com o texto legal, os lobistas individualmente considerados e os responsáveis por lobistas internos nas empresas e corporações devem apresentar ao *Office of the Commissioner* relatórios mensais detalhados sempre que fizerem contato com agentes do Estado qualificados. Tais relatórios devem contemplar todas as iniciativas do lobista no período, com a identificação dos funcionários públicos contatados, da data dos contatos e, com a máxima exatidão possível, dos temas de interesse tratados[185]. Todavia, esses relatórios são obrigatórios apenas se forem feitos contatos efetivos com agentes públicos[186], cessando a obrigação após comunicação formal ao órgão competente de que as atividades de *lobby* foram concluídas[187].

Ademais, nos casos em que o lobista passa longos períodos sem fazer contato direto com funcionários públicos, ele é obrigado, no prazo máximo de seis meses, a informar as autoridades estatais sobre essa situação, atualizando o cadastramento originário[188]. Assim, mesmo que não haja contato com agentes

---

185. Lobbying Act de 2008: *"Requirement to file monthly return: (3) The individual shall file a return, in the prescribed form and manner, not later than 15 days after the end of every month, beginning with the one in which the return is filed under subsection (1), that: (a) sets out, with respect to every communication referred to in paragraph (1)(a) that is of a prescribed type and that was made in that month involving a designated public office holder and relating to the undertaking, (i) the name of the designated public office holder who was the object of the communication, (ii) the date of the communication, (iii) the particulars, including any prescribed particulars, to identify the subject-matter of the communication, and (iv) any other information that is prescribed (...)".*

186. Lobbying Act de 2008: *"Exception (4.1) Subject to subsection (4.2), no return is required under subsection (3) if no communication referred to in paragraph (3)(a) was made during the period with respect to which the return is to set out information, and if the circumstances referred to in paragraphs (3)(b) and (c) have not arisen".*

187. Lobbying Act de 2008: *"Termination of reporting obligation. (4.3) The obligation to file a return under subsection (3) terminates when the undertaking has been performed or is terminated and a report has been filed under that subsection advising of that fact in accordance with paragraph (3)(c)".*

188. Chari, Raj; Hogan, John; Murphy, Gary. *Regulating lobbying*: a global comparison, cit., 2012, p. 42: *"Uma vez registrado, o lobista tem que se recadastrar enquanto estiver realizando atividades de lobby (...). Por exemplo, no plano federal, todo lobista tem que se recadastrar a cada seis meses. Todavia, se ocorrem contatos frequentes com funcionários públicos federais, exige-se que o recadastramento ocorra mensalmente"* (tradução livre).

públicos a reportar, o lobista deve apresentar relatório circunstanciado, ao menos semestralmente[189], até que, de forma definitiva, interrompa as suas atividades de *lobby*[190].

Verifica-se, com base nessas novas exigências, que o *Lobbying Act* de 2008 aumentou a quantidade de informações que devem ser enviadas pelo lobista ao *Office of the Commissioner*, medida eficaz que provê mais transparência à sua atuação.

O referido texto legal também criou preceitos normativos mais rigorosos atinentes à remuneração do lobista e ao engajamento de ex-funcionários públicos em atividades de *lobby*. Atualmente, é expressamente vedado no Canadá que o pagamento do lobista seja condicionado ao êxito de suas articulações com os agentes do Estado[191], porquanto se entendeu que esse tipo de critério remuneratório serve de estímulo à corrupção.

Tendo sucesso ou não na tentativa de influenciar os agentes públicos, o lobista deve receber a mesma remuneração. Afinal, o sucesso por ele obtido não pode justificar pagamento adicional (*success fees*), que, não raro, acaba transformado em propina.

No que concerne às limitações impostas a ex-funcionários públicos de alto escalão, o *Lobbying Act* de 2008 estabelece, salvante situações excepcionais elencadas no diploma legal, que eles não podem exercer atividade relacionada ao *lobby* antes de ultrapassados cinco anos, contados da data em que deixaram de atuar como agentes do Estado[192]. Com isso, evita-se que o prestígio do sujeito

---

189. Lobbying Act de 2008: "*(4.2) In any case, no more than five months shall have elapsed since the end of the month in which a return was last filed without a return being filed by the individual under subsection (3), even if, since the last return, no communication was made as referred to in paragraph (3)(a) and the circumstances referred to in paragraphs (3)(b) and (c) have not arisen, in which case the report shall so state*".

190. CANADA. Office of the Commissioner of Lobbying of Canada. *Annual Report 2016-17*, cit., p. 11: "*As pessoas obrigadas a se registrar e disponibilizar informações sobre atividades de lobby devem também assegurar que as informações que divulgam estejam atualizadas (...). Se no mês anterior não tiver havido alteração nas informações cadastrais, nem atividade de lobby, o lobista deve fazer o recadastramento semestral, para atualizar e confirmar as informações anteriores (...). Mensalmente, o lobista é obrigado a reportar todas as comunicações orais e escritas que fizer com funcionários públicos no exercício de suas atividades de lobby*" (tradução livre).

191. Lobbying Act de 2008: "*Prohibition – lobbyist. 10.1(1) An individual who is required to file a return under subsection 5(1) shall not receive any payment that is in whole or in part contingent on the outcome of any matter described in subparagraphs 5(1)(a)(i) to (v) or on the individual's success in arranging a meeting referred to in paragraph 5(1)(b). Prohibition – client. (2) The client of an individual referred to in subsection (1) shall not make any such payment to the individual*".

192. Lobbying Act de 2008: "*Five-year prohibition – lobbying. 10.11(1) No individual shall, during a period of five years after the day on which the individual ceases to be a designated public office holder, (a) carry on any of the activities referred to in paragraph 5(1)(a) or (b) in the circumstances referred to in subsection 5(1); b) if the individual is employed by an organization, carry*

seja utilizado como ferramenta de convencimento, do que poderiam resultar decisões públicas desconectadas de critérios de racionalidade e de salvaguarda da coletividade, guiadas exclusivamente pela posição de poder outrora ocupada pelo lobista[193].

Assim como se previa na redação original do *Lobbyist Registration Act* de 1989, o atual texto normativo exige do lobista que, no ato do cadastramento e também da entrega dos relatórios periódicos ao *Office of the Commissioner*, subscreva documento no qual ateste a veracidade de todas informações fornecidas[194].

Tal imposição é de extrema importância, notadamente quando se verifica que as sanções à violação dos dispositivos do *Lobbying Act* de 2008, mais severas do que as que vigiam anteriormente, recaem justamente sobre a conduta daqueles que prestam informações falsas ou incompletas ao órgão público.

A lei canadense prevê que qualquer indivíduo que descumpra a obrigação de cadastrar-se como lobista e de fornecer relatórios periódicos das suas atividades fica sujeito ao pagamento de pena pecuniária de até cinquenta mil dólares e a pena de prisão de até seis meses, se for adotado o procedimento sumário. Entretanto, na hipótese de o processo tramitar em rito ordinário, é possível a aplicação de sanções que alcançam o montante de duzentos mil dólares e dois anos de prisão. Às mesmas penas ficam sujeitos os lobistas que, não obstante apresentem informações ao órgão competente, o façam com o propósito de falsear a realidade[195].

Para os casos em que a violação ao *Lobbying Act* de 2008 não recaia sobre a obrigação do cadastramento ou do encaminhamento periódico dos relatórios,

on any of the activities referred to in paragraph 7(1)(a) on behalf of that organization; and (c) if the individual is employed by a corporation, carry on any of the activities referred to in paragraph 7(1)(a) on behalf of that corporation if carrying on those activities would constitute a significant part of the individual's work on its behalf". Sobre o assunto, veja-se: CANADA. Office of the Commissioner of Lobbying of Canada. *Annual Report 2016-17*, cit., p. 19.

193. Chari, Raj; Hogan, John; Murphy, Gary. *Regulating lobbying*: a global comparison, cit., 2012, p. 43: "*(...) em todas as jurisdições do Canadá existem períodos de quarentena obrigatórios, período mínimo de tempo em que um ex-funcionário público não deve praticar lobby, para evitar conflitos de interesses*" (tradução livre).

194. Lobbying Act de 2008: "*Certification. 7.1 Every individual who submits a return or other document to the Commissioner pursuant to this Act shall certify on the return or other document or, where it is submitted in electronic or other form in accordance with subsection 7.2(1), in such manner as is specified by the Commissioner, that the information contained in it is true to the best of their knowledge and belief*".

195. Lobbying Act de 2008: "*14(1) Every individual who fails to file a return as required under subsection 5(1) or (3) or 7(1) or (4) or knowingly makes any false or misleading statement in any return or other document submitted to the Commissioner under this Act or in any response provided relative to information sent under subsection 9.1(1) (...) is guilty of an offence and liable: (a) on summary conviction, to a fine not exceeding $50,000 or to imprisonment for a term not exceeding six months, or to both; and (b) on proceedings by way of indictment, to a fine not exceeding $200,000 or to imprisonment for a term not exceeding two years, or to both*".

mas sobre situações de somenos importância, obrigações acessórias, não existe a possibilidade de sanção criminal, mas apenas de multa, no valor máximo de cinquenta mil dólares[196].

Além de prever penas pecuniárias e privativas de liberdade, o *Lobbying Act* de 2008 traz a possibilidade de que condenados por violação a seus preceitos sejam proibidos, por período máximo de dois anos, de exercer atividade de *lobby*[197], sendo obrigação do comissariado, em todos os casos, divulgar os procedimentos sancionatórios, com a identificação dos envolvidos e das sanções aplicadas[198].

Sobre o assunto, é valioso destacar a obra de Chari, Hogan e Murphy[199]:

> Considerado o objetivo de se exigir o cadastramento dos lobistas para o exercício de suas atividades, a principal sanção prevista na norma canadense recai sobre o sujeito que simplesmente não se cadastra, mesmo realizando atividades de lobby. Outra forma de violação dos preceitos normativos ocorre quando o sujeito dá informações falsas ou incompletas ao se cadastrar. Essas falhas no cadastramento (...) podem resultar em duas diversas sanções (...). A primeira delas é uma multa (...). A segunda modalidade de sanção prevista no plano federal para os lobistas que descumprem as exigências a eles impostas é a prisão (...). Além disso, o Lobbying Act de 2008 deu ao órgão fiscalizador o direito de divulgar informações sobre as pessoas condenadas por violar preceitos da regulamentação do lobby, bem como a possibilidade de proibir, por dois anos, que atuem como lobistas.

Por meio de tais medidas, procura-se fazer com que as condutas ilegais mais graves sejam efetivamente sancionadas, e que sejam conhecidos os seus autores, o que confere mais transparência às atividades dos lobistas, pois permite identificar aqueles que efetivamente observam os comandos do *Lobbying Act* de 2008.

---

196. Lobbying Act de 2008: "*Other contraventions. (2) Every individual who contravenes any provision of this Act – other than subsections 5(1) and (3), 7(1) and (4) and 10.3(1) – or the regulations is guilty of an offence and liable on summary conviction to a fine not exceeding $50,000*".

197. Lobbying Act de 2008: "*Prohibition on communication. 14.01. If a person is convicted of an offence under this Act, the Commissioner may – if satisfied that it is necessary in the public interest, taking into account the gravity of the offence and whether the offence was a second or subsequent offence under this Act – prohibit for a period of not more than two years the person who committed the offence from effecting any communication described in paragraph 5(1)(a) or 7(1)(a) or arranging a meeting referred to in paragraph 5(1)(b)*".

198. Lobbying Act de 2008: "*The Commissioner may make public the nature of the offence, the name of the person who committed it, the punishment imposed and, if applicable, any prohibition under section 14.01*".

199. Chari, Raj; Hogan, John; Murphy, Gary. *Regulating lobbying*: a global comparison, cit., 2012, p. 40.

Entretanto, ainda é reduzido o número de procedimentos de apuração de práticas ilícitas no Canadá, com base nos preceitos do diploma legal estudado. Tal circunstância indica necessário esforço ainda maior para criar mecanismos de fiscalização mais eficientes para identificar as situações ilegais, e evidencia que a simples previsão de sanções graves, tais como aquelas de natureza jurídico-penal, não soluciona os problemas da atuação dos lobistas.

2.3 A história do tratamento jurídico do *lobby* no Reino Unido

A atuação dos lobistas no Reino Unido é historicamente noticiada e, nas últimas décadas, foi responsável pela eclosão de várias crises políticas. Conforme já asseverava Finer[200] em obra publicada em 1958, e adverte Grant[201], o *lobby* está presente em todas as manifestações de poder no Reino Unido, e inúmeros são os episódios recentes nos quais particulares, notadamente grandes grupos econômicos, se valem da atuação de indivíduos com prestígio junto à administração pública para ver preponderar os seus interesses.

Em relatório produzido pela Câmara dos Comuns, em 2009, com a finalidade de expor a situação do *lobby* na região, foram descritas situações em que a influência junto a personagens-chave da política inglesa foi fator decisivo em decisões de interesse público[202]. Como exemplo, cite-se que, não obstante fosse proibida a veiculação de propaganda de incentivo ao uso de tabaco, Bernie Ecclestone conseguiu, em 1997, após efetuar doação de um milhão de libras para

---

200. Finer, S. E. *Anonymous empire*: a study of the lobby in Great Britain, cit., p. 2 e ss. No mesmo sentido: Anastasiadis, Stephanos. Understanding corporate lobbying on its own terms, cit., p. 1.

201. Grant, Wyn. *Pressure groups and british politics*, cit., p. 1 e ss.: "*A atuação dos grupos de pressão e dos lobistas ocupa parte importante do processo político da Inglaterra (...). A segunda metade do século XX pode ser considerada a era dos grupos de pressão (...). O período do pós-guerra criou um estado de bem-estar Keynesiano, que aumentou a intervenção do governo na economia e no ambiente social. Grupos de pressão foram criados ou revitalizados em resposta a esse clima mais intervencionista, tanto porque os seus membros precisavam de apoio do governo, quanto porque o próprio governo precisava de informações técnicas para a tomada de decisão (...). É difícil estimar quantos grupos de pressão há na Inglaterra (...). O que é claro é que há uma enorme diversidade de interesses e causas representados junto ao Estado, desde pequenas empresas até minorias sociais, grupos de idosos etc. (...). Grupos de pressão exercem influência no processo político na Inglaterra e em toda a União Europeia, de diversas maneiras (...). É fácil notar que a partir de 1970 houve uma proliferação de atividades de lobby e de empresas especializadas no assunto (...)*" (tradução livre).

202. É interessante destacar, sobre o desenvolvimento das atividades de *lobby* no Reino Unido, os estudos de Harris, que apontam que, a partir dos anos de 1960, com o aumento da interferência do Estado na regulação de importantes setores econômicos, cresceram e se consolidaram as atividades dos lobistas. Há, segundo adverte o autor, uma relação direta entre a atuação regulatória do poder público no Reino Unido e a expansão da atuação dos lobistas (Harris, Phil. The evolution of strategic political lobbying in the UK and the psychological network underpinning machiavellian marketing, cit., p. 239).

o partido que estava no poder, que na transmissão da Fórmula 1 tal restrição não fosse exigida[203].

A constatação de que há muito era intensa a atuação dos lobistas profissionais não conduziu a iniciativas rápidas do Estado para criar preceitos normativos que disciplinassem a atividade. Sabia-se que a prática do *lobby* causava impactos significativos nos processos decisórios dos membros do poder público, todavia, a interação da sociedade com os agentes estatais é essencial em qualquer regime democrático, e a imposição de limitações à atuação dos lobistas poderia violar corolários elementares de tal regime[204].

Destarte, por longo período, a atuação dos lobistas não foi objeto de comandos normativos emanados do poder público. Por muitos anos, a prática do *lobby* no Reino Unido era apenas disciplinada, de forma indireta, por dispositivos legais que impunham padrões de conduta aos agentes do Estado e por normas voluntárias criadas por órgãos de classe que congregavam os lobistas profissionais e suas empresas[205].

É por isso que Malone[206] afirma que, no Reino Unido, optou-se por criar preceitos normativos que regulassem a conduta daqueles a quem se dirigiam as estratégias de *lobby*, não daqueles que a ela se dedicavam. Também assim, Mihut[207] afirma que o enfoque do legislador sempre foi regular a atuação do funcionário público, não a do lobista.

O *Ministerial Code* do Reino Unido, por exemplo, contempla diversas previsões que têm por escopo assegurar que os ministros privilegiem os interesses públicos, em razão do que devem evitar quaisquer hipóteses de conflito de interesses. Assim, não devem ocupar cargos em entidades em benefício das quais possam tomar decisões funcionais; não devem receber qualquer tipo de presente

---

203. Além desse caso, outros são referidos no documento elaborado pela Câmara dos Comuns, que revelam a influência que o *lobby* exerce no cotidiano político no Reino Unido (HOUSE OF COMMONS. Public Administration Select Committee. *Lobbying*: access and influence in Whitehall: First Report of Session 2008-09, cit., p. 9).

204. Id. Ibid., p. 3: *"A regulamentação traz uma série de riscos, dentre os quais o de restringir o processo democrático, excluindo a possibilidade de que os lobistas menos sofisticados e com menos recursos e experiência consigam exercer influência junto ao poder público (...). A prática do lobby para interferir nas decisões do Estado é legítima e é necessária para a democracia"* (tradução livre).

205. Id. Ibid., p. 3: *"Nesse país, profissionais de relações públicas e lobistas internos não estão sujeitos a praticamente nenhuma regulamentação, havendo poucas normas autorregulatórias, e de pouca substância. Aqueles que são alvo das iniciativas dos lobistas, por sua vez, estão sujeitos a várias restrições à sua conduta e à transparência (...), mas tais normas não se preocupam especificamente com as atividades de lobby"* (tradução livre).

206. Malone, Margaret May. *Regulation of lobbying in developed countries*: current rules and practices, cit., p. 18.

207. Mihut, Liliana. Lobbying in the United States and the European Union: new developments in lobbying regulation, cit., p. 11.

que possa fazê-los devedores de quem os presenteia; não podem exercer, nos dois anos subsequentes à saída do governo, atividades de *lobby*; devem sempre submeter, pelo mesmo período, a órgão de consulta do Estado, todas as ofertas de atuação profissional que lhes sejam direcionadas etc.[208]-[209].

Para os funcionários civis, foi criado um código de conduta, em julho de 1998, logo após a divulgação de informações na mídia sobre lobistas que exerciam indevida influência em importantes setores da política local[210]. Tal diploma normativo, aprimorado em 2015, estabelece que os funcionários públicos devem guiar sua conduta com base nos princípios da integridade, da honestidade, objetividade e imparcialidade. Assim, exemplificativamente, eles são expressamente impedidos de receber presentes ou vantagens que sejam oferecidos para afetar a sua capacidade de decidir com imparcialidade, de tomar decisões por motivos que contrariem os interesses públicos etc.[211]

---

208. HOUSE OF COMMONS. Public Administration Select Committee. *Lobbying*: access and influence in Whitehall: First Report of Session 2008-09, cit., p. 28.

209. Para exemplificar essa situação, é elucidativo o conteúdo dos preceitos do *Ministerial Code* a seguir transcritos: "*7.1. Ministers must ensure that no conflict arises, or could reasonably be perceived to arise, between their public duties and their private interests, financial or otherwise. 7.2. It is the personal responsibility of each Minister to decide whether and what action is needed to avoid a conflict or the perception of a conflict, taking account of advice received from their Permanent Secretary and the independent adviser on Ministers' interests (...). 7.7. Ministers must scrupulously avoid any danger of an actual or perceived conflict of interest between their Ministerial position and their private financial interests. They should be guided by the general principle that they should either dispose of the interest giving rise to the conflict or take alternative steps to prevent it (...). 7.12. Ministers should take care to ensure that they do not become associated with non-public organizations whose objectives may in any degree conflict with Government policy and thus give rise to a conflict of interest (...). 7.13. Ministers should not therefore normally accept invitations to act as patrons of, or otherwise offer support to, pressure groups, or organizations dependent in whole or in part on Government funding (...). 7.15. There is, of course, no objection to a Minister holding trade union membership but care must be taken to avoid any actual of perceived conflict of interest. Accordingly, Ministers should arrange their affairs so as to avoid any suggestion that a union of which they are a member has any undue influence (...). 7.20. It is a well established and recognized rule that no Minister should accept gifts, hospitality or services from anyone which would or might appear to, place him or her under an obligation. The same principle applies if gifts etc are offered to a member of their family (...). 7.25. On leaving office, Ministers will be prohibited from lobbying Government for two years. They must also seek advice from the independent Advisory Committee on Business Appointments (ACoBA) about any appointments or employment they wish to take up within two years of leaving office (...)*".

210. HOUSE OF COMMONS. Public Administration Select Committee. *Lobbying*: access and influence in Whitehall: First Report of Session 2008-09, cit., p. 22.

211. The Civil Service Code: "*Integrity: You must fulfil your duties and obligations responsibly, always act in a way that is professional and that deserves and retains the confidence of all those with whom you have dealing, carry out your fiduciary obligations responsibly (...), deal with the public and their affairs fairly, efficiently, promptly, effectively and sensitively, to the best of your ability (...). You must not: misuse your official position, for example by using information acquired in the course of your official duties to further your private interest or those of others, accept gifts or hospitality or receive other benefits from anyone which might reasonably be seen to compromise*

Também em relação aos funcionários públicos civis, convém mencionar o *Business Appointment Rules for Civil Servants*[212]. Referido diploma legal elenca os mesmos princípios gerais - integridade, honestidade, objetividade e imparcialidade - para nortear a atuação dos agentes do Estado e contém previsões para evitar que tais indivíduos se valham de seu poder para favorecer interesses privados em detrimento do interesse público[213]. Mesmo após deixar as funções públicas, por um período de dois anos, eles devem submeter eventuais propostas de trabalho a um comitê que avalia a existência de potenciais conflitos de interesses.

O *Freedom of Information Act* de 2000, por sua vez, conferiu à sociedade do Reino Unido a possibilidade de requerer dos órgãos públicos acesso a informações sobre a atuação de seus funcionários, tais como agendas de compromissos profissionais, as pautas de reuniões, os interesses discutidos e seus participantes, entre outras coisas. Com isso, assegurou-se maior transparência à atividade cotidiana dos membros do corpo estatal[214].

Todavia, em que pese os preceitos acima mencionados interferissem nas estratégias de atuação dos lobistas, porquanto criavam limitações à abordagem de funcionários públicos, eles não haviam sido concebidos para atingi-las diretamente. De meados dos anos 80 até 2014, incidiram sobre as atividades dos lobistas no Reino Unido apenas códigos de conduta desenvolvidos por associações por eles constituídas (modelo de autorregulação), que não eram de observância obrigatória.

Destacam-se, nesse contexto, a *Association of Professional Political Consultants (APPC)*, a *Public Relations Consultants Association (PRCA)* e o *Chartered Institute of Public Relations (CIPR)*, principais organismos responsáveis por congregar os profissionais do *lobby* ingleses e definir referenciais de comportamento que eles deveriam observar. Ademais, empresas dedicadas à prática do

your personal judgement or integrity (...). Honesty: (...). You must not be influenced by improper pressures from others of the prospect of personal gain (...)".

212. HOUSE OF COMMONS. Public Administration Select Committee. *Lobbying*: access and influence in Whitehall: First Report of Session 2008-09, cit., p. 27.

213. The Business Appointment Rules for Civil Servants: "*The aim of the Rules is to avoid any reasonable concerns that: (a) a civil servant might be influenced in carrying out his or her official duties by the hope or expectation of future employment with a particular firm or organization, or in a specific sector; or (b) on leaving the Civil Service, a former civil servant might improperly exploit privileged access to contacts in Government or sensitive information; or (c) a particular firm or organization might gain an improper advantage by employing someone who, in the course of their official duties, has had access to: information relative to unannounced or proposed developments in Government policy, knowledge of which may affect the prospective employer or any competitors, or commercially valuable or sensitive information about any competitors*".

214. HOUSE OF COMMONS. Public Administration Select Committee. *Lobbying*: access and influence in Whitehall: First Report of Session 2008-09, cit., p. 23.

lobby que não participavam das associações referidas não raro criavam códigos de conduta internos, que deveriam ser cumpridos por seus colaboradores[215].

A *Association of Professional Political Consultants (APPC)*, por exemplo, foi constituída em 1994 para servir como uma entidade de autorregulação das atividades dos lobistas e das empresas dedicadas ao *lobby*[216]. Atualmente composta por mais de 80 membros, a associação dispõe de um código de conduta próprio, de acordo com o qual os lobistas que a integram, identificados como *political practioners*, devem manter cadastro atualizado junto à entidade, fornecer informações detalhadas sobre seus clientes e os interesses que defendem, elaborar relatórios trimestrais sobre as atividades desenvolvidas[217], abster-se de manter qualquer tipo de relação de cunho econômico com os agentes públicos que pretendam influenciar, e agir sempre de forma transparente e ética[218].

A *Public Relations Consultants Association (PRCA)*, criada para promover o incremento da transparência e da ética na comunicação entre lobistas e agentes do setor público[219], também erigiu um código de conduta próprio. Em tal documento, são previstas inúmeras obrigações para os seus membros, muitas das quais similares às criadas pela APPC, como a obrigatoriedade do registro, da

---

215. HOUSE OF COMMONS. Public Administration Select Committee. *Lobbying*: access and influence in Whitehall: First Report of Session 2008-09, cit., p. 16-17: "*As atividades de lobby no Reino Unido não estão sujeitas a qualquer regulamentação externa. Órgãos de classe e algumas empresas têm códigos de conduta para os seus membros e suas equipes, que geralmente são vistos como preceitos de autorregulação. A Associação de Consultores Políticos Profissionais (APPC), a Associação de Consultores de Relações Públicas (PRCA) e o Instituto de Relações Públicas (CIPR), as três principais organizações que congregam os lobistas, têm normas internas próprias, que exigem dos seus membros a observância aos seus próprios códigos de conduta (...)*" (tradução livre).

216. Sobre a história da *Association of Professional Political Consultants (APPC)*, veja-se o domínio eletrônico da entidade: PUBLIC AFFAIRS BOARD. *The Register*. Disponível em: <https://www.appc.org.uk/register/>. Acesso em: 27 jan. 2018.

217. Os relatórios produzidos pelos membros da APPC podem ser acessados no endereço eletrônico da entidade: PUBLIC AFFAIRS BOARD. *The Register*, cit.

218. Association of Professional Political Consultants (APPC) Code of Conduct: "*Other conditions of membership of APPC include: (...) providing four times a year to APPC the names of all relevant clients and political practioners during the previous three months for publication in the APPC Register; undertaking an annual compliance procedure in respect of the Code of Conduct (...). The Code of Conduct applies the principles that political practioners should be open and transparent in their dealings with parliamentarians or representatives of institutions of government; and that there should be no financial relationship between them. APPC member organizations are determined to act at all times with the highest standards of integrity and in a professional and ethical manner reflecting the principles applied by this Code (...). 2. Member organizations and political practioners must act with honesty towards clients and the institutions of government (...)*". PUBLIC RELATIONS CONSULTANTS ASSOCIATION (PRCA). *Professional Charter and Codes of Conduct*. Disponível em: <https://www.prca.org.uk/about-us/pr-standards/professional-charter-and-codes-conduct>. Acesso em: 27 jan. 2018.

219. Sobre a *Public Relations Consultants Association (PRCA)*, veja-se o domínio eletrônico da entidade: PUBLIC RELATIONS CONSULTANTS ASSOCIATION (PRCA). Disponível em: <https://www.prca.org.uk>. Acesso em: 27 jan. 2018.

apresentação de informações sobre os clientes e da elaboração de relatórios[220] periódicos[221].

Por sua vez, o *Chartered Institute of Public Relations (CIPR)* mantém disponível na rede mundial de computadores um extenso guia intitulado *Lobbying: a Guide to Professional Conduct*, com informações sobre a maneira como devem atuar os lobistas no Reino Unido. Consta do aludido documento que a atividade de *lobby* tem como finalidade informar e influenciar os agentes do Estado nas decisões públicas e no processo legislativo, sendo ferramenta importante de aprimoramento do debate democrático[222].

Para tanto, em conformidade com o código de conduta da entidade, os lobistas devem sempre atuar com respeito à legalidade, de forma honesta e leal,

---

220. Para acessar os relatórios elaborados pelos membros da PRCA, veja-se o domínio eletrônico da entidade: PUBLIC RELATIONS CONSULTANTS ASSOCIATION (PRCA). *Public Affairs Register*. Disponível em: <https://www.prca.org.uk/about-us/pr-standards/public-affairs-register>. Acesso em: 27 jan. 2018.

221. Public Relations Consultants Association (PRCA) Code of Conduct: "*The Code of Conduct applies the principles that PRCA members conducting or providing Public Affairs and Lobbying services should be open, transparent, and honest in their dealings with parliamentarians or representatives of institutions of government; and that there should be no financial relationship between them. PRCA members are required to act at all times with the highest standards of integrity and in a professional and ethical manner reflecting the principles applied by this Code (...). A member shall: 1. PRCA members conducting Public Affairs and Lobbying services must act with honesty towards the institutions of government (...). In making representations to the institutions of government, PRCA members conducting Public Affairs and Lobbying services must be open in disclosing the identity of their employers and must not misrepresent their interests. 4. PRCA members conducting Public Affairs and Lobbying services must advise colleagues where their activities may be illegal, unethical, or contrary to professional practice, and to refuse to act in pursuance of any such activity. 5. PRCA members conducting Public Affairs and Lobbying services must comply with the Bribery Act 2010 (...). 11. PRCA members must provide to the PRCA the names of all staff conducting Public Affairs and Lobbying services, all offices in the United Kingdom where the Public Affairs and Lobbying services take place, (and for consultancies) a list of all clients that receive these Public Affairs and Lobbying services. This information will be provided quarterly and retrospectively within one month of the final date of the previous quarter. This information will be published on its PRCA Public Affairs and Lobbying Register (...). A member shall not: 13. Act or engage in any practice or conduct in any manner detrimental to the reputation of the Association or the profession of Public Affairs and Lobbying in general (...)*".

222. Lobbying: a Guide to Professional Conduct: "*Lobbying is a discipline within public relations where the general intention of the activity is to inform and influence public policy and law. Lobbyists are practioners who execute planned and sustained efforts to deliver specific objectives within this broad profile of activity (...). Politicians and policy makers need information in order to exercise their judgement effectively. Lobbying, as a professional service, has an important role in the process of making policy and law. It is one of the key means by which information can enter the debate from outside the system itself. Modern lobbyists help their clients and employers understand legislative and political processes and to create ethical and achievable objectives within those processes. They are skilled at introducing information into political dialogue at the right time and in the most effective way to assist in the achievement of these objectives*" (CANADA. Office of the Commissioner of Lobbying of Canada. *Lobbyists' Code of Conduct*. Disponível em: <https://lobbycanada.gc.ca/eic/site/012.nsf/vwapj/LobbyistsCodeofConduct2015_En.pdf/%24FILE/LobbyistsCodeofConduct2015_En.pdf>. Acesso em: 28 jan. 2018.

sempre observando deveres de transparência que são essenciais ao exercício de suas funções. Assim, dentre outras proibições, destaque-se que os agentes vinculados ao *Chartered Institute of Public Relations (CIPR)* não podem violar exigências legais, não podem oferecer qualquer vantagem a funcionários públicos que pretendam influenciar, tampouco podem deixar de informar quais são os seus clientes e a natureza dos interesses por eles defendidos.

Entretanto, todos os códigos de conduta mencionados são de adesão voluntária, não tendo existido, até 2014, qualquer norma obrigatória sobre o *lobby*. Com efeito, historicamente vigeu no Reino Unido um modelo de autorregulação que tornou pouco efetivas as previsões criadas pelas entidades que congregavam os lobistas. Afinal, além de elas serem integradas por apenas uma fração das pessoas e empresas que se dedicavam ao *lobby*, as possibilidades de sancionamento das condutas irregulares eram diminutas.

Sobre a ineficiência dos modelos de autorregulação das atividades dos lobistas, PROSS[223] ensina que, embora seja possível instituir um sistema de cadastramento voluntário, apenas o Estado tem poder para impor a sua realização, apenas o Estado dispõe de instrumentos investigatórios para identificar as condutas ilícitas e, mais importante, apenas o Estado tem legitimidade para sancionar os indivíduos que atuem ilegalmente. Por conseguinte, entidades profissionais, ainda que com o apoio estatal, enfrentam dificuldades para disciplinar o *lobby*.

Nesse contexto, concluiu-se que o sistema jurídico do Reino Unido deveria ser aprimorado, no que toca à atividade dos lobistas. Isso porque, as normas criadas pela *Association of Professional Political Consultants (APPC)*, pela *Public Relations Consultants Association (PRCA)* e pelo *Chartered Institute of Public Relations (CIPR)*, voluntárias, não alcançavam os resultados que se propunham, e os sistemas de fiscalização sempre se mostraram ineficientes. Chegou-se a falar, inclusive, que o sistema criado por tais entidades era vazio, desprovido de qualquer substância[224].

Foi por esses motivos que veio a lume, em 2014, o *Transparency of Lobbying, Non-Party Campaign and Trade Union Administration Act,* que tem abrangência limitada, uma vez que é dirigido apenas aos funcionários da Coroa britânica. Ademais, em 2016, criou-se o *Lobbying Act* da Escócia[225], que não

223. PROSS, Paul A. Lobbying models for regulation. *OECD Paper*, 07-May-2007. p. 33. Disponível em: <http://www.oecd.org/officialdocuments/publicdisplaydocumentpdf/?cote=GOV/PGC/ETH(2007)4&docLanguage=En>. Acesso em: 28 jan. 2018.

224. HOUSE OF COMMONS. Public Administration Select Committee. *Lobbying*: access and influence in Whitehall: First Report of Session 2008-09, cit., p. 3.

225. O *Lobbying (Scotland) Act* de 2016 traz inúmeras obrigações para os lobistas, muitas das quais similares às que existem no *Transparency of Lobbying, Non-Party Campaign and Trade Union Administration Act* de 2014. O texto normativo, além de conceituar as atividades de *lobby* (Parte 1),

será analisado na presente tese, mas que também evidencia a importância e a tendência de que o Estado desenvolva instrumentos de regulamentação das atividades dos lobistas.

2.3.1 O Transparency of Lobbying, Non-Party Campaign and Trade Union Administration Act de 2014: história e conteúdo normativo

Conforme anteriormente mencionado, as normas erigidas pelas entidades que congregavam os lobistas ingleses, pelo menos desde o início dos anos de 1980, não se mostravam suficientes para que a sociedade tivesse efetivo conhecimento sobre a influência que eles exerciam nos processos de decisão política do Estado. Destarte, inserido em um contexto amplo de reformulações legislativas, no qual foram implementadas importantes reformas no sistema jurídico da Inglaterra, com o fim de assegurar maior transparência à atuação da administração pública, criou-se o *Transparency of Lobbying, Non-Party Campaign and Trade Union Administration Act* de 2014[226].

Referido corpo normativo superou o modelo de autorregulação que imperava na ordem jurídica do Reino Unido, tendo o Estado, pela primeira vez, criado preceitos cogentes para disciplinar as atividades dos lobistas. Segundo o preâmbulo do diploma legal, datado de 30 de janeiro de 2014, seu propósito era desenvolver e manter um sistema de registro das informações referentes às pessoas que praticavam o *lobby*[227].

Consta das notas explicativas apresentadas pela Coroa britânica para servir de guia na interpretação do texto normativo que[228]:

cria obrigações de cadastramento para o lobista, de divulgação periódica das atividades implementadas, dos funcionários públicos envolvidos, do contexto em que se deram as comunicações realizadas, das pessoas favorecidas com referidas comunicações etc. (Parte 2). Outrossim, prevê medidas que podem ser adotadas pelos órgãos públicos para assegurar a observância de seus preceitos (Parte 3), e contém um código de conduta a ser respeitado pelos profissionais do *lobby*. Para mais informações sobre o conteúdo normativo do *Lobbying (Scotland) Act* de 2016, veja-se: SCOTLAND (UK). *Lobbying (Scotland) Act 2016 (asp 16)*. Disponível em: <https://www.legislation.gov.uk/asp/2016/16/pdfs/asp_20160016_en.pdf>. Acesso em: 28 jan. 2018.

226. HM GOVERNMENT. *Introducing a Statutory Register of Lobbyists*. Consultation Paper, Jan. 2012. Disponível em: <https://www.gov.uk/government/uploads/system/uploads/attachment_data/file/78896/Introducing_statutory_register_of_lobbyists.pdf>. Acesso em: 25 jan. 2018.

227. Transparency of Lobbying, Non-Party Campaigning and Trade Union Administration Act, preâmbulo: *"An act to make provision for establishing and maintaining a register of persons carrying on the business of consultant lobbying and to require those persons to be entered in the register; to make provision about expenditure and donations for political purposes; to make provision about the Electoral Commission's functions with respect to compliance with requirements imposed by or by virtue of enactments (...)".*

228. PARLIAMENT (UK). *Transparency of lobbying, non-party campaigning and trade union Administration Act 2014*. Chapter 4. The Stationery Office, Reino Unido, 2014. Explanatory Notes. Disponível em: <www.legislation.gov.uk/ukpga/2014/4/contents/enacted>. Acesso em: 25 jan. 2018.

> O principal objetivo das previsões sobre a prática do *lobby* é assegurar que haja transparência no que diz respeito às pessoas que têm os seus interesses defendidos na esfera pública por lobistas profissionais. O texto legal busca garantir essa transparência, exigindo dos lobistas que revelem os nomes de seus clientes em uma base pública de registros, e que prestem informações sobre suas atividades trimestralmente. Ademais, exige dos lobistas que informem se eles estão sujeitos, no âmbito de suas atividades, a algum código de conduta específico. (tradução livre)

O *Transparency of Lobbying Act* de 2014 define que devem se submeter aos seus preceitos os sujeitos que são remunerados para estabelecer contatos orais ou escritos com agentes da Coroa britânica ou com secretários de alto escalão, a fim de influenciá-los nas decisões públicas, em favor de terceiros[229]. Consoante prevê o artigo 2°, 3 do texto normativo, considera-se lobista o sujeito que busca articulações com agentes do setor público para, no bojo de atividades econômicas, por exemplo, promover o desenvolvimento, a adoção ou a modificação de dispositivos legais e de políticas públicas; favorecer outrem em contratações ou negociações com órgãos públicos, na obtenção de financiamentos e licenças; interferir em atividades do Estado etc.[230]

A revelar que os seus dispositivos têm por propósito criar efetivas limitações ao exercício das atividades de *lobby*, o artigo 1° do *Transparency of Lobbying Act* proíbe, de forma expressa, o exercício do lobby[231] sem que o agente seja previamente registrado e habilitado pelos órgãos públicos encarregados de fiscalizar o setor[232].

Destaque-se que o espectro de comportamentos que caracterizam o *lobby* e tornam obrigatório o registro é mais estreito na Inglaterra do que nos Estados

---

229. Transparency of Lobbying, Non-Party Campaigning and Trade Union Administration Act, artigo 2°, 1: "*For the purpose of this Part, a person carries on the business of consultant lobbying, if (a) in the course of a business and in return for payment, the person makes communications within subsection (3) on behalf of another person*".

230. Transparency of Lobbying, Non-Party Campaigning and Trade Union Administration Act, artigo 2°, 3: "*The communications within this subsection are oral or written communications made personally to a Minister of the Crown or permanent secretary relating to: (a) the development, adoption or modification of any proposal of the government to make or amend primary or subordinate legislation; (b) the development, adoption or modification of any other policy of the government; (c) the making, giving or issuing by the government of, or the taking of any other steps by the government in relation to any contract or other agreement, any grant or other financial assistance, or any license or other authorization; or (d) the exercise of any other function of the government*".

231. PARLIAMENT (UK). *Transparency of lobbying, non-party campaigning and trade union Administration Act 2014*. Chapter 4. The Stationery Office, Reino Unido, 2014. Explanatory Notes, cit.

232. Transparency of Lobbying, Non-Party Campaigning and Trade Union Administration Act, artigo 1°, 1: "*A person must not carry on the business of consultant lobbying unless the person is entered in the register of consultant lobbyists*".

Unidos e no Canadá. Na sistemática normativa inglesa, apenas são reconhecidos como lobistas os indivíduos que atuem profissionalmente, em nome de terceiros e mediante remuneração[233], com o fim de influenciar a atuação de agentes que integram o Executivo[234]. Portanto, aqueles que realizam contatos com agentes públicos de outros Poderes, bem assim aqueles que, com o mesmo propósito, agem para beneficiar a si próprios não estão sujeitos a obrigações especiais para exercer as suas atividades, no diploma analisado.

Ademais, o texto normativo *sub examinen* elenca diversas hipóteses nas quais, embora exista atuação voltada a interferir no processo de decisões estatais por via do contato com agentes públicos, não é obrigatório o registro prévio. Assim, estão dispensados de declarar suas atividades, por exemplo, pessoas que atuem em favor de órgãos de classe, pessoas que não tenham o *lobby* como atividade principal[235], pessoas que representem Estados estrangeiros ou organizações internacionais[236], e pessoas que direcionem os seus esforços de convencimento a membros do poder público que não sejam do Poder Executivo[237].

---

233. No que concerne à remuneração do lobista, o texto normativo vigente no Reino Unido traz diversas previsões. A Parte 2 do anexo do *Transparency of Lobbying Act* de 2014 prevê que a remuneração do lobista pode ser de qualquer natureza (financeira ou não), deve ser paga – direta ou indiretamente - como contraprestação às comunicações com agentes públicos, e pode ter como fonte pessoa diversa daquela que se beneficie das atividades de *lobby* desenvolvidas.

234. PARLIAMENT (UK). *Transparency of lobbying, non-party campaigning and trade union Administration Act 2014*. Chapter 4. The Stationery Office, Reino Unido, 2014. Explanatory Notes, cit., p. 4: "*A principal característica para que alguém seja um lobista profissional é que ele, no âmbito de uma atividade econômica, faça comunicações (escritas ou orais), com determinados agentes do poder público do alto escalão, sobre políticas governamentais, legislação, assinatura de contratos, licenças etc. (...) ou sobre qualquer outro assunto que tenha relação com o Estado (...), em benefício de terceira pessoa e de forma remunerada*" (tradução livre).

235. Transparency of Lobbying, Non-Party Campaigning and Trade Union Administration Act (Schedules), artigo 1°: "*(1) A person does not, by reason of making a communication, carry on the business of consultant lobbying if (a) the person carries on a business which consists mainly of non-lobbying activities, and (b) the making of the communication is incidental (...)*". Já o artigo 2° prevê: "*(2) A person does not carry on the business of consultant lobbying if (a) the person acts generally as a representative of persons of a particular class or description; (b) the income of the person derives wholly or mainly from persons of that class or description, and (c) the making of communications within section 2(3) on behalf of those persons is no more than an incidental (...)*".

236. Transparency of Lobbying, Non-Party Campaigning and Trade Union Administration Act, artigo 3°: "*(1) A person who, as an official or member of staff of (a) a sovereign Power other than the United Kingdom, or the Government of such a Power, or (b) an international organization, makes communications within section 2(3) on its behalf does not, by reason of those communications, carry on the business of consultant lobbying*".

237. De acordo com o *Transparency of Lobbying, Non-Party Campaigning and Trade Union Administration Act* de 2014 (*Schedules*, artigo 1°, 3 e 4), as atividades de *lobby* têm relevância jurídica apenas se direcionadas aos seguintes agentes da administração pública: "*(3) The persons are (a) members of, and office-holders in, government, and (b) officials and members of staff of government. (4) For the purposes of this paragraph, government includes (a) Her Majesty's Government in the United Kingdom, (b) the Scottish Administration, (c) the Welsh Assembly Government, (d) the First Minister, the deputy First Minister, the Northern Ireland Ministers and any Northern Ireland*

De acordo com o *Transparency of Lobbying, Non-Party Campaigning and Trade Union Administration Act* 2014, para o agente que interage com membros da administração pública e é empregado daquele a quem pretende beneficiar, não há obrigação de registro prévio[238]. Tal disposição deixa claro que apenas lobistas terceirizados estão sujeitos às exigências da norma, ficando fora de sua abrangência o chamado *in-house lobbyist*[239].

Todavia, para o agente que atua como efetivo lobista profissional, nos termos definidos pelo texto normativo, é obrigatório o registro prévio no órgão competente.

À luz do que estabelece o texto normativo, é elementar que em qualquer pedido de cadastramento de lobista junto aos bancos de dados públicos sejam fornecidas informações de identificação. Assim, a título exemplificativo, se as atividades de convencimento forem realizadas por uma empresa especializada em *lobby*, é essencial que sejam encaminhados ao órgão registrador todos os dados de qualificação da pessoa jurídica e de seus diretores.

Também assim, se o pedido de registro for feito em favor de qualquer outra forma de associação ou sociedade, ou mesmo de pessoas individuais, é obrigatório sejam apresentadas informações básicas ao Estado, tais como o nome completo daqueles que se engajarão nas atividades de *lobby*, número de telefone e endereço. Ademais, consoante prevê o artigo 4º do *Transparency of Lobbying Act*[240], considerada a circunstância de que é cada vez mais comum, no

Department, (e) the Government of any sovereign Power other than the United Kingdom, (f) local government in any part of the United Kingdom, and (g) any institution of the European Union".

238. Transparency of Lobbying, Non-Party Campaigning and Trade Union Administration Act (Schedules), artigo 4º: "*An individual does not carry on the business of consultant lobbying by reason of making communications as an employee in the course of a business carried on by the individual's employer*".

239. PARLIAMENT (UK). *Transparency of lobbying, non-party campaigning and trade union Administration Act 2014*. Chapter 4. The Stationery Office, Reino Unido, 2014. Explanatory Notes, cit., p. 5. Também assim, veja-se: OFFICE OF THE REGISTRAR OF CONSULTANT LOBBYISTS. *Guidance on compliance with the Register of Consultant Lobbyists*. July 2015. p. 6. Disponível em: <http://registrarofconsultantlobbyists.org.uk/wp-content/uploads/2015/12/20150723-Guidance-on-compliance.pdf>. Acesso em: 27 jan. 2018.

240. Transparency of Lobbying, Non-Party Campaigning and Trade Union Administration Act, artigo 4º, 2: "*The entry for each registered person must include: (a) in the case of a company, its name, its registered number and the address of its registered office, and the names of its directors and of any secretary and any shadow directors; (b) in the case of a partnership (...), the names of the partners and the address of its main office or place of business; (c) in the case of an individual, the individual's name and the address of the individual's main place of business (or, if there is no such place, the individual's residence); d) in the case of any other person (including persons outside the United Kingdom), the equivalent information as specified in regulations; (e) any name or names, not included under paragraphs (a) to (d), under which the person carries on business as a consultant lobbyist; (f) such other information regarding the identity of the person as may be determined by the Registrar; (g) a statement of whether there is in place an undertaking by the person to comply with a relevant code of conduct, and if so, where a copy of the code may be inspected*".

âmbito das atividades empresariais, a criação de códigos de conduta internos e setoriais, exige-se dos pretendentes ao registro que informem se estão sujeitos a esse tipo de norma.

Destaque-se, outrossim, que nos pedidos de registro deve constar, de forma expressa, a relação de todos os clientes em favor dos quais interagiu com servidores públicos, nos três meses anteriores[241]. Na sistemática instituída pelo legislador britânico, é imprescindível, para que se assegure efetiva transparência às atividades dos agentes públicos e às suas relações com os lobistas, que a identidade das pessoas que buscam favorecimento seja revelada ao Estado[242].

Além de ser proibido, na ordem jurídica do Reino Unido, o exercício do *lobby*, sem que o profissional tenha se registrado junto aos órgãos públicos, é obrigatório que ele envie relatórios trimestrais de todas as suas atividades[243]. Estabelece o *Transparency of Lobbying Act* de 2014 que aquele que tenha submetido pedido de cadastramento para atuar como lobista deve, necessariamente, apresentar ao Estado informações atualizadas sobre os clientes a quem prestou serviços e dos quais recebeu qualquer remuneração. A obrigação de prestar informações periódicas recai, inclusive, sobre os profissionais que sequer tenham realizado articulações efetivas com funcionários públicos no trimestre anterior, hipótese que os obriga a declarar formalmente essa circunstância[244].

Convém destacar, e esse é um dado elementar em qualquer regime jurídico que pretenda tornar mais transparente a atuação dos lobistas, que as informações

---

241. Transparency of Lobbying, Non-Party Campaigning and Trade Union Administration Act, artigo 4º, 3: "*Each entry must also include (a) for each quarter in which the registered person has been entered in the register, the person's client information (...), and (b) if the person received payment in the pre-registration quarter to engage in lobbying, the name of the person or persons on whose behalf the lobbying was or is to be done*".

242. PARLIAMENT (UK). *Transparency of lobbying, non-party campaigning and trade union Administration Act 2014.* Chapter 4. The Stationery Office, Reino Unido, 2014. Explanatory Notes, cit., p. 6: "*Em particular, prevê-se que cada registro contenha o nome do lobista, informações sobre o seu local de atuação, endereço, nome dos sócios e diretores, e qualquer outra informação especificada pela regulamentação. Cada cadastramento deve também conter o nome dos clientes para os quais serão desenvolvidas as atividades de lobby, a cada quatro meses*" (tradução livre).

243. Id. Ibid., p. 7.

244. Transparency of Lobbying, Non-Party Campaigning and Trade Union Administration Act, artigo 5º: "*(1) A registered person must submit an information return to the Registrar for each quarter. (2) The information return for a quarter must contain (a) either the client information for that quarter or a statement under subsection (5), and (b) details of any change in that quarter in the particulars included in the register under section 4(2). (3) The client information for a quarter is (a) if the registered person engaged in lobbying in the quarter in return for payment (whether or not the payment has been received), the name of the person or persons on whose behalf the lobbying was done, and (b) if the registered person received payment in the quarter to engage in lobbying (whether or not the lobbying has been done), the name of the person or persons on whose behalf the lobbying is or was to be done (...). (5) A statement under this subsection is a statement that, in the quarter in question, the registered person neither engaged in lobbying in return for payment nor received payment to engage in lobbying (...)*".

por eles apresentadas e suas atualizações não ficam disponíveis apenas aos entes do Estado inglês. Ao contrário, o *Lobbying Transparency Act* de 2014 prevê que dentre as diversas obrigações do ente registrador está a de criar mecanismos que permitam o acesso do público em geral aos dados dos agentes do *lobby*.

Consoante preveem os artigos 6º e 7º[245] do texto normativo, é obrigatória a criação de canais de acesso público às informações, seja pela internet, seja por outras formas que tenham aptidão para alcançar o mesmo fim, nos quais a sociedade possa fazer consultas e efetivamente conhecer a maneira pela qual atuam aqueles que se propõem a exercer influência nos processos de decisão dos órgãos públicos em troca de remuneração.

Ademais, o *Lobbying Transparency Act* de 2014 confere ao órgão registrador poderes para assegurar o cumprimento das suas disposições[246]. Além de servir como destinatário e responsável por acautelar e publicar as informações fornecidas pelos lobistas, tal entidade tem competência também para, por exemplo, expedir notificações[247] a pessoas registradas que estejam desobedecendo as disposições normativas sobre a prática do *lobby*, ou a pessoas que, não obstante exerçam as atividades disciplinadas pelo texto legal, não tenham apresentado as informações obrigatórias para a efetivação do registro[248].

O diploma normativo inglês elenca, ainda, extenso rol de condutas que, constatadas e provadas, dão ensejo à aplicação de sanções — de índole cível e criminal[249] — aos seus responsáveis, porquanto representam violação dos comandos nele estabelecidos e comprometem a transparência, que deve ser

245. Transparency of Lobbying, Non-Party Campaigning and Trade Union Administration Act, artigo 6º: "*(1) The Registrar must publish the register as kept in accordance with section 6. (2) The Registrar may publish such entries, or parties of entries, as the Registrar considers appropriate in respect of persons who were, but are no longer, entered in the register. (3) Publication under this section is to be (a) on a website, and (b) in such other form or forms as the Registrar considers appropriate*".

246. Transparency of Lobbying, Non-Party Campaigning and Trade Union Administration Act, artigo 8º: "*The Registrar must monitor compliance with the obligations imposed by or under this Part*".

247. Transparency of Lobbying, Non-Party Campaigning and Trade Union Administration Act, artigo 9: "*(1) In connection with the duty under section 8, the Registrar may serve a notice (an 'information notice') on a person mentioned in subsection (2) requiring the person to supply information specified in the notice. (2) The persons are (a) any registered person; (b) any person who is not entered in the register but whom the Registrar has reasonable grounds for believing to be a consultant lobbyist*".

248. PARLIAMENT (UK). *Transparency of lobbying, non-party campaigning and trade union Administration Act 2014.* Chapter 4. The Stationery Office, Reino Unido, 2014. Explanatory Notes, cit., p. 8.

249. Id. Ibid., p. 4: "*A seção 1 proíbe qualquer pessoa de atuar como lobista profissional (...) a menos que esteja devidamente registrada. Violar essa proibição é considerado crime pela seção 12 do ato. Ademais, a violação dessa proibição pode também resultar na imposição de sanções de natureza cível*" (tradução livre).

uma constante na interação entre os profissionais do *lobby* e os agentes da administração pública.

O legislador ordinário previu medidas sancionatórias penais[250] tanto para punir falhas no cumprimento das exigências de somenos importância do *Transparency Act*, como a perda do prazo para a apresentação de informações ao órgão registrador ou o fornecimento de informações incompletas, quanto para situações de maior gravidade, como aquelas em que o sujeito, deliberadamente, exerça atividade profissional de *lobby* sem o registro prévio[251].

Qualquer que seja a gravidade das condutas criminosas tipificadas no texto legal estudado, as penas previstas são de natureza exclusivamente pecuniária, inexistindo a possibilidade de imposição de sanções de natureza corporal aos sujeitos que exercem ilegalmente a função de lobista[252]. À luz do que estabelece o artigo 12, §§7º e 8º da lei[253], a persecução penal das ilicitudes praticadas pelo lobista, quando relacionadas à violação dos deveres de registro e fornecimento de informações ao Estado[254], é feita *ex officio* pelos órgãos públicos de acusação[255] e pode culminar com a aplicação de sanções financeiras.

---

250. PARLIAMENT (UK). *Transparency of lobbying, non-party campaigning and trade union Administration Act 2014.* Chapter 4. The Stationery Office, Reino Unido, 2014. Explanatory Notes, cit., p. 9.

251. Transparency of Lobbying, Non-Party Campaigning and Trade Union Administration Act, artigo 12 (*Offences*): "*(1) If a person carries on the business of consultant lobbying in breach of section 1(1) (lobbying whilst unregistered), an offence is committed by (1) the person, and (2) any individual who, not being entered in the register, engages in lobbying in the course of that business. (2) It is an offence for a registered person to engage in lobbying if (a) the person's entry in the register is inaccurate or incomplete in a material particular, and (b) the person has failed, when required to submit an information return under section 5, to provide sufficient information in or accompanying the return to enable the inaccuracy or omission to be rectified. (3) Where a person is required to submit an information return under section 5, it is an offence for the person (a) to fail to do so within the period specified in section 5(6), or (b) to provide information which is inaccurate or incomplete in a material particular. (4) Where an information notice has been served on a person, it is an offence for the person (a) to fail to supply the required information on or before the date by which the person is required to do so, or (b) to provide information which is inaccurate or incomplete in a material particular*".

252. As notas explicativas elaboradas para auxiliar na interpretação do texto normativo preveem que o valor máximo de pena pecuniária às pessoas que forem condenadas criminalmente, em procedimento sumário, em razão da prática ilegal da atividade de *lobby*, seja de £5.000,00 (cinco mil libras). Todavia, em hipóteses nas quais se realiza o julgamento perante a Corte Real (*Crown Court*), tal valor pode ser superior e é definido em cada caso concreto (PARLIAMENT (UK). *Transparency of lobbying, non-party campaigning and trade union Administration Act 2014.* Chapter 4. The Stationery Office, Reino Unido, 2014. Explanatory Notes, cit., p. 9).

253. Transparency of Lobbying, Non-Party Campaigning and Trade Union Administration Act, artigo 12 (*Offences*): "*(7) A person guilty of an offence under any of subsections (1) to (4) is liable (a) on summary conviction in Scotland or Northern Ireland, to a fine not exceeding the statutory maximum; (b) on summary conviction in England and Wales, or on conviction on indictment, to a fine*".

254. Diverso é o tratamento da atuação ilegal do lobista, nos casos em que há, por exemplo, o oferecimento de vantagens econômicas indevidas a funcionários públicos. Tal situação consubstancia corrupção, não simples violação dos deveres previstos no *Transparency of Lobbying Act* de 2014.

255. Transparency of Lobbying, Non-Party Campaigning and Trade Union Administration Act,

A norma também trata da responsabilização criminal das pessoas jurídicas e seus representantes, nas hipóteses em que praticadas as condutas proibidas mencionadas. Em casos que tais, punem-se tanto ações dolosas, quanto culposas, sem que exista qualquer diferenciação *a priori* na gravidade da pena que deve ser imposta aos seus autores[256]-[257].

É fácil perceber, a partir da análise das considerações acima relacionadas, que o legislador do Reino Unido previu no *Transparency of Lobbying Act de 2014* hipóteses muito alargadas de imposição de sanções penais, situação que não se coaduna com a ideia de que ao Direito Penal sejam reservadas apenas condutas de especial gravidade, que coloquem em efetiva situação de vulnerabilidade os bens jurídicos protegidos. Ao prever a imposição de sanções de natureza criminal - ainda que de cunho exclusivamente patrimonial - àqueles que tão somente deixam de cumprir prazos para a apresentação de suas informações aos órgãos públicos, ou que o façam de forma incompleta, o texto normativo transpõe para o direito criminal condutas que poderiam ser mais eficientemente tratadas na seara administrativa ou civil.

A demonstrar que a utilização de institutos do direito criminal por aqueles que redigiram o texto legal parece ter violado os preceitos da *ultima ratio*, da subsidiariedade e da fragmentariedade, veja-se que o *Transparency of Lobbying Act* de 2014 prevê a hipótese de que o órgão registrador, após notificar o suposto

artigo 12 (*Offences*): "*(9) Proceedings for an offence under this Part may be instituted (a) in England and Wales, only by or with the consent of the Director of Public Prosecutions; (b) in Northern Ireland, only by or with the consent of the Director of Public Prosecution for Northern Ireland*".

256. Transparency of Lobbying, Non-Party Campaigning and Trade Union Administration Act, artigo 13 (*Bodies corporate and Scottish partnership*): "*(1) Where an offence under this Part is committed by a body corporate and is proved (a) to have been committed with the consent or connivance of a director, manager, secretary or other similar officer, or (b) to be attributable to any neglect on the part of any individual, the individual as well as the body corporate is guilty of the offence and is liable to be proceeded against and punished accordingly. (2) Where the affairs of a body corporate are managed by its members, subsection (1) applies in relation to the acts and omissions of a member in connections with that management as if the member were a director of the body corporate. (3) Where an offence under this Part is committed by a partnership constituted under the law of Scotland and is proved (a) to have been committed with the consent or connivance of a partner, or (b) to be attributable to any neglect on the part of any such individual, the individual as well as the partnership is guilty of the offence and is liable to be proceeded against and punished accordingly*".

257. Para contornar esse grave problema, o órgão competente para fiscalizar a atuação dos lobistas defende a existência de duas modalidades diversas de ilicitude. De um lado, estariam meros erros administrativos ("*administrative errors*"), de pouca gravidade, e, do outro, as efetivas hipóteses de descumprimento consciente dos comandos normativos ("*non-compliance*"). Todavia, tal distinção é fonte de mera interpretação do órgão referido e não encontra amparo na literalidade do texto (OFFICE OF THE REGISTRAR OF CONSULTANT LOBBYISTS. *Guidance on compliance with the Register of Consultant Lobbyists*. July 2015, cit., p. 4-5).

infrator da norma e a ele assegurar o direito de defesa[258], aplique multas de caráter punitivo, situação que impede a aplicação das disposições jurídico-penais[259].

O que se percebe é que não há distinção entre as condutas sancionadas apenas por meio de multas administrativas e aquelas que recebem tratamento jurídico-penal. Conforme consta do artigo 14 do diploma estudado[260], os comportamentos passíveis de punição criminal não apresentam nota característica que os revele especialmente reprováveis, a justificar a aplicação de medidas punitivas de natureza criminal. Ao contrário, a infringência aos comandos do *Transparency of Lobbying Act* 2014 é igualmente sancionada nas duas esferas do Direito mencionadas, do que se conclui haver um simples reforço, por via do direito penal, das vedações de índole administrativa: o direito administrativo e o direito penal são ferramentas substitutivas de punição do *lobby* irregular, o que comprova a falta de racionalidade do modelo adotado.

Outra disposição que deixa clara a intenção do legislador de valer-se da tipificação criminal de comportamentos de menor gravidade para tentar assegurar observância às exigências administrativas do texto legal está contemplada no artigo 18[261] do diploma normativo, segundo o qual não é possível a aplicação da multa pelo órgão registrador, após a instauração do procedimento criminal para apurar as supostas ilicitudes. Ademais, mesmo no caso em que proferida decisão condenatória na esfera penal, fica proibida a adoção de providências para o sancionamento do autor do fato na esfera administrativa.

---

258. Transparency of Lobbying, Non-Party Campaigning and Trade Union Administration Act, artigo 15: "*(1) Before imposing a civil penalty on a person, the Registrar must serve on that person a notice stating that the Registrar proposes to impose the penalty. (2) The notice must (a) set out the conduct on which the proposal to impose the penalty is based, set out the reason why the Registrar is satisfied that the person has engaged in that conduct, (c) state the amount of the proposed penalty, and (d) inform the person that the person may, within a period specified in the notice, make written representations in relation to the proposal (...)*".

259. PARLIAMENT (UK). *Transparency of lobbying, non-party campaigning and trade union Administration Act 2014*. Chapter 4. The Stationery Office, Reino Unido, 2014. Explanatory Notes, cit., p. 10: "*O órgão incumbido do cadastramento dos lobistas e da fiscalização de suas atividades não pode impor uma sanção civil às pessoas que estiverem submetidas a processo criminal por violação das normas que incidem sobre o lobby, ou que tenham sido condenadas por violá-las. Também não se autoriza que alguém que já tenha sido sancionado no plano civil também o seja na esfera criminal pela mesma conduta*" (tradução livre).

260. Transparency of Lobbying, Non-Party Campaigning and Trade Union Administration Act, artigo 14: "*(1) The Registrar may impose a civil penalty on a person (in accordance with sections 15 to 18) if the Registrar is satisfied that the person's conduct amounts to an offence under any of subsections (1) to (4) of section 12*".

261. Transparency of Lobbying, Non-Party Campaigning and Trade Union Administration Act, artigo 18: "*The Registrar may not impose a civil penalty on a person in respect of any conduct (a) at any time after criminal proceedings for an offence under this Part have been instituted against the person in respect of that conduct and before those proceedings have been concluded, or (b) after the person has been convicted of an offence under this Part in respect of that conduct. (2). If the Registrar has imposed a civil penalty on a person in respect of any conduct, the person may not be convicted of an offence under this Part in respect of that conduct*".

Mais importante e grave ainda, são vedadas a atuação dos órgãos de persecução penal e a prolação de sentença condenatória em situações nas quais a atuação do órgão registrador e a imposição da multa civil as anteceda.

Ou seja, de acordo com as previsões do *Transparency of Lobbying* Act de 2014, nada há a distinguir os fatos que justificam a aplicação de multas civis e aqueles para os quais se prevê a imposição de sanção penal. Afinal, eles são igualmente descritos pela norma e apresentam rigorosamente idêntica gravidade. Além disso, a vedação da atuação do órgão registrador na aplicação de multa depois de iniciada discussão sobre eventual prática ilícita, sob a perspectiva criminal, deixa evidenciado que a imposição de penas existe apenas como um instrumento de sobreposição sancionatório, para conferir mais eficácia à norma administrativa.

De igual maneira, a proibição da persecução penal em face daquele que já foi sancionado com a aplicação de uma multa civil elimina qualquer dúvida quanto ao fato de que o legislador não observou os postulados elementares que restringem a atuação do direito penal. Com efeito, é de se questionar se é racional prever a possibilidade de sanção administrativa e criminal, quando as condutas proibidas são idênticas, e a aplicação de uma delas inviabiliza por completo a aplicação da outra.

Destarte, verifica-se que o *Lobbying Transparency Act* de 2014, no que concerne às condutas que proíbe e às sanções que prevê, traz disciplina tecnicamente inadequada, que fere postulados fundamentais do direito penal.

Por fim, em relação à norma, é importante mencionar que foram previstas limitações mais rígidas às possibilidades de financiamento privado de campanhas políticas, questão que é indissociável do instituto do *lobby*, porque muitas vezes o aporte de recursos em candidatos a ocupar órgãos públicos é o instrumento de convencimento mais utilizado pelos lobistas. Apesar dessa intrínseca relação entre os temas, não trataremos dos detalhes sobre as restrições normativas aos financiamentos eleitorais.

De qualquer maneira, a experiência do Reino Unido com o tratamento do *lobby* é importante para fins de reflexão e para que seja possível desenvolver uma proposta de disciplina que evite os erros já constatados alhures, sempre com olhar fixado na realidade sócio-política do Brasil.

2.4 A história do tratamento jurídico do *lobby* no Chile

O Chile foi o primeiro país da América do Sul a inserir, no seu ordenamento jurídico, preceitos normativos sobre o instituto do *lobby*. Não obstante apenas em 2014 tenha passado a viger a *Ley de Lobby*, que será analisada de forma minudente, pelo menos desde o ano de 2004 propostas legislativas foram debatidas pelo governo e pelo Congresso chilenos, para que se criassem ferramentas que disciplinassem a atuação dos lobistas e dos agentes públicos[262].

No Chile, tal como aconteceu na maior parte das nações que já criaram regras para a prática do *lobby*, graves escândalos de corrupção que envolviam importantes membros da administração pública serviram como catalizadores da ideia de que a atuação dos lobistas deve ser monitorada para que a sociedade disponha de efetiva condição de avaliar a forma como se dá o processo de decisão dos agentes do Estado[263].

Consoante pontificam Karmy e Valenzuela Bustos[264], a divulgação de informações sobre reuniões secretas das quais participavam executivos de conglomerados empresariais e altos membros do corpo diretivo estatal, a partir de 2004, deixou evidente que as medidas de defesa dos interesses privados junto à administração pública eram corriqueiras, porém, feitas de forma que a sociedade sequer tivesse conhecimento, circunstância que impôs a criação de normas que assegurassem transparência ao *lobby*.

Ademais, também de acordo com os professores referidos, a inexistência de previsões que possibilitassem conhecer o modo de atuação dos lobistas e o impacto de suas iniciativas nas decisões públicas apresentaria contornos es-

262. Ramirez, Rodrigo; Sternsdorff, Nicole; Pastor, Carolina. Lobby in Chile: do we have the law we need? *Special Report*, Santiago de Chile, Feb. 2016. p. 5. Disponível em: <https://www.desarrollando-ideas.com/wp-content/uploads/sites/5/2016/02/160217_DI_report_lobby_Chile_ENG.pdf>. Acesso em: 04 fev. 2018.

263. Tal como ocorre em quase todas as nações do mundo, também no Chile a atuação dos lobistas e a influência que exercem junto aos membros do corpo estatal são comumente associadas pela sociedade à prática de corrupção. Sobre o assunto, Garin Gonzalez aponta que: "*Em várias discussões legislativas havidas nos últimos anos, a palavra lobby tem sido associada a influências obscuras e indevidas feitas por lobistas nos corredores do Congresso e da Casa da Moeda*" (tradução livre). (Garín Gonzaléz, Renato. *The Chilean Lobbying Act*: legal analysis and criticismo, cit., p. 7).

264. Karmy, Jorge Sahd; Valenzuela Bustos, Cristián. *Lobbying regulation in Chile*: opening access to authorities. p. 2. Disponível em: <https://www.sociedadpoliticaspublicas.cl/archivos/octavo/gestiondeestado/GESTION_Sahd_Jorge.pdf>. Acesso em: 01 fev. 2018: "*Nos últimos anos, o Chile enfrentou variados escândalos políticos e financeiros, que afetaram a confiança pública e evidenciaram a necessidade de mais rigoroso tratamento das relações entre as empresas e o governo. Em setembro de 2004, um escândalo político que envolvia grandes empresas do setor bancário foi descoberto pela imprensa. As acusações, ainda sob investigação, apontam para a exigência de financiamento político ilegal de congressistas e funcionários do governo (...). Nesse caso particular, reuniões entre executivos de grandes conglomerados econômicos e políticos eram frequentes e viabilizavam o intercâmbio de influência por recursos para campanhas políticas. Embora o papel das grandes empresas e dos grupos de interesse que influenciam o processo político sempre tenha sido reconhecido, não havia qualquer possibilidade efetiva de que os membros da sociedade conhecessem e controlassem as relações havidas entre a iniciativa privada e os funcionários públicos (...). Desde 2004, após múltiplos escândalos de corrupção, foram empreendidas no Chile diversas iniciativas para, do ponto de vista normativo, assegurar transparência, probidade e princípios de boa governança*" (tradução livre). No mesmo sentido: Ramirez, Rodrigo; Sternsdorff, Nicole; Pastor, Carolina. Lobby in Chile: do we have the law we need?, cit., p. 13.

peciais, porque importantes setores da economia eram submetidos a detalhada regulamentação estatal. Assim, como incidem sobre os negócios das empresas de energia, das instituições financeiras, das empresas exploradoras de recursos naturais, entre outras, inúmeras normas criadas pelo Estado, é essencial que elas defendam os seus interesses junto aos agentes públicos, do que exsurge clara a importância do papel dos lobistas e da regulamentação da sua atuação[265].

Por esse motivo, e para honrar compromissos firmados no plano internacional, voltados a desenvolver instrumentos normativos que assegurassem maior transparência e probidade à administração pública, foi promulgada a Lei nº 20.730[266], publicada no diário oficial em 08 de março de 2014[267] (*Ley de Lobby*)[268]. Segundo disposição do artigo 1º do diploma legal, as suas disposições teriam como finalidade regular a publicidade das atividades de *lobby* e demais atividades que promovessem interesses particulares junto a membros do corpo estatal, com o fim de fortalecer a transparência e a probidade[269].

Karmy e Valenzuela Bustos[270] apontam que o texto legal chileno, ao definir

---

265. Karmy, Jorge Sahd; Valenzuela Bustos, Cristián. *Lobby law in Chile*: democratizing access to public authorities. Disponível em: <https://www.opengovpartnership.org/sites/default/files/case-study_Chile_Lobby-Law.pdf>. Acesso em: 04 fev. 2018.

266. De acordo com *Manual Jurídico* criado pelo Governo chileno, que "*explica como se regula el lobby y las gestiones que representen intereses particulares ante las autoridades y funcionarios*", a *Ley de Lobby* representa um importante avanço no sentido de tornar mais transparente o processo de tomada de decisão da administração pública. A lei seria, nesse contexto, importante instrumento para promover "*mayores grados de transparencia, probidad y rendición de cuentas a la acción del Estado, avanzando en la construcción de una democracia moderna y conectada con las aspiraciones de un creciente interés por conocer y fiscalizar las acciones de las autoridades y los funcionarios públicos que toman o influyen en la toma de decisiones*" (GOBIERNO DE CHILE. *Manual jurídico de la Ley n° 20.730*. Que regula el lobby y las gestiones que representen intereses particulares ante las autoridades y funcionários. Disponível em: <https://www.leylobby.gob.cl/files/manual_juridico%20ley_lobby.pdf>. Acesso em: 14 fev. 2018.

267. Karmy, Jorge Sahd; Valenzuela Bustos, Cristián. *Lobbying regulation in Chile*: opening access to authorities, cit., p. 5.

268. Por imposição do artigo 2º das disposições transitórias da *Ley de Lobby*, foi criado pela Presidência da República, em 2014, um regulamento infralegal das atividades de *lobby*. Para acessar a íntegra do texto normativo, veja-se: CHILE. Congreso Nacional. Ministerio Secretaría General de la Presidencia. *Ley 20730*. Regula el Lobby y las Gestiones que Representen Intereses Particulares ante las Autoridades y Funcionarios. Disponível em: <https://www.leychile.cl/Navegar?idNorma=1060115>. Acesso em: 13 fev. 2018.

269. Lei nº 20.730 (Ley de Lobby), artigo 1º: "*Esta ley regula la publicidad en la actividad de lobby y demás gestiones que representen intereses particulares, con el objeto de fortalecer la transparencia y probidad en las relaciones con los órganos del Estado*".

270. Karmy, Jorge Sahd; Valenzuela Bustos, Cristián. *Lobbying regulation in Chile*: opening access to authorities, cit., p. 5: "*O principal objetivo do Lobbying Act foi estabelecer normas para reforçar a transparência nas relações dos agentes do Estado. Tal objetivo está relacionado à necessidade de se evitar a captura das autoridades públicas para a satisfação dos interesses privados, situação que pode gerar prejuízos para o interesse público. Adicionalmente, a norma prevê de forma clara que o interesse não é proibir a interação entre agentes públicos e privados, mas torná-la transparente*" (tradução livre).

conceitos relacionados à atividade de *lobby*, prever obrigações e sanções para os sujeitos – ativos e passivos – que dela participem, erigiu barreiras para impedir o que chamaram de captura das autoridades do Estado para patrocinar interesses privados em desfavor do bem comum, sem que, para isso, proibissem a atuação dos lobistas, que deve ser resguardada em qualquer nação de índole democrática.

Para Garin Gonzalez[271], a criação da *Ley de Lobby* representou um passo significativo dado pelo governo chileno para evitar que a relação entre a política e o poder econômico pusesse em vulnerabilidade os interesses públicos, principalmente, em razão da atuação cada vez mais incisiva dos lobistas profissionais.

A revelar a ideia que norteou a *Ley de Lobby* veja-se a mensagem presidencial, datada de 28 de outubro de 2008, por via da qual foi divulgado o projeto legislativo – muito mais complexo do que o efetivamente aprovado – que deu origem à Lei nº 20.730[272]:

> Existe plena convergencia en que las decisiones de los órganos públicos en una sociedad democrática deben ser tomadas con miras al bien común y con pleno respeto a los derechos de las personas, sin que estén ilegítimamente influidas o determinadas por intereses particulares, ni menos aún, llevadas a cabo en detrimento de los legítimos derechos e intereses de los ciudadanos.
>
> Por ello, en noviembre del año 2003, el Ejecutivo envió al H. Congreso Nacional, un proyecto de ley destinado a regular el lobby (...).
>
> En relación a la transparencia de las decisiones públicas, se reitera lo expresado en el citado proyecto de ley e en especial, se hace hincapié en cuanto a que la denominada captura de la autoridad pública por los intereses privados, o sea la receptividad al interés particular en detrimento del bien común, posee negativas consecuencias en diversos órdenes de materias (...).
>
> Toda iniciativa destinada a regular la forma en que se participa en la toma de decisiones públicas, debe conjugar la existencia de una serie de valores y derechos que dicen relación con dicho proceso.
>
> En efecto, por un lado, está el derecho de todos los ciudadanos, individual u organizadamente, de hacer ver sus puntos de vista frente a la

---

271. Garín Gonzaléz, Renato. *The Chilean Lobbying Act*: legal analysis and criticismo, cit., p. 7: "*Hoje em dia, há inúmeras discussões acaloradas sobre a influência exercida pelo dinheiro na política chilena. Em consequência de vários escândalos, os cidadãos têm demandado de seus representantes que sejam transparentes em relação às suas campanhas, assim como tem feito a imprensa. Nesse contexto, o Lobbying Act representa o primeiro símbolo do avanço na agenda da transparência no Chile*" (tradução livre). No mesmo sentido: Ramirez, Rodrigo; Sternsdorff, Nicole; Pastor, Carolina. Lobby in Chile: do we have the law we need?, cit., p. 3.

272. BIBLIOTECA DEL CONGRESO NACIONAL DE CHILE. *Historia de la Ley nº 20.730*: regula el lobby y las gestiones que representen intereses particulares ante las autoridades y funcionarios. p. 5-23. Disponível em: <https://www.bcn.cl/historiadelaley/nc/historia-de-la-ley/4396/>. Acesso em: 14 fev. 2018.

Administración o al Congreso. Y, por otra, la necesidad que ese proceso de participación y de comunicación ofrezca igualdad de oportunidades a todos los potenciales afectados y la necesaria información que permita el control tanto de la actividad administrativa como legislativa.

A fin de conjugar estos valores, este proyecto se estructura en torno al principio de la transparencia de la información respecto de quienes, em qué forma y por qué motivos se efectúan los contactos entre los gestores de intereses y los agentes públicos. De esta forma, no se impiden dichos contactos; ello parece ciertamente imposible, pues son necesarios para que la toma de decisiones sea informada de las circunstancias respecto de quienes van a ser afectados por ellas. Lo que el proyecto hace, más bien, es permitir que todos los interesados, y la opinión pública, puedan juzgar en forma informada sobre la imparcialidad, propiedad y conveniencia de las decisiones evacuadas y de las actuaciones de los funcionarios públicos y los legisladores.

O legislador chileno previu duas categorias de sujeitos ativos que atuam para favorecer interesses particulares[273] junto aos entes do Estado: os lobistas *strictu sensu*, que atuam mediante remuneração, e os *gestores de interesse particular* não remunerados[274], e impôs a ambos, idênticas obrigações[275].

À luz do que estatui o artigo 2° da Lei n° 20.730, a atividade de *lobby*[276],

273. De acordo com o artigo 2° da *Ley de Lobby*, interesse particular é qualquer propósito ou benefício, seja ou não econômico, de pessoa natural ou jurídica, chilena ou estrangeira, ou de associação ou entidade determinada.

274. Ley de Lobby, artigo 2°, 5: "*Lobbista: La persona natural o jurídica, chilena o extranjera, remunerada, que realiza lobby. Si no media remuneración se denominará gestor de intereses particulares (...)*". Na Resolução infralegal criada para tratar do *lobby*, a conceituação mencionada aparece no artigo 3°.

275. O legislador, apesar de distinguir essas duas categorias, não prevê diferença no tratamento jurídico dispensado a cada uma delas. De acordo com informações históricas das discussões sobre o conteúdo da Lei n° 20.730, a criação de dispositivo que diferenciasse a defesa remunerada de interesses particulares junto à administração pública (*lobby*) e a defesa desses mesmos interesses, porém, não remunerada, decorreu de pressão exercida por membros de organizações não governamentais que desejavam criar distinção entre as atividades por eles desenvolvidas e as atividades desenvolvidas pelos lobistas profissionais. A justificativa para essa iniciativa tem relação com a percepção social de que as atividades dos lobistas profissionais, via de regra, estão associadas à corrupção. Sobre o assunto, Karmy e Valenzuela Bustos apontam que, em razão da percepção negativa que a sociedade tem da atuação dos lobistas, vários setores da sociedade organizada tentaram criar válvulas de escape que os desobrigassem das exigências da *Ley de Lobby* (KARMY, Jorge Sahd; VALENZUELA BUSTOS, Cristián. *Lobbying regulation in Chile*: opening access to authorities, cit., p. 13). No mesmo sentido: GOBIERNO DE CHILE. *Manual jurídico de la Ley n° 20.730*. Que regula el lobby y las gestiones que representen intereses particulares ante las autoridades y funcionários, cit., p. 7; GARÍN GONZALÉZ, Renato. *The Chilean Lobbying Act*: legal analysis and criticismo, cit., p. 21.

276. Lei n° 20.730 (Ley de Lobby), artigo 2°: "*Lobby: aquella gestión o actividad remunerada, ejercida por personas naturales o jurídicas, chilenas o extranjeras, que tiene por objeto promover, defender o representar cualquier interés particular, para influir en las decisiones que, en el ejercicio de sus funciones, deban adoptar los sujetos que se indican en los artículos 3° y 4°*". Na Resolução infralegal criada para tratar do *lobby*, a conceituação mencionada aparece no artigo 3°.

sempre remunerada[277] e passível de ser desenvolvida por pessoas jurídicas e pessoas físicas, chilenas ou estrangeiras, tem como objetivo promover, defender ou representar interesses particulares junto à administração pública, para influenciar decisões dos agentes do Estado[278]. A gestão de interesses particulares, por sua vez, embora apresente os mesmos propósitos e possa ser realizada pelos mesmos sujeitos, não é remunerada[279].

Para que tenham incidência as previsões do diploma legal chileno que disciplina a atividade de *lobby,* as tentativas de interferência nos processos de decisão dos órgãos públicos não podem ser direcionadas a qualquer servidor do Estado. Considerando que a atuação do lobista apenas será eficaz, isto é, produzirá efeitos concretos, e, portanto, demandará efetiva transparência, se os destinatários de suas comunicações dispuserem de poder decisório - ou de capacidade de influenciar quem dele disponha - a *Ley de Lobby* previu uma lista de sujeitos passivos bastante ampla, que, no entanto, não contempla funcionários de baixo escalão.

Estão sujeitos aos comandos do texto normativo, apenas para exemplificar, os ministros, secretários de governo, os diretores de serviços públicos, os embaixadores, os prefeitos, vereadores, membros da cúpula do Banco Central e das Forças Armadas, os deputados, senadores, assessores legislativos, os membros do Ministério Público e diretores de órgãos do Poder Judiciário[280]. Ademais, de forma a conferir elasticidade ao rol de agentes públicos que devem observar as exigências legais previu-se que qualquer pessoa que exerça influência efetiva sobre agentes relevantes da administração estatal pode ser considerada sujeito passivo, para fins de *lobby*[281].

---

277. GARÍN GONZALÉZ, Renato. *The Chilean Lobbying Act*: legal analysis and criticismo, cit., p. 10: "*Essa definição legal começa com a premissa de que o lobby é uma atividade que visa a ganhos; ou seja, pessoas e corporações oferecem esse serviço no mercado e outras pessoas e empresas pagam por ele*" (tradução livre). No mesmo sentido: RAMIREZ, Rodrigo; STERNSDORFF, Nicole; PASTOR, Carolina. Lobby in Chile: do we have the law we need?, cit., p. 4.

278. GOBIERNO DE CHILE. *Manual jurídico de la Ley n° 20.730*. Que regula el lobby y las gestiones que representen intereses particulares ante las autoridades y funcionários, cit., p. 7.

279. Lei nº 20.730 (Ley de Lobby), artigo 2º: "*Gestión de interés particular: aquella gestión o actividad ejercida por personas naturales o jurídicas, chilenas o extranjeras, que tiene por objeto promover, defender o representar cualquier interés particular, para influir en las decisiones que, en el ejercicio de sus funciones, deban adoptar los sujetos pasivos que se indican en los artículos 3º y 4º*". Na Resolução infralegal criada para tratar do *lobby*, a conceituação mencionada aparece no artigo 3º.

280. GOBIERNO DE CHILE. *Manual jurídico de la Ley n° 20.730*. Que regula el lobby y las gestiones que representen intereses particulares ante las autoridades y funcionários, cit., p. 9.

281. Lei nº 20.730 (Ley de Lobby): "*Artículo 3º. Para efectos de esta ley, son sujetos pasivos los ministros, subsecretarios, jefes de servicios, los directores regionales de los servicios públicos, los intendentes y gobernadores, los secretarios regionales ministeriales y los embajadores. También estarán sujetos a las obligaciones que esta ley indica, cualquiera sea su forma de contratación, los jefes de gabinete de las personas individualizadas en el inciso precedente, si los tuvieren; así como las personas que, en razón de su función o cargo, tengan atribuciones decisorias relevantes o*

A *Ley de Lobby*, embora preveja extenso rol de agentes públicos sujeitos às suas disposições, não exige que todas as interações entre eles e os lobistas sejam disciplinadas. Veja-se que o artigo 6º estatui que não são alcançados pelos preceitos normativos, dentre outros, os encontros estabelecidos por iniciativa do funcionário estatal, no desempenho de suas atividades profissionais; o intercâmbio de informações entre lobistas e agentes do Estado, por solicitação destes últimos; tentativas de convencimento implementadas em reuniões públicas; atuação de lobistas como expertos, inclusive, em comissões públicas de discussão legislativa, ou com o fim de prover informações de natureza técnica etc[282].

influyan decisivamente en quienes tengan dichas atribuciones, y reciban por ello regularmente una remuneración. Anualmente, el jefe superior del servicio respectivo individualizará a las personas que se encuentren en esta calidad, mediante una resolución que deberá publicarse de forma permanente en los sitios electrónicos indicados en el artículo 9º. Artículo 4º. Son también sujetos pasivos de esta ley, aquellas autoridades y funcionarios que se indican a continuación: 1) En la Administración Regional y Comunal: los consejeros regionales, los alcaldes, los concejales, los secretarios ejecutivos de los consejos regionales, los directores de obras municipales y los secretarios municipales. 2) En la Contraloría General de la República: el Contralor General y el Subcontrolador General. 3) En el Banco Central: el Presidente, el Vicepresidente y los consejeros. 4) En las Fuerzas Armadas y de Orden y Seguridad Pública: los Comandantes en Jefe, el Director General de la Policía de Investigaciones de Chile, el General Director de Carabineros de Chile, el Jefe y Subjefe del Estado Mayor Conjunto y los encargados de las adquisiciones. En este último caso, anualmente y mediante resolución del jefe superior de la institución respectiva, se individualizarán los funcionarios que ocupen dicho cargo. 5) En el Congreso Nacional: los diputados, los senadores, el Secretario General y el Prosecretario de la Cámara de Diputados, el Secretario General y el Prosecretario Tesorero del Senado, y los asesores legislativos que indique anualmente cada parlamentario, en la forma y con el procedimiento que determine la Comisión de Ética y Transparencia Parlamentaria que corresponda. 6) En el Ministerio Público: el Fiscal nacional y los fiscales regionales. 7) Los consejeros del Consejo de Defensa del Estado, del Consejo Directivo del Servicio Electoral, del Consejo para la Transparencia, del Consejo de Alta Dirección Pública, del Consejo Nacional de Televisión, del Instituto Nacional de Derechos Humanos, los integrantes de los Paneles de Expertos creados en la ley nº 19.940 y en la ley nº 20.378 y del Panel Técnico creado por la ley nº 20.410, sólo en lo que respecta al ejercicio de sus funciones. Asimismo, se considerarán sujetos pasivos de esta ley los integrantes de las Comisiones Evaluadoras formadoras en el marco de la ley nº 19.886, sólo en lo que respecta al ejercicio de dichas funciones y mientras integran esas Comisiones. 8) En la Corporación Administrativa del Poder Judicial: su Director. Las instituciones y los órganos a los que pertenecen los sujetos pasivos indicados en este artículo podrán establecer mediante resoluciones o acuerdos, según corresponda, que otros funcionarios sean considerados sujetos pasivos para efectos de esta ley, cuando, en razón de su función o cargo y por tener atribuciones decisorias relevantes o por influir decisivamente en las personas que tienen dichas atribuciones, sea necesario, para efectos de transparencia, someterlos a esta normativa. Tales personas deberán ser individualizadas anualmente por resolución de la autoridad competente, la cual deberá publicarse de forma permanente en los sitios electrónicos indicados en el artículo 9º (...)". Na resolução infralegal criada para tratar do *lobby*, a conceituação mencionada aparece nos artigos 4º, 5º, 6º e 7º.

282. Lei nº 20.730 (Ley de Lobby): "*Artículo 6º. No obstante lo señalado en el artículo precedente, no están regulados por esta Ley: 1) Los planteamientos o las peticiones realizados con ocasión de una reunión, actividad o asamblea de carácter público y aquellos que tengan estricta relación con el trabajo en terreno propio de las tareas de representación realizadas por un sujeto pasivo en el ejercicio de sus funciones. 2) Toda declaración, actuación o comunicación hecha por los sujetos pasivos en el ejercicio de sus funciones. 3) Toda petición, verbal o escrita, realizada para conocer el estado de tramitación de un determinado procedimiento administrativo. 4) La información entregada a una autoridad pública, que la haya solicitado expresamente para efectos de realizar*

No que toca à atuação dos advogados, os quais, via de regra, são remunerados justamente para promover, defender e representar interesses particulares, verifica-se que também ela está fora do espectro de incidência da Lei nº 20.730. Consta do artigo antes referido que as suas exigências não devem interferir na defesa de interesses em juízo, no patrocínio de causas judiciais ou administrativas, nem na atuação de *amicus curiae*.

De seu turno, o artigo 5º da *Ley de Lobby* estatui que estão sujeitas à sua disciplina as articulações entre os lobistas e os agentes públicos nela mencionados, que tenham como objetivo interferir especialmente na elaboração, modificação ou revogação de leis, atos normativos, projetos de política pública, e acordos públicos; na celebração, modificação ou desfazimento de contratos pela administração pública; no desenvolvimento e implementação de planos e programas de políticas públicas etc[283].

una actividad o adoptar una decisión, dentro del ámbito de su competencia. 5) Las presentaciones hechas formalmente en un procedimiento administrativo, por una persona, su cónyuge o pariente hasta el tercer grado por consanguinidad y segundo de afinidad en la línea recta y hasta el segundo grado por consanguinidad o afinidad en la colateral, siempre que no se solicite la adopción, modificación o derogación de normas legales o reglamentarias, ni el cambio de resultados de procesos administrativos o de selección. 6) Las asesorías contratadas por órganos públicos y parlamentarios realizados por profesionales e investigadores de asociaciones sin fines de lucro, corporaciones, fundaciones, universidades, centros de estudios y de cualquier otra entidad análoga, así como las invitaciones que dichas instituciones extiendan a cualquier funcionario de un órgano del Estado. 7) Las declaraciones efectuadas o las informaciones entregadas ante una comisión del Congreso Nacional, así como la presencia y participación verbal o escrita en alguna de ellas de profesionales de las entidades señaladas en el número precedente, lo que, sin embargo, deberá ser registrado por dichas comisiones. 8) Las invitaciones por parte de funcionarios del Estado y de parlamentarios para participar en reuniones de carácter técnico a profesionales de las entidades señaladas en el número 6). 9) La defensa en juicio, el patrocinio de causas judiciales o administrativas o la participación en calidad de amicus curiae, cuando ello se permita, pero sólo respecto de aquellas actuaciones propias del procedimiento judicial o administrativo. 10) Las declaraciones o comunicaciones realizadas por el directamente afectado o por sus representantes en el marco de un procedimiento o investigación administrativos. 11) Las presentaciones escritas agregadas a un expediente o intervenciones orales registradas en audiencia pública en un procedimiento administrativo que admita la participación de los interesados o de terceros".

283. Lei nº 20.730 (Ley de Lobby): "*Artículo 5º. Las actividades reguladas por esta Ley son aquellas destinadas a obtener las siguientes decisiones: 1) La elaboración, dictación, modificación, derogación o rechazo de actos administrativos, proyectos de ley y leyes, como también de las decisiones que adopten los sujetos pasivos mencionados en los artículos 3º y 4º. 2) La elaboración, tramitación, aprobación, modificación, derogación o rechazo de acuerdos, declaraciones o decisiones del Congreso Nacional o sus miembros, incluidas sus comisiones. 3) La celebración, modificación o terminación a cualquier título, de contratos que realicen los sujetos pasivos señalados en esta ley y que sean necesarios para su funcionamiento. 4) El diseño, implementación y evaluación de políticas, planes y programas efectuados por los sujetos pasivos señalados en esta ley, a quienes correspondan estas funciones. Asimismo, se comprenden dentro de las actividades reguladas por esta ley, aquellas destinadas a que no se adopten las decisiones y actos señalados en los numerales precedentes*". Sobre o tema, veja-se: GOBIERNO DE CHILE. *Manual jurídico de la Ley n° 20.730*. Que regula el lobby y las gestiones que representen intereses particulares ante las autoridades y funcionários, cit., p. 11.

Nesses casos, deverá o sujeito passivo (agente público) ao qual direcionadas as iniciativas de convencimento dos lobistas manter registros públicos – e acessíveis à sociedade – das informações relacionadas ao *lobby*. Conforme previsão do artigo 8º, os órgãos públicos vinculados aos funcionários do Estado devem dar publicidade aos registros das audiências e reuniões de que tenham participado os lobistas ou gestores de interesses, local e data de sua realização, bem assim às informações sobre todas as pessoas que delas tenham participado e dos interesses particulares defendidos[284].

Além disso, é imposto aos agentes públicos que têm competência para tomar decisões de relevância para a administração pública que declarem e publiquem todas as informações relacionadas às viagens profissionais que realizem – data, destino, finalidade e identificação do responsável pelo custeio das despesas –, bem como todas as doações e presentes recebidos de particulares, que devem ser devidamente identificados[285].

Nessa última hipótese, para que a entrega de presentes não comprometa a capacidade de o agente público tomar decisões de forma objetiva, proíbem-se

---

284. Lei nº 20.730 (Ley de Lobby): "*Artículo 8º. Los registros de agenda pública establecidos en el artículo anterior deberá consignar: 1) Las audiencias y reuniones sostenidas y que tengan por objeto el lobby o la gestión de intereses particulares respecto de las decisiones que se señalan en el artículo 5º. En dichos registros se deberá indicar, en particular, la persona, organización o entidad con quien se sostuvo la audiencia o reunión, a nombre de quién se gestionan dichos intereses particulares, la individualización de los asistentes o personas presentes en la respectiva audiencia o reunión, si se percebe una remuneración por dichas gestiones, el lugar y fecha de su realización y la materia específica tratada*". Na resolução infralegal criada para tratar do *lobby*, a disciplina correspondente aparece no artigo 12: "*Los registros de audiencias y reuniones deberán contener una individualización de todas las audiencias y reuniones que los sujetos a quienes se aplica este reglamento, sostengan con cualquier persona que realice actividades de lobby o gestión de intereses particulares. Estos registros deberán contener, a lo menos, la siguiente información: a) Individualización de las personas con las cuales se sostuvo la audiencia o reunión, mediante su nombre completo y número de cédula nacional de identidad, o número de pasaporte en el caso de extranjeros. b) Indicar si tales personas informaron percibir o no una remuneración a causa de la actividad de lobby o gestión de intereses particulares que se realizó. c) Individualización de las personas, organización o entidad a quienes representan las personas con las cuales se sostuvo la audiencia o reunión (...)*". Sobre o tema: GOBIERNO DE CHILE. *Manual jurídico de la Ley n° 20.730*. Que regula el lobby y las gestiones que representen intereses particulares ante las autoridades y funcionários, cit., p. 13; GARÍN GONZALÉZ, Renato. *The Chilean Lobbying Act*: legal analysis and criticismo, cit., p. 11.

285. Lei nº 20.730 (Ley de Lobby): "*Artículo 8º. Los registros de agenda pública establecidos en el artículo anterior deberá consignar: (...). 2) Los viajes realizados por alguno de los sujetos pasivos establecidos en esta ley, en el ejercicio de sus funciones. Deberá publicarse en dicho registro el destino del viaje, su objeto, el costo total y la persona jurídica o natural que lo financió. 3) Los donativos oficiales y protocolares, y aquellos que autoriza la costumbre como manifestaciones de cortesía y buena educación, que reciban los sujetos pasivos establecidos en esta ley, con ocasión del ejercicio de sus funciones. En dichos registros deberá singularizarse el regalo o donativo recibido, la fecha y ocasión de su recepción y la individualización de la persona natural o jurídica de la cual procede. Se exceptuarán de esta obligación aquellas reuniones, audiencias y viajes cuando su publicidad comprometa el interés general de la Nación o la seguridad nacional*". Na resolução infralegal criada para tratar do *lobby*, a conceituação mencionada aparece nos artigos 14 e 15.

situações em que os agrados oferecidos representem mais do que cortesias e gestos de boa educação[286].

Verifica-se, portanto, que no sistema normativo chileno a obrigação do registro e de fornecimento de informações para assegurar efetiva transparência às práticas de *lobby* não recaem sobre o lobista, diferentemente do que notamos em países como os Estados Unidos, o Canadá e a Inglaterra. No Chile, as principais obrigações estabelecidas na *Ley do Lobby* alcançam os funcionários públicos e os órgãos do Estado a que estejam vinculados, remanescendo para o lobista apenas obrigações residuais[287], relacionadas, essencialmente, ao fornecimento de informações verdadeiras, quando da solicitação de audiências e reuniões, sobre os interesses que defendem e a remuneração que percebem[288].

Ao contrário do que acontece em países que preveem obrigações mais rigorosas aos lobistas, não há no Chile a possibilidade de que se conheça, efetivamente, os valores que percebem em razão de suas atividades. Prevê-se apenas a necessidade de que o lobista informe aos agentes públicos que pretende influenciar se ele é remunerado, inexistindo qualquer previsão de que deva expor detalhes de tal remuneração[289].

---

286. É importante destacar que todas as informações acima mencionadas, bem como informações sobre todos os lobistas registrados no Chile e estatísticas relacionadas às atividades por eles desenvolvidas, por imposição do artigo 9º da *Ley de Lobby*, ficam disponíveis ao público em domínio eletrônico mantido pelo Conselho para a Transparência (INFO LOBBY. Disponível em: <www.infolobby.cl>. Acesso em: 15 jun. 2018).

287. Garín Gonzaléz, Renato. *The Chilean Lobbying Act*: legal analysis and criticismo, cit., p. 21: *"A lei de lobby chilena tem uma clara ênfase na imposição de preceitos aos destinatários das iniciativas dos lobistas, não nestes últimos. Por exemplo, o lobista não tem qualquer obrigação de revelar quem são os seus clientes"* (tradução livre).

288. Tal circunstância fica clara no artigo 12 da *Ley de Lobby*, que prevê obrigações simples para o lobista, em suas interações com agentes públicos: *"Artículo 12. Las personas que realicen lobby o gestiones de intereses particulares, de acuerdo a lo dispuesto en esta ley, estarán sujetas a las siguientes obligaciones: 1. Proporcionar de manera oportuna y veraz a las autoridades y funcionarios respectivos, la información señalada en esta ley, cuando ésta les sea requerida, tanto para solicitar audiencias o reuniones, como para efectos de su publicación. 2. Informar, al sujeto pasivo a quien solicitan la reunión o audiencia, el nombre de las personas a quienes representan, en su caso. 3. Informar, al sujeto pasivo a quien solicitan la reunión o audiencia, si reciben una remuneración por las gestiones. 4. Proporcionar, en el caso de las personas jurídicas, la información que se les solicite respecto de su estructura y conformación, sin que en caso alguno les sea obligatorio suministrar información confidencial o estratégica. Dicha información será solicitada a través de un formulario que, para estos efectos, elaborará el Ministerio Secretaría General de la Presidencia (...). La omisión inexcusable de la información requerida en el inciso anterior o la inclusión a sabiendas de información inexacta o falsa, por parte de las personas señaladas en dicho inciso, será penada con la multa señalada en el artículo 8º. Tales personas deberán informar a sus clientes o representados de las obligaciones a las que están sujetas en virtud de esta Ley"*. Na Resolução infralegal criada para tratar do *lobby*, a conceituação mencionada aparece no artigo 10.

289. Garín Gonzaléz, Renato. *The Chilean Lobbying Act*: legal analysis and criticismo, cit., p. 22: *"O segundo título do Lobbying Act prevê normas para a divulgação de informações sobre gastos*

Ponto de crítica à Lei nº 20.730 é que nela não foram previstas limitações à atuação como lobistas de ex-funcionários públicos. Consoante verificado na sistemática jurídica de outras nações, o prestígio e as relações dos egressos da administração pública que atuam como lobistas, não raro, geram importante desequilíbrio nos processos de decisão dos agentes públicos, situação que reclama normas que restrinjam a sua atuação por certo período de tempo. Tal medida é considerada por muitos estudiosos do assunto, como já examinado na presente tese, imprescindível para que se alcance efetiva transparência na atuação dos lobistas[290].

As sanções previstas para o lobista que presta informações falsas aos órgãos de controle chilenos sobre audiências com agentes públicos são de cunho exclusivamente econômico. Para os sujeitos passivos (agentes públicos abordados pelos lobistas) que não observam as normas, as sanções previstas são financeiras, de caráter administrativo.

Destaque-se que, com a finalidade de assegurar à sociedade a identificação não apenas das pessoas que praticam *lobby* legalmente, mas também daquelas que o fazem ilegalmente, a *Ley de Lobby* estatui que o nome da pessoa responsabilizada juridicamente por descumprir os seus preceitos seja publicado na internet, após a tramitação de procedimento administrativo-sancionador com a observância do direito de defesa[291].

No que concerne às sanções previstas, malgrado não haja previsão de tipo penal que albergue violação específica de seus preceitos, prevê-se expressamente que eventuais comportamentos criminosos que tenham relação com as atividades de *lobby* sejam sancionados pela legislação penal ordinária. Assim, poder-se-á falar na prática de crimes de falsidade documental, caso haja informações falsas ou parciais nos documentos públicos de controle das atividades dos lobistas, bem como na prática de crimes contra a administração pública, por exemplo, se

(...), mas há apenas a necessidade de informar se há ou não pagamento (binário). Assim, nenhuma informação é exigida sobre o montante dos pagamentos nem dos serviços contratados" (tradução livre).

290. Garín Gonzaléz, Renato. *The Chilean Lobbying Act*: legal analysis and criticismo, cit., p. 24-27: *"A contratação de ex-funcionários do Estado aumenta o risco de conflito de interesses em alguns casos particulares (...). Por isso, regulamentações do lobby devem incluir limitações para contornar essa questão (quarentenas), porque a influência exercida em face dos agentes do Estado pode ser maior nos casos em que o sujeito manteve relações no passado"* (tradução livre).

291. Não obstante a *Ley de Lobby* preveja patamares sancionatórios diversos, considerada a importância do cargo ocupado pelo sujeito passivo que a descumpre, em todos os casos, impõe-se sejam os nomes dos condenados publicados nos domínios públicos. Consta do artigo 15 do texto normativo: *"Se publicarán los nombres de la o las personas sancionadas en los sitios electrónicos del respectivo órgano o servicio, por un plazo de un mes desde que esté firme la resolución que establece la sanción"*. Sobre o tema, veja-se: GOBIERNO DE CHILE. *Manual jurídico de la Ley n° 20.730*. Que regula el lobby y las gestiones que representen intereses particulares ante las autoridades y funcionários, cit., p. 20.

o descumprimento dos deveres pelos sujeitos passivos decorrer do recebimento de vantagens indevidas.

Destaque-se que há consenso no sentido de que as disposições sancionatórias da *Ley de Lobby* não atendem ao fim de desestimular a atuação irregular de lobistas e funcionários públicos[292]. Visto que a sanção pecuniária prevista não ultrapassa o montante de dez mil reais e que são muitas as dificuldades práticas para que seja efetivamente aplicada nos casos concretos, os níveis de obediência legal são baixos[293].

Tal assertiva é corroborada por relatórios divulgados pelo *Infolobby*, que indicam o baixo grau de observância da Lei n° 20.730. Eles apontam para a enorme discrepância na quantidade de reuniões, audiências, viagens e presentes declarados pelos funcionários públicos, do que se concluiria que nem todos observam com rigor as regras de transparência instituídas. Por exemplo, enquanto a média de reuniões cadastradas por alguns ministros em um período de 20 meses supera 70, a média do titular do Ministério das Mulheres e da Igualdade de Gênero foi de apenas seis reuniões[294].

Ou seja, existe no Chile, hoje, além de um problema de índole normativa, tendo em vista que as sanções previstas na *Ley de Lobby*, notadamente as de natureza administrativa, são excessivamente brandas, também um problema de implementação de suas exigências, situação que estimula o descumprimento reiterado da lei[295].

Tal circunstância revela que não basta a criação de um diploma normativo que discipline a matéria, para que se assegure verdadeiro acesso às informações sobre as atividades de *lobby*. É fundamental, também, embora se reconheça que a Lei nº 20.730 tenha dotado de mais transparência a relação entre particulares e agentes do Estado[296], que os mecanismos de controle sejam eficazes, que a cultura da transparência seja absorvida pelos agentes implicados no *lobby,* que

---

292. Garín González, Renato. *The Chilean Lobbying Act*: legal analysis and criticismo, cit., p. 24: "*As penas previstas no Lobbying Act chileno são insuficientes. Sanções devem ser severas o suficiente para comunicar a qualquer sujeito que viole as previsões normativas a gravidade das consequências de fazê-lo. Além disso, as penas de prisão deveriam ser inseridas como ultima ratio para os casos extremos. Outro importante ponto é a necessidade de incluir uma norma que permita às autoridades públicas realizar amplas e profundas auditorias em empresas especializadas em lobby*" (tradução livre).

293. Karmy, Jorge Sahd; Valenzuela Bustos, Cristián. *Lobbying regulation in Chile*: opening access to authorities, cit., p. 14: "*Há um consenso no sentido de que o Lobbying Act deveria ter mais medidas que assegurassem a sua observância. Atualmente, o nível de cumprimento de seus preceitos por muitos agentes que praticam lobby é baixo*" (tradução livre).

294. Esse tipo de discrepância é vista em todos os órgãos públicos (Id. Ibid., p. 7-8).

295. Id. Ibid., p. 10.

296. Id. Ibid., p. 16.

as sanções previstas tenham aptidão para desestimular comportamentos proibidos e sejam efetivamente aplicadas.

Para complementar a reduzida quantidade de obrigações impostas aos lobistas na *Ley de Lobby*, o governo do Chile elaborou um *Código de Buenas Prácticas para Lobbistas*, no qual foram elencados os princípios que devem reger a sua atuação, o modo como devem se relacionar com os seus clientes e com as autoridades públicas, bem assim a forma como devem agir na solução de eventuais conflitos de interesses que surjam no curso de suas atividades[297].

Partindo da mesma lógica que permeou a *Ley do Lobby*, o código de conduta dos lobistas considera que o *lobby* é uma atividade legítima e importante para a tomada de decisão em sociedades de índole democrática. Todavia, ao mesmo tempo em que a atuação dos lobistas é importante manifestação de valores democráticos e deve ser preservada, é imprescindível que à sociedade sejam oferecidos mecanismos para conhecer essa atuação.

Extrai-se do texto deontológico em questão que:

> El lobby es una actividad legítima y una parte importante del proceso democrático. Al influir en el proceso de la toma de decisiones, el lobby puede mejorar el diseño y los resultados de las políticas públicas, tanto para beneficio de los directamente interesados, como para la sociedad en su conjunto. Existe, por otra parte, una expectativa pública de que la actividad de los lobbistas se realice de una manera honesta y transparente, y que las autoridades y funcionarios (sujetos pasivos en los términos de nuestra ley vigente) que sean contactados por ellos, puedan reconocer con claridad los intereses que representan, de tal manera que puedan adoptar decisiones bien informadas.

O Código de Boas Práticas prevê que o lobista deve agir com honestidade e integridade em face da administração pública, de seus clientes, dos meios de comunicação, de outros lobistas e do público; com transparência, divulgando informações acuradas sobre as suas atividades e sobre os titulares dos interesses

---

297. Além de criar textos normativos e códigos de conduta para guiar o comportamento dos sujeitos diretamente envolvidos com a prática de *lobby*, o governo chileno desenvolveu manuais com informações gerais sobre a *Ley de Lobby* e suas exigências, com o fim de que a sociedade conhecesse a disciplina jurídica dispensada à matéria. O *Manual del Ciudadano* (GOBIERNO DE CHILE. *Ley nº 20.730 que regula el lobby.*_Disponível em: <https://www.leylobby.gob.cl/files/manual_ciudadano%20ley_lobby.pdf>), criado para satisfazer os interesses de pessoas não relacionadas ao mundo do Direito, e o *Manual Jurídico* (GOBIERNO DE CHILE. *Manual jurídico de la Ley n° 20.730.* Que regula el lobby y las gestiones que representen intereses particulares ante las autoridades y funcionários, cit.), que atende às necessidades daqueles que dependem de conhecimento técnico sobre o tema. Ademais, a Transparência Internacional criou cartilhas com informações elementares sobre a *Ley de Lobby* (TRANSPARÊNCIA INTERNACIONAL. Chile Transparente. *Manual Ley nº 20.730.* Disponível em: <http://www.chiletransparente.cl/wp-content/uploads/2013/03/Manual-Lobby-Municipalidades-FINAL.pdf>. Acesso em: 07 abr. 2017).

defendidos; com profissionalismo e de forma a resguardar um equilíbrio entre interesses públicos e privados[298].

Ademais, o documento prevê que o lobista deve, em relação aos seus clientes, atuar de forma leal e promover com diligência a defesa de seus interesses junto ao Estado, sempre respeitando os ditames jurídicos que regem a atividade de *lobby*[299].

O que de mais relevante há nesse código de conduta, porém, são os deveres que o lobista deve observar na tentativa de influenciar as decisões dos agentes do Estado: (i) apresentar aos órgãos públicos informações fidedignas e completas sobre os temas de interesse de seus clientes, para que sejam divulgados nos domínios eletrônicos; (ii) não ocultar a identidade dos clientes; (iii) denunciar a atuação ilegal de lobistas e agentes públicos; (iv) não exercer influência ilegal na formação da convicção dos agentes estatais, por meio do oferecimento de vantagens indevidas[300].

---

298. Código de Buenas Prácticas Para Lobbistas: "*1. Princípios. 1.1. Honestidad e integridad: Los lobbistas conducirán y promoverán relaciones íntegras y honestas con los organismos de la Administración del Estado, sus clientes, los medios de comunicación y el público en general, así como con otros lobbistas. 1.2. Transparencia: Los lobbistas proveerán de información transparente y fidedigna sobre sus actividades a los órganos de la Administración del Estado, sus clientes, los medios de comunicación y al público en general, salvo aquella información que deba tener el carácter de confidencial para resguardar los intereses del cliente. 1.3. Profesionalismo: Los lobbistas admitirán su calidad de tales en sus relaciones profesionales, observando los estándares legales y éticos más altos en el ejercicio de su labor, así como las prescripciones y recomendaciones de los organismos multilaterales a los cuales el país adhiera. 1.4. Compatibilidad del interés privado y el interés público: Los lobbistas promoverán, defenderán o representarán los intereses particulares de los clientes procurando no contravenir el interés general de la comunidad*" (GOBIERNO DE CHILE. Ministerio Secretaría General de la Presidencia. *Código de Buenas Prácticas para Lobbistas*. Disponível em: <https://www.leylobby.gob.cl/files/buenas_practicas_lobby.pdf>. Acesso em: 13 fev. 2018).

299. A título exemplificativo, verifica-se existir no *Código de Buenas Prácticas para Lobbistas* as seguintes obrigações: "*3.1. Lealtad y dedicación a la gestión. El lobbista mantendrá la lealtad hacia los intereses del cliente y debiera representarlos, promoverlos o defenderlos con vigor y diligencia. Asimismo, dedicará el tempo, la atención y los recursos para la representación, promoción o defensa de los intereses del cliente que sean adecuados, considerando las expectativas del cliente, lo acordado con éste y la remuneración por la gestión (...). El lobbista asegurará, por los medios razonables, de la veracidad y exactitud de la información que le entregue al cliente (...). El lobbista se abstendrá de aconsejar a su cliente actos fraudulentos o contrarios a la ley, ni ofrecer el empleo de medios contrarios al derecho. En particular, abstenerse de prometer resultados que no dependan exclusivamente de su desempeño profesional (...)*" (Id. Ibid.).

300. Código de Buenas Prácticas Para Lobbistas: "*El lobbista proporcionará de manera oportuna a las autoridades y funcionarios respectivos, la información requerida por la ley para los efectos de su registro y publicación en los sitios electrónicos de transparencia activa y en las nóminas consolidadas del Consejo para la Transparencia, procurando siempre que la información sea fidedigna y que se encuentre actualizada (...). El lobbista informará en forma precisa el asunto o materia con respecto a la cual gestiona los intereses de su cliente (...). 4.3. Intermediarios. El lobbista se abstendrá de emplear a personas como intermediarias en la representación de los intereses de una persona con el objeto de esconder el vínculo con su cliente o de no entregar información sobre dicho vínculo para efectos de los registros (...). 4.4. Denuncia de actuaciones contrarias a la ley o a la ética: El lobbista denunciará ante la autoridad competente las faltas e infracciones de las*

Vale dizer, entretanto, que nenhuma consequência efetiva está prevista para as hipóteses de violação do código de conduta, situação que contribui, conforme já mencionado, para o reduzido grau de observância dos preceitos normativos chilenos atinentes à prática do *lobby*.

Apesar disso, como primeiro país da América Latina a introduzir em seu direito positivo previsões diretamente voltadas ao *lobby*, o Chile serve de importante fonte de estudo, porque, nos parece, não conseguiu desenvolver sistemática normativa que suprisse a demanda da sociedade e dos órgãos da administração pública por maior transparência, sendo importante que não repitamos no Brasil os equívocos existentes na Lei n° 20.730.

2.5 A história do tratamento jurídico do *lobby* na União Europeia

A União Europeia é a mais abrangente entidade supranacional do planeta[301] e foi criada com base na concepção desenvolvida após a Segunda Guerra Mundial, de que os países do Velho Continente, unidos, encontrariam melhores condições de desenvolvimento. De acordo com o Tratado de Maastricht, documento que contempla as diretrizes fundantes do organismo supranacional, os seus objetivos centrais seriam a promoção do progresso econômico e social dos países-membros, a afirmação de sua identidade na cena internacional, o reforço da defesa de seus direitos e interesses e o desenvolvimento de um ambiente comunitário de mútua cooperação, a serem atingidos por via de ações estratégicas uniformes[302].

Para a consecução de suas finalidades, a União Europeia, estabelecida na cidade belga de Bruxelas, é integrada por diversos órgãos essenciais, dentre os quais merecem destaque a Comissão Europeia, o Parlamento Europeu, o Con-

que tome conocimiento en el desempeño de sus gestiones. 4.5. Influencia Indebida. El lobbista no propondrá a un funcionario incurrir en alguna acción, o bien, obtener de su parte información o alguna decisión, en forma indebida o deshonesta. El lobbista se abstendrá de ofrecer o aceptar el otorgamiento de cualquier tipo de pago, comisión, compensación o beneficio para una autoridad o funcionario público como condición o medio para acceder a un contacto o información de parte de éste o para influir en cualquier tipo de decisión".

301. Atualmente, a União Europeia é integrada por 28 países. Para mais detalhes sobre o tema, veja-se: UNIÃO EUROPEIA. *Os 28 países da EU*. Disponível em: <https://europa.eu/european-union/about-eu/countries_pt>. Acesso em: 18 abr. 2017.

302. Tratado de Maastricht, artigo 2°: "*A União atribui-se os seguintes objectivos: (a) a promoção do progresso econômico e social, e de um elevado nível de emprego, e a realização de um desenvolvimento equilibrado e sustentável, nomeadamente mediante a criação de um espaço sem fronteiras internas, o reforço da coesão econômica e social e o estabelecimento de uma união econômica e monetária, que incluirá a prazo, a adoção de uma moeda única, de acordo com as disposições do presente Tratado; (b) a afirmação da sua identidade na cena internacional, nomeadamente através da execução de uma política externa e de segurança comum, que inclua a definição gradual, e uma política de defesa comum (...), (c) o reforço dos direitos e dos interesses nacionais dos seus Estados-membros, mediante a instituição de uma cidadania da União; (d) a manutenção e o desenvolvimento da União enquanto espaço de liberdade, de segurança e de justiça, em que seja assegurada a livre circulação de pessoas (...)*".

selho Europeu, o Conselho da União Europeia, o Tribunal de Justiça da União Europeia, o Banco Central Europeu, o Tribunal de Contas Europeu, o Comitê Econômico e Social Europeu[303], cada um deles dotado de complexa estrutura interna e abrangente espectro de competências.

A ideia de desenvolver um quadro institucional único para congregar os países que integravam o bloco europeu apenas foi possível porque parte dos poderes de que eles dispunham e que consubstanciavam manifestação de sua soberania foram transferidos à União Europeia e seus órgãos. Para fins ilustrativos, no que concerne à criação das normas que compõem o sistema jurídico dos Estados-membros, atividade pública mais importante quando se está a discutir o tema do *lobby*, 80% dos preceitos legais atualmente vigentes na Europa têm origem nas iniciativas da entidade supranacional, não no âmbito doméstico[304].

CHARI, HOGAN e MURPHY[305] esclarecem que, desde a criação da Comunidade Econômica Europeia nos pós-guerra (1957), gênese da atual União Europeia, houve uma enorme transferência de poder, dos Estados-nação para a esfera supranacional. Tal situação foi observada em áreas relacionadas ao comércio, concorrência, aos planos de desenvolvimento econômico e monetário, às relações de trabalho, relações de consumo, à agricultura, energia, entre outros.

O centro das decisões políticas de maior impacto para os países da Europa deixou de ser, por conseguinte, os Poderes Executivos e Legislativos nacionais, que cederam espaço às entidades componentes do organismo supranacional. Não são, portanto, as decisões tomadas no plano interno, via de regra, que determinam as orientações políticas, sociais e econômicas de cada um dos 28 países-membros do bloco. Ao contrário, é o centro decisório comunitário, seus órgãos e seus integrantes que o fazem.

O resultado desse processo de expansão da interferência da União Europeia na vida das nações fez com que, no âmbito comunitário, a atividade dos lobistas adquirisse relevância. Pontificam CHARI, HOGAN e MURPHY, além de COEN, RICHARDSON e EISING[306], uma vez que a conformação jurídica dos países do bloco

---

303. Artigo 13 do Tratado da União Europeia.

304. LEHMANN, Wilhelm; BOSCHE, Lars. Lobbying in the European Union: current rules and practices, cit.: "*Uma vez que Bruxelas se tornou um importante centro de poder político (80% das normas nacionais das nações da União Europeia têm inspiração no bloco), os lobbies começaram a proliferar*" (tradução livre). No mesmo sentido: EUROPEAN UNION. Delegation of the European Commission to the USA. *Lobbying in the EU*: an overview, cit.; KLÜVER, Heike. *Interest groups influence on EU policy-making*: a quantitative analysis across issues, cit., p. 1.

305. CHARI, Raj; HOGAN, John; MURPHY, Gary. Regulating lobbying: a global comparison, cit., 2010, p. 45: "*(...): nos últimos 30 anos, tem havido uma transferência de poder dos estados-membro para o nível supranacional, em diversas áreas, incluindo comércio, concorrência, agricultura, justiça, segurança, relações exteriores.*" (tradução livre).

306. COEN, David; RICHARDSON, Jeremy. Learning to lobby the European Union: 20 years of change, cit., p. 3 e ss.: "*É universalmente aceito que houve um crescimento nas atividades de lobby*

passou a depender das decisões tomadas no plano supranacional, as atividades de *lobby* passaram a ser empreendidas para nelas interferir, o que gerou uma *explosão* no número de lobistas em Bruxelas[307].

A partir dessa transferência de competências, inúmeros lobistas individuais, empresas especializadas em relações institucionais e, até mesmo, grandes conglomerados econômicos que dispõem de equipes dedicadas ao *lobby*, instalaram escritórios em Bruxelas — empresas como Airbus, Telefonica, DuPont, Dow Chemical e organizações não governamentais, como o Greenpeace, a Cruz Vermelha e a Anistia Internacional[308].

Atualmente, mais de trinta mil pessoas atuam como lobistas profissionais perante os órgãos do bloco supranacional[309], contratados com o propósito de interagir com o seu corpo de funcionários e representantes, para direcionar os caminhos estratégicos nas esferas política, econômica e social.

Bouwen[310] adverte que as atividades de *lobby* no bloco supranacional não

na União Europeia, nos últimos 20 anos (...). A partir dos anos de 1980, os grupos de interesse e os lobistas aumentaram em quantidade (...), conforme uma sucessão de tratados delegava competências regulatórias à União Europeia (...). Poucos duvidam, atualmente, que a transferência gradual de poderes para a União Europeia contribuiu para a europeização das atividades de lobby" (tradução livre). No mesmo sentido: Chari, Raj; Hogan, John; Murphy, Gary. Regulating lobbying: a global comparison, cit., 2010, p. 45; Eising, Rainer. Interest groups in EU policy-making, cit., p. 9.

307. Vidacak, Igor. Interest groups and lobbying in the European Union, cit., p. 177 e ss.: *"O número de grupos de interesse atuando de forma profissional e organizada na União Europeia tem crescido constantemente nas últimas duas décadas. Essa tendência de crescimento tem relação com a gradual expansão das competências da União Europeia em uma série de áreas (...). Quanto mais as competências do organismo supranacional crescem, mais abundante e poderosos são os grupos de interesses e os lobistas que tentam influenciar os seus representantes (...). Durante os anos de 1980, particularmente após a assinatura do Single European Act, houve uma verdadeira explosão na quantidade de lobistas que atuam na União Europeia"* (tradução livre). No mesmo sentido: Krsmanovic, Dusko. *A guidebook on lobbying*, cit., p. 29.

308. Dados estatísticos indicam que a maior parte dos contratantes dos lobistas em Bruxelas são empresas privadas. Aponta-se que 70% dos investimentos em *lobby* no bloco supranacional são feitos por tais agentes econômicos, 20%, por entidades de direito público (países, regiões, municípios e organizações internacionais) e 10%, por organizações não governamentais. Sobre o assunto, veja-se: Chari, Raj; Hogan, John; Murphy, Gary. Regulating lobbying: a global comparison, cit., 2010, p. 47.

309. 30,000 lobbyists and counting: is Brussels under corporate sway? *The Guardian*. Disponível em: <https://www.theguardian.com/world/2014/may/08/lobbyists-european-parliament-brussels--corporate>. Acesso em: 20 fev. 2017. Na doutrina, sobre o assunto, veja-se: Coen, David; Richardson, Jeremy. Learning to lobby the European Union: 20 years of change, cit., p. 5. A Transparência Internacional, de igual maneira, contém estudos que revelam a enorme quantidade de pessoas envolvidas com as atividades de *lobby* em Bruxelas (TRANSPARENCY INTERNATIONAL. *Money, politics, power*: corruption risks in Europe, cit.

310. Bouwen, Pieter. A comparative study of business lobbying in the European Parliament, The European Commission and the Council of Ministers, cit., p. 7: *"A chave para entender as atividades de lobby nas instituições europeias é compreender a relação entre os interesses privados e os representantes do bloco como relações de troca e de interdependência. É um erro entender que o lobby seja uma atividade unidirecional (...). Também as instituições da União Europeia se*

podem ser vistas apenas como instrumento unidirecional de promoção de interesses privados. Ao contrário, as informações técnicas de que dispõem os lobistas criam relações de troca e interdependência entre agentes públicos e privados.

SAURUGGER[311], por sua vez, ensina que os lobistas e grupos de interesse oferecem às autoridades públicas importantes informações que, de outra maneira, dificilmente seriam utilizadas para aprimorar o seu processo decisório. Ademais, afirma haver efetivo *feedback* entre os atores envolvidos nas atividades de *lobby* e os agentes da União Europeia que contribui para mitigar o déficit democrático na atuação do ente supranacional[312]. Essa posição é compartilhada por CHARRAD[313] e VIDACAK[314], que asseveram ser o instituto essencial à legitimação da atuação de qualquer entidade de cariz democrático.

A grande importância dos lobistas no desenvolvimento das políticas da União Europeia tem conduzido a uma maior observação dos seus mecanismos de atuação, em algumas hipóteses, objeto de específica regulamentação. Isso também decorre da necessidade de que a sociedade disponha de informações sobre as reais circunstâncias que interferem nos processos decisórios de seu interesse e da necessidade de evitar práticas abusivas e ilegais nas atividades de *lobby*.

Entretanto, não há uniformidade no tratamento dispensado ao instituto pelos diversos organismos do bloco, circunstância que torna pouco eficazes as normas vigentes. Conforme aponta estudo desenvolvido pela própria União Europeia, cada um de seus organismos desenvolveu mecanismos próprios para interagir com os lobistas e os grupos de interesse[315], havendo, atualmente, propostas voltadas a promover coesão das iniciativas.

beneficiam da interação com a iniciativa privada (...)" (tradução livre). No mesmo sentido: KLÜVER, Heike. *Lobbying in the European Union*: interest groups, lobbying coalitions and policy change, cit., p. 3.

311. KLÜVER, Heike. *Lobbying in the European Union*: interest groups, lobbying coalitions and policy change, cit., p. 3: *"A crescente abertura das instituições da União Europeia a grupos de interesse e lobistas é fomentada pela necessidade de construção de uma ponte que mitigue o déficit democrático que há entre os cidadãos e o bloco supranacional (...). Diz-se que os lobistas e grupos de interesse podem incrementar a legitimidade democrática do bloco, por assegurarem maior participação social nas decisões e melhorarem a qualidade de atuação de seus representantes. O lobby deve ser conceituado como uma relação de troca, pela qual as entidades europeias trocam influência por informações, apoio social e poder econômico"* (tradução livre).

312. SAURUGGER, Sabine. Interest groups and democracy in the European Union, cit., p. 1277-1278: *"(...) a União Europeia sofre com um déficit de legitimidade democrática. A vinculação de grupos de interesse com a União Europeia, assim, ocupa um papel central na literatura que trata do déficit democrático europeu"* (tradução livre).

313. CHARRAD, Kristina. Lobbying the European Union, cit., p. 4.

314. VIDACAK, Igor. Interest groups and lobbying in the European Union, cit., p. 179.

315. Estudaremos, para revelar esse quadro, a Comissão Europeia e o Parlamento Europeu, as instituições da comunidade europeia nas quais a atuação dos lobistas é mais intensa.

2.5.1. O tratamento jurídico do lobby no Parlamento Europeu

O Parlamento Europeu é um dos organismos da União Europeia que mais atrai os lobistas. À diferença do que ocorre com a Comissão e com o Conselho de Ministros, os membros do dito organismo são eleitos pelos cidadãos e têm atribuições legislativas e orçamentárias. Ademais, a eles incumbe adotar medidas para assegurar que os Estados-membros cumpram os tratados assinados[316].

Ao tempo de criação da União Europeia, os poderes do Parlamento eram diminutos e alguns estudiosos chegaram a dizer que ele teria função meramente simbólica, destinada a incutir nos cidadãos europeus a percepção de que estariam representados no bloco supranacional por indivíduos por eles escolhidos. Todavia, com reajustes institucionais feitos no curso do tempo, em especial a partir da entrada em vigência dos Tratados de Maastricht e de Amsterdã, o Parlamento passou a compartilhar com a Comissão a responsabilidade por decisões relevantes no processo legislativo e pela definição da política orçamentária, situação que o tornou mais importante para os lobistas[317].

Atualmente, é possível que determinações de seus integrantes obstaculizem o encaminhamento e a aprovação de projetos legislativos idealizados pela Comissão Europeia e que tratem de temas de relevo político, econômico e social, aos quais se dedicam as Direções-Gerais (DGs), adiante estudadas. Em vista disso é inequívoco que também o Parlamento Europeu é alvo da observação e da atuação dos lobistas, porquanto o órgão é determinante na definição das políticas do bloco[318].

A importância do Parlamento para as discussões sobre o *lobby* na Europa decorre também do fato de que foi tal organismo que, pela primeira vez, instituiu preceitos normativos para disciplinar a atuação dos lobistas. Com efeito, já nos anos de 1980 e 1990, escândalos revelaram a ocorrência de pagamento de

---

316. Tratado da União Europeia, artigo 14: "*1. O Parlamento Europeu exerce, juntamente com o Conselho, a função legislativa e a função orçamental. O Parlamento Europeu exerce funções de controle político e funções consultivas em conformidade com as condições estabelecidas nos Tratados. Compete-lhe eleger o Presidente da Comissão. 2. O Parlamento Europeu é composto por representantes dos cidadãos da União. O seu número não pode ser superior a setecentos e cinquenta (...). 3. Os membros do Parlamento Europeu são eleitos por sufrágio universal direto, livre e secreto, por um mandato de cinco anos*".

317. Chari, Raj; Hogan, John; Murphy, Gary. Regulating lobbying: a global comparison, cit., 2010, p. 46; Eising, Rainer. Interest groups in EU policy-making, cit., p. 15; Bouwen, Pieter. A comparative study of business lobbying in the European Parliament, The European Commission and the Council of Ministers, cit., p. 14.

318. Coen, David; Richardson, Jeremy. Learning to lobby the European Union: 20 years of change, cit., p. 9: "*Em termos de representação de interesses, o Parlamento Europeu passou por uma profunda transformação nos últimos 20 anos (...). Como consequência do crescimento do poder da União Europeia na formulação de políticas públicas, estima-se que aproximadamente 70.000 pessoas façam contatos anualmente com o Parlamento, por meio de lobby*" (tradução livre). No mesmo sentido: Vidacak, Igor. Interest groups and lobbying in the European Union, cit., p. 182.

vantagens em favor de parlamentares e seus assessores, para que satisfizessem interesses privados representados por lobistas[319].

Assim, em 1996[320], foi introduzido no diploma normativo que regia o funcionamento da entidade um capítulo dedicado à definição de parâmetros para a atuação dos lobistas. Não obstante fossem reduzidas as exigências a eles, passou a ser obrigatório que toda pessoa que desejasse ingressar nas dependências do Parlamento Europeu com regularidade e com o objetivo de fornecer informações aos seus membros, sobre temas afetos ao seu mandato parlamentar, deveria requerer administrativamente a emissão de um cartão de acesso especial, válido por um ano[321].

Para que faça *jus* à credencial especial de acesso, o lobista deve subscrever documentos cadastrais, além de aderir ao código de conduta desenvolvido especificamente para reger suas atividades. Consta deste último documento, dentre outras coisas, que o lobista deve sempre revelar os interesses que defende junto aos membros do Parlamento Europeu e rechaçar estratégias de persuasão desonestas.

Ademais, proíbe-se que os sujeitos dedicados ao *lobby*, nas negociações com seus clientes, mencionem eventual facilidade de acesso que tenham a membros do organismo comunitário em razão de relações pessoais e comercializem documentos obtidos no Parlamento, no curso de suas atividades. Além disso, impõe-se o dever de cuidar para não agir em situações de conflito de interesses, sendo expressamente vedado o oferecimento de vantagens a parlamentares e às suas equipes[322].

---

319. CHARI, Raj; HOGAN, John; MURPHY, Gary. Regulating lobbying: a global comparison, cit., 2010, p. 51: "*(...) já vieram a lume acusações de que assessores de membros do Parlamento Europeu teriam recebido vantagens indevidas para atuar em benefício de grupos de interesse e lobistas (...). Por causa disso, no início dos anos de 1990, surgiram discussões para que se criassem balizas mínimas para evitar esse tipo de situação*" (tradução livre).

320. Sobre o histórico das discussões políticas que conduziram à aprovação da norma, veja-se: LEHMANN, Wilhelm; BOSCHE, Lars. Lobbying in the European Union: current rules and practices, cit., p. 35; THIEL, Marie; BAUER, Elisabeth. EU Transparency Register, cit., p. 3.

321. Rules of Procedure of the European Parliament: "*Rule 9. Members' financial interests, standards of conduct and access to Parliament (...). The Quaestors shall be responsible for issuing nominative passes valid for a maximum for one year to persons who wish to enter Parliament's premises frequently in order to supply information to Members within the framework of their parliamentary mandate in their own interests or those of third parties. In return, those persons shall be required to: respect the code of conduct published as an annex to these Rules of Procedure; sign a register kept by the Quaestors. That register shall be made available to the public on request in all of Parliament's places of work and, in the form laid down by the Quaestors, in its information offices in the Member States (...). The code of conduct and the rights and privileges of former Members shall be laid down by a decision of the Bureau. No distinction shall be made in the treatment of former Members*".

322. Rules of Procedure of the European Parliament (Annex X): "*Article 3. Code of Conduct. 1. In the context of their relations with Parliament, the persons whose names appear in the register*

Chari, Hogan e Murphy[323] bem esclarecem os procedimentos instituídos pelo Parlamento Europeu para normatizar o acesso dos lobistas aos seus membros e dependências: cadastrar-se em banco de dados público e observar os preceitos do código de conduta[324]. Esclarecimentos sobre esse modelo também podem ser encontrados no *Livro Verde* da Comissão Europeia.

As normas criadas pelo Parlamento Europeu para a atuação dos lobistas foram as primeiras dessa natureza a viger no bloco e, embora sejam as únicas cogentes, têm eficácia limitada. Por criar balizas que afetam apenas o lobista que age nas dependências físicas da entidade, os preceitos do *Rules of Procedure*, no qual compiladas as normas sobre a matéria, não alcançam quaisquer iniciativas de convencimento feitas por *e-mail*, ligações telefônicas, mensagens de aplicativo de comunicação e correspondências físicas, tampouco aquelas que se dão em outros ambientes – públicos ou privados.

provided for in Rule 9(4) shall: a) comply with the provisions of Rule 9 and this Annex; b) state the interest or interests they represent in contacts with Members of Parliament, their staff or officials or Parliament; c) refrain from any action designed to obtain information dishonestly; d) not claim any formal relationship with Parliament in any dealings with third parties; e) not circulate for a profit to third parties copies of documents from Parliament; f) comply strictly with the provisions of Annex I, Article 2, second paragraph; g) satisfy themselves that any assistance provided in accordance with the provisions of Annex I, Article 2 is declared in the appropriate register; h) comply with the provisions of the Staff Regulations when recruiting former officials of the institutions; i) comply with any rules laid down by Parliament on the rights and responsibilities of former Members; j) in order to avoid possible conflicts of interest, obtain the prior consent of the Member or Members concerned as regards any contractual relationship with or employment of a Member's assistant, and subsequently satisfy themselves that this is declared in the register provided for in Rule 9(4). 2. Any breach of this Code of Conduct may lead to the withdrawal of the pass issued to the persons concerned and, if appropriate, their firms".

323. COMISSÃO DAS COMUNIDADES EUROPEIAS. Bruxelas, 3.5.2006. COM(2006) 194 final. *Livro Verde*. Iniciativa Europeia em Matéria de Transparência. p. 8. Disponível em: <http://eur-lex.europa.eu/legal-content/PT/TXT/PDF/?uri=CELEX:52006DC0194&from=PT>. Acesso em: 10 mar. 2018: "*(...) o Parlamento Europeu – PE - dispõe de um sistema de acreditação para todas as pessoas que requerem um acesso frequente a esta instituição (...). Este sistema faculta o acesso às instalações do Parlamento. Os questores emitem passes especiais (...). Estes indicam o nome do titular, a designação da empresa para a qual trabalha e a organização que representa. Um registro dos membros de grupos de interesse acreditados é publicado no sítio web do PE. Trata-se de uma mera listagem apresentada em ordem alfabética (...). Não é dada qualquer indicação sobre os interesses promovidos*".

324. Chari, Raj; Hogan, John; Murphy, Gary. Regulating lobbying: a global comparison, cit., 2010, p. 53: "*Há três principais aspectos no tópico 9 do Rule of Procedure. Primeiro, a emissão de credencial com validade máxima de um ano para aqueles que praticam lobby junto ao Parlamento Europeu, sendo lobista aquele que fornece informações aos membros do órgão supranacional (...). Tal credencial dá acesso ao Parlamento e contém o nome do lobista e das entidades para as quais trabalha. Em outras palavras, qualquer pessoa que pretenda ingressar fisicamente nas dependências do Parlamento precisa ter credencial de acesso, para cuja obtenção é obrigatório um cadastramento (...). Segundo, as informações cadastrais do lobista devem ficar acessíveis ao público, no site do Parlamento Europeu (...). Terceiro, (...) o lobista deve respeitar o código de conduta*" (tradução livre).

Outrossim, são restritas as informações efetivamente divulgadas pelos lobistas. Embora se imponha a eles a obrigação de revelar informações detalhadas sobre suas atividades e sobre os interesses que defendem, nem todas elas ficam disponíveis ao público no domínio eletrônico da entidade, inexistindo, inclusive, regras sobre a divulgação dos valores envolvidos nas ações de convencimento efetivamente empreendidas[325].

Além disso, inexiste disposição que trate da atuação como lobista, de ex-membros do Parlamento Europeu. Tal situação tem favorecido um desequilíbrio no jogo de poder na União Europeia, porquanto é cada vez mais comum que, ao encerrar os seus mandatos, parlamentares e integrantes das suas equipes passem a atuar como lobistas, valendo-se das facilidades de acesso decorrentes de sua história parlamentar.

Além de serem constantes as críticas ao *Rules of Procedure* por não prever restrições à prática do *lobby* por ex-integrantes do Parlamento Europeu, afirma-se que não há critérios claros que devam ser satisfeitos por aqueles indivíduos que pretendam se habilitar como lobista, o que conduz à aceitação de quase todos os pedidos formulados. Tampouco foram definidas consequências jurídicas efetivas para eventuais comportamentos ilegais. Conforme esclarecem Bouwen[326] e Saurugger[327], a única sanção prevista para o descumprimento das exigências normativas atinentes às atividades de *lobby* é a perda da credencial, medida raras vezes adotada no plano concreto.

Em que pese a regulamentação parcial da atividade de *lobby* exista desde meados dos anos de 1990, é fácil perceber que ela não alcança o objetivo de, efetivamente, conferir transparência à relação do lobista com os agentes do Parlamento Europeu. A falta de controle sobre as atividades de *lobby*, haja vista que poucas são as informações divulgadas sobre elas, e a inexistência de consequências jurídicas efetivas que desestimulem a prática de ilegalidades, revelam a necessidade de reformulação do modelo adotado, o que tem sido objeto de intensos debates no bloco europeu.

Justamente por causa da ineficiência dos mecanismos regulatórios existentes, em 2011, foi criada uma iniciativa conjunta do Parlamento Europeu e

325. Id. Ibid., p. 53.

326. Bouwen, Pieter. A theoretical and empirical study of corporate lobbying in the European Parliament. *European Integration Online Papers (EIoP)*, v. 7, n. 11, 2003. Disponível em: <www.eiop.or.at/eiop/texte /2003-011a.htm>. Acesso em: 18 mar. 2018: "*Na prática, dificilmente os pedidos para a emissão de credencial foram recusados (...). A única sanção prevista para aqueles que descumprem as exigências normativas é a perda da credencial (...). De acordo com os administradores do sistema de cadastramento, observa-se que muito raramente as credenciais são efetivamente cassadas (...). Essas mesmas pessoas também afirmam que os membros do Parlamento Europeu não costumam levar a sério o conteúdo dos registros públicos existentes*" (tradução livre).

327. Saurugger, Sabine. Interest groups and democracy in the European Union, cit., p. 1281.

da Comissão Europeia, para a criação de medidas mais efetivas no tratamento jurídico do instituto, como a criação um registro mais completo para os lobistas e a imposição de que sejam divulgadas, em ambiente público, informações detalhadas sobre a sua atuação.

2.5.2 *O tratamento jurídico do lobby na Comissão Europeia*

Para compreender as características das atividades de *lobby* na União Europeia, é fundamental saber que a atuação dos lobistas recai, essencialmente, sobre dois de seus organismos: o Parlamento Europeu e a Comissão Europeia. Isso porque, concentra-se na esfera de poder dessas duas entidades a possibilidade de interferir de forma eficaz no encaminhamento das mais relevantes decisões político-institucionais do bloco[328].

A Comissão Europeia, historicamente, é o organismo da entidade supranacional que mais atrai a atenção dos lobistas que objetivam influir nas decisões de cunho político, social e econômico exaradas no plano comunitário[329]. Tal circunstância decorre do papel elementar desempenhado por ela no processo de criação legislativa.

A entidade é composta por mandatários escolhidos pelas lideranças políticas para representar os interesses de cada país que a integra[330]. Essa escolha é feita sem participação popular, o que gera um grave déficit democrático no organismo. À Comissão compete promover os interesses gerais da União Europeia, zelar pela observância dos tratados assinados por seus membros e pela aplicação das normas comunitárias, e executar o orçamento do bloco supranacional. Compete a ela, ainda, o monopólio de propor a criação de leis[331]. Segundo previsão do artigo 17º, §2º do Tratado da União Europeia, "os atos legislativos da União só podem ser adotados sob proposta da Comissão", ressalvadas situações excepcionais[332].

---

328. Chari, Raj; Hogan, John; Murphy, Gary. Regulating lobbying: a global comparison, cit., 2010, p. 45.

329. Vidacak, Igor. Interest groups and lobbying in the European Union, cit., p. 182: "*Da perspectiva do lobby, a Comissão é considerada a mais importante instituição da União Europeia, pois é onde o processo começa. O papel da Comissão como propulsora e preparadora de toda a legislação do bloco supranacional faz dela um espaço excelente em que as iniciativas de lobby têm importante impacto*" (tradução livre). No mesmo sentido: Eising, Rainer. Interest groups in EU policy-making, cit., p. 12; Coen, David. Lobbying in the European Union, cit., p. 9; Balosin, Miruna Andrea. Analyzing EU's lobbying, cit., p. 1180.

330. Bouwen, Pieter. The European Commission, cit., p. 20.

331. Coen, David; Richardson, Jeremy. Learning to lobby the European Union: 20 years of change, cit., p. 7: "*Em termos legislativos, a Comissão é o definidor das agendas de discussão na União Europeia, com o poder formal de iniciar e elaborar projetos legislativos (...). Em termos executivos, a Comissão é responsável pela administração das finanças do bloco e, também por isso, é alvo de iniciativas adotadas por lobistas*" (tradução livre).

332. Tratado da União Europeia, artigo 17: "*1. A Comissão promove o interesse geral da União*

Considerando que partem da Comissão todas as propostas de criação legislativa que devem promover os interesses da comunidade, para que tal atividade atenda, com critérios técnicos, aos diversos interesses em jogo no bloco, foram criados grupos especializados de trabalho, chamados de Direções-Gerais (DGs). Compete a tais grupos, dentre outras coisas, desenvolver os projetos de lei que, aprovados, passam a integrar a ordem jurídica de todos os países da União Europeia.

A revelar a importância dos temas tratados na Comissão, e, por consequência, a atenção que despertam nos atores políticos, sociais e econômicos que têm espaço na entidade supranacional, há Direções-Gerais (DGs) especializadas em Agricultura e Desenvolvimento Rural; Meio Ambiente; Assuntos Econômicos e Financeiros; Assuntos Marítimos e Pescas; Comércio; Concorrência; Estratégia Política; Emprego, Assuntos Sociais e Inclusão; Energia; Estabilidade Financeira, Serviços Financeiros e União dos Mercados de Capitais; Fiscalidade e União Aduaneira; Direitos Individuais; Informática; Infraestrutura e Logística; Justiça e Consumidores; Mercado Interno, Indústria e Empreendedorismo; Migração e Assuntos Internos; Mobilidade e Transportes; Saúde e Segurança dos alimentos etc.[333]

É fácil concluir, a partir do exame dos temas tratados por cada um desses grupos de discussão temática, que o encaminhamento dado por eles aos projetos de lei pode trazer impactos significativos para diversos setores sociais e econômicos. Por conseguinte, é intensa a atividade dos lobistas junto à Comissão Europeia, em geral, e aos grupos especializados que a integram, em particular[334].

Para fins de contextualização histórica, vale mencionar que o primeiro ato formal da entidade relacionado aos *grupos de interesse* foi publicado em 1992, com o propósito declarado de fomentar um “diálogo aberto e estruturado entre a Comissão e os grupos de interesse especiais” e “aumentar a transparência do

e toma as iniciativas adequadas para esse efeito. A Comissão vela pela aplicação dos Tratados, bem como das medidas adotadas pelas instituições por força destes. Controla a aplicação do direito da União, sob a fiscalização do Tribunal de Justiça da União Europeia. A Comissão executa o orçamento e gere os programas. Exerce funções de coordenação, de execução e de gestão em conformidade com as condições estabelecidas nos Tratados. Com exceção da política externa e de segurança comum e dos restantes casos previstos nos Tratados, a Comissão assegura a representação externa da União. Toma a iniciativa da programação anual e plurianual da União com vista à obtenção de acordos interinstitucionais. 2. Os atos legislativos da União só podem ser adotados sob proposta da Comissão, salvo disposição em contrário dos Tratados (...)”.

333. Para acesso à lista completa de Direções-Gerais (DGs): COMISSÃO EUROPEIA. *Direções-gerais, serviços e agências executivas*. Disponível em: <https://ec.europa.eu/info/departments_pt>. Acesso em: 15 set. 2018.

334. Bouwen, Pieter. The European Commission, cit., p. 34: “*(...) importantes mudanças institucionais verificadas no plano supranacional nos últimos 15 anos culminaram com a intensificação das atividades dos lobistas na Comissão Europeia”* (tradução livre). No mesmo sentido, veja-se: Vidacak, Igor. Interest groups and lobbying in the European Union, cit., p. 180.

trabalho" desenvolvido por eles[335]. Extraem-se do referido documento importantes informações sobre a perspectiva europeia do instituto do *lobby*, visto como essencial para o aprimoramento técnico das discussões legislativas, e sobre a importância de que seja caracterizado pela transparência[336].

Não se pode ignorar, por ser um dos mais importantes fatores de estímulo à atuação dos lobistas na Comissão Europeia[337], a existência do grave déficit democrático no referido organismo, que tem seus representantes escolhidos pelas lideranças políticas, sem participação popular. Adverte a doutrina que ceder espaço para que as atividades de *lobby* sejam exercidas de forma ampla é permitir à sociedade interferir nos processos decisórios da Comissão, especialmente nas proposições legislativas.

Sobre o assunto, são valiosos os ensinamentos de SAURUGGER[338], que aponta haver, na União Europeia, em especial no âmbito da Comissão Europeia, diminuta possibilidade de que os cidadãos comuns interfiram nas decisões, principalmente porque os membros que a compõem não são eleitos. Por isso, a participação de lobistas e grupos de interesses na defesa de interesses específicos nos processos decisórios europeus contribui para conferir legitimidade às decisões tomadas[339].

Ademais, nas atividades desenvolvidas pela Comissão e por cada DG, a

---

335. COMISSÃO EUROPEIA. Comunicação 93/C 63/02. Um diálogo aberto e estruturado entre a Comissão os grupos de interesses especiais. *Jornal Oficial das Comunidades Europeias*, 5 de março de 1993. Disponível em: <http://eur-lex.europa.eu/legal-content/PT/TXT/?uri=OJ:C:1993:063:TOC>. Acesso em: 10 mar. 2018: *"A Comissão sempre foi uma instituição aberta a contribuições externas (...). A Comissão tem uma particular reputação de ser acessível a grupos de interesse e deve manter a possibilidade de acesso fácil. Na verdade, é do interesse da própria Comissão ser aberta, para obter informações técnicas (...). A Comissão é frequentemente contatada por representantes de grupos especiais de interesse (...). No presente, há aproximadamente 3.000 grupos de interesse especial ativos em Bruxelas, que empregam mais de 10.000 (dez mil) pessoas no setor do lobby (...). Regras explícitas da Comissão (como a verificação do perfil dos lobistas, cadastramento e código de conduta) que recaiam sobre os grupos de interesse não existem (...) e a Comissão sempre tentou manter diálogo o mais aberto possível com todos os interessados em sua atuação, sem criar limitações (...). Embora não existam problemas gerais com esses contatos, há alguns casos em que a atuação do lobista é mais agressiva e, então, questionada. Violações foram praticadas, como nos casos em que lobistas comercializaram minutas e documentos oficiais; utilizaram símbolos da Comissão para ganhar prestígio etc. (...). A Comissão encoraja grupos de interesses (que atuam com objetivo econômico ou não) a aderir a códigos de conduta voluntários"* (tradução livre).

336. Na doutrina, veja-se: SAURUGGER, Sabine. Interest groups and democracy in the European Union, cit., p. 1281.

337. A Comissão Europeia, com o propósito de estimular a participação de grupos de interesse e lobistas nos seus processos de tomada de decisão, chega efetivamente a financiar entidades sem fins lucrativos que fazem *lobby* em favor de interesses sociais e difusos. Ao todo, mais de 70 grupos recebem financiamento direto da entidade para viabilizar as suas atividades. Sobre o tema, veja-se: SAURUGGER, Sabine. Interest groups and democracy in the European Union, cit., p. 1284; BOUWEN, Pieter. The European Commission, cit., p. 26.

338. SAURUGGER, Sabine. Interest groups and democracy in the European Union, cit., p. 1280.

339. KRSMANOVIC, Dusko. *A guidebook on lobbying*, cit., p. 32.

atuação dos lobistas contribui para o aprimoramento técnico das discussões legislativas. Dada a enorme especificidade de alguns dos assuntos tratados na definição das políticas comunitárias e os limitados recursos financeiros e humanos de que dispõem os organismos da União Europeia[340], em inúmeras matérias, as informações apresentadas pelos lobistas e por entidades que buscam influenciar os representantes do bloco servem de alicerce para a tomada de decisões.

É por esse motivo que se afirma que para serem bem-sucedidos nas tentativas de influenciar as decisões da Comissão Europeia, os lobistas devem dispor de acuradas informações técnicas sobre os assuntos de seu interesse. Em estudo no qual buscaram identificar as contrapartidas demandadas dos lobistas por cada instituição da União Europeia, KLÜVER[341] e BOWEN[342] esclarecem que a Comissão busca obter informações técnicas que permitam desenvolver projetos legislativos consistentes.

Apesar de todos esses fatores, apenas em junho de 2008[343], após 25 anos da publicação do "diálogo aberto e estruturado entre a Comissão e os grupos de interesse especiais", foram estabelecidos referenciais concretos para o desenvolvimento de um sistema de registro dos lobistas que atuam junto à Comissão. Tal medida foi resultado da publicação do chamado *Livro Verde*, em 2006, que visava a instituir uma Iniciativa Europeia em Matéria de Transparência.

De acordo com as previsões do *Livro Verde*, elaborado pela Comissão,

---

340. BOUWEN, Pieter. The European Commission, cit., p. 20 e ss.: "*Seria um erro considerar que a atividade de lobby na União Europeia é uma atividade unidirecional realizada exclusivamente em favor dos interesses privados. Também a Comissão se beneficia da interação com lobistas, pois ela precisa dessa interação para obter informações indispensáveis para o desempenho de suas funções institucionais. Para compreender as atividades de lobby na Comissão Europeia é preciso concebê-las como uma relação que vincula agentes (públicos e privados) interdependentes (...). Acesso à Comissão Europeia é o principal recurso que buscam obter os grupos de interesse e os lobistas. Em contrapartida, a Comissão demanda informações técnicas cruciais para o seu próprio funcionamento e legitimidade*" (tradução livre). Também assim: COEN, David; RICHARDSON, Jeremy. Learning to lobby the European Union: 20 years of change, cit., p. 7.

341. KLÜVER, Heike. *Lobbying in the European Union*: interest groups, lobbying coalitions and policy change, cit., p. 33.

342. BOUWEN, Pieter. A comparative study of business lobbying in the European Parliament, The European Commission and the Council of Ministers, cit., p. 15: "*Conhecimento especializado é crucial para o trabalho legislativo da Comissão*" (tradução livre).

343. Antes dessa data, a Comissão Europeia mantinha um banco de dados público, no qual eram registradas, voluntariamente, as entidades da sociedade civil, organizações não governamentais, associações de consumidores, sindicatos, instituições de caridade etc., que praticavam *lobby* junto à União Europeia. Essa base de dados não abrangia agentes da iniciativa privada. Logo, tal base de dados, chamada *CONECCS (Consultation, the European Commission and Civil Society)*, não tinha o condão de expressar a realidade da atividade dos lobistas. Conforme advertem Chari, Hogan e Murphy, estima-se que menos de 7% dos lobistas atuantes em Bruxelas se registraram na CONECCS (CHARI, Raj; HOGAN, John; MURPHY, Gary. Regulating lobbying: a global comparison, cit., 2010, p. 55). No mesmo sentido: COMISSÃO DAS COMUNIDADES EUROPEIAS. Bruxelas, 3.5.2006. COM(2006) 194 final. *Livro Verde.* Iniciativa Europeia em Matéria de Transparência, cit., p. 7-8.

em que pese o *lobby* seja usualmente associado a práticas ilícitas, a natureza conceitual do referido instituto "não comporta qualquer juízo de valor negativo" e "as actividades dos representantes dos grupos de interesse são imperativas do ponto de vista democrático". Releva destacar excertos do documento comunitário mencionado, que traz informações importantes sobre o tema em análise, sob a perspectiva da União Europeia[344]:

> A Comissão entende que elevadas normas em matéria de transparência são intrínsecas à legitimidade de qualquer administração moderna (...).
>
> Neste contexto, a Comissão lançou em novembro de 2005 a Iniciativa Europeia em Matéria de Transparência (...).
>
> A abordagem adoptada pela Comissão nos contactos com os membros de grupos de interesse tem-se inspirado sempre na sua preocupação pela abertura. Nos últimos anos, a Comissão reforçou e desenvolveu de forma mais aprofundada a sua política relativamente à participação das organizações da sociedade civil e outros interessados (...). Simultaneamente, a Comissão sublinhou o princípio de que uma participação mais activa pressupõe uma maior responsabilidade. As relações entre a Comissão e os membros de grupos de interesse devem poder ser do conhecimento público (...).

Com essa perspectiva, enfatiza a Comissão Europeia que as atividades de *lobby*, desenvolvidas por profissionais especializados ou não, são características dos sistemas democráticos, contribuem para oferecer às instituições públicas informações de interesse coletivo sobre questões importantes e devem ser exercidas de forma transparente, de modo que a sociedade possa conhecê-las e monitorá-las[345].

O documento também salienta a existência de potenciais áreas problemáticas na atuação dos lobistas, que justificariam a criação de normas orientadas a disciplinar a sua atuação. Consta do *Livro Verde*, não é raro observar, no plano concreto, que as tentativas de interferir nas decisões supranacionais muitas vezes são "claramente ilegais (fraude e corrupção)", e, em outras, partem de

---

344. Id. Ibid., p. 2-3.

345. COMISSÃO DAS COMUNIDADES EUROPEIAS. Bruxelas, 3.5.2006. COM(2006) 194 final. *Livro Verde*. Iniciativa Europeia em Matéria de Transparência, cit., p. 5-6: *"A Comissão considera que os seguintes aspectos são essenciais: 1. As actividades dos grupos de interesse são uma vertente legítima do sistema democrático, independentemente de serem realizadas por cidadãos individuais ou por empresas, organizações da sociedade civil e outros grupos de interesse, ou empresas que trabalham por conta de terceiros (...). 2. Os membros de grupos de interesse podem contribuir para chamar a atenção das instituições europeias para questões importantes (...). 3. Simultaneamente, as instituições europeias não devem ser objecto de pressões indevidas (...). 4. Quando os grupos de interesse procuram contribuir para o desenvolvimento das políticas da EU, o público em geral deve ser claramente informado (...). Deve também ser claramente informado sobre os interesses que representam, a função que desempenham e as respectivas modalidades de financiamento (...)".*

"metodologias inadequadas nesta área que correspondem a práticas abusivas face à política de abertura das instituições da UE"[346].

Assim, com o propósito de equacionar os interesses em jogo, a Comissão Europeia concluiu no *Livro Verde* que deveriam ser adotadas medidas efetivas para prover mais transparência à relação dos lobistas com os agentes da União Europeia. Foi proposta, então, a criação de um sistema voluntário de registro do lobista e de um código de conduta, também voluntário, aplicável às suas atividades[347]:

> Neste contexto, a Comissão considera que se impõe uma maior transparência a nível das actividades desenvolvidas pelos grupos de interesse. Entende que um sistema credível consistiria no seguinte:
>
> - Um sistema de registro voluntário, gerido pela Comissão, que incentivasse claramente os membros dos grupos de interesse a inscreverem-se no referido registro. Tais incentivos incluiriam a notificação automática das consultas organizadas sobre temas que assumissem interesse para os membros desses grupos.
>
> - Um código comum para todos os membros de grupos de interesse ou, pelo menos, requisitos mínimos comuns (...).
>
> - Um sistema de controlo e de sanções a aplicar em caso de registro incorrecto e/ou infracção ao código de conduta.
>
> A Comissão não considera que um sistema de registro obrigatório seja uma solução adequada.

Assim, em março de 2007[348], a Comissão Europeia aprovou disposições, que passaram a viger em junho de 2008[349], criando um sistema de registro de lobistas nos exatos termos propostos no *Livro Verde*. Tratava-se de modelo regu-

---

346. Id. Ibid., p. 5-6.

347. Coen, David. Lobbying in the European Union, cit., p. 3: *"No que toca ao lobby, sugere a criação de um sistema voluntário de cadastramento, um código de conduta comum e um sistema de monitoramento e de imposição de sanções, para os casos de violação de regras elementares de conduta"* (tradução livre). No mesmo sentido: COMISSÃO DAS COMUNIDADES EUROPEIAS. Bruxelas, 3.5.2006. COM(2006) 194 final. *Livro Verde*. Iniciativa Europeia em Matéria de Transparência, cit.

348. Bouwen, Pieter. The European Commission, cit., p. 32: *"(...) a Comissão decidiu em março de 2007 criar um banco de registros públicos para todos os indivíduos que atuassem como lobistas, em favor de interesses especiais, para influenciar o processo decisório das entidades da União Europeia. Enquanto o cadastramento é voluntário, regras claras existem sobre as informações que devem ser publicadas pelos lobistas (...) e a Comissão está comprometida com a criação de uma minuta de código de conduta para os lobistas"* (tradução livre).

349. EUROPEAN UNION. Delegation of the European Commission to the USA. *Lobbying in the EU*: an overview, cit.

latório que previa o cadastramento voluntário do lobista, com informações sobre os interesses que representasse e os valores investidos na prática do *lobby*[350].

A opção do organismo supranacional por um modelo voluntário de cadastramento decorreu da preocupação de que os custos para a sua manutenção eliminassem do cenário político os lobistas e as entidades desprovidos de recursos financeiros. Esclarece Saurugger[351] que o temor de que a regulamentação cogente restringisse as possibilidades de interação de alguns lobistas e grupos de interesse com os agentes da Comissão Europeia, o que agravaria o já mencionado déficit democrático da entidade, justificaria a eletividade do registro, criticada por reduzir sua efetividade.

Destarte, criou-se modelo voluntário de tratamento jurídico da atuação do lobista, que não foi exitoso, porquanto poucos foram os profissionais que, efetivamente, optaram por revelar detalhes sobre as atividades por eles realizadas e os interesses defendidos.

2.5.3 A iniciativa conjunta da Comissão Europeia e do Parlamento Europeu para o tratamento jurídico do lobby (o Registro de Transparência)

Em razão do reduzido grau de eficácia das disposições normativas atinentes ao *lobby* criadas pelo Parlamento e pela Comissão, essas entidades celebraram, em 2011, um Acordo Interinstitucional "sobre a criação de um registro de transparência para organizações e trabalhadores independentes que participem na tomada de decisões e na execução de políticas da UE", que teria como finalidade possibilitar o monitoramento da atuação dos lobistas[352].

---

350. Chari, Raj; Hogan, John; Murphy, Gary. Regulating lobbying: a global comparison, cit., 2010, p. 56-57: "*Esse cadastramento voluntário e público passou a viger em junho de 2008. Embora existam normas que definem as informações que os interessados no cadastro devem fornecer, a submissão a elas é voluntária (...). Em outras palavras, os lobistas podem tentar influenciar a Comissão a qualquer tempo e em qualquer lugar, estejam ou não registrados (...). Todos os lobistas registrados devem revelar o nome de seu empregador e o de quem está à frente da entidade, os objetivos da entidade e os temas de interesse, a composição dos quadros sociais e informações de contato. Ademais, aqueles que aderirem ao sistema público de cadastramento devem revelar o total de receitas obtidas com atividades de lobby junto às instituições da União Europeia (...), uma estimativa dos gastos para a execução de tais atividades (...) ou o orçamento da entidade com esse tipo de investimento*" (tradução livre).

351. Saurugger, Sabine. Interest groups and democracy in the European Union, cit., p. 1281: "*(...) a Comissão temeu que o sistema de chancela e a outorga de uma posição destacada aos lobistas cadastrados pudessem privilegiar apenas os lobistas dotados de maior poder econômico e, por isso, adotou um sistema de estímulo à autorregulação, convidando os grupos de interesse e os lobistas a aderirem a código de conduta voluntário (...). Todavia, é questionável a efetividade desse modelo, no qual não há medidas de coerção, tampouco a aplicação de sanções*" (tradução livre).

352. Embora o Registro de Transparência tenha sido criado pela Comissão Europeia e pelo Parlamento Europeu, aplicando-se, *prima facie*, apenas a tais entidades, há previsão no Acordo Interinstitucional que o formalizou de que as outras instituições integrantes da União Europeia possam - e devam - a ele aderir. Segundo previsão do artigo 28 do documento supranacional, "*o Conselho*

Esse registro, que se convencionou denominar Registro de Transparência, alcança todas as atividades cujo objetivo seja influenciar direta ou indiretamente a formulação ou execução de políticas, e os processos decisórios das instituições da União Europeia. Tais atividades, preceitua o texto normativo, "podem incluir, nomeadamente, contactos com deputados, funcionários ou outro pessoal das instituições da UE, a preparação, a circulação e comunicação de cartas, material informativo ou documentos de discussão ou tomada de posições, ou a organização de eventos, reuniões ou actividades de promoção e acontecimentos sociais ou conferências para os quais sejam enviados convites a deputados, funcionários ou outro pessoal das instituições da UE"[353].

Foram previstas, de forma expressa, hipóteses às quais o registro não se aplica. Não devem se inscrever, por exemplo, os advogados que ofereçam aconselhamento jurídico a seus clientes, ou que os defendam em procedimentos administrativos e judiciais; os representantes de classes sociais (sindicatos, associações patronais etc.); as entidades que, por iniciativa dos próprios órgãos do bloco, são instadas a se manifestar sobre temas que estejam em sua pauta política; as entidades religiosas; os partidos políticos etc.[354]

De acordo com o Anexo II do texto que instituiu o sistema de transparência

Europeu e o Conselho são convidados a participar no registro. Outras instituições, organismos e agências da UE são encorajadas a utilizar este sistema como instrumento de referência para a sua própria interacção com organizações e pessoas que participem na formulação e execução de políticas da UE".

353. Acordo Interinstitucional, artigo 8º. COMISSÃO EUROPEIA. *Agreement between the European Parliament and the European Commission on the establishment of a transparency register for organisations and self-employed individuals engaged in EU policy-making and policy implementation*. Disponível em: <http://eur-lex.europa.eu/legal-content/pt/TXT/?uri=uriserv:OJ.L_.2011.191.01.0029.01.ENG>. Acesso em: 17 mar. 2018.

354. Acordo Interinstitucional: "*10. Estão excluídas do âmbito do registro as seguintes actividades: a) Actividades relativas à prestação de conselhos jurídicos ou de outra natureza profissional, na medida em que se relacionem com o exercício do direito fundamental de um cliente a um julgamento justo, nomeadamente o direito de defesa em processos administrativos, exercidos por advogados ou por outros profissionais neles implicados. Não recaem no âmbito do registro (...) os trabalhos de consultoria e contactos com organismos públicos destinados a melhor informar os clientes acerca de uma situação jurídica geral ou da sua situação jurídica concreta, ou de os aconselhar quanto à adequação de uma diligência legal ou administrativa ou quanto à respectiva admissibilidade nos termos da lei, os conselhos dados a um cliente para o ajudar a assegurar que as suas actividades cumpram a lei e a representação numa conciliação ou processo de mediação que tenha por objectivo evitar que um conflito seja submetido a um órgão judicial ou administrativo (...). b) Actividades dos parceiros sociais enquanto participantes no diálogo social (sindicatos, associações patronais, etc.) (...). c) Actividades em resposta a pedidos directos e individualizados de instituições da UE ou deputados ao Parlamento Europeu, tais como pedidos ad hoc ou regulares de informações factuais, dados ou conhecimentos especializados, ou convites individualizados para assistir a audições públicas ou participar nos trabalhos de comités consultivos ou instâncias similares (...). 11. O registro não se aplica às Igrejas e comunidades religiosas (...). 12. O registro não se aplica a partidos políticos (...)*". COMISSÃO EUROPEIA. *Agreement between the European Parliament and the European Commission on the establishment of a transparency register for organisations and self-employed individuals engaged in EU policy-making and policy implementation*, cit.

em análise, todo aquele que se registra nos termos ali definidos deve apresentar informações sobre suas atividades à União Europeia, que tem a obrigação de divulgá-las à sociedade[355]. Nesse aspecto, as previsões do Acordo Interinstitucional são mais detalhadas e eficazes do que as existentes nas normas antes criadas no plano europeu, situação que representa uma evolução na disciplina do *lobby*.

O lobista da União Europeia, para que possa ser habilitado a atuar e listado nos bancos de dados públicos do Registro da Transparência, deve informar aos órgãos públicos seus dados cadastrais, os valores investidos na atividade, os temas e projetos legislativos de seu interesse, a identidade dos seus clientes etc.[356]

Em 2014, o Acordo Interinstitucional passou a exigir ainda mais informações daqueles que se submetem ao registro. Desde então, exige-se que o lobista cadastrado informe o tempo despendido com suas atividades de *lobby* e os recursos envolvidos, inclusive quando inferiores a 10 mil euros.

A fim de estabelecer parâmetros mínimos de atuação para o lobista registrado, o Parlamento Europeu e a Comissão Europeia desenvolveram um código de conduta, aplicável a todos os agentes, pessoas físicas ou entidades coletivas, que optassem por se habilitar junto ao sistema de registro pelas entidades instituído – Registro de Transparência[357].

Dentre as obrigações que o documento prevê devam ser observadas pelos lobistas nas suas relações com as instituições da União Europeia, estão aquelas

---

355. As informações cadastrais dos lobistas, de acordo com o artigo 26 do Acordo Interinstitucional, devem ser divulgadas ao público por meio da internet.

356. Acordo Interinstitucional (Anexo II): "*I. Informações gerais e de base: - nome(s), endereço, número de telefone, endereço electrónico, sítio web da organização, - identidade da pessoa legalmente responsável pela organização e nome do director ou gestor, ou principal pessoa de contacto para as actividades abrangidas pelo registro, conforme o caso. Nomes das pessoas para quem são pedidos cartões de acesso aos edifícios do Parlamento Europeu, - número de pessoas (membros, pessoal, etc.) que participem em actividades que recaiam no âmbito do registro, - objectivos/competência – domínios de interesse – actividades – países em que as actividades sejam exercidas – filiação em redes – informações gerais abrangidas pelo âmbito do registro, - se for caso disso, número de membros (individuais ou organizações). II. Informações específicas. (A) Actividades: principais propostas legislativas cobertas no ano anterior pelas actividades do candidato e registro abrangidas pelo âmbito do registro de transparência. (B) Informações financeiras: todos os números financeiros fornecidos devem abranger um ano completo de funcionamento e fazer referência ao mais recente exercício financeiro encerrado, à data do registro ou da renovação (...)*". COMISSÃO EUROPEIA. *Agreement between the European Parliament and the European Commission on the establishment of a transparency register for organisations and self-employed individuals engaged in EU policy-making and policy implementation*, cit.

357. Krsmanovic, Dusko. *A guidebook on lobbying*, cit., p. 32: "*O código de conduta está válido desde junho de 2011 e busca garantir transparência à atuação dos grupos de pressão, solicitando sistematicamente a esses grupos informações sobre os seus objetivos, as suas fontes de recursos e os interesses que representam. Normas de integridade são outro elemento essencial para assegurar a transparência nas atividades de lobby e elas compõem o espírito do segundo mecanismo de controle sugerido pela Comissão, qual seja, um manual de boas práticas, com regras de comportamento*" (tradução livre).

relacionadas à necessidade de que revelem sua identificação e os seus interesses, sempre que buscarem interagir com representantes ou funcionários do bloco supranacional, de que sempre forneçam aos seus interlocutores informações completas e verdadeiras sobre os interesses que defendem, e de que adotem medidas para evitar conflitos de interesses.

Ademais, o código de conduta veda ao lobista a adoção de manobras enganosas ou fraudulentas com o fim obter informações que o favoreçam; proíbe a revelação de relações pessoais com representantes da União Europeia para exibir vantagem ao cliente e convencê-lo do êxito; estatui que os lobistas não devem comercializar informações e documentos confidenciais obtidos no bojo de suas atividades, tampouco encorajar a prática de comportamento indevido por agentes de Estado ou do bloco supranacional[358].

De se destacar que, embora voluntária a adesão ao Registro de Transparência, os preceitos normativos que o regem são obrigatórios para quem se cadastrar. De acordo com o artigo 18 do Acordo Interinstitucional, verificadas situações de possível violação[359] do código de conduta por "entidades registradas ou seus

358. Acordo Interinstitucional (Anexo III – Código de Conduta): "*Nas suas relações com as instituições da UE e seus membros, funcionários e outro pessoal, as entidades registradas: A) Devem identificar-se sempre pelo nome e pela entidade ou entidades para quem trabalhem ou que representem; devem declarar os interesses, objectivos ou fins promovidos e, se for o caso disso, os clientes ou os membros que representem. B) Não devem obter nem tentar obter informações ou qualquer decisão, desonestamente ou utilizando pressões indevidas ou comportamentos inadequados. C) Não devem alegar qualquer relação formal com a UE ou qualquer das suas instituições nas suas relações com terceiros, nem criar expectativas infundadas quanto ao efeito do registro para enganar terceiros, funcionários ou outro pessoal da UE; D) Devem assegurar que, tanto quanto seja do seu conhecimento, as informações que forneçam no momento do registro e posteriormente no âmbito das suas actividades abrangidas pelo âmbito do registro sejam completas, actualizadas e não enganadoras; E) Não devem vender a terceiros cópias de documentos obtidos de qualquer instituição da UE; F) Não devem induzir os membros das instituições da UE, os funcionários ou outro pessoal da UE ou os assistentes ou estagiários dos referidos membros a infringir as regras e os padrões de comportamento que lhes sejam aplicáveis. G) Caso empreguem antigos funcionários ou outro pessoal da UE ou assistentes ou estagiários de membros das instituições da UE, devem respeitar a respectiva obrigação de cumprir as regras e requisitos de confidencialidade que lhes sejam aplicáveis; H) Devem cumprir quaisquer regras estabelecidas sobre os direitos e responsabilidades de ex-deputados do Parlamento Europeu e de ex-membros da Comissão Europeia; I) Devem informar os seus representados das obrigações que têm para com as instituições da UE (...). L) A fim de evitar eventuais conflitos de interesses, devem obter o consentimento prévio do deputado ou deputados ao Parlamento Europeu interessados no que respeita a qualquer relação contratual ou emprego de assistentes parlamentares, e fazer subsequentemente essa declaração no registro*". COMISSÃO EUROPEIA. *Agreement between the European Parliament and the European Commission on the establishment of a transparency register for organisations and self-employed individuals engaged in EU policy-making and policy implementation*, cit.

359. O Acordo Interinstitucional contém um anexo dedicado a definir o *procedimento de investigação e o tratamento de queixas* que tenham como objeto possíveis violações de suas normas. É interessante mencionar que o domínio eletrônico no qual divulgadas as informações sobre os lobistas dispõe também de canal de denúncias, e "*as queixas podem ser apresentadas através do preenchimento de um formulário normalizado no sítio web do registro*" (Fase 1 do procedimento).

representantes", deverá ser realizada "uma investigação que respeite devidamente a proporcionalidade e os direitos de defesa", mas que leve à aplicação de sanções, "tais como a suspensão ou exclusão do registro e, se aplicável, a retirada dos cartões de acesso ao Parlamento Europeu" [360].

Destarte, vigora no Parlamento e na Comissão um sistema voluntário de cadastramento de lobistas, que prevê sanções[361] de índole administrativa, mas não impede o exercício do *lobby*. Tal sistema sofreu reformas em 2014, com a criação do Acordo Interinstitucional, cuja principal inovação foi a previsão de medidas de incentivo para que os lobistas efetivamente se credenciassem junto ao Registro de Transparência.

Para estimular a adesão dos lobistas ao registro público e, assim, tornar mais transparente a sua atuação, o Acordo prevê que quem se habilitasse formalmente para o exercício do *lobby* teria acesso facilitado às dependências das instituições europeias, teria mais facilidade no intercâmbio de informações com elas, participaria com mais recorrência e receberia convite para eventos sobre temas de seu interesse, receberia patrocínios especiais, dentre outras medidas[362].

---

360. THIEL, Marie; BAUER, Elisabeth. EU Transparency Register, cit., p. 1: "*O Registro de Transparência é um sistema voluntário de cadastramento para entidades que procurem, direta ou indiretamente, influenciar o processo de decisão dos órgãos da União Europeia (...). Ele cobre todas as organizações e profissionais autônomos, independentemente de seu status legal, envolvidos nas atividades previstas no escopo do Registro, incluindo os lobistas internos, as associações comerciais e profissionais, consultores profissionais, escritórios de advocacia, consultores individuais, think-tanks, institutos acadêmicos e de pesquisa etc. (...). A adesão ao sistema de registros continua voluntária, mas são solicitadas dos lobistas mais informações do que outrora. Os lobistas registrados precisam apresentar informações sobre estimativa anual de custos relacionados às atividades de lobby, número de pessoas envolvidas em tais atividades e qualquer tipo de financiamento público por parte da União Europeia que as sustente. As propostas legislativas sobre as quais os lobistas pretendem atuar também devem ser especificadas. O registro nesse banco de dados público deve ser feito online (...). Foi previsto um procedimento para a apresentação de queixas em face de qualquer lobista registrado que descumpra o código de conduta próprio*" (tradução livre).

361. Id. Ibid. No mesmo sentido: KRSMANOVIC, Dusko. *A guidebook on lobbying*, cit., p. 36.

362. Acordo Interinstitucional (2014): "*IV. Medidas Aplicáveis às Entidades Devidamente Registradas. 29. Os títulos de acesso às instalações do Parlamento Europeu são emitidos unicamente a pessoas que representem ou trabalhem para organizações abrangidas pelo âmbito do registro caso essas organizações ou pessoas se tenham registrado. No entanto, o registro não confere um direito automático a esse título de acesso. A emissão e o controlo de títulos de acesso de longa duração às instalações do Parlamento Europeu continuam a constituir um procedimento interno do Parlamento, da sua própria responsabilidade. 30. As Partes oferecem incentivos, no âmbito da sua autoridade administrativa, para promover a inscrição no registro no quadro criado pelo presente acordo. Os incentivos oferecidos pelo Parlamento Europeu às entidades registradas podem incluir: - facilidade acrescida de acesso às suas instalações, aos seus deputados e aos assistentes destes, aos seus funcionários e outros agentes; - autorização para organizar ou coorganizar eventos nas suas instalações; - transmissão de informações facilitada, incluindo lista de endereços específicas; - participação nas audições das comissões na qualidade de oradores; - patrocínio do Parlamento Europeu. Os incentivos oferecidos pela Comissão Europeia às entidades registradas podem incluir: - medidas relativas à transmissão de informações às entidades registradas quando forem lançadas consultas públicas;*

A partir da verificação concreta de que a não obrigatoriedade do Registro de Transparência, mesmo com a existência dos incentivos mencionados, dificulta sejam os seus preceitos observados de maneira ampla pelos lobistas, porque poucos deles efetivamente se cadastram, a Comissão Europeia, o Parlamento Europeu e o Conselho da União Europeia propuseram, em setembro de 2016, um novo Acordo Interinstitucional, que tem como finalidade instituir um modelo de Registro de Transparência obrigatório.

Tal proposta, ainda não implementada no bloco supranacional, parte do pressuposto de que "a transparência da representação de interesses é particularmente importante para que os cidadãos possam acompanhar as atividades e a potencial influência dos representantes de interesse". Assim, "as três instituições reconhecem a necessidade de estabelecer um Registro de Transparência obrigatório (...), fazendo com que certos tipos de interações com as mesmas sejam condicionados ao registro prévio, tornando assim a inscrição no registro uma condição prévia de facto para a representação de interesses, garantindo assim que essa representação ocorre de acordo com as regras e princípios consagrados no código de conduta"[363].

Caso essa proposta seja aprovada, a maior parte das possibilidades de interação dos lobistas com os representantes e funcionários das aludidas instituições dependerá do cadastramento prévio[364]. Por conseguinte, quem deseje praticar

- medidas relativas a grupos de peritos e a outros organismos de consultoria; - listas de endereços específicas; - patrocínio da Comissão Europeia".

363. COMISSÃO EUROPEIA. *Proposta de Acordo Interinstitucional sobre um registo de transparência obrigatório*. Bruxelas, 28.9.2016. COM/2016/0627 final. Disponível em: <http://eur-lex.europa.eu/legal-content/pt/TXT/?uri=CELEX:52016PC0627>. Acesso em: 18 mar. 2018.

364. É interessante destacar, a evidenciar que o texto praticamente inviabiliza a atuação dos lobistas que não realizarem o cadastramento obrigatório, o conteúdo do artigo 5º da proposta de Acordo Interinstitucional: *"1) As três instituições acordam em efetuar os seguintes tipos de interação condicionada ao registro prévio dos representantes de interesses: No Parlamento Europeu: - Acesso aos edifícios do Parlamento: elegibilidade para solicitar títulos de acesso de longa duração às instalações do Parlamento Europeu de pessoas que representem ou trabalhem para os representantes de interesses; - Audições públicas das comissões: possibilidade de os representantes de interesses serem convidados a intervir numa audição da comissão como convidados, sem prejuízo do disposto no artigo 3º, n. 2, alínea b; - Patrocínios: concessão de patrocínio a eventos organizados por representantes de interesses; - Reuniões: reuniões entre os representantes de interesses e os deputados do Parlamento Europeu (...), o secretário-geral, os diretores-gerais e os secretários-gerais dos grupos políticos; - Eventos: acolhimento de eventos organizados por representantes de interesses nas instalações do Parlamento Europeu; - Notificações: envio de mensagens automáticas aos representantes de interesses sobre as atividades do Parlamento Europeu. No Conselho da União Europeia: - Reuniões: reuniões entre os representantes de interesses e o embaixador da atual ou futura presidência do Conselho da UE, bem como os seus representantes no Comitê de Representantes Permanentes dos Governos dos Estados-Membros junto da União Europeia, o secretário-geral e os diretores-gerais do Conselho; - Notificações: envio de mensagens automáticas aos representantes de interesses sobre as atividades do Conselho. Na Comissão Europeia: - Reuniões: reuniões entre os representantes de interesses e os membros da Comissão, os membros dos respectivos gabinetes e os diretores-gerais; - Grupos de*

atividades de *lobby* sem dispor de cadastro junto aos órgãos competentes terá reduzida possibilidade de influenciar os processos de decisão política no bloco supranacional.

O caminho histórico percorrido pelo instituto do *lobby* na União Europeia é fonte importante de informações para identificarmos a melhor forma de encará-lo no Brasil. A análise feita nas linhas anteriores permite concluir que a atuação dos lobistas é concentrada nos órgãos que dispõem de maior poder de definição das políticas públicas, que o *lobby* pode ser útil para que os organismos públicos atuem com base em acertadas premissas técnicas, e que a instituição de modelos voluntários de cadastramento não se mostra eficaz, circunstância que tem fomentado discussões sobre a adoção de um banco de dados de adesão obrigatória para aqueles que pretendam interagir com agentes do bloco supranacional com o propósito de influenciar suas escolhas institucionais.

peritos: nomeação de certos tipos de membros de grupos de peritos; - Consultas públicas: envio de alertas automáticos aos representantes de interesses sobre as consultas da Comissão; a Comissão irá estabelecer uma diferenciação entre entidades registradas e não registradas, publicando as suas contribuições separadamente; - Patrocínios: concessão de patrocínios a eventos organizados por representantes de interesse; - Listas de endereços: envio de alertas, através de listas de endereços, aos representantes de interesses sobre determinadas atividades da Comissão". COMISSÃO EUROPEIA. *Proposta de Acordo Interinstitucional sobre um registo de transparência obrigatório*. Bruxelas, 28.9.2016. COM/2016/0627 final, cit.

3

ASPECTOS ESSENCIAIS PARA A REGULAMENTAÇÃO DO *LOBBY* NO ORDENAMENTO JURÍDICO BRASILEIRO

3.1 Panorama da regulamentação do *lobby* no Brasil

A análise feita no capítulo primeiro da presente tese deixou evidenciado que o *lobby* encontra guarida na Constituição Federal de 1988, que expressamente prevê como direitos fundamentais, dentre outros, os direitos de petição e de liberdade de expressão. Tal como acontece na maior parte das nações civilizadas, o legislador originário nacional contemplou diversos preceitos que albergam a atuação dos lobistas.

A concepção de nossa nação como um Estado Democrático de Direito, que tem o pluralismo político como um de seus fundamentos[1] e assegura a todos o direito de petição[2], e a livre manifestação do pensamento[3], e prevê inúmeros mecanismos de participação direta da sociedade na dinâmica de funcionamento dos órgãos do

---

1. Constituição Federal, artigo 1°: "*A República Federativa do Brasil, formada pela união indissolúvel dos Estados e Municípios e do Distrito Federal, constitui-se em Estado Democrático e tem como fundamentos: I – a soberania; II – a cidadania; III - a dignidade da pessoa humana; IV – os valores sociais do trabalho e da livre iniciativa; V – o pluralismo político*".

2. Constituição Federal, artigo 5°, inciso XXXIV: "*São a todos assegurados, independentemente do pagamento de taxas: a) o direito de petição aos Poderes Públicos em defesa de direitos ou contra ilegalidade ou abuso de poder; b) a obtenção de certidões em repartições públicas, para a defesa de direitos e esclarecimentos de situações de interesse pessoal*".

3. Constituição Federal, artigo 5°, inciso IV: "*É livre a manifestação do pensamento, sendo vedado o anonimato*".

Estado dá sustentação ao *lobby*. MEYER-PFLUG[4] afirma que "o regime constitucional vigente no Brasil pressupõe o *lobby* como instrumento imprescindível para a prática democrática e para a transparência".

Rememore-se que o próprio processo de elaboração do texto fundante da ordem jurídica brasileira foi influenciado pela atuação de lobistas de diversos setores, indicando Murilo Aragão que mais de quatrocentos grupos de pressão, vinculados a trabalhadores, empresários, empregados de empresas públicas, magistratura, Ministério Público, entidades religiosas, grupos profissionais etc. tiveram intensa atuação nos debates da Assembleia Nacional Constituinte[5].

Apesar de ter sido essencial para que se compusessem os interesses divergentes, quando da elaboração da Carta da República, revelando a sua inequívoca imprescindibilidade para a criação de um sistema político verdadeiramente democrático, o *lobby* jamais teve sua importância reconhecida e não foi regulamentado. A bem da verdade, acontece no Brasil o mesmo que, usualmente, ocorre em diversas nações estrangeiras, algumas das quais estudadas na presente tese: o *lobby* é compreendido indevidamente como elemento nocivo à administração pública e ao interesse comum, dentre outros motivos, porque foi associado à corrupção[6].

SELIGMAN[7] enfatiza que em quase todos os países do mundo os profissionais que a ele se dedicam são, invariavelmente, associados à prática de crimes contra a administração pública. Oliveira[8], de seu turno, pontifica que, há longo tempo, o termo que designa o instituto é utilizado pela imprensa para fazer menção à prática de corrupção e tráfico de influência, "criando um estigma de marginalidade que, hoje, longe de ter sido superado, ainda envolve a atividade". Assim, "o estigma que o *lobbying* carrega está relacionado ao fato de a atividade aparecer associada a escândalos, a licitações direcionadas, propinas e obras superfaturadas", situação que faz com que "os próprios profissionais da área" prefiram utilizar outros termos para identificar sua atividade.

Há, pois, o reconhecimento de que o *lobby* é necessário para a promoção dos valores democráticos em nossa sociedade[9], entretanto, sua imagem está

4. MEYER-PFLUG, Samantha Ribeiro (Coord. Acad.). *Grupos de interesse* (*lobby*), cit.

5. SILVA, Carlos José Santos da. A regulamentação do *lobby* no Brasil, cit., p. 28.

6. ARAÚJO, Fabiano de Figueiredo. Os atores de política pública e a regulamentação do *lobby* no Brasil, cit., p. 41.

7. SELIGMAN, Milton; MELLO, Fernando (Orgs.). *Lobby desvendado:* democracia, políticas públicas e corrupção no Brasil contemporâneo, cit., p. 13. No mesmo sentido: SILVA, Carlos José Santos da. A regulamentação do *lobby* no Brasil, cit., p. 21.

8. OLIVEIRA, Andrea Cristina de Jesus. Breve histórico sobre o desenvolvimento do *lobbying* no Brasil, cit., p. 31. No mesmo sentido: SANSON, Alexandre. *Dos grupos de pressão na democracia representativa*: os limites jurídicos, cit., p. 244; MEYER-PFLUG, Samantha Ribeiro (Coord. Acad.). *Grupos de interesse* (*lobby*), cit., p. 35.

9. SANTOS, Luiz Alberto dos. Regulação do lobby no Brasil: o Projeto de Lei nº 1.202, de 2007

indevidamente associada à prática de corrupção, situação que impõe sua regulamentação. Afinal, dada a sua importância, é curial sejam previstas balizas que o diferenciem de comportamentos ilícitos e que viabilizem seja praticado de maneira transparente[10]. SOUZA[11], sobre a matéria, aponta que a atividade dos lobistas costuma ser apreendida no Brasil com conotação negativa, não obstante seja essencial para o sistema democrático "uma vez que faz parte de sua essência o encaminhamento de demandas de grupos sociais ou econômicos ao poder público", o que indica a necessidade de que seja normatizada. Para MEYER-PFLUG[12], "a faceta de clandestinidade e o estigma de marginalidade do *lobby* serão melhor superados quando essa atividade for regulamentada", pois, com isso, viabilizar-se-á o "afastamento definitivo e eficaz da linha tênue existente entre tal prática e os crimes de corrupção e tráfico de influência, atividades completamente distintas que não podem ser conjugadas com o *lobby*".

É conveniente destacar que, ao longo do tempo, dada a importância que a atuação dos lobistas tem para o desenvolvimento das políticas públicas no Brasil, inúmeras propostas legislativas foram criadas para disciplná-la[13]. SILVA[14] destaca que "uma das primeiras e mais conhecidas foi a proposta do Senador MARCO MACIEL[15] (...). Posteriormente, o Deputado CARLOS ZARATTINI apresentou o PL 1.202[16], de 2007, que atualmente é o mais debatido e conhecido na Câmara dos Deputados", sendo necessário destacar, também, as propostas de lei do

– constitucionalidade e adequação aos fins pretendidos, cit.: "*Apesar da conotação negativa que lhe dá o senso comum, o lobby é da essência da democracia (...). É, portanto, atividade intrínseca ao regime democrático, e designa uma atividade inevitável e exercida em qualquer grupo social*".

10. WARDE JÚNIOR, Walfrido Jorge. A empresa pluridimensional: empresa política e *lobby*., cit., p. 145: "*É incorreto, diante do estado de coisas descrito, fomentar uma demonização do lobby que é, em verdade, uma atividade cujo fim é promover técnicas de convencimento de servidores públicos e de órgãos da administração para que exerçam seu poder político de modo a satisfazer os interesses sociais manifestos. A coexistência e a concorrência entre esses interesses são inerentes às formas de organização da sociedade civil, e a sua manifestação, por certo, caracteriza a própria Democracia. O essencial, entretanto, é submeter as técnicas de convencimento a critérios de justiça, equidade e, sobretudo, licitude próprios do processo democrático*".

11. SOUZA, Luciano Anderson de. *Crimes contra a administração pública*. São Paulo: Revista dos Tribunais, 2018. p. 165.

12. MEYER-PFLUG, Samantha Ribeiro (Coord. Acad.). *Grupos de interesse* (*lobby*), cit., p. 38.

13. MANCUSO, Wagner Pralon; ANGÉLICO, Fabiano; GOZETTO, Andrea Cristina. Ferramentas de transparência: o possível impacto da Lei de Acesso a Informações Públicas no debate sobre regulamentação do *lobby* no Brasil, cit., p. 42.

14. SILVA, Carlos José Santos da. A regulamentação do *lobby* no Brasil, cit., p. 28; MEYER-PFLUG, Samantha Ribeiro (Coord. Acad.). *Grupos de interesse* (*lobby*), cit., p. 39.

15. BRASIL. Câmara dos Deputados. *PL 6132/1990*. Disponível em: <http://www.camara.gov.br/proposicoesWeb/fichadetramitacao?idProposicao=21283>. Acesso em: 08 out. 2017.

16. BRASIL. Câmara dos Deputados. *PL 1202/2007*. Disciplina a atividade de "lobby" e a atuação dos grupos de pressão ou de interesse e assemelhados no âmbito dos órgãos e entidades da Administração Pública Federal, e dá outras providências, cit.

Deputado ROGÉRIO ROSSO[17] e do Senador WALTER PINHEIRO[18], além da Proposta de Emenda Constitucional nº 47[19], de ROMERO JUCÁ.

O Projeto de Lei nº 6.132 de 1990, do Senador MARCO MACIEL, em seu artigo 1º, previa que qualquer pessoa que atuasse para influenciar o processo legislativo deveria se registrar perante as mesas diretoras do Senado Federal e da Câmara dos Deputados, as quais se incumbiriam da emissão de credenciais para os lobistas profissionais[20]. Ademais, previa-se obrigatória[21] a divulgação semestral das informações atinentes ao *lobby*, em especial, dos gastos envolvidos nas atividades de convencimento executadas, das pessoas que delas se beneficiariam, direta e indiretamente, dos temas específicos que lhes fossem de interesse, ficando sujeitas a sanções administrativas (advertências e cassação do registro) as pessoas que desatendessem a tais exigências[22].

Não obstante sua tramitação tenha sido interrompida após exarado parecer pela Comissão de Constituição e Justiça do Senado, porque supostamente a matéria nele tratada seria de competência privativa da Câmara dos Deputados e do Senado Federal, não podendo ser regida por lei ordinária, o mencionado projeto de lei era bastante complexo, pois impunha obrigações detalhadas aos lobistas profissionais, bem assim consequências jurídicas de índole administrativa para os casos de violação normativa.

---

17. BRASIL. Câmara dos Deputados. *PL 1961/2015*. Disponível em: <https://www.camara.gov.br/proposicoesWeb/fichadetramitacao?idProposicao=1344449>. Acesso em: 10 out. 2017.

18. BRASIL. Senado Federal. *Projeto de Lei do Senado n° 336, de 2015*. Disponível em: <https://www25.senado.leg.br/web/atividade/materias/-/materia/121578>. Acesso em: 15 set. 2018.

19. BRASIL. Senado Federal. *Proposta de Emenda à Constituição n° 47, de 2016*. Disponível em: <https://www25.senado.leg.br/web/atividade/materias/-/materia/126981>. Acesso em: 15 set. 2018.

20. Projeto de Lei nº 6.132/1990 (obrigação de cadastramento): "*Artigo 1º. As pessoas físicas ou jurídicas que exercerem qualquer atividade tendente a influenciar o processo legislativo deverão registrar-se perante as Mesas Diretoras do Senado Federal e da Câmara dos Deputados. Artigo 2º. As Mesas Diretoras do Senado Federal e da Câmara dos Deputados providenciarão o registro de que trata o artigo anterior, e distribuirão credenciais para o acesso a cada uma das Casas do Congresso Nacional, regulamentando o modo e limites de sua atuação*".

21. Projeto de Lei nº 6.132/1990 (obrigação de divulgação de informações): "*Artigo 3º. As pessoas físicas ou jurídicas, registradas junto ao Senado Federal e à Câmara dos Deputados, deverão encaminhar às respectivas Mesas Diretoras, até 30 de junho e 30 dezembro de cada ano, declaração dos gastos relativos à sua atuação perante aquelas Casas do Congresso (...). §1º. Da declaração prevista neste artigo constará, obrigatoriamente, quando prestada por pessoas físicas ou jurídicas, contratadas por terceiros, a indicação do interessado nos serviços, o projeto cuja provação ou rejeição é defendida, ou a matéria cuja discussão é desejada (...)*".

22. Projeto de Lei nº 6.132/1990 (sanção administrativa): "*Artigo 5º. A omissão nas declarações ou em resposta a indagações da Mesa Diretora de qualquer das Casas do Congresso, ou a tentativa de ocultar dados ou confundir a fiscalização, implicará, de início, em advertência e, em caso de reincidência, na cassação do registro com o impedimento de acesso às Casas do Congresso, sem prejuízo do encaminhamento de documentação ao Conselho Administrativo de Defesa Econômica (CADE), para a apuração e repressão do abuso de poder econômico (...)*".

O Projeto de Lei nº 1.202/2007 da Câmara dos Deputados, que tem recebido mais atenção dos legisladores nacionais, apesar de mais extenso e dotado de mais precisa conceituação dos institutos nele disciplinados do que o anteriormente mencionado, é inequivocamente pior e, se aprovado, será ineficaz. Isso porque, de acordo com as disposições do projeto, nenhuma obrigação efetiva é exigida do lobista, que tem a mera faculdade de escolher se deseja ser credenciado e não pode ser sancionado, na hipótese de não se cadastrar, senão pelos preceitos normativos que já vigem e são aplicáveis a qualquer cidadão, profissional do *lobby* ou não.

Com efeito, em que pese acertada a previsão do artigo 2º, *caput* da proposta legislativa, de que "a representação de interesses nos processos de decisão política (...) é atividade legítima que visa contribuir para o equilíbrio normativo e regulatório do País, sendo orientada" pelos princípios da legalidade, de ética, de transparência, interesse público, direito de petição e isonomia, prevê-se opcional o cadastramento prévio para o exercício do *lobby*[23]. Para aqueles que o solicitarem, haverá facilitação do acesso às dependências das casas legislativas[24], mero incentivo que o estudo de direito comparado evidenciou ser plenamente ineficaz.

De se destacar que, de forma absolutamente ilógica, o Projeto de Lei nº 1.202/2007 prevê que suas disposições não se aplicam às atividades de *lobby* desempenhadas por representantes de interesses privados junto à administração pública no bojo de "relações comerciais entre agentes econômicos e órgãos da administração pública que visem à compra e venda de bens ou serviços pelo Estado". Ou seja, não se entende como *lobby* a atuação de agentes para viabilizar, por exemplo, a contratação de uma empresa para a execução de obras públicas, o que é completamente injustificável.

No que toca às sanções, as disposições do mencionado projeto de lei são igualmente teratológicas. Apenas se prevê a hipótese de sancionamento dos casos em que haja efetiva prática de corrupção, o que é devidamente regido pelo Código Penal, pela Lei Federal nº 12.846/2012 e pela Lei de Improbidade Administrativa. Ademais, estão excluídos do âmbito de incidência normativa o controle das doações eleitorais e o sancionamento das situações em que elas

23. Projeto de Lei nº 1.202/2007 (cadastramento facultativo): "*Artigo 7º. Os agentes de relações institucionais e governamentais poderão requerer seu cadastramento perante os órgãos competentes dos Poderes Executivo e Legislativo, na forma do regulamento ou do regimento interno das Casas Legislativas*".

24. Projeto de Lei nº 1.202/2007 (medidas de incentivo): "*Artigo 8º. São garantidas aos agentes de relações institucionais e governamentais cadastrados as prerrogativas necessárias para a realização das atividades a que se refere o art. 5º, caput, I a V, bem como o acesso às dependências dos órgãos e entidades do Poder Público e às autoridades públicas durante o horário de expediente, respeitadas as regras de funcionamento de cada órgão ou entidade e demais restrições estabelecidas em lei ou regulamento (...)*".

são feitas de forma ilegal, na contramão do que se verifica na maior parte dos países do mundo, tendo em vista que elas são o principal instrumento utilizado pelos lobistas para se aproximarem dos agentes públicos[25].

Trata-se, por conseguinte, de projeto lei fadado à inocuidade, que não cria obrigação para os seus destinatários, não cria qualquer mecanismo de controle e monitoramento das atividades do lobista, não prevê sanção efetiva para as hipóteses em que atue de forma ilegal e, por isso, é absolutamente imprestável juridicamente.

O Projeto de Lei nº 1.961/2015, elaborado pelos Deputados Federais Rogério Rosso e Ricardo Izar, foi apensado ao anteriormente analisado e contém previsões, não obstante caracterizadas por muitas falhas de técnica legislativa, melhores do que as existentes no texto que está avançando na Câmara. Assim, prevê-se obrigatório o cadastramento do lobista, com a divulgação de informações sobre si mesmo[26]; incluem-se requisitos para o credenciamento[27]; impõe-se a apresentação de relatórios trimestrais detalhados e públicos das atividades desenvolvidas[28]; e preveem-se sanções para os casos de descumprimento normativo[29].

---

25. Projeto de Lei nº 1.202/2007 (sanções): "*Artigo 9º. Constitui ato de improbidade, sujeito às cominações referidas no art. 12, I, da Lei nº 8.429, de 2 de junho de 1992, sem prejuízo das demais sanções penais, civis e administrativas cabíveis, o recebimento, por tomador de decisão ou pessoa em seu nome ou a ele vinculada, de qualquer vantagem, doação, benefício, cortesia ou presente de valor superior ao máximo admitido em regulamento, oferecido por agente de relações institucionais ou governamentais com o fim de influenciar a tomada de decisão administrativa ou legislativa. §1º. O disposto no caput deste artigo aplica-se também ao agente de relações institucionais e governamentais que oferecer a vantagem, doação, benefício, cortesia ou presente, induzir à prática de ato de improbidade pelo tomador de decisão ou para ele concorrer de qualquer forma direta ou indiretamente. §2º. O disposto neste artigo não incide sobre doações em dinheiro ou estimáveis em dinheiro destinadas especificamente a campanhas eleitorais, nos termos regidos pela Lei n. 9.504, de 30 de setembro de 1997*".

26. Projeto de Lei nº 1.961/2015 (cadastramento obrigatório): "*Artigo 5º. Para o exercício da atividade regulamentada por esta lei é obrigatório o registro, credenciamento e a fiscalização das pessoas físicas ou jurídicas, mediante regulamento definido de acordo com as especificidades de cada Poder (...). §3º. As informações de que trata esse artigo deverão ser publicadas e acessíveis pela rede mundial de computadores, ressalvado o disposto no art. 5º, inciso X e XII da Constituição Federal (...)*".

27. Projeto de Lei nº 1.961/2015 (vedações à atuação como lobista): "*Artigo 6º. Não poderão atuar como representantes de grupos de pressão ou interesse: I – aqueles que tenham sido condenados, mediante sentença transitada em julgado, por crimes de corrupção ou improbidade administrativa, enquanto durarem os efeitos da condenação; II – aqueles que não forem credenciados junto ao órgão de atuação; III – aqueles que, nos dois anos anteriores ao requerimento de credenciamento, tenham exercido cargo público efetivo no órgão em que pretendem atuar*".

28. Projeto de Lei nº 1.961/2015 (relatórios de atividades e gastos): "*Artigo 8º. As pessoas e grupos de pressão ou interesse deverão manter informações públicas e acessíveis pela rede mundial de computadores sobre sua atuação, dentre as quais: I – nome completo com foto de seus representantes e órgãos de atuação; II – relatório de atividades trimestral; III – agenda pública, na qual deverão constar, por dia, os órgãos visitados e reuniões com agentes públicos; IV – áreas e projetos de interesse e atuação; V – valores gastos com a atividade (...)*".

29. Projeto de Lei nº 1.961/2015 (sanções): "*Artigo 9º (...). §2º. A omissão, falsidade ou*

O Projeto de Lei do Senado nº 336/2015, por sua vez, é o mais detalhado entre todos aqueles que tratam da matéria, prevendo, em seu artigo 4º, inciso I, ser "atividade de *lobby* ou de representação de interesses, qualquer comunicação, oral, escrita ou por qualquer outro meio, dirigida a órgão, entidade ou autoridade administrativa ou legislativa, ou a terceiros a elas vinculados, com o objetivo de favorecer ou contrariar, direta ou indiretamente, interesse próprio ou de pessoa física ou jurídica, ente de direito público ou grupo de pressão ou de interesse, ou de qualquer forma influenciar a tomada de decisões administrativas, regulamentares e legislativas".

O referido texto propositivo insere entre as atividades de *lobby* até mesmo aquelas desenvolvidas pelo Estado – e elas são muito comuns – para obter decisões públicas que satisfaçam os seus próprios interesses (*lobby* institucional).

O lobista, ao qual se impõe o dever de agir em conformidade com a legalidade, a moralidade, a probidade, a transparência etc.[30], pode ser a pessoa física ou jurídica que atue em favor de terceiros (lobista terceirizado), o empregado de pessoa jurídica que atue em benefício de seu próprio empregador (lobista interno), as empresas especializadas nas atividades de *lobby* e os agentes públicos que tenham como função atuar na representação de interesses do Estado junto aos seus órgãos[31].

À luz do artigo 4º do texto, que é de relatoria do Senador Walter Pinheiro, a atuação do lobista pode ter como objetivo influenciar decisões sobre uma série de iniciativas no âmbito do poder público, tais como a proposição e criação de regulamentos, realização de procedimentos licitatórios, a celebração de

ocultação de informações, ou sua tentativa, importará em revogação do credenciamento, ou sua não renovação junto ao órgão, bem como pagamento de multa a ser regulamentada (...). Artigo 11. A aplicação de eventuais sanções previstas nesta lei não exclui a apuração da responsabilidade civil e criminal, quando cabível".

30. Projeto de Lei nº 336/2015: "*Artigo 2º. O exercício das atividades disciplinadas nesta Lei orientar-se-á pelos seguintes princípios: I – legalidade, moralidade e probidade administrativa; II – transparência e publicidade dos atos; III – garantia da livre manifestação de pensamento e participação; IV – liberdade de acesso à informação, salvo nos casos de sigilo legal; V – garantia de tratamento isonômico aos diferentes grupos e opiniões; VI – garantia do direito a livre associação para fins lícitos e de representação coletiva por entidades expressamente autorizadas; VII – garantia do direito de petição".*

31. Projeto de Lei nº 336/2015 (lobista): "*Artigo 4º (...) III – lobista: a) o indivíduo que exerce atividades de lobby ou de representação de interesse, de modo autônomo e remunerado, em favor de pessoa física, pessoa jurídica ou grupo de pressão ou de interesse; b) o indivíduo, empregado, dirigente ou representante de pessoa jurídica, com ou sem fins lucrativos, que exerce atividade de lobby ou de representação de interesses em favor do empregador ou sociedade, ou que atua em seu nome; c) a pessoa jurídica, constituída de fato ou de direito, que exerce precipuamente atividades de lobby ou de representação de interesses em favor de pessoa física, pessoa jurídica ou grupo de pressão ou de interesse, ainda que seu objeto social não contemple essas atividades de forma expressa; e d) o agente público que tenha por atribuição precípua o exercício da atividade de lobby ou de representação de interesses junto aos órgãos do Poder Legislativo".*

contratos, formulação de políticas públicas, a outorga de concessões, nomeação de indivíduos para o exercício de cargos e funções públicas, a concessão de benefícios fiscais, empréstimos, doações, decisões legislativas e administrativas *lato sensu* etc.[32] Estão abrangidas na atividade de *lobby*, por conseguinte, praticamente todas as iniciativas profissionais adotadas para influenciar as decisões estatais, havendo poucas exceções.

A proposta legislativa estabelece, ademais, período de quarentena de doze meses para que egressos de cargos eletivos, efetivos ou em comissão, ou de empregos permanentes no âmbito da União, suas autarquias, fundações, empresas públicas e sociedades de economia mista possam exercer atividade de *lobby* (artigo 4º, §3º) e requerer o seu obrigatório credenciamento junto às autoridades competentes.

O artigo 5º do Projeto de Lei do Senado nº 336/2015 estatui ser obrigatório o cadastramento anual[33] do lobista, a partir do que ele terá autorização do Estado para atuar, sendo públicas e acessíveis em plataformas abertas as informações sobre os interesses e pessoas que represente[34]. A obrigatoriedade de cadastra-

---

32. Projeto de Lei nº 336/2015: "*Artigo 4º (...) IV – decisão administrativa ou regulamentar toda e qualquer deliberação ou decisão de agente público ou político, que envolva: a) apreciação, proposição, consideração, elaboração, alteração ou prorrogação de contrato administrativo; b) realização de procedimento licitatório e celebração, alteração ou prorrogação de contrato administrativo; c) celebração, alteração ou prorrogação de convênios, contratos de repasse, acordos de cooperação e termos de parceria; d) realização de despesa pública ou sua modificação; e) formulação, desenvolvimento ou modificação de linha de atuação ou diretriz de política pública, ou sua aprovação ou rejeição; f) outorga de concessões, licenças, permissões ou qualquer tipo de autorização que envolva a outorga ou exploração de serviço ou uso de bem público; g) apreciação, revisão, reavaliação, aprovação ou rejeição de ato ou julgamento administrativo; h) indicação, escolha, designação ou nomeação de indivíduo para exercer cargo, emprego ou função pública, no âmbito do respectivo órgão, entidade ou poder responsável pela decisão ou em entidade vinculada, ou junto à autoridade que detenha competência para a nomeação ou indicação; i) concessão de benefício, doação, cessão de direitos, auxílio, prêmio, incentivo fiscal, empréstimo ou qualquer forma de vantagem que dependa de decisão discricionária da autoridade administrativa ou quando o ato de concessão não obedecer a cláusulas uniformes; V – decisão legislativa, toda e qualquer deliberação de órgão ou autoridade legislativa que envolva a apreciação, proposição, alteração, modificação, revogação, votação, aprovação, sanção ou rejeição de qualquer ato normativo*".

33. Projeto de Lei nº 336/2015: "*Artigo 9º. Os regulamentos específicos de cada Poder ou órgão competente deverão dispor sobre a renovação anual do cadastramento para o exercício da atividade de lobby ou representação de interesses*".

34. Projeto de Lei nº 336/2015: "*Artigo 5º. As pessoas caracterizadas como lobistas nos termos desta Lei deverão cadastrar-se perante os órgãos ou entidades responsáveis pelo controle de sua atuação, aos quais caberá o seu credenciamento. §1º. O credenciamento conferirá ao lobista credencial que deverá ser utilizada para sua identificação no exercício da atividade de lobby ou de representação de interesse. §2º. O cadastro dos credenciados será público e acessível, em formato de dados abertos, pela rede mundial de computadores (...). §4º. O registro do lobista deverá conter as informações quanto aos interesses que representa e as pessoas físicas, jurídicas e os grupos de pressão ou de interesse a que esteja subordinado ou vinculado (...). §7º. Aplica-se o disposto no caput deste artigo, em igualdade de condições, às pessoas jurídicas de direito público e de direito privado, e aos representantes de Ministério, órgãos ou entidades da administração federal direta*

mento, consoante o §7º do mesmo dispositivo, deve ser imposta "em igualdade de condições, às pessoas jurídicas de direito público e de direito privado, e aos representantes de Ministério, órgãos ou entidades da administração federal direta e indireta, bem assim às entidades de classe de grau superior, de empregados e empregadores, autarquias profissionais e outras instituições".

Ademais, de forma expressa, consigna-se que "os órgãos, entidades e autoridades administrativas ou legislativas deverão ser informados por aqueles que exerçam atividade de *lobby* ou de representação de interesses sobre os interesses que representam e sobre as pessoas físicas, jurídicas e os grupos de pressão ou de interesse por eles representados"[35].

Impõe-se ao lobista a divulgação de informações sobre as atividades por ele desenvolvidas tanto à comunidade em geral, por via de ferramentas tecnológicas, quanto aos próprios agentes públicos destinatários de suas estratégias de convencimento. Há também a previsão de uma espécie de contraditório, pois se exige dos agentes públicos a publicação de suas agendas e pautas de discussão em sítio eletrônico, "de modo a conferir ampla transparência aos contatos e audiências realizados com indivíduos ou lobistas" e, quando solicitados, deem "igual oportunidade de manifestação à parte contrária ao interesse" representado pelo lobista que os procure (artigos 6º e 7º[36]).

O credenciamento do lobista deve ser renovado anualmente, com a apresentação aos órgãos de controle de detalhado relatório de atividades, no qual sejam expostas "as matérias de seu interesse, os valores recebidos e gastos realizados no ano anterior relativos à sua atuação junto a órgãos e entidades da administração pública, em especial pagamentos a pessoas físicas ou jurídicas, a qualquer título, cujo valor ultrapasse R$2.500,00" (artigo 9º, §1º). Também devem ser relatadas "as despesas efetuadas pelo declarante com publicidade, elaboração de textos, publicação de livros, contratação de consultoria, realização de eventos, inclusive sociais, e outras atividades tendentes a influir no processo legislativo" (artigo 9º, §4º).

e indireta, bem assim às entidades de classe de grau superior, de empregados e empregadores, autarquias profissionais e outras instituições de âmbito nacional da sociedade civil, no exercício de atividades de lobby (...)".

35. Projeto de Lei nº 336/2015, artigo 6º, §3º.

36. Projeto de Lei nº 336/2015: "*Artigo 6º. O órgão, entidade ou autoridade administrativa ou legislativa que tenha consultado ou atendido lobista deverá, quando solicitado, dar igual oportunidade de manifestação à parte contrária ao interesse sob questão (...). Artigo 7º. As pessoas físicas e jurídicas credenciadas para os fins desta Lei poderão solicitar participação, junto aos órgãos da Administração Pública Federal dos Poderes Legislativo, Executivo e Judiciário, quando ocorrerem reuniões de audiência pública que tratem do tema relacionado aos interesses que represente. Parágrafo único. Quando da realização de audiência pública, essa contemplará, sempre que possível, a participação de convidados com posições a favor e contra a matéria em discussão*".

É obrigatória, ainda, "a indicação do contratante e demais interessados nos serviços, das proposições cuja aprovação ou rejeição seja intentada ou a matéria cuja discussão tenha sido solicitada, ou objeto da sua atuação, quando se tratar de contrato ou ato administrativo similar" (artigo 9º, §2º). Nos casos em que as atividades de *lobby* sejam exercidas por entidades associativas sem fins lucrativos, muitas vezes utilizadas para não expor os reais interessados em influenciar as decisões públicas, a proposta prevê sejam disponibilizados dados "sobre sua constituição, sócios ou titulares, número de filiados, quando couber, e a relação de pessoas que lhes prestam serviços, com ou sem vínculo empregatício, além das respectivas fontes de receita, discriminando toda e qualquer doação ou legado recebido no exercício cujo valor ultrapasse R$5.000,00" (artigo 9º, §3º).

Há, portanto, previsão de que sejam revelados vários dados sobre a atuação do lobista, relativos a seus clientes, às atividades que efetivamente realiza, aos valores que lhe são pagos pelos serviços contratados, aos montantes que gasta para executá-los, aos temas que lhe são de interesse etc. Todos esses dados e relatórios devem ser publicados na internet pelos órgãos de controle do *lobby* (artigo 9º, §5º).

Disposição salutar do Projeto de Lei elaborado pelo Senador Walter Pinheiro, raras vezes encontrada no direito estrangeiro, está relacionada à necessidade de que os lobistas sejam treinados para o exercício de suas atividades. Assim, o artigo 9º, §9º do texto *sub examine* estatui que "é obrigatória a participação dos indivíduos registrados como lobistas, no prazo de cento e oitenta dias a contar do deferimento do credenciamento, às suas expensas, em curso de formação específico, do qual constarão como conteúdos mínimos as normas constitucionais e regimentais aplicáveis ao relacionamento com o Poder Público, noções de ética e de métodos de prestação de contas".

Além de conter diversos preceitos que objetivam tornar transparente a atuação dos lobistas, a proposta legislativa traz vedações expressas. Proíbe-se seja credenciada como lobista qualquer pessoa que tenha sido condenada por ato de corrupção ou improbidade administrativa, ou que tenha sido inabilitada ou tido o registro de atuação cassado[37]. Por sua vez, o credenciado não pode, por exemplo, provocar a apresentação de proposta legislativa para que seja posteriormente contratado para nela influir ou cobrar taxas de êxito[38], sendo

---

37. Projeto de Lei nº 336/2015: "*Artigo 5º (...) §9º. Será negado o cadastramento de lobista que: I – tenha sido condenado por ato de corrupção ou improbidade administrativa, enquanto durarem os efeitos da condenação; II – tenha sido inabilitado ou tido o registro cassado nos termos do disposto nesta Lei*".

38. Projeto de Lei nº 336/2015: "*Artigo 10. É vedado às pessoas físicas e jurídicas credenciadas para o exercício de atividades de lobby ou de representação de interesses: I – provocar, direta ou indiretamente, apresentação de proposição legislativa com o propósito de ser contratado para influenciar sua aprovação ou rejeição pelo Poder Legislativo; II – atuar, mediante atividade remunerada,*

possível seja instado pelas autoridades competentes a prestar esclarecimentos sobre suspeitas de prática de ilegalidades (artigo 11).

Por fim, o Projeto de Lei nº 336/2015 prevê cinco espécies de sanções administrativas, a serem aplicadas ao "lobista que atuar com registro irregular, sem registro, com registro falso, ou que, mesmo tendo registro regular, atuar em desacordo com" as disposições normativas. Assim, "de acordo com a gravidade da infração", são aplicáveis, isolada ou cumulativamente, "sem prejuízo da apuração de eventual responsabilidade civil e criminal ou por ato de improbidade administrativa", sanções de advertência, multa, suspensão do registro de lobista, inabilitação para o exercício da atividade de lobista e cassação definitiva do registro de lobista (artigo 13).

Trata-se, por conseguinte, de projeto legislativo complexo, que disciplina a atividade de *lobby* de forma mais precisa do que se verifica nos projetos anteriormente mencionados, mas cuja tramitação é bastante morosa.

O último projeto posto à apreciação do Congresso Nacional sobre a matéria é a Proposta de Emenda Constitucional nº 47/2015, de relatoria do ex-Senador Romero Jucá, que prevê a inserção do artigo 38-A ao texto da Constituição Federal, para disciplinar a "atividade de representação de interesses perante o poder público".

De acordo com a proposta, "entende-se por representação de interesses perante o poder público a ação de pessoas físicas ou jurídicas, de direito público ou privado, diretamente ou por interposta pessoa, que tenha por finalidade provocar, subsidiar, impulsionar ou orientar a ação estatal" (artigo 38-A, §1º), devendo ser exercida com base nos princípios da moralidade, da publicidade, da legalidade, da supremacia e indisponibilidade do interesse público e da finalidade (artigo 38-A, *caput*).

O texto mencionado prevê tanto o *lobby* exercido para favorecer interesses privados, quanto o chamado *lobby* institucional, que se propõe a favorecer interesses dos próprios órgãos da administração pública. Afirma possível a representação perante a União, os Estados, os Municípios e o Distrito Federal de interesses de quaisquer dos Poderes, instituições e órgãos da administração pública, interesses de quaisquer entidades federativas e interesses privados[39].

com o objetivo de influenciar decisão judicial, exceto se na condição de advogado; III – prejudicar ou perturbar reunião, sessão ou audiência de interesse público; IV – receber prêmio, percentual, bonificação ou comissão a título de honorários de êxito (...)".

39. Proposta de Emenda Constitucional nº 47/2015: "*Artigo 38-A (...) §2º. Poderão ser objeto da ação de representação: I – perante os Poderes, instituições e órgãos da União: a) interesses de quaisquer dos Poderes, instituições e órgãos nacionais e federais; b) interesses de quaisquer entidades federativas; c) interesses privados, de pessoas físicas ou jurídicas. II – perante os Poderes, instituições e órgãos dos Estados: a) interesses da União, de outros Estados ou do Distrito Federal; b)*

Estabelece exigências para o credenciamento do lobista[40] e os direitos que lhe devem ser assegurados[41], cria vedações à sua atuação "na atividade de prestação jurisdicional e nas atividades finalísticas do Ministério Público, das Advocacias Públicas, das Defensorias Públicas e dos Tribunais e Conselhos de Contas", e proscreve o oferecimento ou a promessa de qualquer contrapartida, favores ou a "prestação de vantagens financeiras de qualquer espécie aos agentes públicos envolvidos no tratamento da matéria objeto da ação de representação" (Artigo 38-A, §6º).

A Proposta de Emenda Constitucional nº 47/2015, justamente porque visa à alteração do texto constitucional com a inclusão expressa do reconhecimento das atividades de *lobby*, não contempla obrigações detalhadas para os lobistas. Prevê, porém, sejam criadas normas complementares pelos diversos órgãos que recebam influxos dos lobistas, situação que pode tornar difícil a criação de parâmetros mais ou menos estáveis e uniformes para assegurar a transparência nas interações entre eles e os agentes públicos.

Por fim, em que pese não tenha tramitação nas Casas Legislativas brasileiras, é interessante mencionar o anteprojeto de lei criado no âmbito das *Novas Medidas Contra a Corrupção*[42], desenvolvidas pela Transparência Internacional

interesses dos respectivos Municípios, ou de Municípios de outros Estados; c) interesses de quaisquer dos respectivos Poderes, instituições e órgãos; d) interesses privados, de pessoas físicas ou jurídicas. III – perante os Poderes, instituições e órgãos do Distrito Federal: a) interesses da União ou de qualquer Estado ou Município; b) interesses de quaisquer dos respectivos Poderes, instituições e órgãos; c) interesses privados, de pessoas físicas ou jurídicas. IV – perante os Poderes, instituições e órgãos de Município: a) interesses da União, de qualquer Estado ou de outros Municípios; b) interesses dos respectivos Poderes, instituições e órgãos; c) interesses privados, de pessoas físicas ou jurídicas".

40. Proposta de Emenda Constitucional nº 47/2015: "*Artigo 38-A (...) §4º. Os Poderes Executivos e Legislativos dos entes federativos, o Poder Judiciário, o Ministério Público, os Tribunais e Conselhos de Contas, as Advocacias Públicas e as Defensorias Públicas regulamentarão, pelas normas próprias, os procedimentos relativos ao tratamento dos agentes de representação de interesses, com ênfase: I – à habilitação, credenciamento e descredenciamento; II – às formalidades necessárias à realização de audiências com os agentes públicos respectivos; III – ao tratamento dos documentos, memoriais e qualquer outro instrumento de convencimento recebido; IV – às prerrogativas e competências atribuídas e às vedações impostas à ação de representação e seus agentes".*

41. Proposta de Emenda Constitucional nº 47/2015: "*Artigo 38-A (...) §3º. No desempenho de suas funções, a pessoa física ou o preposto de pessoa jurídica investido de poderes de representação de interesses perante o Poder Público terão as seguintes prerrogativas: I – identificação própria e singularizada, expedida pela entidade perante a qual pretenda atuar; II – livre acesso às instalações físicas da entidade credenciadora, ressalvadas as de acesso restrito ou proibido; III – audiência formal com os agentes públicos competentes, conforme os procedimentos e cerimonial próprios; IV – juntada formal, aos feitos aos quais se dirija, de todas as informações, memoriais, elementos de convencimento reputados pertinentes, úteis e necessários, respeitada a razoabilidade; V – conhecimento formal dos encaminhamentos administrativos, processuais e institucionais dados às matérias de seu (...) interesse".*

42. MOHALLEM, Michael Freitas et al. *Novas medidas contra a corrupção*. Rio de Janeiro: Escola de Direito do Rio de Janeiro da Fundação Getúlio Vargas, 2018. Disponível em: <https://unidoscontraacorrupcao.org.br/assets/pdf/Novas_Medidas_pacote_completo.pdf>. Acesso em: 22 mar. 2018.

em parceria com as Escolas de Direito da Fundação Getúlio Vargas do Rio de Janeiro e São Paulo. Consta do texto que "o lobby é uma forma legítima de atuação dos mais variados setores da sociedade (...). A falta de regulamentação dessa atividade, entretanto, gera graves problemas, especialmente considerando-se os desafios éticos dessa interação. Por isso, propõe-se a regulamentação do *lobby,* para conferir a essa atividade a transparência e a probidade necessárias e garantir a lisura das interações desses atores com as autoridades públicas".

O anteprojeto sugere, dentre outras coisas, o credenciamento obrigatório do lobista; a divulgação ampla das atividades dos agentes públicos, em especial dos contatos com lobistas credenciados; a revelação dos agentes estatais que o lobista busca influenciar, dos interesses que representa e dos seus contratantes; a participação em cursos específicos de formação, cujo conteúdo promova a atuação baseada em princípios éticos. Ademais, prevê normas de quarentena, veda o credenciamento de determinados sujeitos, determina ao lobista a apresentação de relatórios semestrais das suas atividades, nos quais constem a lista de seus clientes, as iniciativas de persuasão empreendidas, a natureza das matérias de seu interesse, os valores recebidos e gastos para a execução de suas atividades etc. Por último, elenca modalidades de sanção para as hipóteses de descumprimento normativo.

Trata-se de projeto complexo e parecido com o Projeto de Lei nº 336/2015 do Senado Federal, de relatoria do Senador Wagner Pinheiro, sem sombra de dúvidas o mais bem elaborado dos projetos legislativos a tratar da matéria e que deve ser efetivamente apreciado e aprimorado, abandonando-se o malfadado Profeto de Lei nº 1.202/2007.

Em suma, de todas as propostas legislativas em discussão no Congresso Nacional brasileiro, a pior delas é a que efetivamente prospera. A bem da verdade, é a Proposta de Lei nº 1.202/2007 a que mais recebe atenção dos legisladores, apesar de a sua eventual aprovação em absolutamente nada alterar o quadro normativo do *lobby* no Brasil, porquanto o seu texto não prevê obrigações nem sanções para os lobistas e funcionários públicos, sendo, portanto, inócuo.

É essencial, no contexto atual, a aprovação de disciplina jurídica ampla que incida sobre a atuação dos lobistas. Todavia, de nada adianta criar norma que não contenha preceitos claros que assegurem transparência à necessária interação dos lobistas com os agentes da administração pública.

Não se pode deixar de mencionar que vigem na ordem jurídica brasileira alguns preceitos pontuais que incidem sobre a atuação dos lobistas. A título exemplificativo, citem-se a Lei de Acesso à Informação[43] (Lei Federal nº

---

43. Mancuso, Wagner Pralon; Angélico, Fabiano; Gozetto, Andrea Cristina. Ferramentas de

12.527/2011), que viabiliza acesso amplo da população a informações importantes sobre a dinâmica de atuação dos poderes do Estado, e a Lei de Conflito de Interesses (Lei Federal nº 12.813/2013)[44], a qual expressamente prevê haver conflito de interesses no caso de ex-agente público, menos de seis meses após deixar suas funções, "intervir, direta ou indiretamente, em favor de interesse privado perante órgão ou entidade em que haja ocupado cargo ou emprego ou com o qual tenha estabelecido relacionamento relevante".

No plano infralegal, merecem destaque o Regimento Interno da Câmara dos Deputados[45] e o Código de Conduta da Alta Administração Federal, integrado por plêiade de códigos e preceitos normativos que devem guiar a atuação dos agentes públicos. Dentre eles, o Código de Ética Profissional do Servidor

transparência: o possível impacto da Lei de Acesso a Informações Públicas no debate sobre regulamentação do *lobby* no Brasil, cit., p. 43.

44. A Lei de Conflito de Interesses disciplina não apenas "*as situações que configuram conflito de interesses envolvendo ocupantes de cargo ou emprego no âmbito do Poder Executivo federal*" que tenham aceso a informação privilegiada capaz de trazer vantagem econômica ou financeira para si ou para terceiro, mas também "*os impedimentos posteriores ao exercício do cargo ou emprego*" (artigo 1º). Estabelece a lei que "*o ocupante de cargo ou emprego no Poder Executivo federal deve agir de modo a prevenir ou a impedir possível conflito de interesse e a resguardar informação privilegiada*" (artigo 4º). Assim, no que interessa ao tema do *lobby*, considera-se haver conflito de interesses, por exemplo, nos casos em que o agente público "*atuar, ainda que informalmente, como procurador, consultor, assessor ou intermediário de interesses privados nos órgãos ou entidades da administração pública (...)*" (artigo 5º, inciso IV); "*praticar ato em benefício de interesse de pessoa jurídica de que participe o agente público, seu cônjuge, companheiro ou parentes, consanguíneos ou afins (...) e que possa ser por ele beneficiada ou influir em seus atos de gestão*" (artigo 5º, inciso V); "*receber presente de quem tenha interesse em decisão do agente público ou de colegiado do qual este participe (...)*" (artigo 5º, inciso VI). Além disso, foram previstas na Lei Federal nº 12.813/2011 diversas "*situações que configuram conflito de interesses após o exercício do cargo ou emprego público*". Nesse tocante, também destacando as hipóteses que têm relação com a atividade de *lobby*, o texto legal estatui que há conflito de interesses nos casos em que o funcionário público, "*no período de 6 (seis) meses, contado da data da dispensa, exoneração, destituição, demissão ou aposentadoria (...) a) prestar, direta ou indiretamente, qualquer tipo de serviço a pessoa física ou jurídica com quem tenha estabelecido relacionamento relevante em razão do exercício do cargo ou emprego; b) aceitar cargo de administrador ou conselheiro ou estabelecer vínculo profissional com pessoa física ou jurídica que desempenhe atividade relacionada à área de competência do cargo ou emprego ocupado; c) celebrar com órgãos ou entidades do Poder Executivo federal contratos de serviço, consultoria, assessoramento ou atividades similares, vinculados, ainda que indiretamente, ao órgão ou entidade em que tenha ocupado cargo ou emprego; ou intervir, direta ou indiretamente, em favor de interesse privado perante órgão ou entidade em que haja ocupado cargo ou emprego ou com o qual tenha estabelecido relacionamento relevante em razão do exercício do cargo ou emprego*" (artigo 6º).

45. O texto prevê, por exemplo, título no qual previstas as diversas formas de participação da sociedade civil nos trabalhos da Câmara dos Deputados. Trata "das petições e representações" dirigidas à Casa Legislativa, da possibilidade de oferecimento de sugestões da sociedade civil em temas legislativos, da realização de audiências públicas etc. Vale destacar o teor do artigo 254 do texto, segundo o qual "*a participação da sociedade civil poderá, ainda, ser exercida mediante o oferecimento de sugestões de iniciativa legislativa, de pareceres técnicos, de exposição e propostas oriundas de entidades científicas e culturais*". Sobre o assunto: MEYER-PFLUG, Samantha Ribeiro (Coord. Acad.). *Grupos de interesse (lobby)*, cit., p. 39.

Público Civil do Poder Executivo Federal veda, por exemplo, "o uso do cargo ou função, facilidades, amizades, tempo, posição e influências, para obter qualquer favorecimento, para si ou para outrem" (XV, a), e veda também "pleitear, solicitar, provocar, sugerir ou receber qualquer tipo de ajuda financeira, gratificação, prêmio, comissão, doação ou vantagem de qualquer espécie, para si, familiares ou qualquer pessoa, para o cumprimento de sua missão ou para influenciar outro servidor" (XV, g).

O Código de Conduta da Alta Administração Federal[46], por sua vez, contempla disposições que visam à promoção da transparência, da probidade, da boa imagem e prestígio da administração pública e seus agentes. Segundo prevê o artigo 3º do texto normativo, "no exercício de suas funções, as autoridades públicas deverão pautar-se pelos padrões da ética, sobretudo no que diz respeito à integridade, à moralidade, à clareza de posições e ao decoro, com vistas a motivar o respeito e a confiança do público em geral".

No que toca especificamente ao *lobby,* há comandos que proíbem às autoridades públicas receber qualquer remuneração ou vantagem de particulares "de forma a permitir situação que possa gerar dúvida sobre a sua probidade ou honorabilidade" (artigo 7º), e impõem que "as propostas de trabalho ou negócio futuro no setor privado, bem como qualquer negociação que envolva conflito de interesses", sejam "imediatamente informadas" (artigo 13).

Após deixar o cargo, de acordo com as disposições do Código, a autoridade pública não poderá, dentre outras coisas, "atuar em benefício ou em nome de pessoa física ou jurídica, inclusive sindicato ou associação de classe, em processo ou negócio do qual tenha participado em razão do cargo"; "prestar consultoria a pessoa física ou jurídica, inclusive sindicato ou associação de classe, valendo-se de informações não divulgadas publicamente a respeito de programas ou políticas do órgão ou da entidade da administração pública federal a que esteve vinculado ou com que tenha tido relacionamento direto e relevante nos seis meses anteriores ao término do exercício de função pública", hipóteses que inequivocamente se aproximam do *lobby* (artigo 14).

Há, ademais, proibição expressa no sentido de que o agente público, antes de superado o período legal de quarentena, intervenha, "em benefício ou em nome de pessoa física ou jurídica, junto a órgão ou entidade da administração pública federal com que tenha tido relacionamento oficial direto e relevante nos seis meses anteriores à exoneração" (artigo 15).

Na mesma esteira, o Código de Conduta Ética dos Agentes Públicos em exercício na Presidência e na Vice-Presidência; o Decreto nº 4.187/2002, que

---

46. Id. Ibid., p. 43.

"dispõe sobre o impedimento de autoridades exercerem atividades ou prestarem serviços após a exoneração do cargo que ocupavam"; o Decreto nº 4.334/2002, que trata das "audiências concedidas a particulares por agentes públicos em exercício na administração pública federal direta, nas autarquias e fundações públicas oficiais"; a Resolução nº 2/2000, que "regula a participação de autoridade pública abrangida pelo Código de Conduta da Alta Administração Federal em seminários e outros eventos"; a Resolução nº 03/2000, que contém "regras sobre o tratamento de presentes e brindes"; e inúmeros outros textos normativos que tratam de conflito de interesses e alcançam hipóteses de *lobby*[47].

Logo, há diversas previsões normativas que, embora pontualmente, incidem sobre situações fáticas que ocorrem no ambiente do *lobby*. Entretanto, evidentemente, inclusive porque são aplicáveis apenas a classes específicas de servidores públicos e porque não sistematizam a atuação dos lobistas de forma abrangente, senão que preveem poucas limitações à atuação de agentes do Estado, elas não são suficientes.

Nesse contexto, é imprescindível que o legislador federal brasileiro crie corpo normativo que discipline a atuação do lobista, sempre com o cuidado de que não sejam previstas exigências excessivamente detalhadas e rígidas, que acabem por cercear o exercício do *lobby*[48]. Considerada a gradação feita por Chari, Hogan e Murphy[49], o sistema brasileiro de regulamentação da atuação do lobista deve ser intermediário.

Embora a presente tese não pretenda aprofundar-se nas medidas administrativas que devem ser adotadas para disciplinar o instituto, é essencial seja criada a obrigatoriedade de o lobista cadastrar-se junto aos órgãos da administração pública para que possa atuar, devendo tal cadastramento ser renovado periodicamente; é necessário seja imposto ao lobista o dever de identificar-se aos funcionários do Estado com os quais interage e explicitar a quem representa e quais são os seus interesses[50]. Tais exigências, dada a recorrência e a importância do

---

47. Meyer-Pflug, Samantha Ribeiro (Coord. Acad.). *Grupos de interesse (lobby)*, cit., p. 43; Mancuso, Wagner Pralon; Angélico, Fabiano; Gozetto, Andrea Cristina. Ferramentas de transparência: o possível impacto da Lei de Acesso a Informações Públicas no debate sobre regulamentação do *lobby* no Brasil, cit., p. 48.

48. Santos, Luiz Alberto dos. Regulação do lobby no Brasil: o Projeto de Lei nº 1.202, de 2007 - constitucionalidade e adequação aos fins pretendidos, cit.: "*Entre eles, o de serem criadas barreiras à participação social ou ao exercício de direitos individuais, em decorrência de exigências de cadastramento e formalização que podem representar um custo insuportável para certos grupos e associações, ou cerceamento do direito individual de petição. Um efeito perverso de um sistema de monitoramento excessivamente detalhista, oneroso ou rigoroso é o de que escritórios profissionais de lobby poderiam obter, dessa forma, uma lucrativa reserva de mercado (...). Haveria, nesses casos, uma flagrante afronta ao direito de petição*".

49. Chari, Raj; Hogan, John; Murphy, Gary. *Regulating lobbying*: a global comparison, cit., 2010, p. 14.

50. Santos, Luiz Alberto dos. Regulação do lobby no Brasil: o Projeto de Lei nº 1.202, de 2007

chamado *lobby* institucional, devem se estender aos *intraneus* da administração pública que exerçam atividades de *lobby*, bem assim às pessoas jurídicas - de qualquer natureza - que tenham funcionários que atuem para influenciar as decisões públicas (lobistas internos).

Não se pode conceber um sistema normativo que pretenda regulamentar a atuação do lobista sem que dele se exija a divulgação periódica de suas atividades. Assim, é curial se imponha a obrigatoriedade de apresentação ao órgão público competente de relatórios com informações sobre todas as iniciativas de convencimento implementadas, a listagem dos clientes, os temas que lhe são de interesse, os agentes públicos com os quais interage, os valores envolvidos em suas atividades etc.

Aos agentes públicos, de seu turno, deve ser imposta a obrigação de registrar, igualmente em banco público de informações, todos os contatos com lobistas e as iniciativas de que foram alvos. A partir do cruzamento das informações prestadas por lobistas e funcionários públicos, será possível saber de que maneira se dá o processo decisório público, quais forças nele interferem e quais são os seus interesses.

Não é suficiente que sejam criadas balizas para a atuação do lobista, porquanto imprescindível, inclusive para que haja efetiva fiscalização de suas atividades, também recaiam sobre os agentes do Estado obrigações de divulgar informações sobre as iniciativas de *lobby* que a eles são direcionadas. Ademais, são salutares os períodos de quarentena, nos quais, após deixarem a administração pública, estes últimos não poderão funcionar como lobistas na defesa de interesses privados.

É essencial, ainda, sejam previstas claras restrições ao financiamento de campanhas eleitorais, situação que se insere no chamado *lobby* eleitoral. Assim,

- constitucionalidade e adequação aos fins pretendidos, cit.: "*Como aspecto central da regulação, deve ser mantida a obrigatoriedade de que as pessoas caracterizadas como lobistas cadastrem-se perante os órgãos ou entidades responsáveis pelo controle de sua atuação (...). Ademais, deve-se estabelecer a obrigatoriedade de que os órgãos, entidades e autoridades administrativas ou legislativas sejam informados por aqueles que exerçam atividade de lobby ou de representação de interesses sobre os interesses que representam (...). Em consequência, ao se dirigirem a agente público ou político, os lobistas declinarão a pessoa física, pessoa jurídica ou grupo de pressão ou de interesse que representam (...). Deve-se fixar a obrigatoriedade de atualização do cadastramento (...). Devem ser submetidas às mesmas regras de cadastramento as pessoas jurídicas de direito público e de direito privado (...). Devem ser fixados, em favor do princípio da moralidade (caput do art. 37 da Constituição), limites ao direito ao cadastramento, vedando-se o cadastramento de lobista: a) que tenha sido condenado por ato de corrupção ou improbidade administrativa (...); b) ou tenha sido inabilitado ou tido o registro cassado (...). E, ainda, deve ser fixada a obrigatoriedade de que os órgãos responsáveis pelo cadastramento disponibilizem na rede mundial de computadores (internet) os registros de lobistas e das suas respectivas credenciais (...). A fim de aperfeiçoar-se a regra prevista no projeto, e com vistas a prevenir os riscos do revolving doors, deve-se fixar quarentena ou impedimento (...)*".

na disciplina da atuação dos lobistas, é salutar sejam eles, bem como qualquer pessoa física ou jurídica que se valha do *lobby* ou o pratique, proibidos de efetuar qualquer tipo de doação a partidos políticos e candidatos a cargos eletivos, pois que tal medida ajuda, nos dizeres de Warde[51], a "evitar o aliciamento dos candidatos e, por fim, que seja o próprio Estado cooptado pelas organizações empresariais".

Contudo, em nenhum dos projetos legislativos atualmente em tramitação no Congresso Nacional há referências ao *lobby* eleitoral, situação que evidencia[52] a necessidade de que sejam aprimorados.

Por fim, para que tenha efetividade, é elementar que a regulamentação do *lobby* preveja mecanismos investigatórios para as hipóteses nas quais exista suspeita de atuação ilegal, sendo imprescindível a criação de entidade pública que goze de independência, para monitorar as atividades dos lobistas e concentrar todas as informações relacionadas ao *lobby* que devem ser apresentadas à sociedade.

Tal entidade, ainda, deve ser competente para impor sanções de natureza administrativa (multas, suspensões, cassações, advertências etc.), respeitando o devido processo legal e a ampla defesa, e encaminhar aos órgãos de persecução penal as informações necessárias para que seja avaliada a necessidade de responsabilização criminal de quem se envolva no *lobby* ilegal[53].

Destaque-se que, uma vez criado diploma normativo que regulamente a atuação do lobista e imponha a obrigação de credenciamento, aquele que a descumprir ficará sujeito às sanções do artigo 47 da Lei de Contravenções Penais, que tipifica a conduta de "exercer profissão ou atividade econômica ou anunciar que a exerce, sem preencher as condições a que por lei está subordinado o seu exercício".

Além disso, é fundamental se promovam alterações nas figuras típicas previstas na legislação penal brasileira que se voltam à proteção da administração pública. Com efeito, consoante exposto a seguir, é curial a racionalização da matéria, para que a regulamentação do *lobby*, em conformidade com os postulados fundamentais da *ultima ratio*, da fragmentariedade e subsidiariedade, seja eficaz ao mesmo tempo em que compatível com os alicerces e limites do Direito Penal.

Nesse aspecto, diferentemente do que se lê nos projetos legislativos que têm como objeto central a regulamentação do instituto, entendemos salutar que, em hipóteses especialmente graves, seja possível a aplicação de sanções criminais

---

51. Warde Júnior, Walfrido Jorge. A empresa pluridimensional: empresa política e *lobby*, cit., p. 143.
52. Id. Ibid., p. 144.
53. Santos, Luiz Alberto dos. Regulação do lobby no Brasil: o Projeto de Lei nº 1.202, de 2007 – constitucionalidade e adequação aos fins pretendidos, cit.

ao lobista que aja ilegalmente. Assim, é necessário visitar os conceitos que caracterizam alguns dos crimes contra a administração pública previstos em nosso Código Penal, para diferenciá-los do *lobby* e elaborar nova roupagem típica, que proíba a atuação do lobista que se anuncie capaz de estimular a prática de ato ilegal por agente público.

3.2 A análise do direito penal brasileiro, dos tipos penais erigidos para a proteção da administração pública e da sua relação com o *lobby*

Assentada a premissa de que o Brasil, na esteira do que vem ocorrendo em boa parte das nações mais desenvolvidas, deve empreender esforços para regulamentar o *lobby*, principalmente por via da adoção de mecanismos administrativos que assegurem maior transparência na interação do lobista com os agentes públicos, resta avaliar de que maneira essa providência deve ser encarada sob o viés jurídico-penal.

O Brasil, conforme referenciamos em nosso livro *O crime de corrupção no setor privado*, tem processo histórico marcado por vários episódios em que é possível constatar que os influxos privados na esfera estatal, exatamente o que ocorre quando se observa a atuação dos lobistas, são uma constante e, em inúmeras situações, conduzem a práticas ilegais por representantes estatais. Destacamos na obra, com suporte nas lições de Habib[54], Holanda[55] e Faoro[56], três dos mais importantes pensadores da vida social brasileira, que, "começando no período colonial, os casos de corrupção perpassam todas as três fases da consolidação do Estado, sendo considerados destacada razão para a existência de parte importante de nossas mazelas sociais"[57].

Demais disso, ressaltamos que "o caráter patrimonialista que caracterizou – e ainda caracteriza – o exercício do poder no Brasil é fator que torna pouco precisa a definição dos limites entre os interesses públicos e os interesses privados, estes últimos (...) sempre colocados em patamar sobreposto àquele em

---

54. Habib, Sérgio. *Brasil*: quinhentos anos de corrupção. Porto Alegre: Antônio Fabris, 1994. p. 3 e ss.

55. Holanda, Sérgio Buarque de. *Raízes do Brasil*. São Paulo: Companhia das Letras, 2006. p. 145 e ss.

56. Faoro, Raymundo. *Os donos do poder*: formação do patronato político brasileiro. 3. ed. São Paulo: Globo, 2007. p. 819.

57. Gontijo, Conrado Almeida Corrêa. *O crime de corrupção no setor privado*. 1. ed. São Paulo: LiberArs, 2016. p. 15. No mesmo sentido: Costa, Helena Regina Lobo da. Corrupção na história do Brasil: reflexões sobre suas origens no período colonial. In: Del Debbio, Alessandra; Maeda, Bruno Carneiro; Ayres, Carlos Henrique (Coords.). *Temas de anticorrupção e compliance*. Rio de Janeiro: Elsevier, 2013; Levianu, Roberto. *Controle penal da corrupção*. 2004. Tese (Doutorado) – Programa de Pós-Graduação em Direito da Faculdade de Direito, Universidade de São Paulo, São Paulo, 2004. p. 12.

que se situam os primeiros", situação que nos conferiu, no plano internacional, a pecha de país do jeitinho[58].

Tal circunstância ressoa no ordenamento jurídico-penal nacional desde os tempos da colônia, o que se nota a partir do exame das Ordenações Filipinas[59], em especial, de seu Livro V, que criminalizava diversas modalidades de comportamento atentatório àquilo que à época correspondia à administração pública. Cite-se, a título exemplificativo, os delitos de peita[60], as modalidades de conduta que não poderiam ser praticadas sem autorização do Rei[61], as ofensas ao Rei e a outras autoridades do Estado[62], os delitos de desobediência[63], o falso testemunho[64], os desvios patrimoniais praticados por funcionários do Estado em prejuízo do Erário[65] etc.

A prodigalidade da ordem jurídica nacional na previsão de tipos penais que incidem sobre hipóteses fáticas nas quais se julga haver ofensa à administração pública também é evidente no Código Criminal do Império[66] do ano de 1830, e no Código que o sucedeu em 1890, já na República[67]. Neste último[68], destaca-se o Título V, integralmente dedicado à proteção da "boa ordem da administração pública", no qual foram inseridas figuras típicas que tratam "das malversações, abusos e omissões dos funncionarios públicos", dentre as quais se inserem diversas modalidades de prevaricação, peita ou suborno, concussão, peculato, abuso de autoridade, usurpação de funções públicas, entre outras.

---

58. Rosen, Keith S. The Jeito: Brazil's institutional by-pass of the formal legal system and its developmental implications. *The American Journal of Comparative Law*, v. 19, n. 3, p. 515, 1971.

59. Codigo Philippino, ou, Ordenações e leis do Reino de Portugal: recopiladas por mandado d'El-Rey D. Philippe I. Disponível em: <http://www2.senado.leg.br/bdsf/item/id/242733>. Acesso em: 15 set. 2018.

60. Título LXXL: Dos officiaes del-Rey, que recebem serviços, ou peitas, e das partes, que lhas dão ou prometem.

61. Título IV: Dos que benzem cães, ou bichos sem autoridade d'El-Rey; Título VIII: Dos que abrem as Cartas del-Rey, ou da Rainha.

62. Título VII: Dos que dizem mal del-Rey; Título X: do que diz mentira a El-Rey em prejuízo de alguma parte; Título L: Dos que fazem ou dizem injurias aos julgadores, ou a seus Officiaes.

63. Título XLIX: Dos que resistem, ou desobedecem aos Officiaes de Justiça, ou lhes dizem palavras injuriosas.

64. Título LIV: Do que disser testemunho falso, e do que o faz dizer, ou commette que o diga, ou usa delle.

65. Título LXXII: Da pena, que haverão os Officiaes, que levão mais do conteúdo em seu Regimento, e que os que não tiverem Regimento, o peção; Título LXXIV: Dos Officiaes del-Rey, que lhe furtão, ou deixão perder sua Fazenda por malícia.

66. Souza, Luciano Anderson de. *Crimes contra a administração pública*, cit., p. 38.

67. Perdigão, Carlos Frederico Marques. *Manual do Código Penal brasileiro*: estudos syntheticos e práticos. Rio de Janeiro: D.L. Garnier, 1882. t. 1; Souza, Luciano Anderson de. *Crimes contra a administração pública*, cit., p. 39.

68. BRASIL. Câmara dos Deputados. *Decreto nº 847, de 11 de outubro de 1890*. Disponível em: <http://www2.camara.leg.br/legin/fed/decret/1824-1899/decreto-847-11-outubro-1890--503086-publicacaooriginal-1-pe.html>. Acesso em: 15 set. 2018.

No Código Penal de 1940 (Decreto-Lei nº 2.848/1940), que ainda hoje, não obstante tenha passado por inúmeras reformas ao longo do tempo, vige e concentra as mais importantes disposições legais de natureza penal na sistemática jurídica brasileira, inúmeras são as modalidades de comportamento vedadas pelo legislador ordinário a fim de salvaguardar a administração pública[69].

Consta do referido diploma normativo um extenso título "dos crimes contra a administração pública", segmentado em capítulos que preveem os "crimes praticados por funcionário público contra a administração em geral"[70], os "crimes praticados por particular contra a administração em geral"[71], os "crimes praticados por particular contra a administração pública estrangeira"[72], os "crimes praticados contra a administração da justiça"[73] e os "crimes contra as finanças públicas"[74].

A análise da evolução do Direito Penal brasileiro dá evidências claras de que a previsão de punições criminais para condutas que possam afetar o bem jurídico administração pública, contemplado na ordem constitucional, é uma constante e, nos tempos hodiernos, tem ganhado ainda mais destaque.

---

69. SOUZA, Luciano Anderson de. *Crimes contra a administração pública*, cit., p. 42: "*Desde a entrada em vigor deste diploma, houve, até o presente momento, treze alterações legislativas (...)*".

70. Peculato (artigos 312 e 313), manipulação de sistemas de informações (artigos 313-A e 313-B), extravio, sonegação ou utilização de livro ou documento (artigo 314), emprego irregular de verbas ou rendas públicas (artigo 315), concussão (artigo 316), corrupção passiva (artigo 317), facilitação de contrabando ou descaminho (artigo 318), prevaricação (artigo 319), condescendência criminosa (artigo 320), advocacia administrativa (artigo 321), violência arbitrária (artigo 322), abandono de função (artigo 323), exercício funcional ilegalmente antecipado ou prolongado (artigo 324), violação de sigilo funcional (artigos 325 e 326).

71. Usurpação de função pública (artigo 328), resistência (artigo 329), desobediência (artigo 330), desacato (artigo 331), tráfico de influência (artigo 332), corrupção ativa (artigo 333), descaminho (artigo 334), contrabando (artigo 334-A), impedimento, perturbação ou fraude de concorrência (artigo 335), inutilização de edital ou de sinal (artigo 336), subtração ou inutilização de livro ou documento (artigo 337), sonegação de contribuição previdenciária (artigo 337-A).

72. Corrupção e tráfico de influência em transação comercial internacional (artigos 337-B e 337-C).

73. Reingresso de estrangeiro expulso (artigo 338), denunciação caluniosa (artigo 339), comunicação falsa de crime ou de contravenção (artigo 340), autoacusação falsa (artigo 341), falso testemunho ou falsa perícia (artigo 342), coação no curso do processo (artigo 344), exercício arbitrário das próprias razões (artigo 345), fraude processual (artigo 347), favorecimento pessoal (artigo 348), favorecimento real (artigo 349), exercício arbitrário ou abuso de poder (artigo 350), fraude de pessoa presa ou submetida a medida de segurança (artigo 351), evasão mediante violência contra a pessoa (artigo 352), arrebatamento de preso (artigo 353), motim de presos (artigo 354), patrocínio infiel (artigo 355), sonegação de papel ou objeto de valor probatório (artigo 356), exploração de prestígio (artigo 357), violência ou fraude em arrematação judicial (artigo 358) e desobediência a decisão judicial sobre perda ou suspensão de direito (artigo 359).

74. Contratação de operação de crédito (artigo 359-A), inscrição de despesas não empenhadas em restos a pagar (artigo 359-B), assunção de obrigação no último ano do mandato ou legislatura (artigo 359-C), ordenação de despesa não autorizada (artigo 359-D), prestação de garantia graciosa (artigo 359-E), não cancelamento de restos a pagar (artigo 359-F), aumento de despesa total com pessoal no último ano do mandato ou legislatura (artigo 359-G) e oferta pública ou colocação de títulos no mercado (artigo 359-H).

A quantidade de tipos penais criados para proteger o referido bem jurídico, associada à diversidade de condutas que os caracterizam, fazem difícil a tarefa de delimitar o significado de administração pública para fins jurídico-penais, e definir os interesses protegidos pela legislação. Conforme pontifica Souza[75], em uma análise do Título XI do Código Penal, que concentra a disciplina da matéria, é possível notar a dificuldade de se extrair a "essência dos chamados crimes contra a Administração Pública".

Para demonstrar esse acertado ponto de vista, o professor da Faculdade de Direito do Largo de São Francisco[76] destaca exemplos de figuras delitivas que proíbem condutas atentatórias a variados interesses jurídicos, *prima facie,* em nada relacionados à administração pública. Adverte o jurista, exemplificativamente, o crime de concussão[77] parece "muito mais afeito à tutela da liberdade individual e do patrimônio particular"; no excesso de exação[78], "mesmo porque uma cobrança indevida poderia inclusive beneficiar a administração pública (...), os interesse vulnerados com o tipo, aparentemente, dizem respeito (...) ao indivíduo"; no caso do tráfico de influências[79], igualmente, "mais uma vez, o vitimado principal, senão exclusivo, sinaliza-se como o particular ludibriado pelo agente", situação que também se verificaria em relação à exploração de prestígio[80] e ao patrocínio infiel[81].

Destaque-se que a doutrina fixou posicionamento, apesar das críticas do próprio Souza[82], no sentido de que o bem jurídico administração pública, sob a

75. Souza, Luciano Anderson de. *Crimes contra a administração pública*, cit., p. 42 e ss.

76. Id. Ibid., p. 44 e ss.

77. Código Penal, artigo 316: "*Exigir, para si ou para outrem, direta ou indiretamente, ainda que fora da função ou antes de assumi-la, mas em razão dela, vantagem indevida*".

78. Código Penal, artigo 316, §1°: "*Se o funcionário exige tributo ou contribuição social que sabe ou deveria saber indevido ou, quando devido, emprega na cobrança meio vexatório ou gravoso, que a lei não autoriza*".

79. Código Penal, artigo 332: "*Solicitar, exigir, cobrar ou obter, para si ou para outrem, vantagem ou promessa de vantagem, a pretexto de influir em ato praticado por funcionário público no exercício da função*".

80. Código Penal, artigo 357: "*Solicitar ou receber dinheiro ou qualquer outra utilidade, a pretexto de influir em juiz, jurado, órgão do Ministério Público, funcionário de justiça, perito, tradutor, intérprete ou testemunha*".

81. Código Penal, artigo 355: "*Trair, na qualidade de advogado ou procurador, o dever profissional, prejudicando interesse, cujo patrocínio em juízo, lhe é confiado*".

82. Souza, Luciano Anderson de. *Crimes contra a administração pública*, cit., p. 85 e ss.: "*O que significa normalidade funcional, probidade, prestígio, incolumidade e decoro da administração pública, mormente em países em desenvolvimento, como o Brasil, em que a atuação do Estado deixa enormemente a desejar, quando não representa verdadeiro escândalo de incompetência? O que é normalidade funcional (...)? O que é prestígio em uma entidade já desacreditada pela maioria das pessoas? As críticas elaboradas pela doutrina italiana, também significativamente ecoadas em Espanha, são perfeitamente aplicáveis ao pensamento majoritário nacional sobre a questão, não parecendo, assim, que a delimitação tradicional do bem jurídico na hipótese possua maior capacidade de rendimento, sinalizando-se, em certa medida, como palavras vazias, eivadas de subjetivismo, que poderia justificar qualquer emprego, o que se denota arbitrário*".

óptica jurídico-penal, deve ser interpretado de forma ampla. MAYRINK[83], JÚNIOR[84] e BITENCOURT[85] afirmam que se busca salvaguardar, por meio dos artigos 312 a 359 do Código Penal, a normalidade funcional, a probidade, o prestígio, a moralidade, a incolumidade, a eficácia e o decoro da administração pública.

NA MESMA ESTEIRA, HUNGRIA[86], em sua clássica obra publicada nos anos de 1950, ensinava que o conceito penal de administração pública é mais amplo do que o conceito que lhe dá o direito administrativo, afirmando nesse contexto que ele abarcaria toda a "atividade do Estado (...), quer no setor do Poder Executivo (administração pública no sentido estrito), quer no do Legislativo ou do Judiciário", devendo ser tutelada a normalidade funcional do Estado, sua probidade, prestígio, incolumidade e decoro.

UGO GAVAZZI, por sua vez, em excerto de seu *Dei delitti contro la pubblica amministrazione* mencionado por DRUMMOND[87], preleciona que "a objetividade jurídica dos crimes contra a administração pública consiste na perturbação das múltiplas funções, mediante as quais o Estado realiza os seus próprios fins que, sem descontinuidade, se alargam na medida da crescente extensão da atividade estatal, já agora não adstrita apenas à tutela da ordem jurídica, mas se substituindo, dia a dia mais, às atividades individuais na obtenção daquelas utilidades sociais que o indivíduo não quer ou não pode conseguir com suas próprias forças".

Trazidas essas considerações, temos que o bem jurídico administração pública, dadas as multifacetadas funções desempenhadas pelo Estado, há de ser interpretado de forma ampla, tal como compreende a doutrina dominante. Entretanto, não negamos ser absolutamente necessário revisitar os tipos penais atualmente vigentes na ordem jurídica brasileira, para que sejam lidos sob o prisma constitucional e, é evidente, com observância à teoria do bem jurídico[88].

Sobre a matéria, são fundamentais as considerações de SOUZA na obra *Crimes Contra a Administração Pública*.

Ensina o professor, "os crimes contra a administração pública estão, graças ao notório protagonismo da corrupção, na ordem do dia da pauta política

83. COSTA, Álvaro Mayrink. Criminalidade na administração pública: peculato, corrupção, tráfico de influência e exploração de prestígio. *Revista da EMERJ*, Rio de Janeiro, v. 13, n. 52, p. 39, 2010.

84. BALTAZAR JÚNIOR, José Paulo. *Crimes federais*. 9. ed. São Paulo: Saraiva, 2014. p. 282.

85. BITENCOURT, Cezar Roberto. *Tratado de direito penal*: parte especial 5. 2. ed. São Paulo: Saraiva, 2008. p. 2.

86. HUNGRIA, Nelson. *Comentários ao Código Penal*. 2. ed. Rio de Janeiro: Forense, 1959. v. 9, p. 367.

87. DRUMMOND, J. de Magalhães. *Comentários ao Código Penal*. Rio de Janeiro: Forense, 1944. v. 9, p. 261.

88. SOUZA, Luciano Anderson de. *Crimes contra a administração pública*, cit., p. 65.

repressiva atual. Diuturnamente, notícias sobre escândalos políticos ou no seio da burocracia estatal, normalmente atrelados a desvios de verbas, a recebimentos espúrios ou à malversação dos escassos recursos do Estado, ensejam o clamor público por prontas respostas moralizadoras. Demagogicamente, o caminho escolhido primeiro costuma ser o da exasperação penal"[89].

Resultado dessa circunstância é que inúmeras propostas de recrudescimento da normativa de índole penal respeitante às figuras típicas erigidas para a proteção da administração pública são lançadas para discussão no ambiente legislativo. Sem qualquer sorte de apego aos princípios que devem nortear o Direito Penal e as normas que o compõem, discutiu-se nos últimos anos, por exemplo, a possibilidade de exasperação das penas previstas nos preceitos secundários de diversos tipos de delito do Código Penal, transformando-os em hediondos[90], e propuseram-se inúmeras reformas de preceitos normativos que incidem sobre a corrupção *lato sensu*[91].

O que se constata na realidade presente de nosso país é um ambiente que propicia a elaboração de sugestões para o enfretamento da corrupção por via do Direito Penal, completamente alijadas das noções de *ultima ratio*, fragmentariedade e subsidiariedade que o norteiam, além de um arcabouço positivo anacrônico, criado nos idos de 1940, em um contexto histórico completamente diverso do atual, a reclamar maior racionalidade àqueles que se debruçam sobre a matéria.

Ainda nos valendo dos ensinamentos de Souza, "no que pertine especificamente ao Direito Penal brasileiro (...), não se vislumbra maior mobilização em prol de sua racionalização na matéria". Além de as propostas de reformulação dos preceitos incriminadores que têm sido elaboradas violarem os postulados fundamentais que limitam o *ius puniendi* estatal, os crimes previstos no *códex* "foram originariamente insculpidos no início da década de 1940 – muitos dos quais espelhados no Código italiano Rocco de 1930, sob o império de um regime político antidemocrático, uma economia de industrialização tardia e uma

---

89. Id. Ibid., p. 23.

90. Para exemplificar, veja-se o Projeto de Lei nº 6.665/2016, que exaspera os níveis sancionatórios dos delitos de peculato, inserção de dados falsos em sistema de informação, concussão, corrupção passiva, facilitação de contrabando ou descaminho, violação do sigilo de proposta de concorrência, tráfico de influência e corrupção ativa, equiparando-os aos crimes hediondos. A íntegra do projeto está disponível em: BRASIL. Câmara dos Deputados. *Projeto de Lei nº 6665, de 2016* (Da Comissão de Legislação Participativa). Disponível em: <http://www.camara.gov.br/proposicoesWeb/prop_mostrarintegra;jsessionid=639B7AE0920C109D706167C70FBE711A.proposicoesWebExterno2?codteor=1516349&filename=PL+6665/2016>. Acesso em: 15 set. 2018.

91. Dentre eles, merece destaque o conjunto de propostas elaboradas pelo Ministério Público Federal, que ficou conhecido como as *10 Medidas Contra a Corrupção*. A íntegra do projeto está disponível em: Conheça as 10 medidas contra a corrupção (Propostas do Ministério Público Federal apoiadas pelos Ministérios Públicos de todo o Brasil). Disponível em: <http://www.mppr.mp.br/pagina-6193.html>. Acesso em: 15 set. 2018.

incipiente organização pública de viés autoritário"[92], ou seja, em ambiência completamente contrastante com a atual[93].

Há, por conseguinte, inúmeros dispositivos incriminadores ultrapassados e uma série de iniciativas voltadas ao recrudescimento dos patamares sancionatórios, incompatíveis com os fundamentos basilares do Direito Penal, situação que evidencia a importância de que seja reformado o arcabouço normativo nacional que visa à tutela da administração pública[94]. Tal providência, consoante exporemos a seguir, é elementar para o efetivo tratamento jurídico do *lobby*, principalmente porque assentada a premissa de que o legislador ordinário não pode seguir inerte na regulamentação do instituto.

A importância de que para a regulamentação do *lobby* também se dê atenção às figuras delitivas que visam à proteção da administração pública fica evidenciada pela circunstância de que, nos últimos anos, disseminou-se a compreensão de que a corrupção, usual e indevidamente associada ao *lobby*[95], deve ser tratada com amplitude de trezentos e sessenta graus, chegando-se a falar em verdadeira *cruzada*[96] que a enfrente. É lugar comum, nesse contexto, a ideia de que o sancionamento criminal é essencial, inclusive para coibir a atuação desviada dos lobistas.

Outrossim, o estudo de direito comparado desenvolvido no capítulo segundo da presente tese demonstrou que em países como os Estados Unidos e o

---

92. Souza, Luciano Anderson de. *Crimes contra a administração pública*, cit., p. 23 e ss.

93. Souza traz em sua obra graves distorções existentes no Código Penal sobre os crimes contra a administração pública. Aponta para dificuldades inclusive na identificação dos bens jurídicos protegidos por cada uma das figuras incriminadoras. De acordo com os ensinamentos do professor do Largo de São Francisco, seria "*dificultoso abarcar todas as figuras delitivas sob um mesmo ponto de vista*", tendo em consideração a enorme discrepância nos interesses jurídicos afetados pelos comportamentos proscritos (Souza, Luciano Anderson de. *Crimes contra a administração pública*, cit., p. 44-50).

94. Souza, Luciano Anderson de. *Crimes contra a administração pública*, cit., p. 181: "*São inúmeras e de nuances variadas as controvérsias doutrinárias e jurisprudenciais relativas aos delitos insculpidos no título dos crimes contra a administração pública, decorrentes das redações legais estatuídas. Em outros termos, palavras ou expressões equívocas, frases mal elaboradas ou omissões de determinados esclarecimentos ensejam insegurança jurídica, o que denota a necessidade de reformas*".

95. Silva, Carlos José Santos da. A regulamentação do *lobby* no Brasil, cit., p. 20: "*(...) a palavra lobby ganhou no Brasil conotação extremamente pejorativa. No entanto, o que ela designa é uma atividade exercida inevitavelmente em qualquer grupo social (...). Por que se demonizou a palavra lobby no Brasil? Porque ela se associou à prática de procedimentos no mundo da política que nada têm de legítima nem de legal: suborno, tráfico de influência, advocacia administrativa (...). Numa democracia saudável, o exercício do lobby honesto, transparente, com informação confiável e representação qualificada só pode aperfeiçoar as políticas públicas adotadas pelo Estado*".

96. Gili Pascual, Antoni. Bases para la delimitación del ámbito típico en el delito de corrupción privada: contribución al análisis del art. 286 bis del Código Penal según el Proyecto de Reforma de 2007. *Revista Brasileira de Ciências Criminais*, São Paulo, v. 20, n. 97, p. 246, jul./set. 2012; Rosas Oliva, Juan Ignacio. Consideraciones para la tipificación de un delito contra la corrupción en el sector privado en España. *Cuadernos de Política Criminal*, Madrid, n. 99, p. 96, 2009.

Canadá, nos quais o instituto do *lobby* é objeto de disciplina normativa de há muito, recorre-se com cada vez mais frequência a instrumentos de Direito Penal para coibir a atuação de lobistas em desacordo com os parâmetros legais. Em tais nações, prevalece o entendimento de que conferir tratamento jurídico de natureza exclusivamente administrativo-sancionatória não seria bastante para se resguardar a higidez da interação entre representantes de interesses privados e agentes públicos responsáveis pelas decisões que possam afetá-los; seria imprescindível, para a efetiva tutela da administração pública, fossem criminalmente punidos os lobistas que atuassem de forma ilegal.

Nessa ordem de ideias, passamos a desenvolver a tese que alicerça o presente estudo. A partir deste ponto, buscaremos demonstrar, com apego a critérios dogmáticos dos quais não se pode afastar[97], que, implementada a regulamentação do *lobby*, será necessária a realização de reformas que incidam sobre as figuras típicas que visam à proteção da administração pública, para se assegurar a racionalização da matéria.

Para a construção dessa conclusão, (i) avaliaremos os tipos penais vigentes em nosso sistema jurídico-penal que tenham relação com o fenômeno do *lobby*, (ii) examinaremos se eles são adequados e suficientes para assegurar que a atuação dos lobistas não se distancie dos princípios da moralidade, da probidade e da transparência na administração pública, e (iii) proporemos, de *lege ferenda*, medidas que aprimorem o arcabouço jurídico-penal nacional, assegurem maior racionalidade ao sistema, e efetiva proteção da administração pública.

3.3 A corrupção e o *lobby*

No capítulo primeiro do presente estudo, após enfatizarmos que o *lobby* é essencial para a promoção de valores democráticos, por representar manifestação inequívoca do direito constitucional de petição, conferir à sociedade a possibilidade interferir nos processos decisórios do Estado para além do período eleitoral, e propiciar o intercâmbio de informações técnicas entre lobistas e funcionários públicos, desenvolvemos tópico próprio para explorar os problemas que ele pode causar à administração pública.

Destacamos que, em inúmeras situações concretas, profissionais do *lobby* buscam influenciar os agentes do Estado por via do oferecimento ou da concessão de vantagens indevidas. Milbrath[98], há mais de cinquenta anos e em clássica obra que tratava da dinâmica da atuação dos lobistas em Washington, expôs graves episódios nos quais lobistas consagrados asseguraram o êxito de suas estratégias de convencimento junto a membros do Congresso estadunidense

97. Souza, Luciano Anderson de. *Crimes contra a administração pública*, cit., p. 127.
98. Milbrath, Lester W. *The Washington lobbyists*, cit., p. 3 e ss. e 298.

mediante a celebração de acordos ilícitos: não eram raros os casos em que as decisões públicas que favoreciam as entidades representadas pelos lobistas eram antecedidas do pagamento de propina.

Estudos mais recentes que abordam o instituto do *lobby* e os mecanismos de persuasão utilizados por seus profissionais deixam evidências de que, em muitas hipóteses, intermediários que atuam na promoção de interesses privados junto à administração pública se utilizam de negociações ilícitas com os agentes do Estado. Estes abandonam os seus deveres funcionais, bem assim a probidade, a moralidade e a objetividade que devem nortear o seu comportamento, para favorecer a si e àqueles que os remuneram, em prejuízo do interesse comum.

Nessa esteira, são relevantes os estudos de BALOSIN[99] e ROBINS[100], que demonstram que a repetição de situações concretas, amplamente divulgadas por veículos de comunicação em massa, nas quais pessoas identificadas como lobistas atuam como verdadeiros intermediadores de vantagens indevidas entre agentes da esfera privada e da esfera pública, fez com que o vocábulo lobista adquirisse conotação pejorativa em várias nações do mundo: o lobista aparece, em casos que tais, como agente que, na realização do *pacto sceleris*, conduz a ponto comum os interesses do corrupto e do corruptor.

Dentre os estudiosos brasileiros, foram lembrados SELIGMAN[101], MELO[102], SANSON[103], dentre outros, que também destacam a percepção de que a prática do *lobby* estaria, de forma indelével, associada a atos atentatórios à administração pública, em especial, a atos de corrupção. Essa percepção, de acordo com os estudiosos, seria concebida a partir da divulgação de episódios graves, nos quais pretensos lobistas teriam celebrado acordos ilícitos com agentes públicos, como por exemplo, a negociação de pagamento de vantagens indevidas, com a finalidade de assegurar que estes últimos satisfizessem os interesses defendidos pelos primeiros.

Em suma, associa-se o fenômeno do *lobby* à prática de corrupção, pois que conhecidos e incontáveis os casos de pessoas que atuam na intermediação de interesses privados junto à administração pública e são, por isso, identificadas como lobistas, e influenciam agentes públicos a satisfazer os anseios de seus

---

99. BALOSIN, Miruna Andrea. Analyzing EU's lobbying, cit., p. 1181.

100. ROBINS, Rand. Why the Honest Leadership and Open Government Act of 2007 falls short, and how it could be improved, cit., p. 16.

101. SELIGMAN, Milton; MELLO, Fernando (Orgs.). *Lobby desvendado:* democracia, políticas públicas e corrupção no Brasil contemporâneo, cit., p. 13.

102. MELO, Carlos. Relações governamentais: significado, funcionamento e problemas da democracia no Brasil, cit., p. 153.

103. SANSON, Alexandre. *Dos grupos de pressão na democracia representativa*: os limites jurídicos, cit.

representados por meio do oferecimento ou do pagamento de propina. Agem, assim, como agentes promotores e catalisadores da corrupção.

Uma pesquisa junto aos principais veículos de comunicação do país corrobora as considerações feitas pela doutrina sobre as situações concretas em que a atuação de agentes corruptos é posta como sinônimo de *lobby*. Para fins meramente exemplificativos, haja vista serem abundantes as veiculações com essa abordagem, são elucidativas as seguintes e recentes reportagens jornalísticas: "Lobista do PMDB admite pagamentos de propina"[104], "Dirceu voou 100 vezes em jatinhos como pagamento de propina, diz lobista"[105], "Ouça o áudio em que lobista negocia propina para líder do PTB"[106], "Temer mandou lobista da JBS entregar R$3 milhões de propina a Eduardo Cunha"[107] etc.

É elementar deixar assentada, todavia, a seguinte premissa: a prática do *lobby*, integralmente compatível com os ideais democráticos, em nada se confunde com a corrupção, tampouco devem ser qualificados como lobistas os sujeitos que, protagonistas das narrativas policiais contidas nas reportagens mencionadas, atuam como agenciadores de propina. Não obstante a frequência das interações entre lobistas e agentes públicos e os interesses econômicos que geralmente as permeiam possam estimular a celebração de acordos ilícitos, quando essa situação é verificada, não se está a falar de *lobby*, mas de corrupção *strictu sensu,* um dos mais graves crimes contra a administração pública[108], tipificado em todas as nações mundo, e objeto de destacada atenção de entidades internacionais e supranacionais[109].

A demonstração teórica de que as atividades que consubstanciam o *lobby* e

---

104. Carrazai, Estelita Hass; Bächtold, Felipe; Albuquerque, Ana Luiza. Lobista do PMDB admite pagamentos de propina e implica Renan e Jader. *Folha de S. Paulo*, São Paulo, 19 jul. 2017. Disponível em: <https://www1.folha.uol.com.br/poder/2017/07/1902697-lobista-do-pmdb-admite--pagamentos-de-propina-e-implica-renan-e-jader.shtml>.

105. Dirceu voou 100 vezes em jatinhos como pagamento de propina, diz lobista. *Jornal da Band*, 26 jan. 2016. Disponível em: <https://videos.band.uol.com.br/15748954/dirceu-voou-100--vezes-em-jatinhos-como-pagamento-de-propina-diz-lobista.html>. Acesso em: 08 nov. 2017.

106. Bronzatto, Thiago. Ouça o áudio em que lobista negocia propina para líder do PTB. *Veja*, São Paulo, 31 maio 2018. Disponível em: <https://veja.abril.com.br/politica/ouca-o-audio-em-que--lobista-negocia-propina-para-lider-do-ptb/>. Acesso em: 18 set. 2018.

107. Temer mandou lobista da JBS entregar R$ 3 milhões de propina a Eduardo Cunha, diz Época. *Congresso em Foco*, 01 ago. 2017. Disponível em: <https://congressoemfoco.uol.com.br/especial/noticias/temer-mandou-lobista-da-jbs-entregar-r-3-milhoes-de-propina-a-eduardo-cunha-diz-revista/>. Acesso em: 23 fev. 2018.

108. Wunderlich, Alexandre. Dos Crimes Contra a Administração Pública. In: Reale Júnior, Miguel (Coord.). *Código Penal comentado*. São Paulo: Saraiva, 2017. p. 933.

109. Insta mencionar, a revelar a importância que assume o fenômeno da corrupção no plano internacional, o conteúdo da Convenção da ONU de Combate à Corrupção – Convenção de Mérida –, que passou a integrar o ordenamento jurídico brasileiro aos 31 de janeiro de 2006, mediante a promulgação do Decreto nº 5.687/2006. Sobre o tema, veja-se: Gontijo, Conrado Almeida Corrêa. *O crime de corrupção no setor privado*, cit., p. 74 e ss.

as condutas corruptivas são completamente distintas – e inconciliáveis – parte da compreensão da estrutura comportamental que caracteriza estas últimas. É noção corrente entre os estudiosos da matéria que, invariavelmente, a celebração de *pactos sceleris* (acordo ilícito corrupto) apenas é possível em situações nas quais exista uma relação jurídica prévia e legítima, que vincule um sujeito investido de poderes especiais (*intraneus* – agente público) a outro sujeito (*principal* - Estado) que lhe outorgue tais poderes, em benefício do qual eles devem ser exercidos[110].

A posição qualificada ocupada pelo *intraneus* nessa relação e o liame de confiança que a embasa são os fatores que devem fazê-lo orientar todos os seus comportamentos à preservação dos interesses do *principal*. É obrigação do funcionário público que recebe do Estado poderes para agir em seu nome e em seu benefício zelar para que os interesses de seu mandante sejam protegidos.

Entretanto, no bojo dessas relações legítimas, que são antecedentes necessários a qualquer situação de corrupção, "é natural o surgimento de conflitos de interesse, de modo que o exercício escorreito dos poderes, em benefício daquele que os outorga (*principal*), com frequência apresenta-se como obstáculo para a satisfação dos anseios do sujeito outorgado"[111]. Tais conflitos de interesse, aduzem REALE JÚNIOR[112], KINDHÄUSER[113], CARBAJO CASCÓN[114] e RÉGIS PRADO[115], são pressupostos imprescindíveis para a ocorrência de atos de corrupção.

---

110. De acordo com Gómez de la Torre, seria inerente à corrupção a existência de uma relação jurídica antecedente, no âmbito da qual certo agente é alçado a uma posição jurídica qualificada, assegurada por um principal, o qual lhe confere poderes especiais: "*(...) la existencia de esta relación, más exatamente de esta posición del agente, es presupuesto necesario de toda corrupción*" (GÓMEZ DE LA TORRE, Ignacio Berdugo; CERINA, Giorgio Dario. Sobre la corrupción entre particulares: convenios internacionales y derecho comparado. *Revista Brasileira de Ciências Criminais*, São Paulo, v. 19, n. 89. p. 162, mar./abr. 2011. No mesmo sentido: ALLDRIGE, Peter. Reforming the criminal law of corruption. *Criminal Law Forum*, v. 11, n. 3, p. 290, 2000.

111. GONTIJO, Conrado Almeida Corrêa. *O crime de corrupção no setor privado*, cit., p. 22.

112. REALE JÚNIOR, Miguel. Dever de lealdade do administrador da empresa no direito penal. In: REALE, Miguel; REALE JÚNIOR, Miguel; REALE FERRARI, Eduardo (Orgs.). *Experiências do direito*. Campinas: Millennium, 2004. p. 235: "*A existência de um conflito de interesses constitui, desta forma, um pressuposto do crime, conflito esse atual e não futuro ou eventual (...)*".

113. KINDHÄUSER, Urs. Presupuestos de la corrupción punible en el Estado, la economia y la sociedad. Los delitos de corrupción en el Código Penal alemán. *Política Criminal*, v. 2, n. 3, p. 6, 2007.

114. CARBAJO CASCÓN, Fernando. Corrupción pública, corrupción privada y derecho privado patrimonial: una relacíon instrumental. Uso perverso, prevención y represión. In: RODRÍGUEZ GARCÍA, Nicolás; FABIÁN CAPARRÓS, Eduardo A. (Coords.). *La corrupción en un mundo globalizado*: análisis interdisciplinar. Salamanca: Ratio Legis, 2004. p. 127.

115. PRADO, Luiz Régis. A Lei 10.467/2002 e os novos crimes de corrupção e tráfico de influência internacional. *Revista dos Tribunais*, São Paulo, v. 91, n. 803, p. 443, set. 2002: "*A pessoa corrompida deve, necessariamente, trabalhar para outro indivíduo ou instituição, visto que o propósito do suborno é induzi-la a situar seus interesses pessoais em detrimento dos interesses objetivos da instituição para a qual trabalha (...). Nesse sentido, o ato de corrupção pode ser visualizado como uma confusão de interesses*".

Jareño Leal[116] enfatiza, a corroborar a assertiva dos mencionados professores, que "a corrupção pública começa quando o poder que foi conferido pelo Estado a alguém que deve agir na condição de funcionário público – ou seja, para fazer uso desse poder com o fim de promover a satisfação dos interesses públicos – não é utilizado corretamente, porque o sujeito outorgado, violando a confiança que lhe foi depositada, promove desvios no seu exercício, com a finalidade de obter enriquecimento pessoal".

Em *O Crime de Corrupção no Setor Privado*[117], sobre a estrutura dos atos de corrupção, da seguinte maneira anotamos:

> (...) do ponto de vista estrutural, não obstante receba mundo afora nomenclaturas variadas, a corrupção está atrelada à existência de relações jurídicas legítimas que vinculam um sujeito investido de poderes especiais (intraneus) a outro sujeito (principal) que lhe outorga tais poderes, em benefício do qual eles devem ser exercidos (...).
>
> Com efeito, nas situações em que há prática de comportamentos corruptos, o indivíduo que ostenta posição jurídica qualificada, nascida da especial outorga de poderes, diante de conflito de interesses com o principal, é movido a desempenhar as suas funções de forma desviada. Impelido a optar entre agir em conformidade com as obrigações que lhe são atribuídas e tentar obter benefício indevido mediante o descumprimento de seus deveres, o agente opta pela segunda opção (...). Em contexto marcado por natural tensão entre interesses divergentes, surge a possibilidade de celebração de acordos ilícitos para unir o corrupto e o corruptor (...): a relação bilateral inicial, legítima, que tem como efeito alçar uma de suas partes à posição jurídica qualificada, vê-se afetada pela perspectiva de surgimento de acordo de vontades paralelo, cuja única finalidade é assegurar o descumprimento das obrigações inerentes ao vínculo obrigacional original (...).
>
> Desse modo, verifica-se que a corrupção tem como base a possibilidade de celebração de acordo ilegal, no âmbito do qual o corrompido atua com o propósito de satisfazer às suas pretensões individuais, mediante o recebimento de vantagem indevida, ainda que para isso ele descumpra obrigações jurídicas pretéritas, decorrentes da assunção anterior dos poderes que lhe são outorgados pelo principal.

Na mesma esteira, Nieto Martín[118] pontifica que o autor do crime de corrupção busca, dolosamente, por meio de suas atitudes, estimular o surgimento

116. Jareño Leal, Ángeles. *Corrupción y delincuencia de los funcionarios en la contratación Pública*. Madrid: Iustel, 2011. p. 20.

117. Gontijo, Conrado Almeida Corrêa. *O crime de corrupção no setor privado*, cit., p. 22-24.

118. Nieto Martín, Adán. Conflicto de intereses y transparencia. In: Arroyo Zapatero, Luis; Nieto Martín, Adán (Coords.). *Fraude y corrupción en el derecho penal económico europeu*: eurodelitos de corrupción y fraude. Cuenca: Ediciones de la Universidad Castilla-la Mancha, 2006. p. 103.

de conflito de interesses. Por via do oferecimento ou concessão de vantagens indevidas a funcionários públicos, na hipótese da corrupção ativa, particulares se propõem à celebração de acordos ilícitos (*pactos sceleris*) que os vinculem a funcionários públicos; na corrupção passiva, de seu turno, em demonstração inequívoca de conflito de interesses, agentes que atuam em favor do Estado solicitam ou recebem benefícios ilegais, afastando-se de suas obrigações de ofício, para contemplar interesses exclusivamente privados[119].

São exatamente essas as modalidades de comportamento tipificadas nos artigos 317 e 333 do Código Penal brasileiro, *in verbis*:

> Artigo 317 – Solicitar ou receber, para si ou para outrem, direta ou indiretamente, ainda que fora da função ou antes de assumi-la, mas em razão dela, vantagem indevida, ou aceitar promessa de tal vantagem:
>
> Pena – reclusão, de 2 (dois) a 12 (doze) anos, e multa.
>
> Parágrafo único – a pena é aumentada de um terço, se, em razão da vantagem ou promessa, o funcionário retarda ou omite ato de ofício, ou o pratica infringindo dever funcional.
>
> Artigo 333 – Oferecer ou prometer vantagem indevida a funcionário público, para determiná-lo a praticar, omitir ou retardar ato de ofício:
>
> Pena – reclusão, de 2 (dois) a 12 (doze) anos, e multa.
>
> Parágrafo único – a pena é aumentada de um terço, se, em razão da vantagem ou promessa, o funcionário retarda ou omite ato de ofício, ou o pratica infringindo dever funcional.

De forma similar, a Convenção da ONU de Combate à Corrupção prevê deva ser criminalizado o suborno de funcionários públicos nacionais, caracterizado na modalidade ativa como "a promessa, o oferecimento ou a concessão a um funcionário público, de forma direta ou indireta, de um benefício indevido que redunde em seu próprio proveito ou no de outra pessoa ou entidade com o fim de que tal funcionário atue ou se abstenha de atuar no cumprimento de suas funções oficiais" (artigo 15, A).

Por sua vez, a corrupção passiva, de tipificação também obrigatória no ordenamento jurídico dos países aderentes ao texto internacional, se configuraria com "a solicitação ou aceitação por um funcionário público, de forma direta

---

119. Wunderlich, Alexandre. Dos Crimes Contra a Administração Pública. In: Reale Júnior, Miguel (Org.). *Direito penal*: jurisprudência em debate. Rio de Janeiro: GZ, 2013. v. 4, p. 35 e ss.; Bitencourt, Cezar Roberto. *Tratado de direito penal*: parte especial 5, cit., p. 79; Véron, Michel. *Droit pénal spécial*. 14. ed. Paris: Dalloz, 2012. p. 391; Dreyer, Emmanuel. *Droit pénal spécial*. 2. ed. Paris: Ellipses, 2012. p. 620; Drummond, J. de Magalhães. *Comentários ao Código Penal*, cit., v. 9, p. 292.

ou indireta, de um benefício indevido que redunde em seu próprio proveito ou no de outra pessoa ou entidade com o fim de que tal funcionário atue ou se abstenha de atuar no cumprimento de suas obrigações oficiais" (artigo 15, B).

Nas hipóteses de corrupção, portanto, a atuação dos agentes gira em torno de um conflito de interesses, que eles buscam solucionar por meio da atuação ilegal do funcionário público, que deixa de observar as suas obrigações funcionais, a moralidade, a probidade e a impessoalidade, vetores essenciais da administração pública, para satisfazer os seus próprios interesses e os do corruptor[120]. No bojo dos pactos corruptos, o *extraneus* e o *intraneus* mercadejam vantagens ilegais, em troca de decisões estatais favoráveis aos interesses do primeiro e costumeiramente prejudiciais ao interesse social.

Na clássica doutrina italiana, Pagliaro[121] esclarece que a tipificação dos *pactos sceleris* na administração pública tem como propósito elementar punir os agentes que buscam subverter a lógica que motiva a outorga de poderes estatais aos seus representantes, qual seja, a de que atuem na promoção de interesses públicos. Com a prática de atos corruptos, tais representantes transformam o seu ofício em instrumento que, ao contrário, põe em perigo a administração pública, para favorecer anseios exclusivamente particulares, em especial, os interesses do corruptor. Este vê seus desígnios satisfeitos a partir da atuação ilegal do agente público, motivada pela perspectiva de recebimento de vantagem indevida.

Também de acordo com o referido estudioso[122], a atuação dos funcionários públicos e a prática de seus atos de ofício devem ser gratuitas[123], ou remuneradas por normas fixadas pelo próprio poder público. É pressuposto para o correto

---

120. Costa, Álvaro Mayrink. Criminalidade na administração pública: peculato, corrupção, tráfico de influência e exploração de prestígio, cit., p. 56 e ss.

121. Pagliaro, Antonio. *Principi di diritto penale*: parte speciale (delitti contro la pubblica amministrazione). 8. ed. Milano: Giuffrè, 1998. p. 146: "*O desvio nas situações de corrupção conduz ao aproveitamento do exercício da função pública para fins exclusivamente privados. Esse aproveitamento, vale dizer, é dúplice: de um lado, o pacto corrupto favorece o particular, que para satisfazer seus interesses dependentes da atuação do Estado oferece vantagem indevida ao funcionário público; do outro lado, o funcionário público usufrui do seu ofício, de forma abusiva, para se beneficiar com o recebimento da vantagem indevida oferecida pelo particular*" (tradução livre).

122. Id. Ibid., p. 150 e 175: "*Em nosso direito positivo, a lesividade característica de todas as hipóteses de corrupção se relaciona à ofensa do interesse de que os atos de ofício (conformes ou contrários aos deveres dos agentes públicos) não sejam objeto de uma compra e venda privada. A atividade funcional da administração pública deve ser gratuita. Ou, se houver alguma remuneração, que ela seja disciplinada pelo direito público e assegurada pelo próprio Estado (...). O correto funcionamento e a imparcialidade da administração pública – que são certamente os bens jurídicos tutelados por meio da criminalização da corrupção – pressupõem que o funcionário público não receba qualquer retribuição para o cumprimento dos seus atos de ofício; se retribuição existir, que ela seja integralmente proveniente da administração pública (...)*" (tradução livre). No mesmo sentido: Véron, Michel. *Droit pénal spécial*, cit., p. 391; Dreyer, Emmanuel. *Droit pénal spécial*, cit., p. 620.

123. Drummond, J. de Magalhães. *Comentários ao Código Penal*, cit., v. 9, p. 295.

funcionamento da administração pública que os seus agentes não recebam qualquer contraprestação que não seja expressamente prevista em lei. Disso decorre que não se há de admitir a negociação privada – similar à compra e venda – de atos de ofício, sendo tal negociação o que Gomes de La Torre[124], Spena[125], Wunderlich[126], Matellanes Rodríguez[127] e este autor[128] entendem ser a mola propulsora da atuação do corrupto e do corruptor. Afirmava Hungria[129] que a corrupção tem alicerce na "venalidade em torno da função pública".

Fragoso[130], na mesma esteira, pontificava, com olhar na corrupção passiva, que ela "constitui (...), essencialmente, um tráfico de autoridade, no qual o funcionário vende ou procura vender um ato de ofício".

Em suma, pode-se afirmar que a prática de atos de corrupção envolve a adoção de medidas deliberadamente voltadas a intensificar situações de conflito de interesses no âmbito da atuação de funcionários públicos, com a finalidade de que eles, com o objetivo de receber vantagem indevida, comercializem seus atos de ofício. Essa assertiva deixa claro, consideradas as premissas assentadas no capítulo primeiro da presente tese, que o *lobby* nada tem a ver com o fenômeno da corrupção[131].

Por início, destaque-se que a atuação do lobista não é orientada a fomentar conflitos de interesses no seio da administração pública. Ao contrário, de acordo com os ensinamentos de inúmeros doutrinadores, o *lobby* é um esforço para convencer, com alicerce em argumentos racionais, aqueles que tomam decisões públicas a fazer escolhas que satisfaçam os interesses daqueles que contratam lobistas.

As estratégias de convencimento dos lobistas têm como objetivo fazer com que os interesses privados sejam alinhados aos interesses públicos. Tais estratégias, na maior parte dos casos, funcionam como verdadeiros catalisadores da

---

124. Gómez De La Torre, Ignacio Berdugo; Cerina, Giorgio Dario. Sobre la corrupción entre particulares: convenios internacionales y derecho comparado, cit., p. 162.

125. Spena, Alessandro. Punire la corruzione privata? Un inventario di perplessità político-criminali. *Rivista Trimestrale di Diritto Penale Dell'Economia*, Milano, ano 20, n. 4, p. 809, ott./dic. 2007.

126. Wunderlich, Alexandre. Dos Crimes Contra a Administração Pública, cit., 2017, p. 923.

127. Matellanes Rodríguez, Nuria. El delito de cohecho de funcionarios nacionales: condicionantes internacionales y principales aspectos de su nueva regulación en el Código Penal español. *Revista Brasileira de Ciências Criminais*, São Paulo, v. 19, n. 89, p. 359, mar./abr. 2011.

128. Gontijo, Conrado Almeida Corrêa. *O crime de corrupção no setor privado*, cit., p. 24. No mesmo sentido: Véron, Michel. *Droit pénal spécial*, cit., p. 391; Dreyer, Emmanuel. *Droit pénal spécial*, cit., p. 620.

129. Hungria, Nelson. *Comentários ao Código Penal*, cit., v. 9, p. 367.

130. Fragoso, Heleno Cláudio. *Código Penal comentado*. 11. ed. Rio de Janeiro: Freitas Bastos, 2000. p. 520.

131. Harstad, Bard; Svensson, Jakob. Bribes, lobbying and development, cit., p. 46.

promoção de interesses públicos, porquanto, consoante já exposto no presente estudo, o lobista acaba por prover aos agentes públicos informações fundamentais para que os processos decisórios estatais sejam conduzidos com ampla discussão e com profunda reflexão sobre questões técnicas essenciais.

Adverte Anastasiadis[132] que "o lobby busca afetar os processos decisórios públicos provendo aos agentes estatais informações sobre os temas em discussão e preferências da sociedade. Isso pode envolver informações sobre os custos e benefícios da adoção das decisões ou (...) buscar orientar o debate de forma a que ele seja favorável aos interesses representados pelo lobista (...). Os ativos que o lobista disponibiliza aos agentes públicos são as informações, que podem ser de diversas naturezas: relatórios de pesquisa feitos a partir da coleta de opinião pública, a apresentação de pesquisas e projetos, a participação em audiências públicas, a exposição de dados técnicos para orientar os agentes do Estado etc.".

O *lobby*, portanto, não envolve a formação de um *pacto sceleris* entre o lobista e o agente público para favorecer a ambos. Diferentemente, na prática do *lobby*, não são criados estímulos para que o *intraneus* deixe de cumprir as suas obrigações junto à administração pública, mas a ele são oferecidas informações – não propina – para que compreenda verticalmente os assuntos que são colocados à sua apreciação, e, assim, tenha condições de proferir a melhor decisão.

A demonstrar o abismo que separa o *lobby* da corrupção, note-se que a OCDE assevera que "o *lobby* é comum e explicitamente reconhecido como legítimo e essencial (...). O *lobby* não é apenas uma realidade incontornável, ele é legítimo e assim deve ser reconhecido. Em democracias, os cidadãos têm o direito de pedir ao governo e é legítimo que eles paguem um terceiro de boa-fé para fazê-lo"[133].

Entretanto, a mesma entidade assinala, em *Recomendação do Conselho da OCDE sobre Integridade Pública*[134], que "a corrupção é uma das questões mais corrosivas do nosso tempo. Destrói recursos públicos, amplia as desigualdades econômicas e sociais, cria descontentamento e polarização política e reduz a confiança nas instituições. A corrupção perpetua a desigualdade e a pobreza, impactando o bem-estar e a distribuição da renda e prejudicando oportunidades para participar igualmente na vida social, econômica e política. A corrupção está sendo relatada como a preocupação número um dos cidadãos".

---

132. Anastasiadis, Stephanos. Understanding corporate lobbying on its own terms, cit.

133. OCDE. ORGANISATION FOR ECONOMIC CO-OPERATION AND DEVELOPMENT. *Lobbyists, government and public trust*: increasing transparency through legislation, cit., v. 1, p. 18 e 40.

134. OCDE. ORGANISATION FOR ECONOMIC CO-OPERATION AND DEVELOPMENT. *Recomendação do Conselho da OCDE sobre Integridade Pública*. Disponível em: <http://www.oecd.org/gov/ethics/integrity-recommendation-brazilian-portuguese.pdf>. Acesso em: 19 set. 2018.

O tema, inclusive, já foi tangenciado pelo Supremo Tribunal Federal, ao examinar a admissibilidade de denúncia criminal formulada em desfavor de parlamentar que teria intermediado reunião entre empresários e o presidente de um banco público que os teria favorecido com a concessão de um financiamento. Consta do voto condutor do julgamento, de relatoria do Ministro Dias Toffoli, que não se há falar em corrupção, mas em *lobby*, na hipótese de agente público ou privado interceder junto à administração estatal na defesa de determinados interesses, desde que não ocorram ingerências indevidas, nem iniciativas voltadas a fazer com que os funcionários públicos pratiquem ato de ofício ilegal[135].

Acreditamos que a regulamentação do *lobby*, na forma proposta na presente tese, demarcará com maior precisão as fronteiras que o separam do fenômeno da corrupção, providência essencial para que se aprimore o sistema democrático brasileiro. Afinal, é essencial, de um lado, que a atuação dos lobistas seja assegurada de forma transparente, e, de outro lado, que as iniciativas direcionadas à celebração de *pactos sceleris* entre agentes do Estado e representantes de interesses privados sejam, com eficácia, reprimidas.

Em suma, nas hipóteses em que a interação entre agentes públicos e lobistas esteja assentada na formação de acordos ilícitos que envolvam intercâmbio de vantagens indevidas — pagamento de propina como contraprestação pela prática de ato de ofício, legal ou ilegal — não se há falar na prática de *lobby*, mas de corrupção, sendo desnecessário qualquer ajuste no direito positivo vigente para o tratamento de casos que tais, pois que já devidamente tipificados nos artigos 317 e 333 do Código Penal.

3.4 A prevaricação e o *lobby*

A atuação do lobista, repise-se, não se presta a estimular o proceder ilegal dos funcionários públicos, senão a fazê-los compreender a perspectiva dos seus representados para que as decisões que se tome no plano da administração pública satisfaçam os seus interesses. Relembrando os dizeres de MILBRATH[136], o *lobby* pode ser compreendido como "o estímulo e a transmissão de informações por alguém que não seja um cidadão atuando em seu próprio benefício, dirigidos aos agentes estatais incumbidos das decisões públicas com a finalidade de influenciá-los", mas jamais a praticar atos ilegais.

Tal assertiva é suficiente para que se note não haver pontos de contato entre o *lobby*, mecanismo racional e legítimo que visa a interferir nas decisões públicas, sem que com isso os decisores atuem de forma indevida, e a figura

135. Supremo Tribunal Federal, Inquérito nº 4259/DF, 2ª Turma, Min. Rel. Dias Toffoli, j. 18.12.2017.

136. MILBRATH, Lester W. *The Washington lobbyists*, cit., p. 8.

típica da prevaricação, prevista na maior parte dos ordenamentos jurídicos das nações ocidentais e tratada como *abuso de funções* na Convenção da ONU de Combate à Corrupção, que assim a caracteriza: "a realização ou omissão de um ato, em violação à lei, por parte de um funcionário público no exercício de suas funções, para obter um benefício indevido para si mesmo ou para outra pessoa ou entidade" (artigo 19).

O vocábulo prevaricação tem origem latina - *prevaricatio* - e em sua acepção histórica designa a ação de conduzir-se de forma oblíqua, desviando-se do caminho correto[137]. Adverte Costa Júnior[138], no passado, conferia-se à palavra interpretação mais ampla, que abrangia tanto a prática de atos de traição dos patronos na representação de seus constituintes, o que atualmente se denomina *patrocínio infiel*, quanto o desvirtuamento dos deveres de ofício praticado por agentes da administração pública.

É nessa última acepção que a palavra tem sido empregada na ordem jurídica brasileira, conforme evidencia o artigo 319 do Código Penal, que tipifica delito ao qual se atribui o *nomen iuris* de prevaricação:

> Artigo 319 - Retardar ou deixar de praticar, indevidamente, ato de ofício, ou praticá-lo contra disposição expressa de lei, para satisfazer interesse ou sentimento pessoal.
>
> Pena - detenção, de 3 (três) meses a 1 (um) ano, e multa.

Sobre os objetivos do legislador com a tipificação das condutas descritas no dispositivo legal, Muñoz Conde[139] afirma ser necessário o sancionamento da quebra de deveres profissionais ou da confiança da sociedade no adequado e correto funcionamento da administração pública. Também assim, Urbina Gimeno[140] pontifica que as condutas características da prevaricação prejudicam o funcionamento da administração pública na sua capacidade de prestar serviços à sociedade.

Bitencourt[141] afirma que "prevaricação é a infidelidade ao dever de ofício

137. Baltazar Júnior, José Paulo. *Crimes federais*, cit., p. 340; Bitencourt, Cezar Roberto. *Tratado de direito penal*: parte especial 5, cit., p. 98.

138. Costa Júnior, Paulo José da. *Comentários ao Código Penal*. 6. ed. São Paulo: Saraiva, 2000. p. 480. No mesmo sentido: Wunderlich, Alexandre. Dos Crimes Contra a Administração Pública, cit., 2017, p. 932; Dreyer, Emmanuel. *Droit pénal spécial*, cit., p. 585.

139. Muñoz Conde, Francisco. *Derecho penal*: parte especial. 19. ed. Valencia: Tirant lo Blanch, 2013. p. 896.

140. Ortiz De Urbina Gimeno, Iñigo. Delitos contra la administración pública. In: Silva Sánchez, Jesús-Maria (Dir.); Ragués Vallès, Ramon (Coord.). *Lecciones de derecho penal*: parte especial. 3. ed. Barcelona: Atelier Libros Jurídicos, 2011. p. 327.

141. Bitencourt, Cezar Roberto. *Tratado de direito penal*: parte especial 5, cit., p. 99. No mesmo sentido: Véron, Michel. *Droit pénal spécial*, cit., p. 383.

e à função exercida; é o descumprimento das obrigações que lhe são inerentes, movido o agente por interesses ou sentimentos próprios. Dentre os deveres inerentes ao exercício da função pública, o mais relevante deles é o que consiste no cumprimento pronto e eficaz das atribuições do ofício, que deve ser realizado escrupulosa e tempestivamente, para lograr a obtenção dos fins funcionais. O sentimento do funcionário público não pode ser outro senão o do dever cumprido e o de fazer cumprir os mandamentos legais".

DRUMMOND[142], de seu turno, assinala que "a prevaricação consiste essencialmente no fato de espontaneamente o funcionário se desgarrar do sentido de finalidade pública que deve ser a de toda a sua vida funcional, para, no caso, em vez disto, ter a sua ação norteada para o que se lhe afigura o seu interesse ou lhe pareça condizente com sentimento seu".

Diferentemente do que ocorre na conformação típica da corrupção, na prevaricação a atuação ilegal do funcionário público não está associada ao recebimento de vantagem indevida pela comercialização de seus atos de ofício. Consoante se apreende por meio do exame dos elementos típicos que caracterizam o comportamento vedado, não é a expectativa de celebração de acordos ilícitos que se busca conter, mas a atuação ilegal dos agentes do Estado, para a satisfação de seus próprios interesses[143].

Sobre o tema, FRAGOSO[144] adverte que a prevaricação apresenta muitos pontos de contato com o fenômeno da corrupção, porquanto em ambas as modalidades delitivas são violados os interesses primários da administração pública em relação à postura e à atuação de seus agentes. Entretanto, enquanto nos casos de corrupção o propósito é a negociação da função, na prevaricação essa hipótese não se verifica: o funcionário público descumpre suas obrigações de ofício não para se beneficiar de eventuais vantagens indevidas, mas para satisfazer interesses ou sentimentos pessoais, em razão do que COSTA JÚNIOR e PAGLIARO[145] afirmam tratar-se de "autocorrupção".

O exame das condutas vedadas no dispositivo legal incriminador torna claro

142. DRUMMOND, J. de Magalhães. *Comentários ao Código Penal*, cit., v. 9, p. 302.

143. BITENCOURT, Cezar Roberto. *Tratado de direito penal*: parte especial 5, cit., p. 99: "*Embora aqui o funcionário infiel não negocie com a sua função, como ocorre na corrupção passiva, denigre-a igualmente, pois viola o dever de ofício em prol de interesses subalternos (interesses ou sentimentos pessoais) relativamente ao ato que deve praticar. Essa criminalização objetiva, enfim, impedir procedimento que ofende e degrada o bem jurídico – interesse da administração pública – quando o funcionário é impelido por objetivos ou sentimentos pessoais, contrários, portanto, aos deveres que lhe são inerentes ao cargo e à função*". No mesmo sentido: DRUMMOND, J. de Magalhães. *Comentários ao Código Penal*, cit., v. 9, p. 302.

144. FRAGOSO, Heleno Claudio. *Lições de direito penal*. 2. ed. São Paulo: Jose Bushatsky Editor, 1965. v. 4, p. 1111. No mesmo sentido: DREYER, Emmanuel. *Droit pénal spécial*, cit., p. 585.

145. COSTA JÚNIOR, Paulo José da; PAGLIARO, Antônio. *Crimes Contra a Administração Pública*. 2. ed. São Paulo: Malheiros Ed., 1999. p. 134.

que, na prevaricação, o sujeito ativo especial[146] (funcionário público ou pessoa a ele equiparada) descumpre suas obrigações de ofício para a sua própria satisfação, não para a satisfação de interesse de terceiro que busque influenciá-lo. Esclarece WUNDERLICH[147], para que o fato seja típico, é obrigatório que o agente retarde a prática de ato de ofício que a lei impõe seja imediatamente praticado; deixe de praticar, em qualquer momento, ato de ofício que a lei obrigue; ou o cumpra em contrariedade aos parâmetros fixados na ordem jurídica, para satisfazer interesse pessoal.

Note-se que as duas primeiras modalidades de comportamento proscrito têm natureza omissiva: retardar é protelar, procrastinar, deixar de fazer no tempo correto, sem justificativa e em desconformidade com as imposições legais, o ato de ofício que deveria ser imediatamente praticado; deixar de praticar constitui conduta omissiva por meio da qual o funcionário público, não obstante seja obrigado a atuar de determinada maneira, simplesmente deixa de fazê-lo, não praticando os atos de ofício que a lei impõe[148].

Por sua vez, pune-se também o funcionário público que, para a satisfação de seus interesses ou sentimentos pessoais, pratica ato de ofício ilegal. Sobre essa modalidade típica, HUNGRIA[149] asseverava que, nas hipóteses em que configurada, "o agente substitui a vontade da lei pelo seu arbítrio, praticando, não o ato que é de seu dever praticar, mas outro contrário à disposição expressa de lei".

Em todas as hipóteses que caracterizam a prevaricação, a atuação do funcionário público é contrária às suas obrigações funcionais. De acordo com o artigo 319 do Código Penal, nas modalidades omissivas de comportamento vedado, é curial que se retarde ou se deixe de praticar, indevidamente, ato de ofício, enquanto na modalidade comissiva do delito, impõe-se a verificação da prática de ato de ofício ilegal[150].

Sobre o assunto, são precisos os dizeres de WUNDERLICH[151], segundo o qual "um ato indevido é aquele que é desvirtuado em sua essência obrigacional. O

---

146. BITENCOURT, Cezar Roberto. *Tratado de direito penal*: parte especial 5, cit., p. 99.

147. WUNDERLICH, Alexandre. Dos Crimes Contra a Administração Pública, cit., 2017, p. 933. No mesmo sentido: DRUMMOND, J. de Magalhães. *Comentários ao Código Penal*, cit., v. 9, p. 302.

148. BITENCOURT, Cezar Roberto. *Tratado de direito penal*: parte especial 5, cit., p. 100-101: "*a) Retardar significa protelar, atrasar, procrastinar, indevidamente, a prática de ato de ofício (...). Enfim, retardar é não praticar o ato em tempo oportuno ou praticá-lo fora do prazo legal (...). b) Deixar de praticar constitui conduta omissiva através da qual, devendo realizar determinado ato, o funcionário mantém-se inerte com a intenção ou o propósito de não realizá-lo*". No mesmo sentido: BALTAZAR JÚNIOR, José Paulo. *Crimes federais*, cit., p. 340.

149. HUNGRIA, Nelson. *Comentários ao Código Penal*, cit., v. 9, p. 377. No mesmo sentido: BITENCOURT, Cezar Roberto. *Tratado de direito penal*: parte especial 5, cit., p. 99.

150. DRUMMOND, J. de Magalhães. *Comentários ao Código Penal*, cit., v. 9, p. 302.

151. WUNDERLICH, Alexandre. Dos Crimes Contra a Administração Pública, cit., 2017, p. 937. No mesmo sentido: DREYER, Emmanuel. *Droit pénal spécial*, cit., p. 585.

funcionário público, tendo apenas uma opção, escolhe indevidamente uma outra", com a finalidade de assegurar a promoção de seus sentimentos ou interesses pessoais, que HUNGRIA[152] considera ser a "afeição, a simpatia, a dedicação, a benevolência, a caridade, o ódio, a parcialidade, o despeito, o desejo de vingança, a paixão política, o prazer da prepotência ou do mandonismo, a subserviência, o receio de molestar os poderosos etc.".

Esse último aspecto, cumpre registrar, corresponde ao elemento subjetivo especial do injusto[153] e é fundamental para que se compreenda a maneira pela qual a prática do *lobby* e os seus efeitos práticos na atuação da administração pública se distanciam ou se aproximam da conduta típica de prevaricação.

A prevaricação se consuma, por conseguinte, nas situações em que o funcionário público, intencionalmente, para satisfazer interesses ou sentimentos pessoais incompatíveis com os interesses que a administração pública busca alcançar, atrasa, deixa de praticar ou pratica indevida e ilegalmente suas obrigações de ofício.

É curial destacar que o Código Penal brasileiro, no §2º do artigo 317, que tipifica o crime de corrupção passiva privilegiada, previu verdadeira modalidade de prevaricação, que se configura nas situações em que o funcionário público "pratica, deixa de praticar ou retarda ato de ofício, com infração de dever funcional, cedendo a pedido ou influência de outrem". Pune-se, em tais casos, com pena de detenção que varia de três meses a um ano, o agente público que, por exemplo, cede a pressões indevidas exercidas por particulares - lobistas ou não - e age em descumprimento de seus deveres de ofício.

Estabelecidas essas premissas, torna-se possível diferenciar tais modalidades delitivas - prevaricação e corrupção privilegiada - do *lobby* legítimo.

Relembre-se, uma vez mais, agora com suporte nos ensinamentos de SELIGMAN e BANDEIRA[154], além de STEFAN e NICOLETA[155], que o *lobby* abrange estratégias e iniciativas por meio das quais são criados estímulos técnicos no âmbito da administração pública, para que as escolhas de seus agentes satisfaçam os interesses representados pelos lobistas. Essas estratégias e iniciativas, porém, não são orientadas a fazer com que o agente do Estado, no exercício de

---

152. HUNGRIA, Nelson. *Comentários ao Código Penal*, cit., v. 9, p. 378. No mesmo sentido: BALTAZAR JÚNIOR, José Paulo. *Crimes federais*, cit., p. 342.

153. BITENCOURT, Cezar Roberto. *Tratado de direito penal*: parte especial 5, cit., p. 103: "*É indispensável, por fim, que a ação ou omissão do funcionário público seja praticada para satisfazer interesse ou sentimento pessoal, constituindo uma característica fundamental que distingue a prevaricação de outros crimes da mesma natureza*".

154. SELIGMAN, Milton; BANDEIRA, Mateus Affonso. Manual de melhores práticas em relações institucionais, cit., p. 219.

155. STEFAN, Oanta Ilie; NICOLETA, Vasilcoschi. The business fluctuations and the lobbying evolution in European Union, Canada and USA, cit., p. 163-164.

seu mister, atue de forma indevida, oblíqua, desviando-se do caminho correto, o que caracteriza a *prevaricatio*.

O que busca o lobista na interação com funcionários públicos, pelo menos aquele que se propõe a realizar as suas atividades em conformidade com os preceitos normativos, é instrui-los com informações para que as escolhas deles, dentre aquelas possíveis e legais, sejam as que atendam melhor os seus representados. Não persegue, pois, a obtenção de decisões públicas, senão aquelas que sejam favoráveis a seus clientes e, concomitantemente, compatíveis com o ordenamento jurídico e, em especial, com os postulados fundamentais que sustentam a administração pública.

Prima facie, portanto, a prática do *lobby*, que visa à promoção legítima de interesses públicos e privados junto ao Estado, não apresenta interseções com as modalidades típicas da prevaricação, que se configuram com a prática ou a omissão ilegal de atos de ofícios por agentes públicos, para a satisfação de interesses ou sentimentos pessoais, nem com as hipóteses de corrupção privilegiada.

Tampouco há crime na situação em que o funcionário público é induzido por lobista a retardar ou deixar de praticar indevidamente ato de ofício, ou a praticá-lo contra disposição expressa de lei, se o fizer culposamente, por ter sido induzido a erro[156]-[157]. Afinal, em caso como esse, não há atuação dolosa, sem a qual não se consuma o delito.

Ao lobista cadastrado que lance mão de informações equivocadas para estimular decisão pública ilegal, há de se aplicar sanções de índole administrativa dissuasórias, porque essencial que se cristalize a noção de que, por meio do *lobby*, o que se busca alcançar é a melhor decisão dentre as decisões possíveis e legais.

Diversa é a situação se o funcionário público, conforme preceitua Hungria, por afeição, simpatia, dedicação, benevolência, caridade, ódio, parcialidade, despeito, desejo de vingança, paixão política, prazer, subserviência etc., omite-se em relação a atos de ofício que deveria praticar, ou os pratica em contrariedade à lei.

É claro que a atuação do lobista que busca convencer o funcionário do Estado a praticar ato ilegal é totalmente incompatível com a noção de que "o *lobby* é comum e explicitamente reconhecido como legítimo e essencial, considerada a complexidade dos governos modernos"; de que "está inter-relacionado com o fundamental direito de petição"; e que "não é apenas uma realidade incontor-

156. Rodríguez, Victor Gabriel. Tráfico de influência. In: Reale Júnior, Miguel (Coord.). *Código Penal comentado*. São Paulo: Saraiva, 2017. p. 977.

157. Wunderlich, Alexandre. Dos Crimes Contra a Administração Pública, cit., 2013, p. 69.

nável", pois que "legítimo e assim deve ser reconhecido"[158]. Portanto, deverá ser punido quem assim agir.

O funcionário público, por sua vez, que, por qualquer das razões referidas por HUNGRIA, descumpre suas obrigações funcionais para satisfazer seus interesses e sentimentos pessoais ou de terceiros, pratica, rigorosamente, os comportamentos de prevaricação e corrupção privilegiada tipificados no Código Penal.

Nesses casos, o sujeito que busca defender os interesses privados junto ao agente público prevaricador poderá inclusive responder pela prática do comportamento vedado, uma vez que, consoante elucida BITENCOURT[159], "nada impede que o sujeito ativo, qualificado pela condição de funcionário público, consorcie-se com um *extraneus*, para a prática do crime, com a abrangência autorizada pelo art. 29 do Código Penal".

Destarte, tem-se que a prática do *lobby* legítimo, que representa manifestação de valores democráticos, jamais poderá resultar na prática do crime de prevaricação ou da chamada corrupção passiva privilegiada. Afinal, sua finalidade é fazer com que os interesses dos lobistas e de seus representados sejam satisfeitos nos processos decisórios da administração pública, sempre por meio de decisões legais.

Todavia, se se constatar que, em razão da interação com lobista, o agente público retarda, deixa de praticar, ou pratica ilegalmente ato relacionado às suas obrigações funcionais, há operar o comando do artigos 317, §2º ou 319 do Código Penal, a depender das peculiaridades do caso, com a punição efetiva de todos aqueles que conscientemente participem da dinâmica delitiva, a qual, repise-se, conduz à quebra da confiança da sociedade no adequado e correto funcionamento da administração pública em geral.

Entendemos, ademais, para que se alcance efetiva proporcionalidade na sistemática jurídico-penal nacional, deva ser aumentada a pena cominada para os casos de prevaricação, fixando-se intervalo que varie de um a cinco anos, além de multa. Tal providência é elementar para que se assegure a racionalidade do sistema *ius* positivo, e para que se verifique efetivo equilíbrio entre a gravidade das condutas tipificadas criminalmente e a gravidade das sanções passíveis de serem aplicadas.

3.5 A advocacia administrativa e o *lobby*

A análise feita no capítulo primeiro da tese deu-nos substrato para conceituar o instituto do *lobby* e compreendê-lo como ferramenta essencial para a efetiva

158. OCDE. ORGANISATION FOR ECONOMIC CO-OPERATION AND DEVELOPMENT. *Lobbyists, government and public trust*: increasing transparency through legislation, cit., p. 18 e 40.

159. BITENCOURT, Cezar Roberto. *Tratado de direito penal*: parte especial 5, cit., p. 100.

realização dos ideais democráticos em sociedades pluralistas. Apontamos que em geral os lobistas são integrantes da iniciativa privada e atuam como representantes de interesses – também privados – junto aos órgãos da administração pública.

No desempenho de suas atividades, os lobistas buscam fazer com que sejam contemplados, nas decisões estatais, os interesses de seus clientes. Para tanto, adotam complexas medidas de persuasão junto aos funcionários do Estado, que abrangem a participação em audiências públicas, a realização de depoimentos, de pesquisas técnicas, o desenvolvimento de estratégias de comunicação com a sociedade, sugestões de redação de textos normativos, entre outras medidas e, especialmente, a interação pessoal com aqueles a quem buscam influenciar[160].

Embora usualmente os lobistas atuem no setor privado para a promoção de interesses desse mesmo setor, não são raras as situações em que agentes públicos praticam o *lobby* institucional, isto é, a defesa dos interesses de determinados órgãos estatais junto à própria administração pública. Conforme esclarecem Baumgartner, Berry, Hojnacki, Kimball e Leech[161], os agentes públicos estão longe de ser apenas alvos de atuação de lobistas da iniciativa privada. Ao contrário, o *lobby* praticado dentro do próprio governo compreende algo em torno de 40% de todas as suas ações.

Em tais casos, o que se tem são funcionários públicos atuando como efetivos lobistas, na promoção dos interesses do próprio Estado, situação que é inequivocamente legítima, desde que seja realizada com transparência.

Cuidado maior deve ser dispensado, todavia, aos casos em que agentes públicos, valendo-se da sua condição funcional, atuem junto a órgãos estatais na condição de porta-vozes de interesses privados – lobistas –, tendo o legislador ordinário brasileiro tipificado criminalmente esse tipo de situação em três diversos dispositivos legais.

O artigo 321 do Código Penal proíbe a chamada advocacia administrativa, que se configura nas hipóteses de alguém "patrocinar, direta ou indiretamente, interesse privado perante a administração pública, valendo-se da qualidade de funcionário", e prevê pena de "detenção, de um a três meses, ou multa", se o interesse é legítimo, e "detenção, de três meses a um ano, além da multa", se não é.

No âmbito de procedimentos licitatórios, a Lei Federal nº 8.666/93 pune com pena que vai de seis meses a dois anos a conduta similar àquela prevista no Código Penal, contudo, mais específica, de "patrocinar, direta ou indireta-

---

160. Nownes. Anthony. *Total lobbying*: what lobbyists want (and how they try to get it), cit., p. 17.

161. Baumgartner, Frank R.; Berry, Jeffrey M.; Hojnacki, Marie; Kimball, David; Leech, Beth. *Lobbying and policy change*: who wins, who loses, and why, cit., p. 13.

mente, interesse privado perante a Administração, dando causa à instauração de licitação ou à celebração de contrato, cuja invalidação vier a ser decretada pelo Poder Judiciário" (artigo 91). Já a Lei Federal nº 8.137/90, que dispõe sobre os crimes contra a Ordem Tributária, estatui ser "crime funcional contra a ordem tributária", em seu artigo 3º, inciso III, a conduta de "patrocinar, direta ou indiretamente, interesse privado perante a administração fazendária, valendo-se da qualidade de funcionário público", que pode resultar na aplicação de pena de reclusão, de um a quatro anos, e multa[162].

Ao abordar a temática, em especial a figura geral prevista no Código Penal, WUNDERLICH[163] ensina que "o tipo legal de crime é representado pela conduta do funcionário público que, valendo-se de sua condição, patrocinar, advogar, postular, defender, direta ou indiretamente, interesse privado, perante a Administração Pública". FRAGOSO[164], na mesma esteira, esclarece que o patrocínio a que refere o tipo incriminador pode ser formal, por via, por exemplo, da apresentação de petições e arrazoados, ou informal, pelo acompanhamento de processos, por meio de pedido aos agentes públicos que possam favorecer os interesses defendidos etc. Entretanto, invariavelmente, é curial que o agente ativo do delito se aproveite das faculdades que o cargo lhe confere, sendo insuficiente que apenas seja funcionário público.

De seu turno, HUNGRIA[165] pontifica que se pune por via dos preceitos que recaem sobre a advocacia administrativa "o comportamento do funcionário agente que patrocina interesse privado, interesse esse que, embora legítimo (se for ilegítimo, vide parágrafo único), pode ser justo ou não. O interesse deve ser de terceira pessoa e não do agente, como faz ver o verbo empregado na definição do delito. O patrocínio deve ser realizado perante a administração pública, valendo-se da qualidade de funcionário". É indiferente, conforme adverte o professor e BITENCOURT[166], no que toca à configuração delitiva, sejam

---

162. BITENCOURT, Cezar Roberto. Advocacia administrativa nos crimes licitatórios. *Revista Justiça e Sistema Criminal*, Curitiba, v. 4, n. 6, p. 86, jan./jun. 2012. Disponível em: <http://www.sistemacriminal.org/site/images/revistas/Revista_n.6.pdf>. Acesso em: 27 abr. 2018.

163. WUNDERLICH, Alexandre. Dos Crimes Contra a Administração Pública, cit., 2017, p. 940.

164. FRAGOSO, Heleno Claudio. *Lições de direito penal*, cit., v. 4, p. 1118. No mesmo sentido: DRUMMOND, J. de Magalhães. *Comentários ao Código Penal*, cit., v. 9, p. 307.

165. HUNGRIA, Nelson. *Comentários ao Código Penal*, cit., v. 9, p. 3383. No mesmo sentido: BITENCOURT, Cezar Roberto. Advocacia administrativa nos crimes licitatórios, cit., p. 89: "*A ação incriminada consiste em patrocinar, direta ou indiretamente, interesse privado (de particular) perante a Administração Pública. Patrocinar é defender, pleitear, advogar, proteger, auxiliar ou amparar o interesse privado de alguém (...) o crime de advocacia administrativa é, por excelência, um crime funcional, exigindo, consequentemente, que o sujeito ativo ostente a condição especial de funcionário público e, no caso, mais do que isso, que o agente se valha dessa condição para obter facilidades para o patrocinado. Não basta, portanto, ser funcionário público, é necessário que se utilize dessa situação para patrocinar interesse privado*".

166. BITENCOURT, Cezar Roberto. Advocacia administrativa nos crimes licitatórios, cit., p. 90.

defendidos interesses legítimos ou ilegítimos, havendo apenas sanção penal mais grave nesta última hipótese.

Bitencourt[167] explica que "a ação incriminada consiste em patrocinar (advogar, proteger, defender), direta ou indiretamente, interesse privado (de particular) perante a Administração Pública, valendo-se da qualidade de funcionário, isto é, aproveitando-se da facilidade de acesso junto a seus colegas e da camaradagem, consideração ou influência de que goza entre estes. Com o prestígio que tem no interior das repartições públicas e a facilidade de acesso às informações ou troca de favores, a interferência de um funcionário público, patrocinando interesse privado de alguém, retira a imparcialidade e a isenção que a Administração Pública deve manter (...). O que se reprime (...) é o patrocínio de interesse privado, que pode, inclusive, chocar-se com os próprios interesses da Administração".

Para a configuração do crime de advocacia administrativa é fundamental que o funcionário público patrocine interesses privados junto a outros agentes da esfera estatal, buscando influenciá-los na prática de atos que contemplem interesses privados. Consoante esclarece Júnior[168], "na advocacia administrativa, o ato a ser praticado encontra-se, necessariamente, fora das atribuições do autor do crime, que age como intermediário", com efetivo engajamento na causa em discussão. Está fora do espectro de comportamentos tipificados a simples execução por determinado agente público, de ato de ofício favorável a interesse particular: pune-se a tentativa de influenciar a prática de ato de ofício de terceiro[169], valendo-se da condição de funcionário.

No que concerne ao foco de proteção dos tipos penais em questão, afirma Bitencourt[170] que eles visam à salvaguarda da administração pública, com especial enfoque sobre a moralidade e a probidade. Segundo esclarece o professor, os funcionários do Estado não podem, no desempenho de suas atividades

167. Bitencourt, Cezar Roberto. *Tratado de direito penal*: parte especial 5, cit., p. 119. No mesmo sentido: Drummond, J. de Magalhães. *Comentários ao Código Penal*, cit., v. 9, p. 308.

168. Baltazar Júnior, José Paulo. *Crimes federais*, cit., p. 334 e ss. No mesmo sentido: Hungria, Nelson. *Comentários ao Código Penal*, cit., v. 9, p. 1118: "*(...) patrocinar é advogar perante alguma autoridade, motivo pelo qual o interesse privado não deve corresponder a ato de ofício do próprio agente, em tal hipótese, o crime seria de prevaricação ou corrupção passiva, conforme o caso*".

169. Enquanto na corrupção busca-se a celebração de *pactos sceleris* para que o funcionário público comercialize os seus próprios atos de ofício, na advocacia administrativa, o agente ativo do delito, também agente do Estado, busca influenciar a prática de ato de ofício alheio. Sobre o tema, Júnior adverte que "*a corrupção distingue-se da advocacia administrativa porque a primeira está dirigida à obtenção de vantagem relacionada com a prática de ato de ofício, enquanto na segunda não há fim de obtenção de vantagem (...), nem está o ato ligado às atribuições do funcionário que faz a intermediação*" (Baltazar Júnior, José Paulo. *Crimes federais*, cit., p. 334 e ss.).

170. Bitencourt, Cezar Roberto. Advocacia administrativa nos crimes licitatórios, cit, p. 86-87. No mesmo sentido: Baltazar Júnior, José Paulo. *Crimes federais*, cit., p. 346.

funcionais, agir para satisfazer ou contemplar específicos interesses privados, próprios ou de terceiros, sob pena de que se ponha em xeque a probidade da função pública, sua respeitabilidade, a integridade de seus funcionários, a impessoalidade da administração pública etc., valores que seriam incompatíveis com a advocacia administrativa.

Em que pese seja evidente a atenção dedicada pelo legislador à tipificação de comportamentos dos agentes públicos que patrocinam, no contexto funcional, interesses particulares, inúmeros são os questionamentos que permeiam a própria legitimidade das figuras típicas mencionadas, à luz dos postulados fundamentais do Direito Penal. SOUZA[171], nessa esteira, adverte que a advocacia administrativa "significa o patrocínio de interesses privados perante a administração pública, valendo-se da qualidade de funcionário", sendo "incompatível com a construção de um Direito Penal democrático" a modalidade prevista no *caput* do artigo 319 do Código Penal, que proíbe a defesa de interesses legítimos. Assinala, em conclusão, em obra monográfica dedicada aos *Crimes Contra a Administração Pública*, que:

> Inicialmente, podem-se formular questionamentos quanto à pertinência do delito de advocacia administrativa. O patrocínio de interesse privado, legítimo ou não, perante a administração pública, sem que sobrevenha qualquer prejuízo às atividades estatais, não se reveste de ofensividade penal, encetando apenas a quebra de um dever funcional, passível de adequadas sanções administrativas. Neste contexto, a redação do artigo 321 revela inadequação material, que se poderia alcançar transformando-se a figura fundamental e sua qualificadora em delitos de dano, ao se prever expressamente o consectário de prejuízo às atividades públicas.

É interessante mencionar que a falta de consenso sobre a compatibilidade da figura típica da advocacia administrativa com os postulados do Direito Penal, dentre os quais a *ultima ratio*, subsidiariedade e fragmentariedade, é percebida a partir da análise da Convenção de Combate à Corrupção da ONU. Embora o mencionado tratado internacional seja o mais abrangente a tratar da matéria, não apenas em razão da quantidade de países que o subscrevem, mas também da ampla conceituação do fenômeno da corrupção, prevendo sejam punidos, por exemplo, o enriquecimento ilícito e os *pactos sceleris* entre particulares, não prevê necessário o tratamento penal da advocacia administrativa.

Considerando que julgamos imprescindível a disciplina normativa do instituto do *lobby*, estamos concordes com a opinião do Professor da Universidade de São Paulo, SOUZA. A bem da verdade, entendemos não haver afetação do bem jurídico administração pública, merecedora de incidência do direito punitivo

---

171. SOUZA, Luciano Anderson de. *Crimes contra a administração pública*, cit., p. 45.

estatal, nos casos em que funcionários públicos adotem providências, ainda que se valendo da posição que ocupam, para favorecer interesses legítimos de particulares.

Cumpre enfatizar que não são inconciliáveis, *prima facie*, os interesses privados e os interesses da administração pública; ao contrário, em muitos casos, eles são perfeitamente harmônicos, circunstância que revela injustificável o recurso ao Direito Penal para punir, conforme preveem o artigo 321, *caput* do Código Penal, e os preceitos especiais da Lei de Licitações e da Lei dos Crimes Contra a Ordem Tributária, o ato de "*patrocinar, direta ou indiretamente, interesse privado perante a administração pública*", se tal interesse for legítimo[172].

Em verdade, se o funcionário público age como lobista para promover interesses particulares junto à administração pública, se o faz sem que seja beneficiado com o recebimento de vantagens indevidas ou sem que pretenda obter com a influência e o prestígio de que goze decisão pública ilegal, não há incidir o Direito Penal. Assim, é curial a revogação das hipóteses típicas nas quais se sanciona criminalmente a advocacia administrativa que busca a defesa de interesses privados legítimos.

Todavia, a desnecessidade de utilização do *ius puniendi* estatal para fazer frente a esse tipo de comportamento não significa deixá-lo absolutamente alijado de qualquer sorte de limitação e controle. Isso porque, a Constituição Federal impõe que a administração pública seja regida pelos princípios da legalidade, da impessoalidade, da moralidade, publicidade e eficiência.

Desse modo, para que não se corra o risco de as ingerências exercidas pelos funcionários públicos com o desígnio de satisfazer interesses privados frente à administração pública prejudiquem a realização de tais valores, é necessário que se exija de tais funcionários irrestrita abertura e transparência nas tentativas de convencimento que dirijam a outros agentes do Estado, bem como é elementar que todos aqueles que sejam alvos das ações de *lobby* reportem detalhadamente tais ações.

Conforme exposto em tópico anterior, embora a obrigação de cadastramento prévio e permanente em banco de dados público criado para concentrar informações sobre o *lobby* apenas deva ser atendida por lobistas profissionais, é preciso exigir dos funcionários públicos que informem que tipo de medida de

172. Na mesma esteira, Souza preceitua: "*A advocacia administrativa (artigo 321), por sua vez, que significa o patrocínio de interesses privados perante a administração pública, valendo-se da qualidade de funcionário, pode ser perpetrada com vistas ao atendimento de interesse legítimo (ex vi artigo 321, parágrafo único). Neste caso, aparentemente, apenas uma visão de infração de dever por parte do funcionário poderia justificar a incriminação, algo, a princípio, incompatível com a construção de um Direito Penal democrático*" (Souza, Luciano Anderson de. *Crimes contra a administração pública*, cit., p. 45).

convencimento foi em face deles executada. Deve-se exigir daqueles aos quais direcionadas as iniciativas de *lobby* que informem os temas tratados, os seus responsáveis, o tipo de iniciativa adotada, a data em que realizado o *lobby*, a forma de abordagem etc., sejam as iniciativas de convencimento realizadas por agentes da iniciativa privada ou por servidores do Estado.

Ademais, em ambiente normativo que contemple preceitos de regulamentação das atividades do *lobby*, há de se impor também aos funcionários públicos que revelem todas as iniciativas por eles adotadas, ainda que em caráter esporádico e eventual, para favorecer interesses privados junto à administração pública. Em casos que tais, é evidente que o patrocínio dos interesses privados não pode ser remunerado, deve ser plenamente compatível com a legalidade, não pode estar em conflito com o interesse público e deve, acima de tudo, ser realizado de forma absolutamente transparente.

É por isso que se deve exigir dos funcionários públicos, nas condutas de advocacia administrativa de interesse legítimo, que disponibilizem em bancos de dados acessíveis a toda a população, informações claras sobre as suas motivações, os beneficiários de suas iniciativas, os resultados do acolhimento de suas providências de convencimento etc.

Destarte, assegurar-se-á a transparência na atuação dos funcionários públicos, eis que todas as informações sobre as tentativas de influir nos processos decisórios do Estado serão amplamente divulgadas, sem que o Direito Penal incida sobre situações que não afetem o bem jurídico administração pública — defesa, por agente público, de interesse privado legítimo —, ao mesmo tempo em que assegurar-se-á transparência à atuação dos agentes públicos.

Destaque-se que nos casos em que a conduta de advocacia administrativa de interesses legítimos não for devidamente reportada nos termos das normas de regência das atividades de *lobby*, caberá a aplicação da Lei Federal nº 8.429/92 (Lei de Improbidade Administrativa), que prevê, em seus artigos 11[173] e 12, inciso III[174], sanções graves[175] para a prática de "ato de improbidade adminis-

173. Lei de Improbidade Administrativa, artigo 11: "*Constitui ato de improbidade administrativa que atenta contra os princípios da administração pública qualquer ação ou omissão que viole os deveres de honestidade, imparcialidade, legalidade, e lealdade às instituições (...)*".

174. Lei de Improbidade Administrativa, artigo 12, inciso III: "*Independentemente das sanções penais, civis e administrativas previstas na legislação específica, está o responsável pelo ato de improbidade sujeito às seguintes cominações, que podem ser aplicadas isolada ou cumulativamente, de acordo com a gravidade do fato: (...); III – na hipótese do art. 11, ressarcimento integral do dano, se houver, perda da função pública, suspensão dos direitos políticos de três a cinco anos, pagamento de multa civil de até cem vezes o valor da remuneração recebida pelo agente e proibição de contratar com o Poder Público ou receber benefícios ou incentivos fiscais ou creditícios, direta ou indiretamente, ainda que por intermédio de pessoa da qual seja sócio majoritário, pelo prazo de três anos*".

175. Souza, Luciano Anderson de. *Crimes contra a administração pública*, cit., p. 228.

trativa que atenta contra os princípios da administração pública", ou seja, de "qualquer ação ou omissão que viole os deveres de honestidade, imparcialidade, legalidade e lealdade às instituições".

As conclusões a que chegamos no que concerne ao patrocínio por agentes do Estado, de interesses particulares legítimos junto à administração pública, não são extensíveis aos casos, sancionados mais severamente na ordem jurídica brasileira, em que se intenta defender interesses ilegítimos. Tal comportamento, é evidente, praticado por alguém que deve zelar pelo interesse público e pela realização dos princípios da legalidade, da impessoalidade, da moralidade, da publicidade e da eficiência, afeta o bem jurídico administração pública e, por isso, merece ser criminalizado.

De se notar, nesse aspecto, que se admite a advocacia administrativa de interesses privados legítimos, única e exclusivamente de forma transparente, porque ela, *prima facie*, não colide com os interesses gerais da administração pública. Portanto, em casos dessa natureza, o comportamento do funcionário estatal na promoção de interesses de terceiros não sobrepuja o interesse primário que deve ser por ele tutelado.

No entanto, considerada a premissa de que a administração pública deve pautar-se pela legalidade, pela moralidade, pela impessoalidade etc., não se pode admitir que os seus representantes, aproveitando-se da posição funcional privilegiada que ocupam, adotem medidas que visem a beneficiar interesses privados ilegítimos[176]-[177].

Entendemos, por conseguinte, ao contrário do que dito em relação à promoção por agentes públicos de interesses privados legítimos, devam sofrer incidência de preceito legal incriminador as iniciativas que se prestem à defesa de interesses ilegítimos. Assim, em prol da racionalização do tratamento jurídico-penal dispensado aos crimes contra a administração pública, muito bem destacada por Souza, propugnamos seja revogado o *caput* do artigo 321 do Código Penal, remanescendo a possibilidade de que seja sancionada a conduta de "patrocinar, direta ou indiretamente, interesse privado ilegítimo perante a administração pública, valendo-se da qualidade de funcionário", para a qual é justa e proporcional a pena de seis meses a dois anos.

Também com vistas à racionalização do sistema jurídico-penal, entendemos devam ser revogados *in totum* os preceitos incriminadores tipificados no artigo 91 da Lei Federal nº 8.666/93 e no artigo 3º, inciso III da Lei Federal nº 8.137/90, porquanto a previsão de figura delitiva geral, no Código Penal – à qual se somam dispositivos sancionatórios de índole administrativa, tais como

176. Wunderlich, Alexandre. Dos Crimes Contra a Administração Pública, cit., 2017, p. 942.
177. Bitencourt, Cezar Roberto. *Tratado de direito penal*: parte especial 5, cit., p. 121.

aqueles previstos na Lei de Improbidade Administrativa – é suficiente para que se faça frente ao fenômeno e para que se resguardem a administração pública e seus interesses.

Em suma, em ambiente normativo em que existam previsões sobre o *lobby*, consideramos possa ser praticado por funcionários públicos, desde que de forma transparente, o patrocínio de interesses privados legítimos junto à administração pública, a revelar necessária a revogação do artigo 321, *caput,* do Código Penal. Todavia, é curial a preservação do tipo penal previsto no parágrafo único do dispositivo legal, por ser incompatível com os postulados fundamentais da administração pública e com o *lobby,* que os agentes do Estado, valendo-se dos cargos que ocupam, se coloquem na posição de promotores ou defensores de interesses privados ilegítimos.

3.6 O tráfico de influência, a exploração de prestígio e o *lobby*

3.6.1 Considerações sobre a aparente relação entre as condutas que caracterizam os crimes de tráfico de influência e exploração de prestígio e o lobby

Mencionamos em tópico anterior que o Código Penal de 1940 foi espelhado, para utilizar expressão de Souza[178], no Código italiano Rocco de 1930. Tal assertiva é corroborada quando colocados em comparação os comportamentos tipificados nos artigos 332 e 357 do diploma repressivo nacional, e aqueles outrora vigentes nos artigos 346 e 382 (*millantato credito*) do texto legal da Itália, que preveem os delitos de tráfico de influência e exploração de prestígio, certamente, as figuras incriminadoras que mais pontos de contato têm com o instituto do *lobby*[179].

Neste último diploma, em tradução livre, havia previsão (artigo 346) de punição da conduta de quem, gabando-se[180] de relacionamento com oficial ou empregado público, solicitasse ou recebesse para si ou para outrem dinheiro ou outra utilidade, como remuneração pela mediação de interesses junto ao mencionado oficial ou empregado público. Puniam-se mais severamente os indivíduos que solicitassem ou recebessem, para si ou para outrem, dinheiro ou outra utilidade, sob o pretexto de utilizá-lo para comprar favores ou remunerar oficial ou empregado público em razão de sua função[181].

---

178. Souza, Luciano Anderson de. *Crimes contra a administração pública*, cit., p. 27.

179. Id. Ibid., p. 40.

180. Drummond, J. de Magalhães. *Comentários ao Código Penal*, cit., v. 9, p. 347: *"A denominação italiana – millantato credito – (de millantare, gabar-se) induz à noção de gabolice, atitude e conduta mais ridícula e perigosa (...)"*.

181. Pedrazzi, Cesare. Millantato credito, trafic d'influence, influence peddling. *Rivista Italiana di Diritto e Procedura Penale*, Milano, v. 11, n. 4, p. 913, 1968.

No Código Penal de 1940, o delito de tráfico de influência vem assim tipificado:

> Artigo 332 – Solicitar, exigir, cobrar ou obter, para si ou para outrem, vantagem ou promessa de vantagem, a pretexto de influir em ato praticado por funcionário público no exercício da função:
>
> Pena – reclusão, de 2 (dois) e 5 (cinco) anos, e multa.
>
> Parágrafo único – A pena é aumentada de metade, se o agente alega ou insinua que a vantagem também é destinada ao funcionário.

Por sua vez, enquanto o artigo 382 do Código Penal italiano sancionava a conduta do defensor que, gabando-se de seu prestígio junto a juiz, ao Ministério Público, a testemunha, a perito ou intérprete, solicitasse ou recebesse de seu cliente, direta ou indiretamente, dinheiro ou outra utilidade com o pretexto de obter favores de tais agentes, ou sob a justificativa de que utilizaria tais vantagens para remunerá-los[182], a legislação ordinária doméstica prevê pena de um a cinco anos para a denominada exploração de prestígio, que se consuma mediante a prática dos seguintes comportamentos:

> Artigo 357 – Solicitar ou receber dinheiro ou qualquer outra utilidade, a pretexto de influir em juiz, jurado, órgão do Ministério Público, funcionário de justiça, perito, tradutor, intérprete ou testemunha:
>
> Pena – reclusão, de um a cinco anos.
>
> Parágrafo único – As penas aumentam-se de um terço, se o agente alega ou insinua que o dinheiro ou utilidade também se destina a qualquer das pessoas referidas neste artigo.

O exame das condutas nucleares previstas nos tipos penais de tráfico de influência e exploração de prestígio, que serão analisadas verticalmente nas linhas seguintes, deixa evidenciado que o legislador ordinário ao tipificá-las busca coibir situações nas quais o sujeito ativo do delito receba remuneração para funcionar como intermediário entre particulares e agentes vinculados à administração pública, com o fim de influenciar a atuação destes últimos. Rizzo[183] e Pagliaro[184] afirmam que é justamente a atividade de intermediação – fictícia

---

182. Pedrazzi, Cesare. Millantato credito, trafic d'influence, influence peddling, cit., p. 913.

183. Rizzo, Carmelo. Brevi considerazioni sul "traffico di influenze illecite". *Rivista Trimetrale di Diritto Penale dell'Economia*, ano 30, n. 1-2, p. 173, 2017.

184. Pagliaro, Antonio. *Principi di diritto penale*: parte speciale (delitti contro la pubblica amministrazione), cit., p. 396-397: "*A conduta típica consiste em receber ou solicitar vantagem ou outra utilidade como preço pela intermediação de interesses junto a funcionário público (...). A retribuição deve ser dada como pagamento pela mediação que o sujeito ativo se dispõe a realizar junto ao agente público (...)*" (tradução livre).

ou real – de interesses privados junto ao Estado o elemento central das modalidades delitivas mencionadas.

Debruçando-se sobre os tipos penais de tráfico de influência na Espanha[185], MARTÍNEZ GALINDO[186] afirma haver três diversas estruturas de conduta delitiva. Em todas elas, proíbe-se a adoção de iniciativas que tenham como propósito influenciar a atuação de funcionário público, por se entender que tais iniciativas podem gerar o descrédito da administração e prejudicar a sua imparcialidade, o seu prestígio, bem assim a objetividade das decisões de seus representantes.

Adverte o professor, o objeto punitivo dos delitos de tráfico de influência previstos pelo legislador espanhol seriam condutas cuja finalidade fosse interferir na atuação de funcionários públicos para assegurar a satisfação de interesses econômicos privados.

Na mesma esteira, mas com olhar no sistema jurídico-penal argentino, ABOSO[187] afirma que as ações reitoras do delito de tráfico de influência consistiriam em solicitar ou receber dinheiro ou qualquer outra vantagem, ou aceitar promessa direta ou indireta para exercer influência sobre funcionário da administração pública, visando a interferir no exercício de suas obrigações de ofício.

PEDRAZZI[188], na mesma linha, após análise da conformação típica dos crimes

---

185. CARTOLANO SCHIAFFINO, Mariano Jorge. El tráfico de influencias en el Código Penal español: una respuesta penal frente a la corrupción. *Revista de Derecho Penal, Procesal Penal y Criminología*, v. 3, p. 184, 2003.

186. MARTÍNEZ GALINDO, Gema. El delito de tráfico de influencias en la administración local. *La Ley Penal*: revista de derecho penal, procesal y penitenciário, v. 2, n. 22, p. 36-50, 2005: "*Los delitos de tráfico de influencias se comprenden en los arts. 428 a 431 del CP y se estructuran en tres tipos (...): uno, cometido por una autoridad o funcionario público sobre otra autoridad o funcionario público (...); otro cuyo sujeto activo es un particular (...); y otro tipo, llevado a cabo por intermediarios, consistente en el ofrecimiento de influencias, ya sea el autor del mismo un particular o una autoridad o funcionario público (...). Son conductas, por tanto, de ejercer u ofrecer influencia en un funcionario público, siendo lo esencial para el legislador evitar el descrédito de la Administración y garantizar su imparcialidad y prestigio, es decir, la objetividad con que los poderes públicos deben actuar en la prestación de servicios al ciudadano*".

187. ABOSO, Gustavo Eduardo. Los delitos de tráfico pasivo y activo de influencias: aspectos esenciales de su configuración. *Revista de Derecho Penal*, Buenos Aires, n. 1, p. 39, ago. 2004: "*(...) las acciones rectoras consisten en solicitar o recibir dinero o cualquier otra dádiva, o aceptar una promesa directa o indirecta para hacer valer su influencia. Vale decir, se sanciona la conducta de aquel que se vale de su influencia ante un funcionario público para obtener por su intermedio un determinado comportamiento de éste*".

188. PEDRAZZI, Cesare. Millantato credito, trafic d'influence, influence peddling, cit., p. 943: "*Considerada a literalidade dos preceitos legais incriminadores, pode-se interpretar que a norma penal sanciona qualquer pessoa que celebre acordos, por meio dos quais assumem a obrigação de intervir junto a autoridades públicas em favor de interesses privados: em outras palavras, qualquer forma de intermediação remunerada entre particulares e o poder público. Uma incriminação tão abrangente e incondicionada não deve ser admitida, porque a intermediação em si não é necessariamente ilícita (...). A intermediação entre particulares e a Administração Pública, longe de ser censurável em qualquer caso, é justamente o objeto de atividades profissionais altamente consideráveis*".

aos quais se atribui o *nomen iuris* de tráfico de influência na ordem jurídica italiana e no direito comparado, esclarece que, considerada a literalidade dos preceitos legais incriminadores, seriam punidas todas as pessoas que pactuassem acordos privados, em razão dos quais fossem remuneradas para exercer influência junto a funcionários do Estado.

Em importante estudo intitulado *Regolazione del lobbying e politiche anticorruzione*, publicado em 2017, Carloni[189] pontifica que a caracterização do tráfico de influência ocorre em situações nas quais o sujeito é remunerado para influenciar os agentes do Estado, interferir em suas decisões e, com isso, assegurar sejam satisfeitos os interesses de seu contratante. Trata-se de comportamentos que muito se assemelham àqueles que caracterizam o *lobby*.

Salienta o professor italiano que muitas vezes não são claros os limites que diferenciam as atividades lícitas de *lobby* daquelas proibidas pelo Direito Penal, havendo uma zona cinzenta que conduz a interpretações de que a atuação dos lobistas estaria abrangida pelo preceito legal incriminador. Tal circunstância seria bastante para que fossem criadas normas para melhor disciplinar o instituto, diferenciando-o de forma clara de condutas ilícitas que com ele não se confundem:

> No que concerne às figuras típicas do Direito Penal, o crime de tráfico de influência (...) traz à luz o papel do intermediário que busca induzir comportamentos em agentes públicos. A falta de uma correspondente e efetiva definição de *lobby* lícito acaba por gerar uma zona cinzenta, na qual se torna difícil diferenciar situações saudáveis e patológicas para a democracia (...).
>
> O tráfico de influência ilícito criminaliza aquele que, gozando de relação e conhecimento com decisores públicos, solicita ou recebe qualquer utilidade a fim de influenciá-los: uma modalidade delitiva da qual é difícil excluir a ação dos lobistas. Não por outro motivo, no curso dos debates legislativos, ganha cada vez mais destaque a necessidade de que seja criado corpo normativo que contenha a conceituação e a regulamentação da atividade de influência lícita (...). (tradução livre)

Rizzo[190], em idêntico sentido, adverte que a intermediação onerosa de

---

189. Carloni, Enrico. Regolazione del "lobbying" e politiche anticorruzione, cit., p. 404-405.

190. Rizzo, Carmelo. Brevi considerazioni sul "traffico di influenze illecite", cit., p. 171: "*No curso da análise do modelo legal de tipificação, é fácil constatar, no que toca à intermediação onerosa, a sua peculiar relação com o fenômeno do lobby, isto é, com aquela atividade de pressão--persuasão exercida por grupos de interesse sobre os agentes públicos, através de profissionais especializados (...). Sobre o assunto, a doutrina penalística já destacou a importância de se proceder à regulamentação de tal atividade. Na falta de uma disciplina específica para o lobby, no espaço indefinido entre o tráfico de influência ilícito e o lícito, poderão ser consideradas ilegais atuações ordinárias e legítimas verificadas no plano institucional (...). Só uma intervenção legislativa extra-penal, assim, poderá fornecer ao juiz um critério para distinguir a intermediação lícita da ilícita (...). Só a regulamentação normativa do lobby pode evitar, em outros termos, que o artigo 346 do*

interesses privados junto à administração pública, que costuma estar inserida no espectro de proibição do tráfico de influência, tem peculiar relação com o fenômeno do *lobby*. Por essa razão, na falta de uma disciplina específica sobre o instituto, surge situação de enorme insegurança jurídica. O largo espaço de indefinição entre o que é proibido e o que é permitido pela ordem jurídica apenas poderia ser solucionado com a efetiva regulamentação do *lobby* e com a redefinição das elementares típicas exigidas para a configuração do tráfico criminoso de influência.

A mesma preocupação é exposta por Abanto Vazquez[191], em texto que versa exatamente sobre aspectos dogmáticos essenciais do crime de tráfico de influência. De acordo com o professor, que se debruçou sobre os sistemas jurídicos alemão e italiano, não obstante compreenda inequívoca a nocividade social do tráfico de influência, há de se desenvolver critérios para que não se impeça a prática legítima do *lobby*. Tais critérios, sem que exista uma efetiva regulamentação do instituto, são definidos nos casos concretos, de forma discricionária, o que conduz a grave insegurança jurídica. Ademais, a depender da forma como se constroem as figuras típicas, é possível que se lance a atuação dos lobistas integralmente no plano das ações proibidas pela ordem jurídica.

Em Portugal, por exemplo, ao tempo em que realizadas as discussões que resultaram na aprovação do tipo penal previsto no artigo 335 do Código Penal, definiu-se que apenas haveria de ser sancionada a intermediação de interesse que visasse a estimular a prática de um ato ilegal por funcionário público[192].

Código Penal seja utilizado como um instrumento de criminalização exagerada, para alcançar fatos lícitos, em violação ao princípio da legalidade e da igualdade (...). A doutrina publicista que se ocupa do tema é pacífica no sentido de que os lobbies são inerentes às democracias pluralistas e são legitimados por uma série de preceitos constitucionais (...). Por isso, e para que se mitiguem as preocupações de que esse fenômeno - legítimo - seja arrastado para o escopo de incidência da norma incriminadora, é fundamental a sua regulamentação." (tradução livre).

191. Abanto Vazquez, Manuel A. Sobre o merecimento de pena do tráfico de influência. In: Oliveira, Willian Terra de et al. (Org.). *Direito penal econômico*: estudos em homenagem aos 75 anos do Professor Klaus Tiedemann. São Paulo: LiberArs, 2013. p. 114 e ss. Disponível em: <http://201.23.85.222/biblioteca/index.asp?codigo_sophia=102801>. Acesso em: 08 ago. 2018: "*Assim, na Itália, em que a doutrina se ocupou da legalidade das atividades de empresas de assessoria, empresas de relações públicas e grupos profissionais, comprovou-se que estes se movem frequentemente nos limites do legalmente permitido quando se trata de defender seus próprios interesses ante a administração pública. A situação não é pacífica e requer uma ponderação de interesses. Por um lado, esta atividade se legitima com a garantia constitucional de liberdade de exercício da profissão e a liberdade de associação, por outro lado, isso pressupõe que o conteúdo de tal exercício profissional e atividade de associações não devam ter natureza antijurídica. Na falta de regulações precisas, a doutrina tem que preencher o vazio e desenvolver critérios com os quais se delimitem as atividades de intermediação legais das ilegais realizadas por empresas de intermediação e outros intermediários (...)*" (tradução livre).

192. Código Penal português, artigo 335 (Tráfico de Influência): "*Quem, por si ou por interposta pessoa, com o seu consentimento ou ratificação, solicitar ou aceitar, para si ou para terceiro, vantagem patrimonial ou não patrimonial, ou a sua promessa, para abusar da sua influência, real*

Assim, todas as iniciativas de convencimento e de persuasão realizadas para a promoção de interesses legítimos dos particulares, exatamente as que caracterizam as atividades de *lobby*, ficaram claramente fora do âmbito de incidência dos comandos proibitivos. Releva destacar que essa circunstância derivou de consciente escolha do legislador, nas palavras do Ministro da Justiça de outrora, feita para que se pudesse "distinguir o tráfico de influência ilícito do *lobby*, que é legítimo"[193].

Feitas essas considerações, é curial analisar o conteúdo normativo dos artigos 332 e 357 do Código Penal, para que seja possível, com esteio nos postulados fundamentais do Direito Penal, em especial, nos princípios da *ultima ratio,* da fragmentariedade e da subsidiariedade, avaliar quais são as condutas vedadas pelos preceitos incriminadores, quais são os bens jurídicos por elas afetados, se as figuras típicas em questão são compatíveis com o instituto do *lobby* e se devem, em necessário processo de racionalização do direito positivo nacional[194], sofrer reformulações. Afinal, consoante bem realça Júnior[195], a prática do *lobby* não se confunde — nem pode ser confundida — com os crimes de tráfico de influência e exploração de prestígio.

3.6.2 Análise crítica dos crimes de tráfico de influência e exploração de prestígio à luz dos princípios basilares do direito penal e do lobby

A análise histórica das figuras delitivas objeto de perquirição no presente tópico indica que, em sua origem, elas foram erigidas para viabilizar a punição criminal de pessoas que, alegando gozar de boas relações com agentes do poder público, relações essas que, na verdade, não existiam, recebiam remuneração para influenciá-los no exercício de suas obrigações de ofício e promover a defesa de interesses privados.

Os comandos normativos que visavam à punição da intermediação de interesses particulares junto à administração pública no passado apenas se perfaziam

ou suposta, com o fim de obter de entidade pública encomendas, adjudicações, contratos, empregos, subsídios, subvenções, benefícios ou outras decisões ilegais favoráveis, é punido com pena de prisão de 6 meses a 5 anos, se pena mais grave lhe não couber por força de outra disposição legal". PORTUGAL. *Código Penal Português.* Disponível em: <https://www.unifr.ch/ddp1/derechopenal/legislacion/l_20080626_10.pdf>. Acesso em: 16 set. 2018.

193. Lopes, José Mouraz. Sobre o novo crime de tráfico de influência: artigo 335º do Código Penal. *Revista do Ministério Público de Lisboa*, v. 16, n. 64, p. 59, out./dez. 1995: "*Ao acrescentar-se ao tipo de crime o carácter ilegal da decisão a proferir pela entidade pública restringiu-se consideravelmente o âmbito de aplicação do crime (...). Mas o próprio legislador – v.g. o Governo -, na pessoa do Ministro da Justiça, respondendo à questão suscitada, reafirmaria a intencionalidade da previsão do tipo de crime conforme consta no atual artigo 335º, afirmando (...) que se pretende distinguir o tráfico de influências ilícito do lobby, que é legítimo*".

194. Souza, Luciano Anderson de. *Crimes contra a administração pública*, cit., p. 23 e ss.

195. Baltazar Júnior, José Paulo. *Crimes federais*, cit., p. 379.

nas hipóteses em que o intermediário alegasse ter, junto a agente do Estado, prestígio (inexistente) que asseguraria os resultados pretendidos com suas ações de convencimento. Com efeito, a mais remota informação existente sobre a criminalização do que, na ordem jurídica brasileira, se convencionou chamar tráfico de influência, remonta à Roma do século III, época em que o Imperador Alexandre Severo descobriu que um assíduo frequentador da Corte, Vetronio Turino, recebia dinheiro de terceiros, sob o pretexto de exercer influência sobre membros do governo[196].

As circunstâncias que marcaram esse caso concreto contribuíram para que se estabelecessem as bases sobre as quais se assentam as ideias que caracterizam o tratamento dispensado ao tráfico de influência[197]. A sanção imposta à época pelo Imperador, tendo em vista o fato de que Vetronio Turino não vendia a quem pretendesse influenciar as decisões do governo nada além de fumaça, foi a morte por asfixia e, por isso, ainda hoje, o delito em exame é identificado como *venda de fumaça*[198].

Pagliaro[199] e Romano[200] esclarecem que, historicamente, seja na linguagem vulgar, seja na linguagem jurídica, o tráfico de influência é associado à prática de comportamentos voltados à obtenção de vantagens, que são conferidas ao agente como contraprestação para que ele, valendo-se de prestígio – em realidade, inexistente – junto a membros da administração pública, influa nas decisões por ela tomadas. Também eles afirmam tratar-se de verdadeira comercialização *di fumo*.

---

196. Costa, Álvaro Mayrink. Criminalidade na administração pública: peculato, corrupção, tráfico de influência e exploração de prestígio, cit., p. 62: "*A norma que criminaliza o tráfico de influência possui, na contextualização legislativa contemporânea, história singular e relevante diante da sociedade em funcionamento. As raízes se encontram no Direito romano entre os delitos de injúria (...). Cita Manzini, em sua nota sobre os antecedentes históricos, a passagem de Lampridio em que o Imperador Alexandre Severo manda matar sufocado pela fumaça um tal Vetronio Turino, que frequentava a Corte e recebia dinheiro a pretexto de influir nas decisões (...)*". No mesmo sentido: Mello, Sebastián Borges de Albuquerque. O sujeito ativo do tráfico de influência e o Anteprojeto do novo Código Penal. *Revista Brasileira de Ciências Criminais*, São Paulo, v. 22, n. 110, p. 126, set./out. 2014; Abanto Vazquez, Manuel A. Sobre o merecimento de pena do tráfico de influência, cit., p. 103.

197. Bitencourt, Cezar Roberto. *Tratado de direito penal*: parte especial 5, cit., p. 189: "*Veio ele a morrer, não pelo fogo, mas sufocado pela fumaça (fumus), enquanto um funcionário apregoava em voz alta: fumo punitur qui fumum vendit (pune-se com a fumaça aquele que vende a fumaça)*".

198. Pedrazzi, Cesare. Millantato credito, trafic d'influence, influence peddling, cit., p. 913: "*Trata-se de figura tradicional do direito, conhecida com o nome de venda de fumaça, em razão de sua origem romana*" (tradução livre). No mesmo sentido: Costa, Álvaro Mayrink. Criminalidade na administração pública: peculato, corrupção, tráfico de influência e exploração de prestígio, cit., p. 64.

199. Pagliaro, Antonio. *Principi di diritto penale*: parte speciale (delitti contro la pubblica amministrazione), cit., p. 393.

200. Romano, Mario. Legge anticorruzione, millantato credito e traffico di influenze illecite. *Rivista Italiana di Diritto e Procedura Penale*, Milano, ano 56, n. 3, p. 1397, giul./ set. 2013.

Tal noção é amplamente difundida na doutrina brasileira, que compreende caracterizarem-se os crimes de tráfico de influência e exploração de prestígio por condutas que propiciem o recebimento de vantagens por sujeito que afirme dispor de respeitabilidade e prestígio suficientes para interferir nos atos de ofício praticados por agentes públicos, respeitabilidade e prestígios que são, entretanto, inexistentes.

Drummond[201], em 1944, época em que não existia o delito tipificado no artigo 357 do Código Penal, e o *nomen iuris* do atual tráfico de influência era exploração de prestígio[202], deixava claro que a conduta incriminada pressupunha a tentativa de venda de prestígio inexistente. Afirmava o professor que se pune o "alardeamento de prestígio, dado que alardear comporta tanto o significado de gabar-se, bazofiar, como o de ostentar, isto é, há o falso alarde, procurando fazer crer em capacidade que não se tem de verdade". Noronha[203], na mesma esteira, aduzia que a proibição recai sobre "a venda de fumo, de fumaça que o agente realiza, iludindo o comprador, mas descreditando a administração", enquanto Rodríguez[204] lembra que o crime está relacionado à antiga venda de fumaça.

Mello[205], fazendo referência à circunstância de que o que se comercializa no tráfico de influência e na exploração de prestígio é fumaça, afirma que, justamente por isso, não se sanciona o agente público sobre o qual o agente ativo aduz exercer influência. Assevera que "só haverá exploração de prestígio se o funcionário público supostamente influenciado for inocente em relação à solicitação, exigência, cobrança ou recebimento da vantagem"; *contrario sensu*, "se o particular atua com conhecimento e consentimento do funcionário público, não há mais tráfico de influência, mas sim corrupção, praticada em concurso de agentes, pois o particular que solicita ou obtém a vantagem nada mais é do que um intermediário do funcionário público".

No mesmo sentido, Rodríguez[206] pontifica que os delitos analisados se caracterizam pela "ação daquele que, em busca de vantagem (que não se deve

---

201. Drummond, J. de Magalhães. *Comentários ao Código Penal*, cit., v. 9, p. 348.

202. Mello, Sebastián Borges de Albuquerque. O sujeito ativo do tráfico de influência e o Anteprojeto do novo Código Penal, cit., p. 126: "*No Código de 1940, como visto, o legislador cuidou originariamente do delito com o título Exploração de Prestígio em duas oportunidades: uma, genérica, que configura crime contra a Administração Pública, praticado por particular, no art. 332; e outra, no artigo 357, definida como crime contra a Administração da Justiça*".

203. Noronha, Magalhães. *Direito penal*. 1. ed. São Paulo: Saraiva, 1978. v. 4, p. 190.

204. Rodríguez, Víctor Gabriel. Crimes cometidos pelo particular contra a Administração. In: Reale Júnior, Miguel (Org.). *Direito penal*: jurisprudência em debate. Rio de Janeiro: GZ, 2013. v. 4, p. 111.

205. Mello, Sebastián Borges de Albuquerque. O sujeito ativo do tráfico de influência e o Anteprojeto do novo Código Penal, cit., p. 128.

206. Rodríguez, Víctor Gabriel. Dos crimes praticados por particular contra a Administração em geral. In: Reale Júnior, Miguel (Coord.). *Código Penal comentado*. São Paulo: Saraiva, 2017. p. 976.

entender como apenas econômica), vende sua capacidade de influir no funcionário público, no exercício de sua função. Característica mais relevante para se compreender o tipo do art. 332 é o fato de ele ser subsidiário em relação à corrupção do funcionário: será utilizado, portanto, quando o funcionário público desconhece a venda da influência".

Tal compreensão das condutas tipificadas nos crimes de tráfico de influência e exploração de prestígio decorre também da construção típica dos delitos, segundo a qual o sujeito ativo atua para obter vantagem ou promessa de vantagem *a pretexto* de influir em ato praticado por funcionário público no exercício da função, no caso do tráfico de influência; por juiz, jurado, órgão do Ministério Público, funcionário da justiça, perito, tradutor, intérprete ou testemunha, no caso da exploração de prestígio.

O vocábulo *pretexto* utilizado pelo legislador nos dois tipos penais representa a "justificativa usada para esconder os reais motivos de alguma coisa; desculpa". *A pretexto* de, portanto, significa "com o fim aparente de; sob a desculpa de"[207], ou seja, nos dizeres de Mello[208], "o pretexto significa a fraude, o engodo, isto é, a influência ao integrante da Administração Pública é fictícia, aparente, que dissimula o real objetivo do agente, que é obter uma vantagem junto ao particular, jactando-se de prestígio inexistente". Também sobre o tema, são dignas de nota as palavras de Pedrazzi[209].

Não há, por conseguinte, efetivo tráfico[210] de influência. A bem da verdade, o sujeito ativo dos delitos de tráfico de influência e de exploração de prestígio, tal como erigidos no direito positivo brasileiro, fingem gozar de prestígio junto a agentes da administração pública e afirmam dispor de condições concretas – em verdade, inexistentes – de interferir na prática de atos de ofício destes últimos, desde que recebam vantagens – econômicas ou não – como forma de contraprestação.

---

207. DICIONÁRIO online de português. Disponível em: <https://www.dicio.com.br/pretexto> Acesso em: 15 dez. 2018.

208. Mello, Sebastián Borges de Albuquerque. O sujeito ativo do tráfico de influência e o Anteprojeto do novo Código Penal, cit., p. 129. No mesmo sentido: Baltazar Júnior, José Paulo. *Crimes federais*, cit., p. 378: "*No tráfico de influência, o traço marcante é a expressão a pretexto de, que denota o fato de que o agente não detém, efetivamente, a possibilidade de influenciar o funcionário, fazendo uma verdadeira venda de fumaça (...). No crime em questão, o funcionário que estaria sofrendo a suposta influência não sabe que a pessoa que lhe pede alguma coisa em nome de terceiro está cobrando alguma vantagem desta para influir, ou nem sequer há qualquer pedido ou ação junto ao funcionário*".

209. Pedrazzi, Cesare. Millantato credito, trafic d'influence, influence peddling, cit., p. 922: "*O termo pretexto indica uma razão que se coloca em lugar da verdade*" (tradução livre)

210. García Planas, Gabriel. El nuevo delito de tráfico de influencias. *Revista del Poder Judicial*, n. 29, p. 25, mar. 1993: "*El término tráfico de influencias, si atendemos al Diccionario de la Real Academia Española, la voz tráfico significa acción de traficar; y dicha voz, convenir, negociar, etc. influencia significa poder, valimiento, autoridad de una persona para con otra u otras*".

A doutrina costuma afirmar que o bem jurídico que se busca proteger com a criminalização das condutas de tráfico de influência e de exploração de prestígio é, nos dizeres de Costa[211], a administração pública, "no que concerne ao regular funcionamento da administração (...), no sentido de garantir o prestígio e a correção dos atores revestidos de autoridade" estatal. Bitencourt[212] adverte que o "bem jurídico protegido é a Administração Pública (...), no particular aspecto de prestígio, confiança e respeito perante a coletividade", e Noronha[213] aduz que se tutela "o bom nome, o prestígio, a confiança de que a administração pública não pode abrir mão".

Elementares para compreensão dessa perspectiva as lições de Rodríguez[214]:

> Entendemos então que o delito ofende sim, em um primeiro momento, a Administração e seu bom nome, na medida em que o agente vende uma influência falsa; em um segundo momento, porém, há que se reconhecer que o tipo é uma colocação em risco da probidade administrativa, pois o prestígio vendido pode transformar-se em uma concreta violação do princípio da impessoalidade ou da probidade pela própria autoridade pública.

Entre os estudiosos espanhóis e portugueses, Garcías Planas[215], Cartolano Schiaffino[216] e Lopes[217] afirmam que o bem jurídico protegido é o bom funcionamento da administração pública, em especial, a imparcialidade e o prestígio que devem caracterizar o exercício das funções públicas. Aboso[218], ao discorrer sobre o artigo 256*bis* do Código Penal argentino, na mesma linha, afirma que a probidade e o prestígio da administração pública podem ser violados nas situações em que terceiros se propõem a realizar atos de interferência nas decisões tomadas por agentes do Estado, sendo esse o foco de tutela que os legisladores perseguiram ao tipificar os delitos de tráfico de influência em seu país.

---

211. Costa, Álvaro Mayrink. Criminalidade na administração pública: peculato, corrupção, tráfico de influência e exploração de prestígio, cit., p. 66.

212. Bitencourt, Cezar Roberto. *Tratado de direito penal*: parte especial 5, cit., p. 190.

213. Noronha, Magalhães. *Direito penal*, cit., v. 4, p. 325.

214. Rodríguez, Víctor Gabriel. Dos crimes praticados por particular contra a Administração em geral, cit., p. 976.

215. García Planas, Gabriel. El nuevo delito de tráfico de influencias, cit., p. 24: "*El bien jurídico protegido es la Administración Pública y concretamente su imparcialidad y su prestigio; en consecuencia el contenido del injusto será su descrédito*".

216. Cartolano Schiaffino, Mariano Jorge. El tráfico de influencias en el Código Penal español: una respuesta penal frente a la corrupción, cit., p. 183-184: "*Para la generalidad de la doctrina el bien jurídico protegido en estos artículos es la imparcialidad en el ejercicio de funciones públicas*".

217. Lopes, José Mouraz. Sobre o novo crime de tráfico de influência: artigo 335º do Código Penal, cit.

218. Aboso, Gustavo Eduardo. Los delitos de tráfico pasivo y activo de influencias: aspectos esenciales de su configuración, cit., p. 36: "*(...) la ley 25.188 incorpora al Código Penal el artículo 256 bis con el objeto de tutelar la probidad del funcionario público. Esta probidad u honradez en el manejo de la cuestión pública puede ser lesionada por la indebida interferencia de terceros, sean funcionarios públicos o particulares*".

Pagliaro[219], Pedrazzi[220] e Abanto Vazquéz[221] explicam que a doutrina clássica defendia que a tipificação penal de tais modalidades de conduta objetivaria tutelar o prestígio, a imparcialidade e a gratuidade da administração pública, que seriam afetados em situações nas quais se comercializasse a capacidade de influir em decisões tomadas por agentes públicos, fazendo-os parecer suscetíveis à prática de corrupção.

Entretanto, as condutas vedadas nos artigos 332 e 357 do Código Penal nenhum tipo de perigo podem gerar para a administração pública. Tanto é assim que, conforme já exposto anteriormente, tendo em vista que não se negocia influência verdadeira, sequer há a possibilidade de que a atuação do agente efetivamente interfira nas decisões tomadas pelos funcionários do Estado: se o que se vende é simples fumaça, é impossível que se cogite de afetação da administração pública.

Conforme adverte Aboso[222], o particular que aceita uma promessa ou recebe vantagem, sob a falsa justificativa de que interferirá na atuação de agente público, não está obrigado a qualquer dever de probidade ou fidelidade à administração pública, e não havendo atuado consigo alguém que o esteja, é impossível compreender em que medida a sua atitude poderá afetar o mencionado bem jurídico. E conclui: "o tráfico de influência jamais poderá lesionar ou colocar em perigo concreto a moralidade, o prestígio, a respeitabilidade da administração pública, porque o particular não tem qualquer vínculo com ela e, em consequência, tal delito deveria ser reputado inconstitucional".

Sem chegar ao ponto de afirmar a inconstitucionalidade das figuras típicas em questão, Abanto Vásquez[223] é enfático ao salientar que elas não deveriam integrar o capítulo dos códigos penais que preveem os crimes contra a administração pública. Segundo ele, "o tráfico de influência fictícia", da forma como sancionado em nosso país e alhures, deveria "ser excluído porque, tal como considera corretamente a doutrina penal (...), em realidade, constitui um delito contra o patrimônio (fraude)".

Por esse motivo, é cada vez mais comum falar-se que o tráfico de influência e a exploração de prestígio, da forma como estruturadas as condutas típicas que

---

219. Pagliaro, Antonio. *Principi di diritto penale*: parte speciale (delitti contro la pubblica amministrazione), cit., p. 393.

220. Pedrazzi, Cesare. Millantato credito, trafic d'influence, influence peddling, cit., p. 914.

221. Abanto Vazquez, Manuel A. Sobre o merecimento de pena do tráfico de influência, cit., p. 115.

222. Aboso, Gustavo Eduardo. Los delitos de tráfico pasivo y activo de influencias: aspectos esenciales de su configuración, cit., p. 37-38. No mesmo sentido: Pedrazzi, Cesare. Millantato credito, trafic d'influence, influence peddling, cit., p. 917.

223. Abanto Vazquez, Manuel A. Sobre o merecimento de pena do tráfico de influência, cit., p. 113.

as caracterizam na ordem jurídica brasileira e em diversos outros países, seriam hipóteses clássicas de estelionato. Rizzo[224] afirma sobre a matéria que o elemento central que caracteriza os delitos estudados é a manobra enganosa adotada pelo sujeito ativo que busca obter vantagem, causando prejuízo patrimonial àquele que acredita que o seu prestígio será útil para a obtenção de decisão pública que satisfaça os interesses dele[225].

O comprador de fumaça, destarte, seria vítima de um engano, de um verdadeiro estelionato, nas palavras de Costa[226], esclarecendo Mello[227] que, no crime em questão, o sujeito ativo utiliza artifícios para comercializar suposto prestígio junto a funcionário do Estado que, na verdade, não tem. Embora atualmente exista posição em sentido diverso[228], "durante muito tempo era absolutamente pacífico o entendimento de que o particular que entrega o dinheiro ou outra utilidade ao explorador de prestígio não comete delito nenhum, pois está, na verdade, sendo vítima de um engodo".

Sobre a matéria, Noronha[229] ensinava que "secundariamente é também vítima o comprador de prestígio, mas prestígio vão, fraudulento e inexistente.

---

224. Rizzo, Carmelo. Brevi considerazioni sul "traffico di influenze illecite", cit., p. 171. No mesmo sentido: Romano, Mario. Legge anticorruzione, millantato credito e traffico di influenze illecite, cit., p. 1397.

225. Ao abordar a matéria, Pedrazzi explica que o Código Penal francês de 1810 não trazia a tipificação penal do crime de tráfico de influência. As figuras delitivas que mais se aproximavam do delito em questão eram a corrupção de funcionários públicos e o estelionato. Entretanto, em diversos casos concretos em que pessoas foram identificadas negociando o prestígio que supostamente tinham junto a funcionários da administração estatal, não foi possível a aplicação dos preceitos incriminadores existentes, em razão das limitações impostas pelo princípio da legalidade. As cortes francesas, não obstante afirmassem necessário se dispensasse tratamento jurídico-penal ao tráfico de influência, não o sancionavam, por não existir previsão legal que o proibisse. Assim, iniciaram-se discussões sobre a necessidade de realização de reforma legislativa e, por muitos anos, prevaleceu o entendimento de que os casos de tráfico de influência poderiam ser tipificados como estelionato. Tal entendimento, porém, foi superado com a aprovação de uma lei no ano de 1889, que passou a cuidar do fenômeno de forma autônoma no mesmo artigo em que previsto o delito de corrupção. Tipificou-se a conduta de qualquer pessoa – funcionário público ou particular – que aceitasse receber vantagens para interferir nas decisões tomadas pelo Estado, abusando de sua influência, real ou fictícia (Pedrazzi, Cesare. Millantato credito, trafic d'influence, influence peddling, cit., p. 938).

226. Costa, Álvaro Mayrink. Criminalidade na administração pública: peculato, corrupção, tráfico de influência e exploração de prestígio, cit., p. 64.

227. Mello, Sebastián Borges de Albuquerque. O sujeito ativo do tráfico de influência e o Anteprojeto do novo Código Penal, cit., p. 128.

228. Bitencourt, Cezar Roberto. *Tratado de direito penal*: parte especial 5, cit., p. 193 e ss.: *"Não nos convence o entendimento sedimentado na doutrina nacional (...). Fragoso, por sua vez, sustentava: 'a pessoa que dá ou promete a vantagem ao agente é lesada e será sujeito passivo secundário, embora não aja de boa-fé (...)'. Ora, a responsabilidade do beneficiário é exatamente concorrer diretamente para o crime de tráfico de influência (exploração de prestígio), sem cuja participação sequer crime existiria (...). Não se pode ignorar que o beneficiário da pretextada influência, atualmente, em regra, não é ingênuo que entra de graça na história; pelo contrário, é um autêntico corruptor, que busca também a sua vantagem (...)".*

229. Noronha, Magalhães. *Direito penal*, cit., v. 4, p. 325.

É ele que sofre prejuízo concreto ou material, com a vantagem obtida pelo vendedor de fumo"; PRADO[230], de seu turno, pontifica que "secundariamente, figura como sujeito passivo aquele que, após ser ludibriado pelo agente, dá-lhe ou promete-lhe a vantagem, já que incide sobre ele o prejuízo material decorrente da vantagem obtida pelo agente", posição que também é encontrada nos ordenamentos jurídicos estrangeiros, conforme explica PAGLIARO[231].

Com percuciência, SOUZA[232] assim define a modelagem típica do crime de tráfico de influência, observada também na exploração de prestígio:

> (...) o delito de tráfico de influências (artigo 332), basicamente algo aproximado a uma ideia de extorsão fraudulenta, ou mesmo estelionato, necessariamente ocorre sem participação ou conhecimento do funcionário público. Ou seja, o engodo é a essência do crime. Do contrário, haveria a prática do delito de corrupção em concurso de agentes (...). Nesse sentido, mais uma vez, o vitimado principal, senão exclusivo, sinaliza-se como o particular ludibriado pelo agente, que nenhuma relação possui com o poder público, persistindo a dúvida do porquê da previsão nesse *locus*. Do mesmo modo ocorre com a infração penal de exploração de prestígio (artigo 357), que não conta com qualquer participação do funcionário público. O interesse primacial no delito citado é eminentemente patrimonial.

Na Itália, cujo ordenamento jurídico-penal serviu de inspiração para a construção do Código Penal brasileiro, é difundida a noção de que há inequívoca simbiose entre os crimes de tráfico de influência e estelionato. Segundo aponta PEDRAZZI[233], a similitude dos comportamentos que caracterizam as referidas modalidades delitivas salta aos olhos, e o comprador da fumaça, em geral, é visto como vítima de uma autêntica fraude. Por isso, seria usual identificar o tráfico de influência com uma espécie de estelionato, apesar de previsto em capítulo que trata de crimes contra a administração pública.

Com efeito, sobre a realidade normativa nacional, é mister concluir que, efetivamente, as condutas proscritas pelos artigos 332 e 357 do Código Penal não têm o condão de afetar, sequer minimamente, o bem jurídico administração pública, sua moralidade, sua respeitabilidade e seu prestígio. O agente que pratica as condutas neles tipificadas não realiza qualquer ato direcionado a, efetivamente, interferir nos atos de ofício de funcionários públicos; sua conduta

---

230. PRADO, Luiz Régis. *Curso de direito penal brasileiro*: parte especial. São Paulo: Revista dos Tribunais, 2001. v. 4, p. 543. No mesmo sentido: RODRÍGUEZ, Víctor Gabriel. Dos crimes praticados por particular contra a Administração em geral, cit., p. 975.

231. PAGLIARO, Antonio. *Principi di diritto penale*: parte speciale (delitti contro la pubblica amministrazione), cit., p. 395.

232. SOUZA, Luciano Anderson de. *Crimes contra a administração pública*, cit., p. 45-46.

233. PEDRAZZI, Cesare. Millantato credito, trafic d'influence, influence peddling, cit., p. 913 e ss.

se exaure na relação que estabelece com o particular a quem busca enganar para obter vantagem indevida, sob a falsa justificativa (*pretexto*) de que ela é o pagamento pelo exercício de sua influência (inexistente).

É impossível, considerada a circunstância de que nada se vende nas hipóteses de tráfico de influência e exploração de prestígio, senão mera fumaça, que a prática dos referidos crimes coloque em posição de vulnerabilidade a administração pública, em razão do que é manifesto equívoco estejam eles inseridos no título que visa a protegê-la.

A venda de fumaça, em verdade, é simples estelionato e não deve receber tratamento jurídico-penal para além do que dispõe o artigo 171 do Código Penal[234], o qual prevê seja imposta pena de reclusão de um a cinco anos, e multa, para quem obtém "para si ou para outrem, vantagem ilícita, em prejuízo alheio, induzindo ou mantendo alguém em erro, mediante artifício, ardil, ou qualquer outro meio fraudulento".

Por conseguinte, é necessário, com o fim de se promover a racionalização do sistema jurídico-penal brasileiro, sejam revogados os tipos penais de tráfico de influência e exploração de prestígio. As condutas neles vedadas, que podem ser resumidas na comercialização de falso prestígio junto a pessoas vinculadas ao Estado, não têm a potencialidade de violar o bem jurídico que, supostamente, se busca tutelar, pois elas apresentam estrutura típica de estelionato e podem gerar dano patrimonial.

Assim, reduz-se o âmbito de incidência do *ius puniendi* estatal, que deixa de incidir em situações de somenos importância, por exemplo, naquelas em que o sujeito ativo do delito sequer obtém, efetivamente, vantagem indevida.

De se destacar, ademais, que as condutas que caracterizam o tráfico de influência e a exploração de prestígio no Código Penal pátrio em nada se confundem com o *lobby*. Isso porque, consoante já exposto em tópico anterior, o lobista não vende fumaça a quem o contrata, mas é remunerado para adotar medidas concretas junto a funcionários da administração pública para racionalmente influenciá-los a tomar decisões que favoreçam os interesses que representam.

Não há, na prática do *lobby*, a negociação de falsa influência de que o lobista possa gozar frente a agentes do Estado; não há engodo. Ao contrário, os serviços que ele oferece são complexos e envolvem inúmeras medidas de convencimento, que têm como propósito disponibilizar aos agentes públicos

234. Código Penal, artigo 171: "*Obter, para si ou para outrem, vantagem ilícita, em prejuízo alheio, induzindo ou mantendo alguém em erro, mediante artifício, ardil, ou qualquer outro meio fraudulento: Pena – reclusão, de um a cinco anos, e multa, de quinhentos mil reis a dez contos de réis*".

informações importantes para que eles se convençam de que devem tomar suas decisões e praticar atos de ofício da maneira que melhor atenda aos anseios daqueles a quem o lobista representa.

O lobista, portanto, não solicita, não exige, não cobra, nem recebe, para si ou para outrem, vantagem ou promessa de vantagem, sob a falsa justificativa (*a pretexto*) de que atuará para influir em ato de funcionário público no exercício da função. Ele efetivamente solicita, cobra e recebe vantagem de seus contratantes, mas com o real propósito de atuar para convencer agentes do Estado a contemplar os seus interesses, sem enganá-los, nem estimular a prática de qualquer comportamento ilegal.

Desse modo, considerados os preceitos norteadores do Direito Penal, em especial, os postulados da *ultima ratio*, da fragmentariedade e da subsidiariedade, é injustificada a subsistência dos artigos 332 e 357 do Código Penal, inseridos em título que prevê modalidades de comportamentos atentatórios a bem jurídico – administração pública – que as condutas que hoje os caracterizam não têm o condão de afetar.

Revogados os crimes de exploração de prestígio e tráfico de influência, aquele que, "em busca de vantagem (...), vende sua capacidade de influir no funcionário público"[235], que realiza "venda de fumo (...), iludindo o comprador"[236], será sancionado com fulcro no artigo 171 do Código Penal, seja tal sujeito lobista cadastrado ou não.

3.6.3 Como tratar o tráfico de influência real no âmbito da administração pública

Os artigos 332 e 357 do Código Penal, consoante evidenciam os apontamentos contidos no tópico anterior, apenas têm incidência nas hipóteses em que o sujeito ativo age para receber vantagem indevida como contraprestação para o exercício, junto a funcionário da administração pública, de prestígio ou influência inexistentes. Trata-se de venda fraudulenta de fumaça, de tráfico de influência fictícia, que não tem aptidão para afetar o bem jurídico administração pública, mas tem estrutura típica do estelionato e pode causar dano patrimonial.

Referidos preceitos legais incriminadores não recaem, portanto, sobre a conduta de quem solicita, cobra ou obtém para si ou para outrem vantagem ou promessa de vantagem, para efetivamente influir em ato praticado por funcionário público no exercício da função, seja na busca por ato de ofício lícito –

---

235. RODRÍGUEZ, Víctor Gabriel. Dos crimes praticados por particular contra a Administração em geral, cit., p. 976.

236. NORONHA, Magalhães. *Direito penal*, cit., v. 4, p. 190.

situação que caracteriza a prática do *lobby* –, seja ilícito. Tais situações, à luz da sistemática jurídica vigente no Brasil, são atípicas. Entretanto, em muitos países, mesmo naqueles que privilegiam a livre manifestação e o direito de petição, há normas penais que buscam coibir esse tipo de conduta, circunstância que coloca em zona de penumbra a atuação dos lobistas, por não haver nítidas linhas divisórias que distingam o lícito e o ilícito.

Romano[237] adverte que na Itália, não obstante historicamente o tráfico de influência tenha sido associado à venda de fumaça, o que o aproximava de verdadeiro estelionato, surgiu interpretação no sentido de que também a negociação da capacidade real de interferir em decisões de agentes do Estado deveria ser sancionada. Por conseguinte, estariam abrangidas pelas elementares típicas do artigo 346, que prevê o crime de *millantato credito*, não apenas a negociação de falso prestígio, mas também a remuneração para exercer real influência junto a funcionário público.

Pedrazzi[238], em igual sentido, pontificava, nos idos dos anos de 1960, que eram recorrentes afirmações de que o perfazimento do crime de tráfico de influência ocorria nos casos em que se traficava influência efetiva, tendo em vista que também neles eram afetados os bens jurídicos protegidos pela norma penal. Afirmava o professor, a consumação delitiva podia ocorrer tanto nos casos em que se negociava a venda de fumaça, quanto naqueles em que a capacidade do autor da conduta de influenciar decisões dos agentes públicos era real, porque o descrédito que tais comportamentos geravam para a administração pública era igualmente danoso.

Entretanto, já àquela época, reconhecia-se plenamente lícita a intermediação de interesses junto à administração pública, e a remuneração de alguém para fazê-lo, se os interesses fossem legítimos. Em casos em que tais, o prestígio de quem era remunerado para influenciar as decisões públicas, não obstante con-

---

237. Romano, Mario. Legge anticorruzione, millantato credito e traffico di influenze illecite, cit., p. 1398: "*Gradualmente, afirmou-se uma interpretação da figura do tráfico de influência que difere daquela historicamente admitida, no sentido de que o crime se aperfeiçoa não apenas nos casos em que há venda de influência infundada (venda de fumaça), mas também naqueles em que se comercializa, com exaltação, amplificação, destaque, uma efetiva capacidade de contatar agentes públicos para influenciá-los, em razão de relação prévia e prestígio que se tenha*" (tradução livre).

238. Pedrazzi, Cesare. Millantato credito, trafic d'influence, influence peddling, cit., p. 925-926: "*Uma afirmação recorrente é que não interessa verificar se o prestígio vendido é ou não verdadeiro; em outras palavras, a lesão ao interesse protegido se verifica independentemente da veracidade do fundamento do prestígio vendido (...). É bem possível que o sujeito ativo do delito se aproveite de relação real para valorizar uma eventual capacidade de interferência, que é hipotética e não existe. Se entre o vendedor do prestígio e o funcionário público existe uma relação de amizade (...) a influência que ele faz crer que tenha (...) parece ainda mais clara (...). Esse é o fundamento das sentenças que afirmam que a prática delitiva pode ocorrer, também, nas hipóteses em que o tráfico tenha como objeto influência real*" (tradução livre).

tribuísse para que os interesses de seus clientes fossem mais bem representados junto ao Estado, não prejudicava a objetividade que devia nortear a atuação dos funcionários da administração pública[239].

Pagliaro[240], ao discorrer sobre a matéria em *Principi di Diritto Penale*, afirma que não se pode admitir a incidência do tipo penal de tráfico de influência nos casos em que a defesa de interesses privados junto à administração pública seja inerente ao exercício de atividade profissional lícita, nem naqueles nos quais a atividade do sujeito que é remunerado para utilizar o seu prestígio e a sua influência junto à administração pública tem como fim assegurar, por parte daquele a quem busca convencer, a prática de ato legal. Assim, deve ser sempre reputada atípica a atuação do lobista, desde que tenha como finalidade estimular a adoção de decisões públicas legítimas e conformes à lei:

> A retribuição deve corresponder ao pagamento pela intermediação que o sujeito se propõe a realizar junto a funcionário público. Compreende-se que tal intermediação deve ser *per se* lícita: ou seja, de um lado, não se pode admitir esteja configurada a prática delitiva nos casos em que a intermediação é lícita, como ocorre com associações, advogados, engenheiros, arquitetos etc. que buscam defender os seus interesses junto à administração pública. Também não pode ser considerada ilícita a intermediação de interesses baseada no prestígio profissional de que goze o intermediário junto à administração pública (...). Do outro lado, parece lógica a necessidade de excluir do âmbito de incidência do tipo penal as intermediações que, embora não sejam admitidas pela moral (por exemplo, a intermediação realizada por algum familiar ou amante), tenham como objetivo assegurar que o agente do Estado pratique um ato legal. Em tais casos, não há qualquer tipo de ofensa — nem mesmo potencial — ao bom funcionamento da administração pública, nem se coloca em posição de vulnerabilidade o seu prestígio (...). Para que se verifique a prática criminosa, é fundamental que o tráfico de influência — real ou fictícia — objetive fazer com que o funcionário público pratique ato contrastante com seus deveres de ofício. (tradução livre)

Na Espanha, o Código Penal cuidou de criar três modalidades diversas de tráfico de influência, todas elas caracterizadas pela comercialização real da capacidade de interferir em atos de funcionários públicos[241]. Tanto é assim que

---

239. Id. Ibid., p. 945-950.

240. Pagliaro, Antonio. *Principi di diritto penale*: parte speciale (delitti contro la pubblica amministrazione), cit., p. 397.

241. Abanto Vazquez, Manuel A. Sobre o merecimento de pena do tráfico de influência, cit., p. 104: "*Em Espanha previu-se pela primeira vez o tráfico de influências no marco dos delitos de suborno no Código Penal de 1928 (...). No C.P. de 1944 desapareceu o tipo penal em relação com a modalidade das influências reais, mas permaneceu punível o tráfico com influências fictícias (...). Recentemente com a reforma de 22 de março de 1991 reapareceu o (verdadeiro) tráfico de influências (...)*".

Martínez Galindo[242] esclarece que, em casos nos quais a influência negociada pelo agente é falsa, a figura típica aplicável, de acordo com a consolidada jurisprudência, é a do estelionato.

A corroborar tal assertiva, Abanto Vazquez[243] pontifica que "o ofertante da influência deverá se referir a influências reais, com o qual pelo menos pode se comprovar a existência de uma colocação em perigo do bem jurídico; caso se trate de influências falsas, entraria em consideração a punibilidade por fraude". Ademais, leciona que as previsões do diploma repressivo espanhol que tratam do tráfico de influência teriam como finalidade sancionar condutas voltadas a influenciar funcionários do Estado, estimulando-os a tomar decisões que assegurem a fruição de benefícios privados, ainda que legítimos[244].

O artigo 428 do Código Penal[245] espanhol prevê seja punido com pena de prisão de seis meses a dois anos o funcionário público ou autoridade que influir na atuação de outro funcionário público ou autoridade, valendo-se do exercício de seu cargo ou de sua relação pessoal ou hierárquica com aquele a quem busca influenciar, com o fim de obter uma decisão que possa gerar, direta ou indiretamente, um benefício econômico para si ou para terceiro. Se tal comportamento for exitoso, se efetivamente interferir nas decisões públicas, as penas aplicáveis são aumentadas em cinquenta por cento.

Trata-se de crime próprio, de perigo, que apenas pode ser praticado por funcionário público, e a influência cujo exercício se veda é real, porquanto derivada da posição que o sujeito ocupa na administração e das relações pessoais decorrentes dessa situação, em especial com pessoas que atuam em nome do Estado. Martínez Galindo[246] adverte, nessa esteira, ser imprescindível para a

---

242. Martínez Galindo, Gema. El delito de tráfico de influencias en la administración local, cit., p. 48.

243. Abanto Vazquez, Manuel A. Sobre o merecimento de pena do tráfico de influência, cit., p. 107.

244. Martínez Galindo, Gema. El delito de tráfico de influencias en la administración local, cit., p. 37-38: "*El objeto punitivo de estos ilícitos consiste, básicamente, en sancionar aquellas conductas que tengan por objeto conseguir (mediante influencias) de una autoridad o funcionario público una resolución que reporte, directa o indirectamente, un beneficio económico para quien realiza el delito o para un tercero*".

245. Código Penal espanhol, artigo 428: "*El funcionario público o autoridad que influyere en otro funcionario público o autoridad prevaliéndose del ejercicio de las facultades de su cargo o de cualquier otra situación derivada de su relación personal o jerárquica con éste o con otro funcionario o autoridad para conseguir una resolución que le pueda generar directa o indirectamente un beneficio económico para sí o para un tercero, incurrirá en las penas de prisión de seis meses a dos años, multa del tanto al duplo del beneficio perseguido u obtenido e inhabilitación especial para empleo o cargo público y para el ejercicio del derecho de sufragio pasivo por tiempo de cinco a nueve años. Si obtuviere el beneficio perseguido, estas penas se impondrán en su mitad superior*".

246. Martínez Galindo, Gema. El delito de tráfico de influencias en la administración local, cit., p. 39.

consumação do crime a prática de atos concretos de pressão e convencimento que tenham como propósito viabilizar seja praticado ato de ofício favorável aos interesses do sujeito ativo do delito.

O artigo 429 do Código Penal[247], por sua vez, sanciona o particular que efetivamente influa na atuação de funcionário público, com o qual mantenha relação pessoal, com o objetivo de fazer com que seja praticado ato de ofício que o beneficie economicamente ou beneficie a um terceiro. Aplicam-se, em casos que tais, pena de prisão de seis meses a dois anos, multa em valor duas vezes superior ao benefício perseguido ou alcançado, proibição de contratação com o setor público, vedação de obtenção de financiamento público e de fruição de benefícios fiscais e previdenciários, por período que varia de seis meses a dez anos.

De seu turno, o artigo 430[248] do mencionado diploma normativo, mais parecido com as figuras clássicas do tráfico de influência, proscreve a atuação de intermediários — que podem ser particulares ou, até mesmo, funcionários do Estado[249] — que se oferecem para influenciar efetivamente agentes do setor público com os quais mantenham relação profissional ou pessoal, solicitando em contrapartida o recebimento de remuneração[250].

É fácil constatar, a partir da leitura de todos os tipos penais que preveem os delitos de tráfico de influência no sistema jurídico-penal espanhol, em especial

---

247. Código Penal espanhol, artigo 429: *"El particular que influyere en un funcionario público o autoridad prevaliéndose de cualquier situación derivada de su relación personal con éste o con otro funcionario público o autoridad para conseguir una resolución que le pueda generar directa o indirectamente un beneficio económico para sí o para un tercero, será castigado con las penas de prisión de seis meses a dos años, multa del tanto al duplo del beneficio perseguido u obtenido, y prohibición de contratar con el sector público, así como la pérdida de la posibilidad de obtener subvenciones o ayudas públicas y del derecho a gozar de beneficios o incentivos fiscales y de la Seguridad Social por tiempo de seis a diez años. Si obtuviere el beneficio perseguido, estas penas se impondrán en su mitad superior".*

248. Código Penal espanhol, artigo 430: *"Los que, ofreciéndose a realizar las conductas descritas en los dos artículos anteriores, solicitaren de terceros dádivas, presentes o cualquier otra remuneración, o aceptaren ofrecimiento o promesa, serán castigados con la pena de prisión de seis meses a un año. Si el delito fuere cometido por autoridad o funcionario público se le impondrá, además, la pena de inhabilitación especial para cargo o empleo público y para el ejercicio del derecho de sufragio pasivo por tiempo de uno a cuatro años. Cuando de acuerdo con lo establecido en el artículo 31 bis una persona jurídica sea responsable de los delitos recogidos en este Capítulo, se le impondrá la pena de multa de seis meses a dos años".*

249. Em tais casos, além da pena de prisão, de seis meses a um ano, impõe-se a inabilitação especial para o exercício de cargo ou emprego público, bem como para o exercício de cargo eletivo, por período que varia de um a quatro anos.

250. Martínez Galindo, Gema. El delito de tráfico de influencias en la administración local, cit., p. 44: *"El tercero de los tipos delictivos (...) es el ofrecimiento de influencias previsto en el art. 430 del CP, es decir, ofrecerse a realizar cualquiera de las conductas anteriores, solicitando de terceros dádivas, presentes o cualquier remuneración, o aceptar el ofrecimiento o promesa (...). Este delito castiga al que ofrece dichas influencias".*

aquele que proíbe a intermediação remunerada de interesses junto à administração pública (artigo 430), que as condutas por eles vedadas em muito se assemelham àquela usualmente praticada pelos lobistas, que cobram contraprestações para influenciar os funcionários públicos no desempenho de suas funções e na prática de atos de ofício.

A inexistência de referenciais normativos que deixem claras as distinções entre o tráfico de influência e o *lobby* fez com que estudiosos como LOPES[251] afirmassem que o legislador espanhol teria extrapolado as limitações que devem ser impostas ao Direito Penal, "criminalizando mesmo a típica situação de *lobby*", que, vale repisar, é manifestação inequívoca de direitos fundamentais de cariz democrático.

Essa situação revela falha grave na tipificação do tráfico de influência pelo legislador espanhol, que, com o intento de concretizar a "tendência societária de moralização que vem sendo exigida ao exercício das funções públicas"[252], acabou por inserir em zona de proibição - ou, pelo menos, de total insegurança - a atuação dos lobistas, que deve sempre ser admitida e, até mesmo, estimulada.

Não se pode admitir, em qualquer regime democrático, sejam interrompidos os canais de comunicação criados pelos lobistas entre a sociedade, as empresas, os grupos organizados etc. e a administração pública. Ao contrário, é fundamental que a ordem jurídica preveja critérios seguros que possibilitem distinguir os atos atentatórios à administração pública, daqueles que enriquecem o debate democrático e aumentam a eficiência da atuação estatal.

Destarte, embora a redação dos tipos legais não tenha trazido total nitidez à diferenciação entre o tráfico de influência e o *lobby*, a doutrina e a jurisprudência espanholas passaram a compreender atípicas todas as tentativas de interferir nas decisões dos agentes públicos, partam elas de funcionários do Estado ou de particulares, que visem a estimular a prática de atos de ofício justos, legítimos e lícitos. MARTÍNEZ GALINDO[253] esclarece serem lícitas - embora, em certos casos, moralmente reprováveis - as tentativas de interferir na atuação de agentes

---

251. LOPES, José Mouraz. Sobre o novo crime de tráfico de influência: artigo 335º do Código Penal, cit., p. 62.

252. Id. Ibid., p. 62.

253. MARTÍNEZ GALINDO, Gema. El delito de tráfico de influencias en la administración local, cit., p. 38 e ss.: "*El objeto punitivo de estos ilícitos consiste, básicamente, en sancionar aquellas conductas que tengan por objeto conseguir (mediante influencias) de una autoridad o funcionario público una resolución que reporte, directa o indirectamente, un beneficio económico para quien realiza el delito o para un tercero (...). Serían, en consecuencia, atípicas las conductas de influencia para la obtención de una resolución justa o adecuada a Derecho (...), aunque para esto se prevalga el funcionario o particular de una relación especial con el influido. Así, no toda influencia que consiga una resolución, aun cuando detrás de ella exista el logro de un beneficio económico, será típica (...).*

públicos que tenham como meta fazê-los proferir decisões que não contrastem com o interesse público.

Em que pese o legislador não tenha explicitado essa questão ao definir a roupagem típica dos crimes de tráfico de influência, apenas as tentativas de convencer os agentes públicos a proferir decisões injustas ou ilegais podem ser objeto de incidência de preceitos legais incriminadores. Isso porque, evidentemente, é próprio do jogo democrático fazer-se representar junto aos órgãos do Estado, diretamente ou por terceiros — lobistas — para influenciar decisões públicas que, licitamente, satisfaçam os interesses representados[254].

Em idêntico sentido, ABANTO VAZQUEZ[255] esclarece que, justamente por serem demasiado abertos, os tipos penais de tráfico de influência espanhóis são alvo de frequentes críticas doutrinárias, havendo estudiosos que os entendam incompatíveis com os princípios elementares de limitação do Direito Penal. Por isso, "propõe-se restringir a descrição do injusto com a precisão adicional de que a influência se refira a resoluções injustas (...), porque apenas assim se respeitaria o princípio da subsidiariedade"; do contrário, "qualquer resolução do funcionário público a favor de um conhecido, amigo ou membro do mesmo partido", ainda que legítima, consonante com os interesses da administração pública, deveria ser reputada criminosa.

Destarte, não é qualquer tipo de tráfico de influência que pode ser sancionado na ordem jurídica espanhola. Ao contrário, para que se preserve o instituto do *lobby* e, ao mesmo tempo, se resguarde o bom funcionamento da administração pública, apenas em casos nos quais a negociação tenha como finalidade o exercício de influência real para estimular a atuação ilegal do agente do Estado há a incidência do *ius puniendi*[256].

Na França, tal como na Espanha, são punidas diversas modalidades de

---

254. Id. Ibid., p. 43: "*(...) el tipo no manifiesta si dicha resolución debe ser ilegal, injusta (supuesto en el que el funcionario influido podría estar cometiendo un delito de prevaricación) o puede ser, también, cualquier resolución correcta y justa. Sin embargo, aunque el tipo no lo mencione expresamente, considero que la resolución debe ser injusta o ilegal porque, como ya se ha mencionado, las meras recomendaciones o la influencia para que se dicte una resolución adecuada a Derecho serían atípicas (...)*".

255. ABANTO VAZQUEZ, Manuel A. Sobre o merecimento de pena do tráfico de influência, cit., p. 106.

256. Em sentido diverso, Cugat Mauri afirma que: "*En mi opinión ante el silencio legal debe optarse por una interpretación coherente con las opciones tomadas en la tipificación de la corrupción, y por lo tanto como en aquélla, castigar tanto la compraventa de influencias para obtener un acto lícito como ilícito*". Tal perspectiva criminaliza o instituto do *lobby*, o que se mostra absolutamente incompatível com os pilares fundamentais de qualquer regime democrático (CUGAT, Mauri. Trafico de influencias. In: ARROYO ZAPATERO, Luis; NIETO MARTÍN, Adán. (Coords.). *Fraude y corrupción en el derecho penal económico europeo*: eurodelitos de corrupción y fraude. Cuenca: Ediciones de la Universidad Castilla-La Mancha, 2006. p. 76).

tráfico de influência e há intenso debate doutrinário para definir parâmetros de interpretação jurídicos que viabilizem a sua convivência com o instituto do *lobby*. Pune-se, no Código Penal francês, o tráfico de influência praticado por funcionários públicos, previsto no mesmo dispositivo que trata da corrupção passiva[257], o tráfico de influência praticado por particulares, tipificado juntamente com a corrupção ativa[258], além de hipóteses específicas de tráfico de influência nas decisões da Comunidade Europeia, de seus Estados-membros, de outras nações e entidades internacionais.

A análise dos diversos tipos legais existentes na ordem jurídica da França evidencia que não são nítidos os contornos que distinguem as práticas criminosas do instituto do *lobby*. Em todas as modalidades de comportamento proibidas, negocia-se o exercício de influência – real ou fictícia – com a finalidade de que o agente ativo do delito adote providências junto a autoridades da administração pública, doméstica ou estrangeira, e com isso viabilize decisões que satisfaçam os interesses daquele que o contrata, que também é alcançado pelas normas incriminadoras.

A título exemplificativo, o artigo 433-2 do Código Penal (tráfico de influência praticado por particular) prevê pena de "até cinco anos de prisão e multa de até 500 mil euros para quem solicitar ou aceitar, direta ou indiretamente, oferta, promessa ou doação de qualquer tipo de vantagem, para abusar da influência – real ou suposta – sobre uma autoridade ou sobre a administração pública em geral com o fim de obter distinções, empregos, contratos ou qualquer outro tipo de decisão favorável" (tradução livre).

Segundo VÉRON[259], é indiferente que a decisão que se busca obter por via da influência seja lícita ou ilícita. Tal perspectiva, entretanto, não se nos afigura acertada, porque não se pode admitir a incidência do *ius puniendi* estatal em situações nas quais a negociação da influência e a atuação de agentes junto à administração pública vise a obtenção de decisão que lhes seja favorável e plenamente lícita: não há, em casos que tais, violação de bem jurídico penal.

É preciso que se interprete de forma restritiva os tipos penais em questão, sob pena de que eles impeçam a existência do *lobby*. Assim, como o legislador ordinário previu que as sanções penais sejam aplicadas nos casos de abuso de influência (*pour abuser ou avoir abusé de son influence*), fica evidenciado que a atuação do agente deve ser voltada a estimular a adoção de decisão ilegal pelo funcionário público que se busca convencer. Não há razão para a prática

257. Código Penal francês, artigo 432-11 e 432-11-1: *De la corruption passive et du trafic d'influence commis par des personnes exerçant une fonction publique.*

258. Código Penal francês, artigo 433-1 e 432-2-1: *De la corruption active et du trafic d'influence commis par les particuliers.*

259. VÉRON, Michel. *Droit pénal spécial*, cit., p. 394.

do abuso quando o que se persegue é que o agente público proceda em conformidade com a legislação.

Em síntese, o ato de abusar da influência de que se goze para interferir na atuação estatal e viabilizar a prática de decisão legal, evidentemente, não deve ser proibido pela legislação penal; *contrario sensu*, exercer influência abusivamente e de forma remunerada para promover a atuação ilegal de funcionário público é comportamento que afeta bem jurídico fundamental e deve receber adequado tratamento jurídico-penal.

Em Portugal, justamente para que a tipificação do tráfico de influência não alcançasse comportamentos que caracterizam o *lobby*[260], previu-se no artigo 335[261] que apenas se consumaria o delito em situações nas quais o sujeito ativo solicitasse ou aceitasse receber vantagens para, abusando de sua influência junto a funcionário público, estimulá-lo à prática de decisões ilegais.

Assim, pune-se com pena de até cinco anos de prisão não a simples negociação de influência — real ou fictícia — que determinado sujeito possa exercer junto ao Estado, para obter decisões públicas que atendam aos interesses de quem o contrate. É imprescindível, para além disso, que a dita influência seja exercida de modo a fazer com que o funcionário público pratique ato de ofício ilegal, contrário ao interesse público.

Conforme lições de Lopes[262], "no tráfico de influência, o agente obtém uma vantagem patrimonial, ou a sua promessa, para abusar da sua influência, junto da autoridade pública, real ou suposta, com vistas a obter decisão ilegal (...). A

260. Sobre o assunto, Lopes afirma que, durante as discussões que antecederam a criação do tipo penal de tráfico de influência, com a aprovação da Lei nº 35/1994, houve cuidado para que as condutas típicas não impedissem e não se confundissem com aquelas que caracterizam o *lobby*. Tal situação resultou na previsão expressa, diferentemente do que aconteceu na Espanha, de que apenas pode ser punido o agente que solicita, aceita ou recebe remuneração, para valer-se abusivamente do prestígio e da influência de que goza junto a funcionários da administração pública e convencê-los a praticar atos de ofício ilegais. Colhe-se dos escritos do professor: "*Ao acrescentar ao tipo de crime o carácter ilegal da decisão a proferir pela entidade pública restringiu-se consideravelmente o âmbito de aplicação do crime (...). Mas o próprio legislador (...), respondendo à questão suscitada, reafirmaria a intencionalidade da previsão do tipo de crime conforme consta no atual artigo 335º, afirmando, por um lado, que o texto da lei de autorização legislativa 'é um texto que conduz a um espaço de previsão normativa, não sendo ele próprio um tipo legal de crime', e, por outro, que 'se pretende distinguir o tráfico de influências ilícito do lobby, que é legítimo*" (LOPES, José Mouraz. Sobre o novo crime de tráfico de influência: artigo 335º do Código Penal, cit., p. 59).

261. Código Penal português, artigo 335º: "*Quem, por si ou por interposta pessoa, com o seu consentimento ou ratificação, solicitar ou aceitar, para si ou para terceiro, vantagem patrimonial ou não patrimonial, ou a sua promessa, para abusar da sua influência, real ou suposta, como fim de obter de entidade pública encomendas, adjudicações, contratos, empregos, subsídios, subvenções, benefícios ou outras decisões ilegais favoráveis, é punido com pena de prisão de 6 meses a 5 anos, se pena mais grave lhe não couber por força de outra disposição legal*".

262. Lopes, José Mouraz. Sobre o novo crime de tráfico de influência: artigo 335º do Código Penal, cit., p. 64.

existência de uma decisão (...) proferida no âmbito dos parâmetros legais a que estava condicionada, mesmo que tenha sido obtida através de um processo de abuso de influência por parte de alguém que tenha para isso recebido qualquer contrapartida, torna esse comportamento não configurável como ilícito criminal".

É interessante destacar que a mesma lógica foi contemplada pela ONU na Convenção de Combate à Corrupção de 2003 — Convenção de Mérida —, que integra o direito brasileiro[263] e foi o primeiro texto jurídico de cariz internacional e alcance mundial a tratar do fenômeno corruptivo[264]. De acordo com o artigo 18 da convenção, cada nação signatária deve avaliar a possibilidade de adotar medidas legislativas para a tipificação penal das seguintes condutas:

> a) A promessa, o oferecimento ou a concessão a um funcionário público ou a qualquer outra pessoa, de forma direta ou indireta, de um benefício indevido com o fim de que o funcionário público ou a pessoa abuse de sua influência real ou suposta para obter de uma administração ou autoridade do Estado Parte um benefício indevido que redunde em proveito do instigador original do ato ou de qualquer outra pessoa;
>
> b) A solicitação ou aceitação por um funcionário público ou qualquer outra pessoa, de forma direta ou indireta, de um benefício indevido que redunde em seu proveito próprio ou no de outra pessoa com o fim de que o funcionário público ou a outra pessoa abuse de sua influência real ou suposta para obter de uma administração ou autoridade do Estado parte um benefício indevido.

A análise da sugestão de tipificação penal feita pela ONU evidencia que o tráfico de influência deve ser sancionado apenas nos casos em que a finalidade seja garantir a prática de ato ilegal por agente público, da qual resulte benefício indevido para os agentes do delito. Com efeito, deixar explícita essa circunstância, o que não ocorre na maior parte dos ordenamentos jurídicos analisados, é fundamental para que o *lobby* não seja indevidamente confundido com práticas que efetivamente merecem tratamento jurídico-penal.

A restrição da criminalização do tráfico de influência às hipóteses em que o agente busque obter decisão ilegal do funcionário público elimina qualquer dúvida sobre o tratamento que deve ser dispensado àquele que oferece ou promete vantagens indevidas para que a influência seja exercida. Tendo em vista que o que esse sujeito persegue é a atuação ilegal do Estado, é evidente deva também ser sancionado.

---

263. Decreto nº 5.687/2006, de 31 de janeiro de 2006.

264. Webb, Philippa. The United Nations Convention Against Corruption: global achievement or missed opportunity? *Journal of International Economic Law*, Oxford, v. 8, n. 1, p. 192, 2005. Disponível em: <https://papers.ssrn.com/sol3/Delivery.cfm/SSRN_ID2557193_code2192959.pdf?abstractid=2557193&mirid=1>.

No Brasil, conforme verificamos no tópico anterior, os artigos 332 e 357 do Código Penal não alcançam o verdadeiro tráfico de influência, senão apenas aquele que recai sobre a falsa capacidade de influenciar a administração pública. Tal situação indica a necessidade de que, em concomitância com a criação de normas que incidam sobre a atividade do *lobby*, seja reformada a normativa de índole criminal e se prevejam sanções para os indivíduos que vendem influência para obter decisões ilegais de funcionários públicos.

As questões centrais a serem observadas, feitas essas considerações, são as seguintes: (i) o *lobby* jamais poderá ser vedado *prima facie*, mas deve ser exercido de forma transparente, com o registro prévio de todos os que a ele se dedicam; (ii) o falso lobista (não cadastrado) que negocie influência efetiva ou fictícia sobre ato lícito ou ilícito de funcionário público, deve ser sancionado administrativamente e, no plano jurídico-penal, nos termos do artigo 47 da Lei de Contravenções Penais e do artigo 171 do Código Penal; (iii) o lobista cadastrado que negocie influência inexistente para provocar a atuação legal ou ilegal de funcionário público, deve ser punido administrativa e criminalmente (artigo 171 do Código Penal); (iv) por fim, o lobista cadastrado que atue com o fim de estimular a prática de ato ilegal de funcionário público deve ser sancionado criminalmente com fundamento em novo tipo penal, proposto a seguir:

Lobista não-cadastrado	Lobista cadastrado
Venda de fumaça: estelionato	Venda de fumaça: estelionato + sanção administrativa
Venda de influência real sobre ato lícito do agente público: artigo 47 LCP	Venda de influência real sobre ato lícito do agente público: atípico.
Venda de influência real sobre ato ilícito do agente público: artigo 47 LCP	Venda de influência real sobre ato ilícito do agente público: novo tipo penal

3.7 A tipificação das condutas do lobista cadastrado que negocie influência para estimular a prática de atos ilegais por funcionários públicos ou pessoas a eles juridicamente equiparadas: nossa proposta de tipo penal

A premissa elementar da presente tese é a de que o *lobby* é inerente ao regime democrático e jamais pode ser proibido, senão que controlado por meio de medidas que assegurem a transparência na interação entre o lobista e os agentes da administração pública. Assim, como mínimo, é essencial que todos aqueles que se dediquem à atividade de *lobby* sejam devidamente credenciados, revelem a quem buscam influenciar e quais são os temas que interessam a si e aos seus representados.

Consoante exposto em tópico anterior, o sujeito que pretenda se credenciar deve demonstrar ao Estado que atende às exigências normativas mínimas necessárias para o exercício do *lobby*; se o fizer, receberá verdadeira chancela estatal para atuar como lobista e, a partir de então, poderá receber contrapartida para agir junto a funcionários da administração pública com a finalidade de influenciar suas decisões. Todavia, é sempre vedado estimular a prática de atos de ofício ilegais.

Considerando que os artigos 332 e 357 do Código Penal deveriam ser revogados, porquanto não tipificam condutas que atentam contra a administração pública, tampouco alcançam o comportamento de quem negocia influência efetiva voltada a estimular a prática de ato ilegal por funcionário público, é fundamental a criação de novo tipo penal que sancione essa última hipótese. Tal comportamento viola a administração pública, sua moralidade, seu prestígio e seu bom funcionamento.

Com efeito, ao receber do Estado a formal autorização para exercer as suas atividades, o lobista assume obrigações especiais que o diferenciam do cidadão ordinário que não recorre ao credenciamento. O lobista credenciado goza de acreditação pública, presume-se conhecer todas as normas que incidem sobre a sua atividade, sabe que deve zelar pelos postulados fundamentais da legalidade, da impessoalidade, moralidade, publicidade e da eficiência e, assim, tem especial obrigação de atuar em conformidade com a sistemática normativa que rege sua profissão.

O lobista credenciado, embora não seja funcionário público nos termos do artigo 327 do Código Penal, dadas as obrigações que assume ao solicitar credenciamento para desempenhar suas funções, é regido por padrões de comportamento que o diferenciam de seu representado. Mais do que este último, o profissional do *lobby* deve respeitar a administração pública, destinatária das suas ações de convencimento, com a qual mantém intensa relação.

Releva destacar ser curial para a legitimidade da atuação de qualquer lobista, bem assim para que se lhe confira aval público para interagir com agentes do Estado a fim de influir em suas decisões, que tal influência jamais seja orientada à prática de ato ilegal. Por conseguinte, se o lobista cadastrado afirma a seus representados que deve ser remunerado porque tem condições de beneficiá-los, convencendo os agentes estatais a proferir decisões ilegais, a administração pública, bem jurídico dotado inequivocamente de dignidade penal, é gravemente afetada.

Ao entabular negociações com potenciais clientes afirmando a sua capacidade de convencer o agente público a praticar ato de ofício ilegal, o lobista rompe com a mais basilar estrutura do instituto do *lobby*. De acordo com a perspectiva restritiva de Souza[265], para o qual o bem jurídico administração pública está associado ao regular funcionamento das atividades públicas, é inequívoco que o *lobby* que se presta a propiciar a atuação ilegal do Estado viola o referido bem jurídico.

Afinal, é inequívoco que a afirmação de quem obteve do Estado o aval para intermediar interesses privados junto aos seus agentes, de que dispõe de condições de viabilizar a prática de atos de ofício ilegais compromete o bom funcionamento das atividades públicas, porquanto põe em xeque a necessidade de que sejam observados os parâmetros legalmente definidos.

Ademais, se se compreende que a administração pública, no tocante ao Direito Penal, deve ser protegida para que não sejam afetadas a sua incolumidade, o seu decoro, prestígio e probidade[266], não há dúvidas de que deve ser sancionado o lobista credenciado que comercialize influência para obter decisão estatal ilegal. Esse comportamento gera a impressão de que os agentes públicos são venais, corruptos, e estão dispostos à prática de atos ilegais, a depender da forma como são abordados.

É fundamental, portanto, haja vista o vácuo existente na ordem jurídica brasileira que, regulamentado o instituto do *lobby* sob o viés administrativo, seja criado tipo penal que criminalize a atuação do lobista credenciado que, no bojo de suas atividades, afirme ter condição de, em troca de remuneração,

---

265. Souza, Luciano Anderson de. *Crimes contra a administração pública*, cit., p. 92: "*Em face do exposto, conforme acolhido por parte da doutrina, sinaliza-se como pertinente a identificação do bem jurídico na hipótese como consistente no regular funcionamento das atividades públicas, conceito que deve ser traduzido, para fins de sua concreção, na ideia de funções públicas enquanto tarefas conferidas ao Estado – direta ou indiretamente -, voltadas à satisfação das necessidades essenciais da sociedade, conforme os parâmetros constitucionais*".

266. Costa, Álvaro Mayrink. Criminalidade na administração pública: peculato, corrupção, tráfico de influência e exploração de prestígio, cit., p. 39; Baltazar Júnior, José Paulo. *Crimes federais*, cit., p. 282; Bitencourt, Cezar Roberto. *Tratado de direito penal*: parte especial 5, cit., p. 2.

convencer funcionários públicos a praticar atos ilegais no exercício de suas funções. Tal situação vulnera, consoante demonstrado acima, valores elementares da administração pública.

Julgamos curial a criação de tipo penal que criminalize as seguintes condutas:

> Tráfico de Influência Passivo Para a Prática de Ato de Ofício Ilícito
>
> Solicitar ou receber, quem seja legalmente credenciado para o exercício do *lobby*, direta ou indiretamente, dinheiro ou qualquer outra utilidade, para influenciar funcionário público ou agente a ele equiparado a retardar, deixar de praticar, ou praticar ato de ofício, de forma ilegal.

De se destacar que o interessado que se propõe a remunerar o lobista para viabilizar a atuação ilegal de agente do Estado deve, igualmente, ser alcançado pela legislação penal. Não se há admitir que particulares atuem de forma concreta e deliberada, buscando intermediários com a específica finalidade de que estes possibilitem a atuação ilegal de funcionários públicos.

Por conseguinte, entendemos deva ser tipificada a seguinte conduta:

> Tráfico de Influência Ativo Para a Prática de Ato de Ofício Ilícito
>
> Oferecer, prometer ou conceder, direta ou indiretamente, a quem seja legalmente credenciado para o exercício do *lobby,* dinheiro ou qualquer outra utilidade, para fazê-lo influenciar funcionário público ou agente a ele equiparado a retardar, deixar de praticar ou praticar ato de ofício, de forma ilegal.

Ademais, em ambas as hipóteses, é fundamental a criação de previsão complementar, que tipifique as mesmas condutas, quando voltadas a interferir na atuação de juiz, jurado, órgão do Ministério Público, funcionário da justiça, perito, tradutor, intérprete ou testemunha, uma vez que também nessas hipóteses são violados gravemente os interesses da administração pública, especialmente no que concerne à higidez na atuação dos lobistas.

Verifica-se, destarte, que o tráfico de influência para a prática de ato público ilegal deve ser sancionado tanto na sua modalidade passiva, na qual será punido o sujeito ativo do delito que seja credenciado para o exercício do *lobby* (delito especial), quanto na modalidade ativa, por meio da qual se punirá qualquer indivíduo (delito comum) que contrate lobista com o fim de estimular a atuação ilegal de funcionários públicos.

Essa opção é importante, em nossa opinião, porque proíbe e sanciona comportamentos que efetivamente violam o bem jurídico administração pública, e deixa claro que os lobistas não podem atuar com o fim de obter, por meio de sua influência, decisões públicas ilegais; os seus clientes, por sua vez, não podem contratá-los para que, em busca da satisfação de seus interesses, estimulem a prática de ilegalidades pelos funcionários públicos e agentes a eles equiparados. Vedam-se condutas graves e rompe-se a lógica de que os lobistas e seus contratantes são agentes promotores da corrupção.

Embora inequívoco devam ser sancionados o lobista e quem o contrate para obter decisão pública ilegal, é necessário seja prevista sanção mais grave para os casos de tráfico passivo do que para os casos de tráfico ativo de influência. Tal situação decorre da circunstância de que o lobista credenciado pelo Estado para o exercício das atividades de *lobby* está sujeito a obrigações mais estritas no tocante à proteção do bem jurídico administração pública, a justificar seja a conduta por ele praticada mais severamente reprimida, porquanto evidentemente mais reprovável.

Destarte, julgamos suficiente a imposição de sanção penal que varie de seis meses a dois anos e multa, ao particular que pratique o crime em sua modalidade ativa, ao passo que ao agente especial do tráfico de influência passivo (lobista credenciado), em razão de sua especial condição e das obrigações que assume junto à administração quando de seu credenciamento, deve-se impor pena não inferior a um ano e não superior a cinco anos, e multa. Em ambos os casos, a pena deve ser aumentada em um terço, se em razão da atuação do lobista o funcionário público influenciado age de forma ilegal.

É curial destacar que os novos tipos penais propostos têm caráter subsidiário em relação a outras figuras típicas previstas no Código Penal. Assim, para exemplificar, se o lobista legalmente credenciado afirma ter condições de viabilizar a atuação ilegal de funcionário público e, para tanto, busca com ele celebrar *pacto sceleris*, deve ser responsabilizado tão somente pelo crime mais grave de corrupção. Em casos dessa natureza, o contratante dos serviços do lobista apenas responderá pelo delito mais grave se efetivamente houver provas de que tinha ciência inequívoca de que vantagens indevidas eram oferecidas ou disponibilizadas pelo lobista ao funcionário público, sendo insuficiente que o tenha contratado para estimular a atuação ilegal deste último.

O funcionário público que agir ilegalmente por influência do lobista, por sua vez, poderá ser responsabilizado pelo crime de prevaricação, previsto no artigo 319 do Código Penal, ou pela corrupção privilegiada, do §2º do artigo 317, se dolosamente retardar ou deixar de praticar, indevidamente, ato de ofício, ou praticá-lo contra disposição expressa de lei; ou por corrupção passiva, nos moldes do artigo 317, *caput* do mesmo diploma legal, se a sua atuação for estimulada por solicitação, recebimento ou aceitação de promessa de recebimento de vantagem indevida, havendo aplicação de causa de aumento, se verificada atuação do agente público com infringência de dever funcional.

Em suma, propomos a criação das seguintes figuras delitivas:

Tráfico de Influência Passivo Para a Prática de Ato de Ofício Ilícito

Solicitar ou receber, quem seja legalmente credenciado para o exercício do *lobby*, direta ou indiretamente, dinheiro ou qualquer outra utilidade, para influenciar funcionário público ou agente a ele equiparado a retardar, deixar de praticar, ou praticar ato de ofício, de forma ilegal.

Pena – reclusão, de 01 (um) a 05 (cinco) anos e multa, se o fato não constituir crime mais grave.

§1º - Aplicam-se as mesmas penas às condutas de solicitar ou receber, quem seja legalmente credenciado para o exercício de *lobby*, direta ou indiretamente, dinheiro ou qualquer outra utilidade, para influenciar juiz, jurado, órgão do Ministério Público, funcionário de justiça, perito, tradutor, intérprete ou testemunha a agir de forma ilegal.

§2º – A pena é aumentada em um terço, se o sujeito legalmente credenciado para o exercício do *lobby* adotar medidas que resultem na atuação ilegal do funcionário público.

Tráfico de Influência Ativo Para a Prática de Ato de Ofício Ilícito

Oferecer, prometer ou conceder, direta ou indiretamente, a quem seja legalmente credenciado para o exercício do *lobby,* dinheiro ou qualquer outra utilidade, para fazê-lo influenciar funcionário público ou agente a ele equiparado a retardar, deixar de praticar ou praticar ato de ofício, de forma ilegal.

Pena – reclusão, de 06 (seis) meses a 02 (dois) anos e multa, se o fato não constituir crime mais grave.

§1º - Aplicam-se as mesmas penas às condutas de solicitar ou receber, quem seja legalmente credenciado para o exercício de *lobby*, direta ou indiretamente, dinheiro ou qualquer outra utilidade, para influenciar juiz, jurado, órgão do Ministério Público, funcionário de justiça, perito, tradutor, intérprete ou testemunha a agir de forma ilegal.

§2º – A pena é aumentada em um terço, se o sujeito legalmente credenciado para o exercício do *lobby* adotar medidas que resultem na atuação ilegal do funcionário público.

Acreditamos que com a tipificação dos comportamentos acima descritos, em contexto no qual a atividade do *lobby* seja devidamente regulamentada e transparente, será possível estabelecer contornos claros que distingam os lobistas que atuam em consonância com os preceitos democráticos que legitimam o instituto daqueles que violam o bem jurídico administração pública.

É essencial que, além de sanções dissuasórias de natureza administrativa, a disciplina do *lobby* avance para a seara criminal e promova a racionalização do arcabouço normativo vigente no país, por meio da revogação dos preceitos incriminadores que não satisfaçam os postulados fundamentais do Direito Penal, em especial a *ultima ratio*, a fragmentariedade e a subsidiariedade, e por meio da criação de novos tipos penais que prevejam sanções efetivas para os casos em que os lobistas credenciados pelo Estado afirmem atuar para obter decisões públicas ilegais.

Realizadas as alterações legislativas propostas no presente trabalho, será possível, ao longo do tempo, fazer com que a sociedade apreenda o verdadeiro significado do *lobby*, instrumento essencial de promoção de valores democráticos e de incremento da eficiência estatal. Ao mesmo tempo se viabilizará sejam devidamente punidos aqueles que agem para promover exclusivamente interesses egoísticos, que violam o bem jurídico administração pública, de forma ilegal.

CONCLUSÕES[1]

1.1. O *lobby* é fenômeno indissociável do cotidiano dos órgãos estatais. Em que pese o vocábulo atualmente empregado para designá-lo tenha passado a ser usado, segundo fontes históricas, a partir de meados do século XIX, as iniciativas orientadas a influir nas decisões dos agentes do poder público para a satisfação de interesses privados e para a satisfação de interesses do próprio Estado, podem ser observadas em estudos sobre o ambiente político da Grécia e Roma antigas, antes da assinatura da Magna Carta por João Sem-Terra etc.

1.2. O *lobby* apresenta-se como fenômeno global e diário, tendo se tornado cada vez mais importante para a composição dos inúmeros interesses existentes nas sociedades. Onde quer que existam pessoas convivendo em grupo, há interesses distintos a serem contemplados pelo Estado, e há *lobby*.

1.3. Nas últimas décadas, houve uma sensível ampliação do papel do Estado na definição de políticas que impactem significativamente os interesses sociais. Com efeito, passaram a ser objeto da atividade regulatória do Estado diversas áreas econômicas que, historicamente, eram disciplinadas por seus próprios atores. Antes irrelevantes, as decisões tomadas pelos administradores públicos passaram a ser fundamentais para o desenvolvimento de variados setores da vida social e econômica, o que motivou uma verdadeira corrida para a contratação de profissionais do *lobby*.

1.4. A quantidade de interesses em conflito sofreu enorme aumento com o incremento da complexidade social no pós-guerra, situação que tornou mais

1. Na numeração destas conclusões, o primeiro algarismo indica o capítulo do trabalho do qual extraída a afirmação, e, o seguinte, a sequência das conclusões de cada capítulo.

importante que os agentes buscassem o Estado para que seus interesses fossem atendidos.

1.5. Fala-se, em razão desses e de outros fatores, ter havido verdadeira *explosão* na quantidade de lobistas ativos em todos os países do mundo. Conglomerados econômicos, dentre os quais a Pfizer, Boeing, Airbus, Telefonica etc., inclusive, dispõem de grandes equipes internas que têm como única finalidade a prática do *lobby* junto a entidades estatais, supranacionais e internacionais.

1.6. Embora os atores sociais que mais recursos despendem com a atuação dos lobistas sejam os grandes conglomerados empresariais, também tentam influir nas decisões estatais as associações comerciais, as associações profissionais, as entidades da sociedade civil organizada, os sindicatos de trabalhadores, as entidades de caridade, universidades, entidades religiosas e, até mesmo, órgãos do próprio Estado.

1.7. No que concerne ao *lobby* praticado pelos agentes estatais, que se convencionou denominar no estrangeiro de *lobby institucional*, estudos indicam que as mais poderosas e agressivas tentativas de influenciar as decisões governamentais, muitas vezes, surgem dentro do próprio governo.

1.8. Em suma: o *lobby* não é instrumento de tutela e promoção de interesses exclusivamente privados junto ao Estado. É, sim, ferramenta essencial para o equacionamento dos diversos interesses em conflito numa sociedade complexa como a atual, sendo indiferente quem sejam os titulares de tais interesses.

1.9. A prática do *lobby* não tem como objetivo influenciar apenas a atuação do Poder Legislativo federal. Ao contrário, e essa situação pode ser verificada em todos os países do mundo, a prática do *lobby* tem grande importância na conformação das decisões do Poder Executivo e do Poder Judiciário, tanto no plano local, quanto no estadual, e até mesmo nos planos internacional e supranacional.

1.10. Nos tempos atuais, a atuação dos lobistas é altamente técnica e extrapola a tradicional noção de que se resume a entabular contatos com agentes públicos para promover os interesses de seus representados. Para influenciar a opinião dos agentes do Estado nos processos decisórios que impactem os interesses que representam, os lobistas realizam pesquisas e estudos sobre temas estratégicos, monitoram ostensivamente as atividades dos órgãos públicos, contribuem com a elaboração de minutas de propostas legislativas, participam de comitês temáticos e audiências públicas, elaboram estudos técnicos sobre os temas que lhes sejam de interesse, buscam criar canais de interface entre os agentes do Estado e a sociedade para que esta os pressione a atender aos interesses de seus clientes, e, é evidente, realizam contatos pessoais com aqueles que possam contribuir para o sucesso do *lobby*.

1.11. A atividade do *lobby*, não obstante presente em todos os agrupamentos sociais, tem singular importância nos regimes democráticos por estar inserida no espectro de proteção dos direitos fundamentais de livre manifestação e de petição. Ademais, o intercâmbio de informações propiciado pela interação entre os lobistas e os agentes públicos favorece a qualidade da atuação do Estado, além de conferir maior legitimidade às suas escolhas, pois tomadas a partir da análise e discussões das quais participam os agentes sociais por elas impactados.

1.12. É fundamental destacar, nesse aspecto, ser amplamente difundida a ideia de que a prática do *lobby* propicia a produção de melhores decisões no plano estatal, situação que revela não apenas que o instituto é legítimo, mas também importante para o aprimoramento da atuação do poder público.

1.13. As vantagens geradas pela prática do *lobby*, em especial, nos regimes democráticos, não são unidirecionais. Ao contrário, a interação entre os lobistas e os agentes do setor público gera benefícios recíprocos e dá origem a uma verdadeira relação de interdependência (*exchange relation*): enquanto os lobistas precisam estimular processos decisórios que favoreçam os interesses por eles representados, os agentes do Estado dependem de informações especializadas de que dispõem os lobistas.

1.14. Apesar de ser fundamental para a consolidação de qualquer regime democrático por seus inequívocos efeitos positivos, o *lobby* pode também gerar efeitos negativos nas decisões públicas, a depender da forma como praticado. É mister destacar que não são raros os casos em que supostos lobistas, para conseguir convencer os destinatários das suas iniciativas a tomar decisões que satisfaçam os seus interesses, utilizam-se do pagamento ou oferecimento de vantagens indevidas (propina). Esse tipo de iniciativa, entretanto, não se confunde com o *lobby*, mas com a corrupção e, por isso, deve ser sempre rechaçado.

1.15. Aponta-se que o *lobby* pode ainda gerar distorções em regimes democráticos, porque se percebe na realidade concreta que nem todos os personagens da vida social dispõem de iguais condições de se fazer representar junto ao Estado. Os estudiosos que se dedicam ao *lobby* e o observam com perspectiva crítica, embora o compreendam como inerente à vida social, aduzem que ele pode ser fonte geradora de desigualdades, porque muitas vezes favorece apenas os interesses de quem dispõe de elevados recursos econômicos para a contratação de lobistas profissionais.

1.16. Para a neutralização dos riscos próprios da atuação dos lobistas, a qual é salutar para a democracia, é fundamental a criação de diploma normativo que discipline o instituto do *lobby*, crie balizas a serem observadas na interação entre eles e os agentes públicos, mecanismos que assegurem seja a atividade realizada de forma transparente e sanções para os casos em que verificados comportamentos ilegais.

1.17. A análise dos sistemas normativos existentes mundo afora indica serem grandes as dificuldades para criar a efetiva disciplina do instituto do *lobby*, havendo modelos de regulamentação mais complexos e outros mais simples. Assim, há modelos normativos cogentes e outros voluntários; há modelos que apenas exigem dos lobistas prévia identificação; há modelos mais sofisticados, que deles exigem cadastramento prévio, elaboração de relatórios periódicos de informações, divulgação irrestrita dos dados financeiros das suas atividades, identificação de seus clientes e interesses representados, dos funcionários públicos contatados, preveem regras de quarentena para ex-funcionários públicos, controlam financiamentos eleitorais etc., tudo para que se assegure transparência à prática do *lobby* e à interação dos lobistas com os agentes públicos.

1.18. Há grande diversidade também no que concerne às sanções previstas para os casos de descumprimento normativo, que vão da aplicação de multas e suspensão do exercício de *lobby* à imposição de sanções penais privativas de liberdade.

2.1. Os Estados Unidos são o país que há mais tempo dispõe de preceitos normativos que têm como fim disciplinar a atuação dos lobistas e assegurar transparência na sua interação com os agentes do Estado, tendo havido ao longo dos anos aprimoramentos importantes sobre a matéria. Atualmente, está vigente o chamado *Honest Leadership and Open Government Act*, criado no ano de 2007, após a eclosão de graves casos de corrupção envolvendo lobistas e políticos em Washington. Tal diploma normativo define o *lobby* como qualquer comunicação feita junto a agentes públicos para influenciar a criação ou alteração de leis federais, a criação ou alteração de regulamentação federal, o desenvolvimento de programas ou políticas estatais, a negociação de contratos, a nomeação de agentes públicos etc.

2.2. Para o exercício de suas atividades, o lobista norte-americano deve, obrigatoriamente, de acordo com as previsões normativas, apresentar ao Congresso diversas informações para que seja devidamente credenciado, revelar a identidade e os interesses de seus clientes, encaminhar aos órgãos competentes relatórios trimestrais com informações detalhadas sobre as atividades em favor de cada cliente e os valores relacionados ao *lobby*. Ademais, cumpre ao lobista, a cada seis meses, elaborar circunstanciados relatórios com apontamentos sobre doações eleitorais ou a qualquer agente ou instituição que possa ter importância em suas atividades.

2.3. O *Honest Leadership and Open Government Act* veda a concessão de vantagens por lobistas a agentes públicos, contempla regras de quarentena bastante rigorosas, estipula a criação de bancos públicos de informações sobre as atividades dos lobistas, e prevê sanções administrativas e criminais nas hipóteses em que pratiquem o *lobby* em desconformidade com as exigências do texto normativo. Aponta-se, nesse tocante, que a criação de tipo penal para a punição do lobista que age ilegalmente foi a mais importante novidade criada no direito norte-americano sobre a matéria em 2007.

2.4. O Canadá, tal como os Estados Unidos, tem rica experiência no tratamento do instituto do *lobby* desde o ano de 1989, quando criado o *Lobbyist Registration Act*. Tal instrumento normativo exigia dos lobistas que se submetessem a cadastramento junto a órgão especializado para que pudessem interagir com agentes do Estado com o propósito de influenciar suas decisões. Posteriormente, no ano de 2008, houve importante reforma, com a criação do *Lobbying Act*. A partir de então, são obrigados a se cadastrar junto aos órgãos competentes, a revelar os funcionários públicos com os quais interagem, revelar seus clientes e interesses, conhecer com clareza as condutas permitidas e proibidas, além de elaborar relatórios periódicos e detalhados das atividades de *lobby* realizadas. Ainda, e esse dado é essencial, nas hipóteses de descumprimento dos preceitos normativos, os infratores podem ser punidos civil, administrativa e criminalmente.

2.5. No Reino Unido, por muitos anos, em que pese fosse nítida a sua importância, a atuação dos lobistas não era objeto de incidência normativa direta. A bem da verdade, as normas que, de alguma maneira, impactavam as atividades de *lobby* criavam balizas para a atuação dos funcionários públicos alvos dos lobistas. Entretanto, conforme se revelava importante que também os lobistas fossem sujeitos a parâmetros mínimos de comportamento, associações privadas que os congregavam passaram a criar textos normativos para os seus membros e associados, cuja observância era voluntária. Essa situação foi substancialmente alterada no ano de 2014, quando criado o *Transparency of Lobbying, Non-Party Campaign and Trade Union Administration Act*, cuja abrangência é restrita por alcançar apenas o *lobby* junto a agentes da Coroa britânica, mas evidencia a tendência de regulamentação do instituto. De acordo com o novo diploma normativo, que visa a assegurar a transparência na interação entre agentes públicos e lobistas, estes são obrigados a se cadastrar para desempenhar suas atividades e a enviar aos órgãos competentes, trimestralmente, relatórios circunstanciados de suas atividades. Tal como ocorre nos Estados Unidos e no Canadá, também no Reino Unido é possível a aplicação de sanções criminais aos lobistas que atuem de forma ilegal.

2.6. Na América Latina, o primeiro país a criar normas para regulamentar o instituto do *lobby* foi o Chile, a chamada *Ley de Lobby*, no ano de 2014. Diferentemente do que ocorre em todos os sistemas anteriormente analisados, no sistema normativo chileno as obrigações de registro e de fornecimento de informações para assegurar efetiva transparência às práticas de *lobby* não recaem sobre o lobista, mas sobre os próprios funcionários públicos que ele busque influenciar. Tal situação tem sido identificada como um dos fatores que motiva os baixos índices de observância normativa, o que também decorre da inexistência de previsões sancionatórias dissuasórias. Assim, o que se tem é que a *Ley de Lobby*, embora seja a primeira produzida na América Latina para tratar da matéria, não dispõe de sistemática normativa que supra a demanda da sociedade e dos órgãos da administração pública por maior transparência na interação entre lobistas e funcionários da administração pública.

2.7. A União Europeia é responsável pela definição de oitenta por cento de todas as normas que vigem nas nações que a integram. Atualmente, a entidade conta com órgãos que têm como finalidade discutir temas e propostas normativas em diversos setores econômicos, como agricultura, mercado financeiro, infraestrutura, logística, transporte, indústria, comércio etc., o que favoreceu a ocorrência, nas últimas décadas, de verdadeira explosão na quantidade de lobistas ativos em Bruxelas. Estima-se haver nos tempos atuais mais de trinta mil lobistas que atuam junto aos organismos do bloco europeu e diversos grandes conglomerados econômicos que dispõem de equipes especializadas e integralmente dedicadas a praticar o *lobby* nesse ambiente. Por isso, as discussões sobre a regulamentação do *lobby* na União Europeia são essenciais, e muitos de seus organismos criaram diplomas normativos próprios para estabelecer critérios para que se admita a atuação dos lobistas. Dada a circunstância de que não eram uniformes as previsões criadas por cada um desses organismos, em 2011, foi celebrado um Acordo Interinstitucional, ainda em fase de implementação, que tem como propósito definir normas padronizadas para reger a atuação dos lobistas em todo o bloco, com a previsão de que se cadastrem para que possam atuar, que disponibilizem à sociedade informações sobre as suas interações com agentes da União Europeia e sejam efetivamente sancionados nas hipóteses de descumprimento normativo.

2.8. Em resumo, é evidente a importância da regulamentação do *lobby* e a circunstância de que tem sido feita cada vez com mais frequência mundo afora. É imprescindível sejam criados mecanismos efetivos que assegurem a transparência na interação necessária e inevitável entre lobistas e agentes públicos e prevejam sanções que inibam a prática de comportamentos ilícitos, em especial, de crimes que afetem o bem jurídico administração pública.

3.1. No Brasil, a prática do *lobby* está integralmente albergada pela Constituição Federal de 1988 e, tal como acontece em todos os países democráticos do mundo, é usual a equivocada associação da atuação dos lobistas à prática de corrupção, situação que revela a imprescindibilidade de que seja criado diploma normativo que estabeleça distinções claras entre o instituto estudado e o fenômeno corruptivo. No Congresso Nacional, desde o ano de 1989, tramitam projetos legislativos que têm como objetivo disciplinar a atuação dos lobistas, sendo que o que mais recebe atenção dos parlamentares e tem maiores chance de ser aprovado é, inequivocamente, o pior deles. Com efeito, o Projeto de Lei nº 1.202 do Deputado Carlos Zarattini não cria qualquer obrigação efetiva para os lobistas, pois institui um sistema de cadastramento voluntário e não contempla qualquer sanção efetiva para as hipóteses de atuação ilegal.

3.2. O mais rico projeto de lei vigente é de relatoria do Senador Walter Pinheiro (PL nº 336/2015) e prevê diversos mecanismos de controle da atuação dos lobistas que, efetivamente, poderiam assegurar maior transparência às atividades de *lobby*. Assim, de acordo com as previsões da norma, qualquer pessoa que pretenda adotar medidas para influenciar decisões relativas à criação de regulamentos, realização de procedimentos licitatórios, celebração de contratos, formulação de políticas públicas, outorga de concessões etc., deve, necessária e inicialmente, requerer o seu cadastramento como lobista junto aos órgãos competentes e renová-lo anualmente. Ademais, é prevista a obrigação de fornecimento de informações sobre os interesses que representam, as decisões específicas que buscam influenciar, os valores envolvidos na atividade de *lobby* etc., e sanções variadas — de natureza exclusivamente administrativa — para as hipóteses de descumprimento das exigências normativas.

3.3. Há vários projetos de lei em tramitação no Brasil para tratar da matéria, porém, nenhum deles o faz de forma satisfatória, dentre outras razões, porque não promovem qualquer tipo de reflexão no que concerne à racionalização do arcabouço jurídico-penal e da previsão de tipo penal específico que alcance as ilegalidades de maior gravidade praticadas em contexto de *lobby*. Tal reflexão é essencial, pois, como demonstrado alhures, criminalizar comportamentos específicos dos lobistas e de seus contratantes é fundamental para o tratamento do instituto, assim como dissociá-los, de forma clara, dos crimes contra a administração pública.

3.4. Em nossa opinião, é imprescindível que, paralelamente à disciplina administrativa das atividades dos lobistas, com a criação de ferramentas jurídicas que assegurem transparência às suas relações com os agentes públicos, sejam realizadas reformulações em diversos preceitos incriminadores da legislação penal brasileira. Tais reformulações são necessárias para que efetivamente sejam respeitados os princípios fundamentais do Direito Penal e para que se promova a racionalização do sistema.

3.5. No tocante aos tipos penais de corrupção ativa e passiva, não deve haver alteração. Com efeito, a prática do *lobby* é integralmente compatível com os ideais democráticos e em nada se confunde com a celebração de *pactos sceleris*. Afinal, nas hipóteses de corrupção, os agentes mercadejam vantagens ilegais, em troca de decisões estatais, ao passo que o *lobby* representa um esforço de convencimento, com alicerce em argumentos racionais — não em propinas —, com o fim de que aqueles que tomam decisões públicas façam escolhas que satisfaçam os interesses daqueles que contratam os lobistas. Portanto, o *lobby* não envolve a formação de um *pacto sceleris* entre o lobista e o agente público, não cria estímulos para que o *intraneus* deixe de cumprir suas obrigações junto à administração pública, situação que evidencia a sua absoluta distinção em relação ao fenômeno da corrupção, sancionado devidamente nos artigos 317 e 333 do Código Penal, que não devem ser alterados.

3.6. É evidente, também, a distinção entre o *lobby* e a prevaricação, tipificada no artigo 319 do Código Penal e configurada nas hipóteses em que o funcionário público viole as suas obrigações funcionais. Isso porque, o que busca o lobista na interação com funcionários públicos é instrui-los com informações para que as escolhas que façam no exercício de suas funções, dentre aquelas possíveis e legais, sejam as que atendam melhor os seus representados. O lobista não persegue, pois, a obtenção de decisões públicas, senão aquelas que sejam favoráveis a seus clientes e, concomitantemente, compatíveis com o ordenamento jurídico e, em especial, com os postulados fundamentais que sustentam a administração pública. Logo, a prática do *lobby*, que visa à promoção de interesses públicos e privados junto ao Estado, não apresenta interseções com as modalidades típicas de prevaricação, que se configuram com a prática ou a omissão ilegal de atos de ofícios por agentes públicos para a satisfação de interesses ou sentimentos pessoais, tampouco se confunde com a corrupção privilegiada. Entretanto, para que se alcance efetiva proporcionalidade nas previsões sancionatórias do Código Penal, julgamos necessário sejam elevadas as penas previstas nos artigos 317, §2º e 319 do Código Penal a fim de se alcançar efetivo equilíbrio entre a gravidade das condutas neles tipificadas e a gravidade das sanções a serem aplicadas.

3.7. Julgamos ser imprescindível para a racionalização do Direito Penal nacional profunda reformulação dos tipos penais que tratam da chamada advocacia administrativa, com a revogação parcial do artigo 321 do Código Penal e integral do artigo 91 da Lei Federal nº 8.666/96 e do artigo 3º, inciso III da Lei Federal nº 8.137/90. Trata-se, na verdade, de hipóteses nas quais atividades típicas de *lobby* são desempenhadas por funcionários públicos. Entretanto, se o funcionário público age para promover interesses particulares legítimos junto à administração pública, se o faz sem que seja beneficiado com o recebimento de vantagens indevidas ou sem que pretenda obter com a influência e o prestígio de que goze decisão pública ilegal, não há incidir o Direito Penal, pois não há violação do bem jurídico administração pública. Embora tais atividades devam ser realizadas com transparência e amplamente divulgadas, não podem ser criminalizadas. Essa conclusão, é preciso destacar, não é extensível aos casos, sancionados mais severamente na ordem jurídica brasileira, em que o funcionário público busque defender interesses ilegítimos. Tal comportamento, é evidente, praticado por alguém que deve zelar pelo interesse público e pela realização dos princípios da legalidade, da impessoalidade, da moralidade, da publicidade e da eficiência, afeta o bem jurídico administração pública e, por isso, deve seguir tipificado criminalmente.

3.8. Na mesma esteira, entendemos necessária a revogação integral dos artigos 332 e 357 do Código Penal pátrio, que tipificam, respectivamente, os delitos de tráfico de influência e exploração de prestígio. Essas são, vale dizer, as figuras delitivas existentes em nossa sistemática jurídico-penal que mais pontos de contato têm com o instituto do *lobby*. Afinal, a configuração dos crimes em questão ocorre nas hipóteses em que o sujeito é remunerado a *pretexto* de influir em decisões dos agentes do Estado e, com isso, assegurar sejam satisfeitos os interesses de quem o remunera. Ocorre que, no *lobby*, o lobista busca, de forma efetiva, adotar estratégia de convencimento que vise à promoção dos interesses de seus representados, ao passo que os agentes que praticam as condutas proscritas nos artigos 332 e 357 nada mais fazem do que vender fumaça, afirmando às suas vítimas que devem ser remunerados para exercer influência em face de agentes públicos que, na verdade, não têm. Trata-se, por conseguinte, de verdadeiro engodo que não afeta a administração pública e tem estrutura idêntica à do estelionato. Por isso, a nosso juízo, é despicienda a subsistência das figuras típicas do tráfico de influência e da advocacia administrativa em nossa sistemática normativa, porquanto o recebimento de valores, sob a justificativa de que eles são devidos em razão do exercício de influência inexistente junto à administração pública, deve ser sancionado com base no artigo 171 do Código Penal, que proíbe exatamente essa espécie de comportamento.

3.9. Já o tráfico de influência real, no âmbito da administração pública em que a atividade de *lobby* seja regulamentada, deverá ser sancionado com base no artigo 47 da Lei de Contravenções Penais apenas nas hipóteses em que seja realizado por lobista não cadastrado. De seu turno, o lobista cadastrado que comercialize sua capacidade de influir na atuação dos agentes do Estado, desde que na promoção de interesses legítimos, jamais poderá ser sancionado, pois que sua atividade é essencial à promoção dos valores democráticos e consonante com a sistemática jurídica vigente no país.

4.10. Por fim, entendemos necessária, para a sistematização completa do instituto do *lobby* na ordem jurídica brasileira, seja sancionado o lobista que, cadastrado, negocie influência efetiva voltada a estimular a prática de ato ilegal por funcionário público. Tal comportamento viola a administração pública, sua moralidade, seu prestígio e seu bom funcionamento, porque o lobista cadastrado assume obrigações especiais para o exercício de suas atividades e, portanto, há de pautar seu comportamento de forma a observar os princípios norteadores da administração pública. Assim, sugerimos sejam criminalizados o tráfico de influências passivo e o tráfico de influências ativo, porque tanto o lobista que se propõe a influenciar a prática de ato ilegal de agente público, quanto quem o contrate para tal fim adotam comportamentos que violam bem jurídico essencial. As condutas que entendemos devam ser tipificadas estão abaixo descritas:

> Tráfico de Influência Passivo Para a Prática de Ato de Ofício Ilícito
>
> Solicitar ou receber, quem seja legalmente credenciado para o exercício do *lobby*, direta ou indiretamente, dinheiro ou qualquer outra utilidade, para influenciar funcionário público ou agente a ele equiparado a retardar, deixar de praticar, ou praticar ato de ofício, de forma ilegal.
>
> Pena – reclusão, de 01 (um) a 05 (cinco) anos e multa, se o fato não constituir crime mais grave.
>
> §1º - Aplicam-se as mesmas penas às condutas de solicitar ou receber, quem seja legalmente credenciado para o exercício de *lobby*, direta ou indiretamente, dinheiro ou qualquer outra utilidade, para influenciar juiz, jurado, órgão do Ministério Público, funcionário de justiça, perito, tradutor, intérprete ou testemunha a agir de forma ilegal.
>
> §2º – A pena é aumentada em um terço, se o sujeito legalmente credenciado para o exercício do *lobby* adotar medidas que resultem na atuação ilegal do funcionário público.
>
> Tráfico de Influência Ativo Para a Prática de Ato de Ofício Ilícito
>
> Oferecer, prometer ou conceder, direta ou indiretamente, a quem seja legalmente credenciado para o exercício do *lobby,* dinheiro ou qualquer outra utilidade, para fazê-lo influenciar funcionário público ou agente a ele equiparado a retardar, deixar de praticar ou praticar ato de ofício, de forma ilegal.
>
> Pena – reclusão, de 06 (seis) meses a 02 (dois) anos e multa, se o fato não constituir crime mais grave.
>
> §1º – Aplicam-se as mesmas penas às condutas de solicitar ou receber, quem seja legalmente credenciado para o exercício de *lobby*, direta ou indiretamente, dinheiro ou qualquer outra utilidade, para influenciar juiz, jurado, órgão do Ministério Público, funcionário de justiça, perito, tradutor, intérprete ou testemunha a agir de forma ilegal.
>
> §2º – A pena é aumentada em um terço, se o sujeito legalmente credenciado para o exercício do *lobby* adotar medidas que resultem na atuação ilegal do funcionário público.

4.11. Em suma: (i) o *lobby* jamais poderá ser vedado *prima facie*, mas deve ser exercido de forma transparente, com o registro prévio de todos os que a ele se dedicam; (ii) o falso lobista (não cadastrado) que negocie influência efetiva ou fictícia sobre ato lícito ou ilícito de funcionário público deve ser sancionado nos termos do artigo 47 da Lei de Contravenções Penais e do artigo 171 do Código Penal; (iii) o lobista cadastrado que negocie influência inexistente para provocar a atuação legal ou ilegal de funcionário público deve ser punido administrativa e criminalmente (artigo 171 do Código Penal); (iv) por fim, o lobista cadastrado que atue com o fim de estimular a prática de ato ilegal de funcionário público deve ser sancionado criminalmente com fundamento em novo tipo penal, nos moldes das condutas típicas acima expostas:

Lobista não-cadastrado	Lobista cadastrado
Venda de fumaça: estelionato	Venda de fumaça: estelionato + sanção administrativa
Venda de influência real sobre ato lícito do agente público: artigo 47 LCP	Venda de influência real sobre ato lícito do agente público: atípico.
Venda de influência real sobre ato ilícito do agente público: artigo 47 LCP	Venda de influência real sobre ato ilícito do agente público: novo tipo penal

REFERÊNCIAS

Abanto Vazquez, Manuel A. Sobre o merecimento de pena do tráfico de influência. In: Oliveira, Willian Terra de et al. (Org.). *Direito penal econômico*: estudos em homenagem aos 75 anos do Prof. Klaus Tiedemann. São Paulo: LiberArs, 2013. p. 103-122. Disponível em: <http://201.23.85.222/biblioteca/index.asp?codigo_sophia=102801>. Acesso em: 08 ago. 2018.

Aboso, Gustavo Eduardo. Los delitos de tráfico pasivo y activo de influencias: aspectos esenciales de su configuración. *Revista de Derecho Penal*, Buenos Aires, n. 1, ago. 2004.

Ackerman, Frank; Stanton, Elizabeth; Massey, Rachel. European chemical policy and the United States: the impacts of REACH. *Global Development and Environment Institute,* Working Paper n. 06-06. Medford, Sept. 2006. Disponível em: <http://www.ase.tufts.edu/gdae/Pubs/wp/06-06USREACH.pdf>.

Ainsworth, Scott. Regulating lobbyists and interest group influence. *The Journal of Politics*, v. 55, n. 1, p. 41-56, Feb. 1993.

______; Sened, Itai. The role of lobbyists: entrepreneurs with two audiences. *American Journal of Political Science*, v. 37, n. 3, p. 834-866, Aug. 1993.

Alldrige, Peter. Reforming the criminal law of corruption. *Criminal Law Forum*, v. 11, n. 3, 2000.

ALLIANCE FOR LOBBYING TRANSPARENCY AND ETHICS REGULATION IN THE EU. *Bursting the Brussels bubble*: the battle to expose corporate lobbying at the heart of the EU. Disponível em: <https://www.alter-eu.org/sites/default/files/documents/bursting-the-brussels-bubble.pdf>. Acesso em: 26 fev. 2017.

Álvarez Vélez, María Isabel; Jääskeläinen, Federico de Montalvo. Los lobbies en el marco de la Unión Europea: una reflexión a propósito de su regulación en España. Federico de Montalvo. *UNED. Teoría y Realidad Constitucional*, n. 33, p. 353-376, 2014. Disponível em: <http://revistas.uned.es/index.php/TRC/article/download/13025/12018>.

AMERICAN BAR ASSOCIATION. *The lobbying manual*: a complete guide to federal law governing lawyers and lobbyists. 3. ed. Mar. 2008. Disponível em: <http://apps.americanbar.org/abapubs/lobbyingmanual/docs/Interim--Supplement-to-Lobby-Manual_rev032308.pdf>. Acesso em: 23 abr. 2017.

Anastasiadis, Stephanos. Understanding corporate lobbying on its own terms. *International Center for Corporate Social Responsability Research,* Paper Series, n. 42, University of Nottingham, 2006. Disponível em: <http://citeseerx.ist.psu.edu/viewdoc/download?doi=10.1.1.98.9698&rep=rep1&type=pdf>. Acesso em: 20 fev. 2017.

Apollonio, Dorie; Cain, Bruce E.; Drutman, Lee. Access and lobbying: looking beyond the corruption paradigm. *Hastings Constitutional Law Quaterly*, California, v. 36, n. 1, p. 13-50, 2008. Disponível em: <https://www.researchgate.net/profile/Bruce_Cain/publication/265654601_Access_and_Lobbying_Looking_Beyond_the_Corruption_Paradigm%27/links/54b911070cf28faced626aa8/Access-and-Lobbying-Looking-Beyond-the-Corruption-Paradigm.pdf>. Acesso em: 23 jun. 2017.

Araújo, Fabiano de Figueiredo. Os atores de política pública e a regulamentação do *lobby* no Brasil. *Fórum Administrativo*, Belo Horizonte, ano 16, n. 179, p. 41-50, jan. 2016.

Arnold, R. Douglas. *The logic of congressional action*. Boston: Yale University Press, 1990.

ASSOCIATION OF CORPORATE COUNSEL. *Influencing government*: the rules of the game (US Campaign Finance, Lobbying Disclosure, and Gift Laws). Washington: Association of Corporate Counsel, 2015. Disponível em: <http://www.acc.com/_cs_upload/vl/membersonly/InfoPAK/584525_11.pdf>. Acesso em: 23 abr. 2017.

Atieh, Jahad. Foreign agents: updating FARA do protect american democracy. *Journal of International Law*, v. 31, n. 4, p. 1051-1088, 2010. Disponível em: <https://scholarship.law.upenn.edu/cgi/viewcontent.cgi?article=1133&context=jil>.

Austen-Smith, David. Information and influence: lobbying for agendas and votes. *American Journal of Political Science*, Austin, v. 37, n. 3, p. 799-833, Aug. 1993.

______; Wright, John. Counteractive lobbying. *American Journal of Political Science*, Austin, v. 38, n. 1, p. 25-44, Feb. 1994.

BACH, David; UNRUH, Gregory C. Business-government relations in a global economy: broadening the conceptual map. *IE Working Paper*, 07/12/2004. Disponível em: <http://latienda.ie.edu/working_papers_economia/WP04-37.pdf>. Acesso em: 27 fev. 2017.

BAIRD, Marcello Fraganno. *O lobby na regulação da propaganda de alimentos da Agência Nacional de Vigilância Sanitária - Anvisa.* 2012. Dissertação (Mestrado) - Faculdade de Filosofia, Letras e Ciências Humanas, São Paulo, 2012.

BALOSIN, Miruna Andrea. Analyzing EU's lobbying. In: THE PROCEEDINGS OF THE EUROPEAN INTEGRATION - BETWEEN TRADITION AND MODERNITY CONGRESS, 2nd, *Romania:* Editura Universităţii „Petru Maior", 2009. v. 3, p. 1180-1192. Disponível em: <http://www.diacronia.ro/en/indexing/details/A23686/pdf>. Acesso em 26 fev. 2017.

BALTAZAR JÚNIOR, José Paulo. *Crimes federais*. 9. ed. São Paulo: Saraiva, 2014.

BARASKO, Maryann. Dissenting doctors: the internal politics of the AMA during the health care reform debate. In: CIGLER, Allan J.; LOOMIS, Burdett A. *Interest groups politics*. 8. ed. Washington: CQPress, 2012.

BARONI, Laura; CARROLL, Brendan; CHALMERS, Adam; MUÑOZ MARQUEZ, Luz Maria; RASMUSSEN, Anne. Defining and classifying interest group. *Interest Group & Advocacy*, v. 3, n. 2, p. 141-159, June 2014.

BAUMGARTNER, Frank R.; BERRY, Jeffrey M.; HOJNACKI, Marie; KIMBALL, David; LEECH, Beth. *Lobbying and policy change*: who wins, who loses, and why. Chicago: University of Chicago Press, 2009.

______; LEECH, Beth L. *Basic interests*: the importance of groups in politics and in political science. New Jersey: Princeton University Press, 1998.

______; ______. The multiple ambiguities of counteractive lobbying. *American Journal of Political Science*, Wisconsin, v. 40, n. 2, p. 521-542, May 1996.

BERNHAGEN, Patrick. Lobbying and political influence in Britain: evaluating a signalling model of group-government interaction. *Universität Manheim Working Papers*, n. 141, 2011. Disponível em: <http://www.mzes.uni-mannheim.de/publications/wp/wp-141.pdf>.

BIBLIOTECA DEL CONGRESO NACIONAL DE CHILE. *Historia de la Ley nº 20.730*: regula el lobby y las gestiones que representen intereses particulares ante las autoridades y funcionarios. Disponível em: <https://www.bcn.cl/historiadelaley/nc/historia-de-la-ley/4396/>. Acesso em: 14 fev. 2018.

BIRNBAUM, Jeffrey H. *The lobbyists: how influence peddlers work their way in Washington*. New York: Times Books, 1993.

BITENCOURT, Cezar Roberto. Advocacia administrativa nos crimes licitatórios. *Revista Justiça e Sistema Criminal*, Curitiba, v. 4, n. 6, p. 85-100, jan./jun.

2012. Disponível em: <http://www.sistemacriminal.org/site/images/revistas/Revista_n.6.pdf>. Acesso em: 27 abr. 2018.

______. *Tratado de direito penal*: parte especial 5. 2. ed. São Paulo: Saraiva, 2008.

Blackwell, Jeff. The China lobby: influences on U.S.-China Foreing Policy in the Post War Period, 1949-1954. *The Forum (Journal of History)*, v. 2, n. 1, p. 43-58, 2010. Disponível em: <http://www3.nccu.edu.tw/~lorenzo/Blackwell,%20China%20Lobby.pdf>.

Blumberg, Mark. *Lobbying and canadian charities*: to register or not to register. Sept. 2008. Disponível em: Disponível em: <http://www.globalphilanthropy.ca/images/uploads/Lobbying_and_Canadian_Charities_To_register_or_not_to_register.pdf>. Acesso em: 04 abr. 2017.

Bobbio, Norberto; Matteucci, Nicola; Pasquino, Gianfranco. *Dicionário de política*. 4. ed. Brasília-DF: Ed. da UnB, 1992.

Boddewyin, Jean J. The internalizations of the public-affairs function in U.S. multinational enterprises. *Business & Society*, v. 46, n. 2, p. 136-173, June 2007.

______; Brewer, Thomas L. International-business political behavior: new theoretical directions. *Academy of Management Review*, v. 19, n. 1, p. 119-143, Jan. 1994.

Boessen, Sandra; Maarse, Hans. A ban on tobacco advertising: the role of interest groups. In: Coen, David; Richardson, Jeremy (Eds.). *Lobbying the European Union*: institutions, actors, and issues. Oxford: Oxford University Press, 2011. p. 212-232. Disponível em: <http://docenti.unimc.it/andrea.prontera/teaching/2016/15964/files/business-lobbying-in-the-european-union_chapter_8_reading_week_3>. Acesso em: 15 mar. 2017.

Bonardi, Jean-Philippe; Hillman, Amy J. The attractiveness of political markets: implications for firm strategy. *Academy of Management Review*, v. 30, n. 2, p. 397-413, 2005. Disponível em: <https://serval.unil.ch/resource/serval:BIB_676E2CADD102.P001/REF>.

______; Keim, Gerald D. Corporate political strategies for widely salient issues. *Academy of Management Review*, v. 30, n. 3, p. 555-576, 2005. Disponível em: <https://serval.unil.ch/resource/serval:BIB_511E51D7E940.P001/REF.pdf>.

Borges, Tiago Daher Padovezi. *Candidatos, partidos políticos e interesses empresariais*: um estudo sobre o financiamento empresarial de campanhas para Deputado Federal. 2013. Tese (Doutorado) - Faculdade de Filosofia, Letras e Ciências Humanas da Universidade de São Paulo. São Paulo, 2013.

Bouwen, Pieter. A comparative study of business lobbying in the European Parliament, The European Commission and the Council of Ministers. *Max-Planck-Institut für Gesellschaftsforschung,* MPIfG Discussion Paper, 02/07, Köl, Germany, Nov. 2002. Disponível em: <https://www.mpifg.de/pu/mpifg_dp/dp02-7.pdf>. Acesso em: 18 mar. 2018.

______. Corporate lobbying in the European Union: the logic of access. *Journal of European Public Policy*, v. 9, n. 3, p. 365-390, June 2002. Disponível em: <https://pure.mpg.de/rest/items/item_1234563/component/file_2052336/content>.

______. The European Commission. In: COEN, David; RICHARDSON, Jeremy (Eds.). *Lobbying the European Union*: institutions, actors, and issues. Oxford: Oxford University Press, 2011. p. 19-38. Disponível em: <http://docenti.unimc.it/andrea.prontera/teaching/2016/15964/files/business-lobbying-in-the-european--union_chapter_8_reading_week_3>. Acesso em: 15 mar. 2017.

______. The logic of access to the European Parliament: business lobbying in the Committee on Economic and Monetary Affairs. *Journal of Common Market Studies*, v. 42, n. 3, p. 473-495, Sept. 2004.

______. A theoretical and empirical study of corporate lobbying in the European Parliament. *European Integration Online Papers (EIoP)*, v. 7, n. 11, 2003. Disponível em: <www.eiop.or.at/eiop/texte /2003-011a.htm>. Acesso em: 18 mar. 2018.

BRASIL. Câmara dos Deputados. *Decreto nº 847, de 11 de outubro de 1890*. Disponível em: <http://www2.camara.leg.br/legin/fed/decret/1824-1899/decreto-847-11-outubro-1890-503086-publicacaooriginal-1-pe.html>. Acesso em: 15 set. 2018.

______. Câmara dos Deputados. *PL 1202/2007*. Disciplina a atividade de "lobby" e a atuação dos grupos de pressão ou de interesse e assemelhados no âmbito dos órgãos e entidades da Administração Pública Federal, e dá outras providências. Autor: Carlos Zarattini - PT/SP. Apresentação 30/05/2007. Disponível em: <http://www.camara.gov.br/proposicoesWeb/fichadetramitacao?idProposicao=353631>. Acesso em: 08 jul. 2017.

______. Câmara dos Deputados. *PL 1961/2015*. Disponível em: <https://www.camara.gov.br/proposicoesWeb/fichadetramitacao?idProposicao=1344449>. Acesso em: 10 out. 2017.

______. Câmara dos Deputados. *PL 6132/1990*. Disponível em: <http://www.camara.gov.br/proposicoesWeb/fichadetramitacao?idProposicao=21283>. Acesso em: 08 out. 2017.

______. Câmara dos Deputados. *Projeto de Lei n. 6.132-A, de 1990 (Do Senado Federal) PLS Nº 203/89*. Disponível em: <www.camara.gov.br/proposicoesWeb/prop_mostrarintegra;jsessionid=A1A6AB70CC7C4A6642584A961EB941A1.proposicoesWebExterno2?codteor=982371&filename=Dossie+--PL+6132/1990>. Acesso em: 08 out. 2017.

______. Câmara dos Deputados. *Projeto de Lei nº 6665, de 2016*. (Da Comissão de Legislação Participativa). Disponível em: <http://www.camara.gov.br/proposicoesWeb/prop_mostrarintegra;jsessionid=639B7AE0920C109D706

167C70FBE711A.proposicoesWebExterno2?codteor=1516349&filename=PL+6665/2016>. Acesso em: 15 set. 2018.

______. Senado Federal. *Projeto de Lei do Senado n° 336, de 2015*. Disponível em: <https://www25.senado.leg.br/web/atividade/materias/-/materia/121578>. Acesso em: 15 set. 2018.

______. Senado Federal. *Proposta de Emenda à Constituição n° 47, de 2016*. Disponível em: <https://www25.senado.leg.br/web/atividade/materias/-/materia/126981>. Acesso em: 15 set. 2018.

Brogan, Pamela. *The torturers' lobby*: how human rights-abusing nations are represented in Washington. Washington: The Center for Public Integrity, 1992.

Bronzatto, Thiago. Ouça o áudio em que lobista negocia propina para líder do PTB. *Veja*, São Paulo, 31 maio 2018. Disponível em: <https://veja.abril.com.br/politica/ouca-o-audio-em-que-lobista-negocia-propina-para-lider-do-ptb/>. Acesso em: 18 set. 2018.

Broscheid, Andreas; Coen, David. Insider and outsider lobbying of the European Commission. *European Union Politics*, v. 4, p. 165-189, June 2003.

Campos, Nauro F.; Giovannoni, Francesco. Lobbying, corruption and political influence. *IZA Discussion Paper* n. 2313, Bonn, Sept. 2006. Disponível em: <https://pdfs.semanticscholar.org/5a4a/385a8447f47370306d8a72742b0a1fcf0ac2.pdf>.

CANADA. Federal Court of Appeal. *Democracy Watch v. Campbell, [2010] 2 FCR 139, 2009 FCA 79 (CanLII)*. Disponível em: <https://www.canlii.org/en/ca/fca/doc/2009/2009fca79/2009fca79.html?searchUrlHash=AAAAAQAZImRhdmlkIGJha2VyIiBvciBiYWtlcmxhdwAAAAAB>. Acesso em: 16 jul. 2017.

______. Office of the Commissioner of Lobbying of Canada. *Active Lobbyists and Registrations by Type*. Disponível em: <https://lobbycanada.gc.ca/app/secure/ocl/lrs/do/lbsRegs>. Acesso em: 02 jul. 2017.

______. Office of the Commissioner of Lobbying of Canada. *Annoted Lobbysts' Code of Conduct* (2015). Ottawa, Ontario: Office of the Commissioner of Lobbying of Canada, 2015. Disponível em: <https://lobbycanada.gc.ca/eic/site/012.nsf/eng/h_01185.html>. Acesso em: 26 fev. 2017.

______. Office of the Commissioner of Lobbying of Canada. *Annual Report 2016-17*. Ottawa: Office of the Commissioner of Lobbying of Canada, 2017. Disponível em: <https://lobbycanada.gc.ca/eic/site/012.nsf/vwapj/OCL_AR16-17.pdf/%24FILE/OCL_AR16-17.pdf>. Acesso em: 02 jul. 2017; 16 jan. 2018.

______. Office of the Commissioner of Lobbying of Canada. *Lobbying Act*. Disponível em: <https://lobbycanada.gc.ca/eic/site/012.nsf/eng/h_00009.html>. Acesso em: 02 jul. 2017.

______. Office of the Commissioner of Lobbying of Canada. *Lobbyists' Code of Conduct*. Disponível em: <https://lobbycanada.gc.ca/eic/site/012.nsf/vwapj/LobbyistsCodeofConduct2015_En.pdf/%24FILE/LobbyistsCodeofConduct2015_En.pdf>. Acesso em: 28 jan. 2018.

______. Office of the Commissioner of Lobbying of Canada. *Registry Search and Statistics*. Disponível em: <https://lobbycanada.gc.ca/eic/site/012.nsf/eng/00035.html>. Acesso em: 02 jul. 2017.

______. Office of the Commissioner of Lobbying of Canada. *Reports on Investigation*. Disponível em: <https://lobbycanada.gc.ca/eic/site/012.nsf/eng/h_00016.html>. Acesso em: 02 jul. 2017.

______. Office of the Commissioner of Lobbying of Canada. *Reports and Publications*. Disponível em: <https://lobbycanada.gc.ca/eic/site/012.nsf/eng/h_00017.html>. Acesso em: 02 jul. 2017.

______. Office of the Commissioner of Lobbying of Canada. *Subject Matter in Active Registrations*. Disponível em: <https://lobbycanada.gc.ca/app/secure/ocl/lrs/do/regSms>. Acesso em: 02 jul. 2017.

Carbajo Cascón, Fernando. Corrupción pública, corrupción privada y derecho privado patrimonial: una relacíon instrumental. Uso perverso, prevención y represión. In: Rodríguez García, Nicolás; Fabián Caparrós, Eduardo A. (Coords.). *La corrupción en un mundo globalizado*: análisis interdisciplinar. Salamanca: Ratio Legis, 2004.

Carloni, Enrico. Regolazione del "lobbying" e politiche anticorruzione. *Rivista Trimestrale di Diritto Pubblico*, Milano, n. 2, p. 371-411, apr./giug. 2017.

Carneiro, Mariana. Cartórios fazem lobby contra cadastro positivo. *Folha de S. Paulo*, São Paulo, 25 abr. 2018. Disponível em: <https://www1.folha.uol.com.br/mercado/2018/04/cartorios-fazem-lobby-contra-cadastro-positivo.shtml>. Acesso em: 02 set. 2018.

Carrazai, Estelita Hass; Bächtold, Felipe; Albuquerque, Ana Luiza. Lobista do PMDB admite pagamentos de propina e implica Renan e Jader. *Folha de S. Paulo*, São Paulo, 19 jul. 2017. Disponível em: <https://www1.folha.uol.com.br/poder/2017/07/1902697-lobista-do-pmdb-admite-pagamentos-de-propina-e-implica-renan-e-jader.shtml>. Acesso em: 15 set. 2018.

Cartolano Schiaffino, Mariano Jorge. El tráfico de influencias en el Código Penal español: una respuesta penal frente a la corrupción. *Revista de Derecho Penal, Procesal Penal y Criminología*, v. 3, 2003.

Caulkin, Simon; Collins, Joanna. *The private life of public affairs*. London: Green Alliance, 2003.

THE CENTER FOR PUBLIC INTEGRITY. Disponível em: <http://projects.publicintegrity.org/lobby/profile.aspx?=countries&year=2003=co=ca&sub=1>. Acesso em: 01 jul. 2017.

CHAGAS, Lucas Squarize. *Estratégia e lobby*: uma análise da interação entre grupos econômicos e contribuição de campanha. 2014. Dissertação (Mestrado) - Faculdade de Economia, Administração e Contabilidade da Universidade de São Paulo. São Paulo, 2014.

CHAMBERS, Anthony. The lobbying of the EU: how to achieve greater transparency. *Civitas:* Institute for the Study of Civil Society, London, Feb. 2016. Disponível em: <http://www.civitas.org.uk/content/files/Anthony-Chambers-EU-lobbying.pdf>. Acesso em: 15 mar. 2017.

CHARI, Raj; HOGAN, John; MURPHY, Gary. *Regulating lobbying*: a global comparison. New York: Manchester University Press, 2010. (European Policy Research Unit Series).

______; ______; ______. *Regulating lobbying*: a global comparison. New York: Manchester University Press, 2012. (European Policy Research Unit Series).

______; MURPHY, Gary. Examining and assessing the regulation of lobbyists in Canada, the USA, the EU Institutions, and Germany: a report for the department of the environment, heritage and local government. Dublin: 2006. Disponível em: <https://www.transparency.ie/sites/default/files/2006_Registration_of_Lobbyists.pdf>. Acesso em: 04 abr. 2017.

CHARI, Raj; O'DONAVON, Daniel Hillebrand. Lobbying the European Commission: open or secret? *Working Papers Series in Economic and Social Science*, Madrid, p. 104-124, July 2011.

CHARRAD, Kristina. Lobbying the European Union. *NEZ - Nachwuchsgruppe Europäische Zivilgesellschaft*, Westfälische Wilhelms-Universität Münster, 2005. 24 p. Disponível em: <http://lobbyists.ru/eu/Charrad_Literaturbericht_Lobbying_mit_Deckblatt.pdf>. Acesso em: 25 fev. 2018.

CHILE. Congreso Nacional. Ministerio Secretaría General de la Presidencia. *Ley 20730*. Regula el Lobby y las Gestiones que Representen Intereses Particulares ante las Autoridades y Funcionarios. Disponível em: <https://www.leychile.cl/Navegar?idNorma=1060115>. Acesso em: 13 fev. 2018.

CIGLER, Allan J. Interest group money in the 2008 federal election. In: CIGLER, Allan J.; LOOMIS, Burdett A. (Eds.). *Interest groups politics*. 8. ed. Washington: CQPress, 2012.

CIGLER, Beverly A. Not just another special interest: the intergovernmental lobby rivisited. In: CIGLER, Allan J.; LOOMIS, Burdett A. (Eds.). *Interest groups politics*. 8. ed. Washington: CQPress, 2012.

CODIGO Philippino, ou, Ordenações e leis do Reino de Portugal: recopiladas por mandado d'El-Rey D. Philippe I. Disponível em: <http://www2.senado.leg.br/bdsf/item/id/242733>. Acesso em: 15 set. 2018.

COEN, David. Business lobbying in the European Union. In: COEN, David; RICHARDSON, Jeremy (Eds.). *Lobbying the European Union*: institutions, actors, and issues. Oxford: Oxford University Press, 2011. p. 145-168. Disponível em: <http://docenti.unimc.it/andrea.prontera/teaching/2016/15964/files/business-lobbying-in-the-european-union_chapter_8_reading_week_3>. Acesso em: 15 mar. 2017.

______. Empirical and theoretical studies in EU lobbying. *Journal of European Public Policy*, v. 14, n. 3, p. 333-345, Apr. 2007.

______. Environmental and business lobbying alliances in Europe: learning from Washington? In. LEVY, D.; NEWELL, P. (Eds.). *The business of global environmental governance*. Cambridge: MIT Press, 2004.

______. The European business lobby. *Business Strategy Review,* London, Business School, v. 8, p. 17-25, Dec. 1997.

______. The impact of U.S. lobbying practice on the european business-government relationship. *California Management Review,* University of California, Berkeley, v. 41, n. 4, p. 27-44, July 1999.

______. Lobbying in the European Union. *Constitutional Affairs,* PE 393.266, Nov. 2007. Brussels: European Parliament, 2007. Disponível em: <http://www.eurosfaire.prd.fr/7pc/doc/1211469722_lobbying_eu.pdf>. Acesso em: 25 fev.; 27 maio 2018.

COEN, David; RICHARDSON, Jeremy. Institutionalizing and managing intermediation in the EU. In: COEN, David; RICHARDSON, Jeremy (Eds.). *Lobbying the European Union*: institutions, actors, and issues. Oxford: Oxford University Press, 2011. p. 337-349. Disponível em: <http://docenti.unimc.it/andrea.prontera/teaching/2016/15964/files/business-lobbying-in-the-european-union_chapter_8_reading_week_3>. Acesso em: 15 mar. 2017.

______; ______. Learning to lobby the European Union: 20 years of change. In: COEN, David; RICHARDSON, Jeremy (Eds.). *Lobbying the European Union*: institutions, actors, and issues. Oxford: Oxford University Press, 2011. p. 3-15. Disponível em: <http://docenti.unimc.it/andrea.prontera/teaching/2016/15964/files/business-lobbying-in-the-european-union_chapter_8_reading_week_3>. Acesso em: 15 set. 2018. Acesso em: 15 mar. 2017.

COLLISHAW, Neil. History of tobacco control in Canada. Ontario, Nov. 2009. Disponível em: <http://www.smoke-free.ca/pdf_1/2009/history%20of%20tobacco%20control%20in%20canada.pdf>. Acesso em: 28 fev. 2017.

COMAN, Ramona. Towards regulating lobbying in Romania: a multi-faceted coin. *Perspective on European Politics and Society*, v. 7, n. 2, p. 155-169, June 2006.

COMISSÃO DAS COMUNIDADES EUROPEIAS. Bruxelas, 3.5.2006. COM(2006) 194 final. *Livro Verde.* Iniciativa Europeia em Matéria de Transparência. Disponível em: <http://eur-lex.europa.eu/legal-content/PT/TXT/PDF/?uri=CELEX:52006DC0194&from=PT>. Acesso em: 10 mar. 2018.

COMISSÃO EUROPEIA. *Agreement between the European Parliament and the European Commission on the establishment of a transparency register for organisations and self-employed individuals engaged in EU policy-making and policy implementation*. Disponível em: <http://eur-lex.europa.eu/legal-content/pt/TXT/?uri=uriserv:OJ.L_.2011.191.01.0029.01.ENG>. Acesso em: 17 mar. 2018.

______. Comunicação 93/C 63/02. Um diálogo aberto e estruturado entre a Comissão os grupos de interesses especiais. *Jornal Oficial das Comunidades Europeias*, 5 de março de 1993. Disponível em: <http://eur-lex.europa.eu/legal-content/PT/TXT/?uri=OJ:C:1993:063:TOC>. Acesso em: 10 mar. 2018.

______. *Direções-gerais, serviços e agências executivas*. Disponível em: <https://ec.europa.eu/info/departments_pt>. Acesso em: 15 set. 2018.

______. *Proposta de Acordo Interinstitucional sobre um registo de transparência obrigatório*. Bruxelas, 28.9.2016. COM/2016/0627 final. Disponível em: <http://eur-lex.europa.eu/legal-content/pt/TXT/?uri=CELEX:52016PC0627>. Acesso em: 18 mar. 2018.

CONHEÇA as 10 medidas contra a corrupção (Propostas do Ministério Público Federal apoiadas pelos Ministérios Públicos de todo o Brasil). Disponível em: <http://www.mppr.mp.br/pagina-6193.html>. Acesso em: 15 set. 2018.

CONSENTINO, Luciano. *Interesses organizados na cena internacional*: o lobby do etanol. 2011. Dissertação (Mestrado) - Faculdade de Filosofia, Letras e Ciências Humanas da Universidade de São Paulo, São Paulo: 2011.

COOK, Constance Ewing. *Lobbying for higher education*: how colleges and universities influence federal policy. Michigan: Vanderbilt University Press, 1998.

CORPORATE EUROPE OBSERVATORY. Brussels: the EU Quarter, sept. 2011. Disponível em: <https://corporateeurope.org/sites/default/files/publications/ceolobbylow.pdf>. Acesso em: 04 abr. 2017.

COSTA, Álvaro Mayrink. Criminalidade na administração pública: peculato, corrupção, tráfico de influência e exploração de prestígio. *Revista da EMERJ*, Rio de Janeiro, v. 13, n. 52, 2010.

COSTA, Helena Regina Lobo da. Corrupção na história do Brasil: reflexões sobre suas origens no período colonial. In: DEL DEBBIO, Alessandra; MAEDA, Bruno Carneiro; AYRES, Carlos Henrique (Coords.). *Temas de anticorrupção e compliance*. Rio de Janeiro: Elsevier, 2013.

COSTA, Lucas Nascimento Ferraz. Modelos de lobby no processo constituinte de 1987-88. *Revista de Discentes de Ciência Política da UFSCAR*, v. 3, n. 1, p. 70-97, 2015.

Costa Júnior, Heitor; Batista, Nilo. *Casos de direito penal*: parte especial. 4. ed. Rio de Janeiro: Lumen Juris, 2001.

Costa Júnior, Paulo José da. *Comentários ao Código Penal*. 6. ed. São Paulo: Saraiva, 2000.

______; Pagliaro, Antônio. *Crimes Contra a Administração Pública*. 2. ed. São Paulo: Malheiros Ed., 1999.

Côté, André C. Quebec's Experience: developing a legal framework for lobbying and lobbyist registration. In: OCDE. *Lobbyists, government and public trust*: increasing transparency through legislation. OCDE, 2009. v. 1. This chapter was prepared by André C. Côté. Disponível em: <http://www.oecd.org/publications/lobbyists-governments-and-public-trust-volume-1-9789264073371-en.htm>. Acesso em: 03 jul. 2018.

Crepaz, Michele; Chari, Raj. The EU's initiatives to regulate lobbyists: good or bad administration? *Cuadernos Europeos de Deusto,* Bilbao, Instituto de Estudios Europeus, n. 51, p. 71-97, Oct. 2014. Disponível em: <http://ced.revistas.deusto.es/article/viewFile/807/939>.

Cugat, Mauri. Trafico de influencias. In: Arroyo Zapatero, Luis; Nieto Martín, Adán. (Coords.). *Fraude y corrupción en el derecho penal económico europeo*: eurodelitos de corrupción y fraude. Cuenca: Ediciones de la Universidad Castilla-La Mancha, 2006.

Deakin, James. *The lobbyist*. Washigton: Public Affairs Press, 1966.

DEMOCRACY Watch v. Campbell 2009. Disponível em: <https://www.canlii.org/en/ca/fca/doc/2009/2009fca79/2009fca79.html?searchUrlHash=AAAAAQAZImRhdmlkIGJha2VyIiBvciBiYWtlcmxhdwAAAAAB>. Acesso em: 16 jul. 2017.

Denzau, Arthur T.; Munger, Michael C. Legislators and interest groups: how unorganized interests get represented. *The American Political Science Review*, v. 80, n. 1, p. 89-106, Mar. 1986.

DICIONÁRIO online de português. Disponível em: <https://www.dicio.com.br/pretexto> Acesso em: 15 dez. 2018.

Dirceu voou 100 vezes em jatinhos como pagamento de propina, diz lobista. *Jornal da Band*, 26 jan. 2016. Disponível em: <https://videos.band.uol.com.br/15748954/dirceu-voou-100-vezes-em-jatinhos-como-pagamento-de-propina-diz-lobista.html>. Acesso em: 08 nov. 2017.

Dover, Agnes P.; Gilliland, Michael; Bell, Michael J. Lobbying Disclosure Act. *Briefing Papers,* Second Series, v. 8, n. 8, p. 1-16, July 2008. Disponível em: <https://www.hoganlovells.com/~/media/hogan-lovells/pdf/publication/briefing_pdf.pdf>. Acesso em: 12 out. 2017.

DRAGOJLOVIC, Predrag. Lobbying as a method of business communication. *Skola Biznisa, Broj 3*, p. 106-113, 2010. Disponível em: <www.vps.ns.ac.rs/SB/2010/3.13.pdf>. Acesso em: 04 abr. 2017.

DREW, Elizabeth. *Politics and money*: the new road to corruption. New York: MacMillan, 1984.

DREYER, Emmanuel. *Droit pénal spécial*. 2. ed. Paris: Ellipses, 2012.

DRUMMOND, J. de Magalhães. *Comentários ao Código Penal*. Rio de Janeiro: Forense, 1944. v. 9.

DRUTMAN, Lee. Trade associations, the collective action dilemma, and the problem of cohesion. In: CIGLER, Allan J.; LOOMIS, Burdett A. *Interest groups politics*. 8. ed. Washington: CQPress, 2012.

DÜR, Andreas; DE BIÈVRE, Dirk. The question of interest groups influence. *International Public Policy*, Cambridge, v. 27, n. 1, p. 1-12, May 2007. Disponível em: <https://www.researchgate.net/profile/Andreas_Duer/publication/228394385_The_Question_of_Interest_Group_Influence/links/0a85e5379c096e24ce000000/The-Question-of-Interest-Group-Influence.pdf>. Acesso em: 20 set. 2017.

DYCK, Rand. *Canadian politics*: critical approaches. 4. ed. Toronto: Thomson Nelson, 2004.

EISING, Rainer. Interest groups in EU policy-making. *Living Reviews in European Governance*, v. 3, n. 4, p. 4-32, Sept. 2008. Disponível em: <http://www.europeangovernance-livingreviews.org/Articles/lreg-2008-4/download/lreg-2008-4Color.pdf>. Acesso em: 19 ago. 2017.

ENOMOTO, Livia Yuri de Queiroz. *Influência e disputa regulatória*: a atuação de grupos de interesses do setor privado na definição da neutralidade da rede no Brasil. 2017. Dissertação (Mestrado) - Faculdade de Filosofia, Letras e Ciências Humanas, da Universidade de São Paulo, São Paulo, 2017.

EUROPEAN UNION. Delegation of the European Commission to the USA. *Lobbying in the EU*: an overview. Disponível em: <http://www.lobbyists.ru/eu/9.pdf>. Acesso em: 19 maio 2018.

FAGAN-WATSON, Ben; ELLIOT, Bridget; WATSON, Tom. Lobbying by trade associations on EU climate policy. *Policy Studies Institute*, London, Mar. 2015. Disponível em: <http://www.psi.org.uk/pdf/2015/PSI%20Report_Lobbying%20by%20Trade%20Associations%20on%20EU%20Climate%20Policy.pdf>.

FAORO, Raymundo. *Os donos do poder*: formação do patronato político brasileiro. 3. ed. São Paulo: Globo, 2007.

FERNÁNDEZ RODRÍGUEZ, María Dolores. Determinados abusos en el ejercicio de la función pública (proyecto de 1980). *Anuario de Derecho Penal y Ciencias Penales*, v. 34, n. 2/3, p. 485-492, 1981. Disponível em: <https://www.boe.es/publica-

ciones/anuarios_derecho/abrir_pdf.php?id=ANU-P-1981-20048500492_ANUARIO_DE_DERECHO_PENAL_Y_CIENCIAS_PENALES_Determinados_abusos_en_el_ejercicio_de_la_funci%F3n_p%FAblica_(Proyecto_de_1980)>.

FIGUEIREDO, John M. de; CAMERON, Charles M. *Endogenous cost lobbying*: theory and evidence. July 2006. Disponível em: <https://www.princeton.edu/~ccameron/CostLobbying.pdf>. Acesso em: 22 abr. 2017.

______; TILLER, Emerson H. The structure and conduct of corporate lobbying: how firms lobby the federal communications. *Journal of Economics & Management Strategy*, v. 10, n. 1, p. 91-122, Mar. 2001.

FIGUEIREDO, Ney Lima. O lobby no Brasil: uma trajetória histórica. *Revista Brasileira de Comunicação Organizacional e Relações Públicas*, São Paulo, v. 8, n. 14, p. 181-189, 2011. Disponível em: <http://www.revistas.usp.br/organicom/article/view/139093/134442>. Acesso em: 02 jun. 2017.

FINER, S. E. *Anonymous empire*: a study of the lobby in Great Britain. London: The Pall Mall Press Limited, 1958.

FLICKER, Scott M. Agents of influence. *Pacific Basin Law Journal*, v. 9, n. 1-2, p. 275-280, 1991.

FONSECA FILHO, Luciano Roberto Corrêa da. *História, política e cerveja*: a trajetória do lobby da indústria da cerveja. 2008. Dissertação (Mestrado) - Faculdade de Filosofia, Letras e Ciências Humanas da Universidade de São Paulo, São Paulo, 2008.

FOULOY, Christian D. European Parliament's report on lobbying. European Parliament's Report on Lobbying. Disponível em: <http://www.aalep.eu/sites/default/files/documents/European%20Parliament's%20Report%20on%20Lobbying.pdf>. Acesso em: 28 fev. 2017.

FRAGOSO, Heleno Cláudio. *Código Penal comentado*. 11. ed. Rio de Janeiro: Freitas Bastos, 2000.

______. *Lições de direito penal*. 2. ed. São Paulo: Jose Bushatsky Editor, 1965. v. 4.

FRASSÃO, Caroline de Souza. *Lobby e proteção da indústria*: uma análise do plano Brasil Maior. 2017. Dissertação (Mestrado) - Faculdade de Filosofia, Letras e Ciências Humanas da Universidade de São Paulo, São Paulo, 2017.

FREEMAN, R. Edward. The politics of stakeholders theory: some future directions. *Business Ethics Quarterly*, v. 4, n. 4, p. 409-421, Oct. 1994.

______; REED, David. Stockholders and stakeholders: a new perspective on corporate governance. *California Management Review*, v. 25, n. 3, p. 88-106, 1983. Disponível em: <https://www.researchgate.net/profile/R_Freeman/publication/238325277_Stockholders_and_Stakeholders_A_New_Perspective_on_Corporate_Governance/links/5893a4b2a6fdcc45530c2ee7/Stockholders-and-Stakeholders-A-New-Perspective-on-Corporate-Governance.pdf>.

GARCÍAS PLANAS, Gabriel. El nuevo delito de tráfico de influencias. *Revista del Poder Judicial*, n. 29, p. 21-33, 1993.

GARÍN GONZALÉZ, Renato. *The Chilean Lobbying Act*: legal analysis and criticism. 2015. Degree of Magister Juris, University of Oxford, 2015. Disponível em: <https://www.u-cursos.cl/inap/2016/1/ELE661/1/material_docente/bajar?id_material=1291791>. Acesso em: 18 dez. 2017.

GAWANDE, Kishore; KRISHNA, Pravin; ROBBINS, Michael J. Foreing lobbies and US trade policy. *National Bureau of Economic Research Working Paper Series* (Working Paper 10205), Cambridge, MA, Jan. 2004. Disponível em: <https://www.nber.org/papers/w10205.pdf>.

GEHRKE, Linda L. *Annual Report of the Lobbyst Registrar for the Year 2015*. Toronto Office of the Lobbyist Registrar. Mar. 22, 2016. Disponível em: <http://www.toronto.ca/legdocs/mmis/2016/cc/bgrd/backgroundfile-91504.pdf>. Disponível em: 26.02.2017.

GELAK, Deanna R. *Lobbying and advocacy*: winning strategies, recommendations, resources, ethics and ongoing compliance for lobbyists and Washington advocates. Alexandria, VA.: The Capitol.Net, 2008.

GILENS, Martin; PAGE, Benjamin. Testing theories of american politics: elites, interest groups, and average citizens. *Perspective on Politics*, v. 12, n. 3, p. 564-591, 2014. Disponível em: <https://www.cambridge.org/core/services/aop-cambridge-core/content/view/62327F513959D0A304D4893B382B992B/S1537592714001595a.pdf/testing_theories_of_american_politics_elites_interest_groups_and_average_citizens.pdf>.

GILI PASCUAL, Antoni. Bases para la delimitación del ámbito típico en el delito de corrupción privada: contribución al análisis del art. 286 bis del Código Penal según el Proyecto de Reforma de 2007. *Revista Brasileira de Ciências Criminais*, São Paulo, v. 20, n. 97, p. 217-282, jul./set. 2012.

GIORNO, Guy. Staying on the right side of the law. In: THIRD Annual Government Relations Summit. Ontario: Ottawa, Feb. 2006.

GOBIERNO DE CHILE. *Ley nº 20.730 que regula el lobby*. Disponível em: <https://www.leylobby.gob.cl/files/manual_ciudadano%20ley_lobby.pdf>.

______. *Manual jurídico de la Ley n° 20.730*. Que regula el lobby y las gestiones que representen intereses particulares ante las autoridades y funcionários. Disponível em: <https://www.leylobby.gob.cl/files/manual_juridico%20ley_lobby.pdf>. Acesso em: 14 fev. 2018.

______. Ministerio Secretaría General de la Presidencia. *Código de Buenas Prácticas para Lobbistas*. Disponível em: <https://www.leylobby.gob.cl/files/buenas_practicas_lobby.pdf>. Acesso em: 13 fev. 2018.

GODWIN, Ken; AINSWORTH, Scott H.; GODWIN, Erik. *Lobbying and policymaking*: the public pursuit of private interests. Los Angeles: Congress Quarterly Press, 2013.

GOLDSTEIN, Kenneth M. *Interest groups, lobbying, and participation in America*. Cambridge: Cambridge University Press, 1999.

GOLLOB, Justin; LECKRONE, J. Wesley. The effectiveness of intergovernmental lobbying mechanisms in the American Federal System. *Fédéralisme Régionalisme*, Liége, v. 12, 2012.

GÓMEZ DE LA TORRE, Ignacio Berdugo; CERINA, Giorgio Dario. Sobre la corrupción entre particulares: convenios internacionales y derecho comparado. *Revista Brasileira de Ciências Criminais*, São Paulo, v. 19, n. 89. p. 159-213, mar./abr. 2011.

GONTIJO, Conrado Almeida Corrêa. *O crime de corrupção no setor privado*. 1. ed. São Paulo: LiberArs, 2016.

GORDON, Neil. *State lobbyists near the $1 billion mark*. Disponível em: <https://www.publicintegrity.org/2005/08/10/5905/state-lobbyists-near-1-billion-mark>. Acesso em: 23 abr. 2017.

GRANT, Wyn. *Pressure groups and british politics*. London: Macmillan, 2000.

GREER, Scott L. The changing world of european health lobbies. In: COEN, David; RICHARDSON, Jeremy (Eds.). *Lobbying the European Union*: institutions, actors, and issues. Oxford: Oxford University Press, 2011. p. 189-211. Disponível em: <http://docenti.unimc.it/andrea.prontera/teaching/2016/15964/files/business-lobbying-in-the-european-union_chapter_8_reading_week_3>. Acesso em: 15 mar. 2017.

GRIFFIN, Jennifer J.; DUNN, Paul. Corporate public affairs: commitment, resources, and structure. *Business & Society*, v. 43, n. 2, p. 196-220, June 2004.

GUÉGUEN, Daniel. *European lobbying*. 2. ed. Bruxelas: Europolitics, 2007.

GUYER, Robert L. *Guide to State Legislative lobbying*. 3. ed. Gainesville: The Law, 2007.

HABIB, Sérgio. *Brasil*: quinhentos anos de corrupção. Porto Alegre: Antônio Fabris, 1994.

HAGLUND, David; MCNEIL-HAY, Tyson. The Germany lobby and US foreign policy: what, if anything, does it tell us about the debate over the Israel lobby? *Ethnopolitics*, v. 10, n. 3/4, p. 321-344, Sept./Nov. 2011.

HAIJA, Rammy M. The armageddon lobby: dispensationalist christian zionism and the shaping of US policy towards Israel-Palestine. *Holy Land Studies*: a multidisciplinary journal, v. 5, n. 1, p. 75-95, May 2006.

HALL, Richard; ANDERSON, Richard. Issue advertising and legislative advocacy in health politics. In: CIGLER, Allan J.; LOOMIS, Burdett A. (Eds.). *Interest groups politics*. 8. ed. Washington: CQPress, 2012.

______; DEARDORFF, Alan V. Lobbying as legislative subsidy. *American Political Science Review*, v. 100, n. 1, Feb. 2006.

HALPIN, Darren R.; NOWNES, Anthony J. Reappraising the survival question: why we should focus on interest group organizational form and careers. In: CIGLER, Allan J.; LOOMIS, Burdett A. (Eds.). *Interest Groups Politics*. 8. ed. Washington: CQPress, 2012.

______; WARHURST, John. Commercial lobbying in Australia: exploring the Australian Lobby Register. *Australian Journal of Public Administration*, v. 75, n. 1, p. 1-12, July 2015.

HARRIS, Phil. The evolution of strategic political lobbying in the UK and the psychological network underpinning machiavellian marketing. *Journal of Political Marketing*, London, v. 1, n. 1, p. 238-251, 2002.

______; MCGRATH, Conor. Political marketing and lobbying: a neglected perspective and research agenda. *Journal of Political Marketing,* v. 11, n. 1/2, p. 75-94, 2012.

HARSTAD, Bard; SVENSSON, Jakob. Bribe or lobby? It's a matter of development. Northwestern University, 2005. Disponível em: <http://citeseerx.ist.psuedu/viewdoc/download?doi=10.1.1.169.3852&rep=rep1&type=pdf>. Acesso em: 10 abr. 2017.

______; ______. Bribes, lobbying and development. *American Political Science Review,* v. 105, n. 1, p. 43-63, Feb. 2011.

HAUSER, Henry. European Union lobbying Post-Lisbon: an economic analysis. *Berkeley Journal of International Law*, v. 29, n. 2, p. 680-709, 2011. Disponível em: <https://scholarship.law.berkeley.edu/cgi/viewcontent.cgi?article=1411&context=bjil>. Acesso em: 15 mar. 2017.

HAYES-RENSHAW, Fiona. Least accessible but not inaccessible: lobbying the Council and the European Council. In: COEN, David; RICHARDSON, Jeremy (Eds.). *Lobbying the European Union*: institutions, actors, and issues. Oxford: Oxford University Press, 2011. p. 70-88 Disponível em: <http://docenti.unimc.it/andrea.prontera/teaching/2016/15964/files/business-lobbying-in-the-european-union_chapter_8_reading_week_3>. Acesso em: 15 mar. 2017.

HEANEY, Michael T.; STRICKLAND, James M. A Network approach to interest groups politics. *The Oxford Handbook of Political Networks*. New York: Oxford University Press, 2016.

Herner-Kovács, Eszter. Challenging the Conventional wisdom on ethnic lobby success in the United States: the case of HHRF. *Minority Studies*, Budapeste, n. 15, p. 199-220, 2013. Disponível em: <http://epa.oszk.hu/00400/00463/00015/pdf/EPA00463_minorities_2013-15_199.pdf>.

Hillman, Amy J. Determinants of political strategies in U.S. multinationals. *Business & Society*, v. 42, n. 4, p. 455-484, Dec. 2003.

______; Hitt, Michael A. Corporate political strategy formulation: a model of approach, participation, and strategy decisions. *Academy of Management Review*, v. 24, n. 4, p. 825-842, 1999.

Hind, Rick; Kay, Thomas; Varela, Kate. 283 Lobbyists led the chemical industry campaign against strong laws and regulations in 2007 (Greenpeace). Washington, May 2008. Disponível em: <http://webcache.googleusercontent .com/search?q=cache:eRkAZPLIvNoJ:research.greenpeaceusa.org/%3Fa%3Ddownload%26d%3D4535+&cd=2&hl=pt-BR&ct=clnk&gl=br>. Acesso em: 28 fev. 2017.

HM GOVERNMENT. *Introducing a Statutory Register of Lobbyists*. Consultation Paper, Jan. 2012. Disponível em: <https://www.gov.uk/government/uploads/system/uploads/attachment_data/file/78896/Introducing_statutory_register_of_lobbyists.pdf>. Acesso em: 25 jan. 2018.

Holanda, Sérgio Buarque de. *Raízes do Brasil*. São Paulo: Companhia das Letras, 2006.

Holman, Craig. *Lobbying reform in the United States and the European Union*: progress on two continents. Disponível em: <https://www.citizen.org/documents/Lobbying-Reform-in-the-US-EU.pdf>. Acesso em: 04 abr. 2017.

______. *Making the U.S. Lobbying Disclosure Act Work as intended*: implications for the European Transparency Initiative. Disponível em: <https://www.citizen.org/sites/default/files/making-lda-work.pdf>. Acesso em: 06 abr. 2017.

______. *Origins, evolution and structure of the Lobbying Disclosure Act*. Disponível em: <http://www.citizen.org/documents/LDAorigins.pdf>. Acesso em: 26 fev. 2013; 06 abr. 2017.

Holmes, Nancy; Lithwick, Dara. The federal lobbying system: the lobbying act and the lobbyists' Code of Conduct. *Library of Parliament Background Papers*, n. 2011-73-E, June 2011. Disponível em: <http://www.lop.parl.gc.ca/Content/LOP/ResearchPublications/2011-73-e.pdf>. Acesso em: 15 mar. 2017.

Horton, David. Lobbyists, relationships, and legislators votes. *Xaxier Jorunal of Politics*, Cincinnati, v. 6, n. 1, p. 72-83, 2015. Disponível em: <https://www.xavier.edu/xjop/documents/XJOPVOLVI2015LobbyistsVotesandRelationships.pdf>.

HOUSE OF COMMONS. *The Guide to the Rules Relating to the Conduct of Members*. London, Apr. 2015. Disponível em: <https://publications.parliament.uk/pa/cm201516/cmcode/1076/1076.pdf>.

______. Public Administration Select Committee. *Lobbying*: access and influence in Whitehall: First Report of Session 2008-09. London: The Stationery Office Limited, 2009. v. 1. Disponível em: <https://publications.parliament.uk/pa/cm200809/cmselect/cmpubadm/36/36i.pdf>. Acesso em: 18 jan. 2018.

Hrabemar, Ronaldo; Thomas, Clive. The rise and fall and rise of the China lobby in the United States. In: Cigler, Allan J.; Loomis, Burdett A. *Interest groups politics*. 8. ed. Washington: CQPress, 2012.

Hungria, Nelson. *Comentários ao Código Penal*. 2. ed. Rio de Janeiro: Forense, 1959. v. 9.

Iankova, Elena. Business-government relations ins EU-acceding countries: towards a model of institutional change. In: EUSA TENTH BIENNIAL INTERNATIONAL CONFERENCE, Montreal, Canadá May 17-May 19, 2007. Disponível em: <http://aei.pitt.edu/7914/1/iankova%2De%2D06d.pdf>.

Ianoni, Marcus. O lobby dos Bancos no Brasil: um estudo sobre a FEBRABAN vis à vis o Estado. jul. 2012. Disponível em: <http://www.cienciapolitica.org.br/wp-content/uploads/2014/04/12_7_2012_17_7_1.pdf>. Acesso em: 15 mar. 2017.

Igan, Deniz; Mishra, Prachi; Tressel, Thierry. A fistful of dollars: lobbying and the financial crisis. In: Acemoglu, Daron; Woodford, Michael (Eds.). *NBER Macroeconomics Annual 2011*. Chicago: University of Chicago Press: 2012. v. 26. p. 195-230. (NBER Book Series NBER Macroeconomics Annual). Disponível em: <https://www.nber.org/chapters/c12416.pdf>.

INFO LOBBY. Disponível em: <www.infolobby.cl>. Acesso em: 15 jun. 2018.

Jackson, Brooks. *Honest graft*: big money and the american political process. New York: Alfred A. Knopf, 1988.

Jareño Leal, Ángeles. *Corrupción y delincuencia de los funcionarios en la contratación Pública*. Madrid: Iustel, 2011.

Jesus, Damásio de. *Crimes de corrupção ativa e tráfico de influência nas transações comerciais internacionais*. São Paulo: Saraiva, 2003.

Jobim, Nelson; Souza, Luciano Inácio de. A regulamentação do *lobby*: análise comparada entre América Latina, Brasil e Estados Unidos. In: Seligman, Milton; Mello, Fernando (Orgs.). *Lobby desvendado*: democracia, políticas públicas e corrupção no Brasil contemporâneo. Rio de Janeiro: Record, 2018.

JUDICIÁRIO faz lobby e pressiona governo a aumentar salários da magistratura. *Folha de S. Paulo*, São Paulo, painel, 29 jun. 2018. Disponível em: <https://

painel.blogfolha.uol.com.br/2018/06/29/judiciario-faz-lobby-e-pressiona--governo-a-aumentar-salarios-da-magistratura/>. Acesso em: 15 ago. 2018.

JUNQUEIRA, Thais Guimarães. *Too big to fail? O fracasso do lobby financeiro na formação das regras para as instituições globais sistematicamente importantes (G-SIBs)*. 2017. Dissertação (Mestrado) - Instituto de Relações Internacionais da Universidade de São Paulo, São Paulo, 2017.

KARMY, Jorge Sahd; VALENZUELA BUSTOS, Cristián. *Lobby law in Chile*: democratizing access to public authorities. Disponível em: <https://www.opengovpartnership.org/sites/default/files/case-study_Chile_Lobby-Law.pdf>. Acesso em: 04 fev. 2018.

______; ______. *Lobbying regulation in Chile*: opening access to authorities. 21p. Disponível em: <https://www.sociedadpoliticaspublicas.cl/archivos/octavo/gestiondeestado/GESTION_Sahd_Jorge.pdf>. Acesso em: 01 fev. 2018.

KINDHÄUSER, Urs. Presupuestos de la corrupción punible en el Estado, la economia y la sociedad. Los delitos de corrupción en el Código Penal alemán. *Política Criminal*, v. 2, n. 3, p. 1-18, 2007.

KING, David; POMPER, Miles. The U.S. Congress and the contingent influence of diaspora lobbies: lessons from U.S. policy toward Armenia and Azerbaiajan. *Journal of Armenian Studies*, v. 8, n. 1, Dec. 2004. Disponível em: <https://www.researchgate.net/publication/258910301_David_C_King_Miles_Pomper_Congress_and_the_Contingent_Influence_of_Diaspora_Lobbies_US_Foreign_Policy_toward_Armenia_Journal_of_Armenian_Studies_December_2004>.

KINGSLEY, Elizabeth. A lobbyist by any other name. Originally published in the journal *Taxation of Exempts*, v. 20, n. 6, May/June 2009. Disponível em: <http://www.harmoncurran.com/library/BK%20TOE-Other%20Name.pdf>. Acesso em: 29 jun. 2018.

KLÜVER, Heike. *Interest groups influence on EU policy-making*: a quantitative analysis across issues. Paper prepared for Presentation at the 11th Biennial Conference of the European Union Studies Association, Los Angeles, 23-25 April 2009. Disponível em: <http://aei.pitt.edu/33094/1/kluever._heike.pdf>. Acesso em: 24 fev. 2018.

______. Lobbying in coalitions: interest group influence on European Union policy--making. *Nuffiel's Working Papers Series in Politics*, Oxford, Feb. 2011. Disponível em: <https://www.nuffield.ox.ac.uk/politics/papers/2011/heike%20kluever_working%20paper_2011_04.pdf>.

______. *Lobbying in the European Union*: interest groups, lobbying coalitions and policy change. Oxford: Oxford University Press, 2013.

KRETSCHMER, Heiko; SCHMEDES, Hans-Jörg. Enhancing transparency in EU lobbying? How the European Commission's lack of courage and determination impedes substantial progress. *Internationale Politik und Gesellschft,* n. 1, Jan. 2010. Disponível em: <https://library.fes.de/pdf-files/ipg/ipg-2010-1/08_kretschmerschmedes_us.pdf>.

Krsmanovic, Dusko. *A guidebook on lobbying*. Belgrado: Konrad Adenauer Stiftung, 2013.

Langbein, Laura I. PACs, lobbies and political conflict: the case of gun control. *Public Choice*, Holanda, v. 77, p. 551-572, Nov. 1993.

______; Lotwis, Mark A. The political efficacy of lobbying and money: gun control in the U.S. house. *Legislative Studies Quaterly,* v. 15, n. 3, p. 413-440, Aug. 1990.

Lazzarini, Sérgio G.; Musacchio, Aldo. O Leviatã nos negócios no Brasil: práticas passadas, mudanças futuras. In: Seligman, Milton; Mello, Fernando (Orgs.). *Lobby desvendado*: democracia, políticas públicas e corrupção no Brasil contemporâneo. Rio de Janeiro: Record, 2018.

Leech, Beth; Baumgartner, Frank; La Pira, Timothy; Semanko, Nicholas. Drawing lobbyists to Washington: government activity and the demand for advocacy. *Political Research Quarterly*, v. 58, n. 1, p. 19-30, Mar. 2005.

Lehmann, Wilhelm. The European Parliament. In: Coen, David; Richardson, Jeremy (Eds.). *Lobbying the European Union*: institutions, actors, and issues. Oxford: Oxford University Press, 2011. p. 39-69. Disponível em: <http://docenti.unimc.it/andrea.prontera/teaching/2016/15964/files/business-lobbying-in-the--european-union_chapter_8_reading_week_3>. Acesso em: 15 mar. 2017.

______; Bosche, Lars. Lobbying in the European Union: current rules and practices. *European Parliament*, Working Paper, Luxemburgo, 2003. (Constitutional Affairs Series AFCO 104 EN). Disponível em: <http://www.europarl.europa.eu/RegData/etudes/etudes/join/2003/329438/DG-4-AFCO_ET(2003)329438_EN.pdf>. Acesso em: 19 fev. 2018.

Levianu, Roberto. *Controle penal da corrupção*. 2004. Tese (Doutorado) – Programa de Pós-Graduação em Direito da Faculdade de Direito, Universidade de São Paulo, São Paulo, 2004.

Levine, Carrie. Jack Abramoff is back - as a registered lobbyist. *The Center for Public Integrity*, June 22, 2017. Disponível em: <https://www.publicintegrity.org/2017/06/22/20942/jack-abramoff-back-registered-lobbyist>. Acesso em: 01 jul. 2017.

'LOBBY' marca estratégia do Ministério Público. *Folha de S. Paulo*, São Paulo, 23 ago. 1987. Disponível em: <https://www2.senado.leg.br/bdsf/bitstream/handle/id/134264/Agosto%2087_%20-%200140.phttps://www2.senado.leg.br/bdsf/bitstream/handle/id/134264/Agosto%2087_%20-%200140.pdf?sequence=3df?sequence=3>. Acesso em: 01 ago. 2018.

LOBBYING Database. Washington, DC., The Center for Responsive Politics (Open Secrets). Disponível em: <https://www.opensecrets.org/lobby/>. Acesso em: 16 maio 2017.

LOBBYING. Washington, DC., The Center for Responsive Politics (Open Secrets). Disponível em: <https://www.opensecrets.org/lobby/top.php?indexType=l&showYear=2017>. Acesso em: 16 maio 2017.

Long, Tony; Lörinczi, Larisa. NGOs as gatekeepers: a green vision. In: Coen, David; Richardson, Jeremy (Eds.). *Lobbying the European Union*: institutions, actors, and issues. Oxford: Oxford University Press, 2011. p. 169-185. Disponível em: <http://docenti.unimc.it/andrea.prontera/teaching/2016/15964/files/business-lobbying-in-the-european-union_chapter_8_reading_week_3>. Acesso em: 15 mar. 2017.

Loomis, Burdett A. Learning to Lobby: groups, venues, and information in eighteenth-century America. In: Cigler, Allan J.; Loomis, Burdett A. (Eds.). *Interest groups politics*. 8. ed. Washington: CQPress, 2012.

______; Cigler, Allan J. Introduction: The changing nature of interest group politics. In: Cigler, Allan J.; Loomis, Burdett A. (Eds.). *Interest groups politics*. 8. ed. Washington: CQPress, 2012.

Lopes, José Mouraz. Sobre o novo crime de tráfico de influência: artigo 335º do Código Penal. *Revista do Ministério Público de Lisboa*, v. 16, n. 64, p. 55-65, out./dez. 1995.

Lord, Michael D. Corporate political strategy and legislative deicion making: the impact of corporate legislative influence activities. *Business Society*, v. 39, n. 1, p. 76-93, Mar. 2000.

Lorenzi, Maximiliano. *Consultants in the European Union*: strategizing for opportunities. beyond lobbying: the strategies carried out with the large firms, Amsterdã, Feb. 2005. Disponível em: <https://www.academia.edu/4581779/Consultants_in_the_European_Union_strategizing_for_opportunities._Beyond_lobbying_the_strategies_carried_out_with_the_large_firms>. Acesso em: 15 mar. 2017.

Lowery, Daniel. *Why do organized interests lobby?* Leiden: Unisersiteit Leiden Editor, 2005. Disponível em: <https://openaccess.leidenuniv.nl/handle/1887/3492>. Acesso em: 22 abr. 2017.

Luneburg, Willian V. The evolution of Federal Lobbying Regulation: where we are now and where we should be going. *McGeorge Law Review*, v. 41, p. 85-130, 2009. Disponível em: <https://www.mcgeorge.edu/Documents/Publications/MLR4104_Luneburg_MASTER.pdf>. Acesso em: 01 jul. 2017.

Mahoney, Christine. Lobbying success in the United States and the European Union. *Journal of Public Policy*, Cambridge, n. 27, v. 1, p. 35-56, 2007.

Malone, Margaret May. *Regulation of lobbying in developed countries*: current rules and practices. Institute of Public Administration. Disponível em: <https://www.housing.gov.ie/sites/default/files/migrated-files/en/Publications/LocalGovernment/Administration/FileDownLoad%2C2048%2Cen.pdf>. Disponível em: 09 abr. 2017.

Mancuso, Wagner Pralon; Angélico, Fabiano; Gozetto, Andrea Cristina. Ferramentas de transparência: o possível impacto da Lei de Acesso a Informações Públicas no debate sobre regulamentação do *lobby* no Brasil. *Revista de Informação Legislativa, RIL,* Brasília, ano 52, n. 212, p. 41-56, out./dez. 2016. Disponível em: <https://www12.senado.leg.br/ril/edicoes/53/212/ril_v53_n212_p41.pdf>. Acesso em: 06 maio 2017.

Martínez Galindo, Gema. El delito de tráfico de influencias en la administración local. *La Ley Penal*: revista de derecho penal, procesal y penitenciário, v. 2, n. 22, p. 36-50, 2005.

Maskell, Jack. Lobbying Congress: an overview of legal provisions and congressional ethics rules. *Congressional Research Service Report*, Oct. 2007. Disponível em: <https://fas.org/sgp/crs/misc/RL31126.pdf>. Acesso em: 06 maio 2017.

Matellanes Rodríguez, Nuria. El delito de cohecho de funcionarios nacionales: condicionantes internacionales y principales aspectos de su nueva regulación en el Código Penal español. *Revista Brasileira de Ciências Criminais*, São Paulo, v. 19, n. 89, p. 355-385, mar./abr. 2011.

Mccown, Margaret. Interest groups and the European Court of Justice. In: Coen, David; Richardson, Jeremy (Eds.). *Lobbying the European Union*: institutions, actors, and issues. Oxford: Oxford University Press, 2011. p. 89-104. Disponível em: <http://docenti.unimc.it/andrea.prontera/teaching/2016/15964/files/business-lobbying-in-the-european-union_chapter_8_reading_week_3>. Acesso em: 15 mar. 2017.

Mcgrath, Conor. The development and regulation of lobbying in the new Member States of the European Union. *Journal of Public Affairs*, n. 8, p. 15-32, 2008. Disponível em: <http://lobbyists.ru/eu/11.pdf>.

Mearsheimer, John J.; Walt, Stephen M. The Israel lobby and U.S. foreign policy. *Middle East Policy Council*, v. 13, n. 3, 2006.

Medauar, Odete. *Direito administrativo moderno*. 12. ed. São Paulo: Revista dos Tribunais, 2008.

Mellado-Bermejo, Lucia; Parte Esteban, Laura. *An exploratory study of participation intensity in comment-letters*: lease accounting proposal. Disponível em: <http://www.aeca1.org/pub/on_line/comunicaciones_xviencuentroaeca/cd/59a.pdf>. Acesso em: 15 mar. 2017.

Mello, Sebastián Borges de Albuquerque. O sujeito ativo do tráfico de influência e o Anteprojeto do novo Código Penal. *Revista Brasileira de Ciências Criminais*, São Paulo, v. 22, n. 110, p. 125-144, set./out. 2014.

Melo, Carlos. Relações governamentais: significado, funcionamento e problemas da democracia no Brasil. In: Seligman, Milton; Mello, Fernando (Org.). *Lobby desvendado*: democracia, políticas públicas e corrupção no Brasil contemporâneo. Rio de Janeiro: Record, 2018.

Meyer-Pflug, Samantha Ribeiro (Coord. Acad.). *Grupos de interesse* (*lobby*). Brasília-DF: Secretaria de Assuntos Legislativos do Ministério da Justiça (SAL), 2009. (Série Pensando o Direito, n. 8/2009). Disponível em: <http://pensando.mj.gov.br/wp-content/uploads/2015/07/08Pensando_Direito1.pdf>. Acesso em: 15 out. 2018.

MICHIGAN DEPARTMENT OF STATE BUREAU OF ELECTIONS. *Lobby manual*: Michigan Lobby Registration Act. Michigan, Dec. 2015.

Mihut, Liliana. Lobbying in the United States and the European Union: new developments in lobbying regulation. *Romanian Journal of European Affairs*, v. 8, n. 4, p. 5-17, Nov. 2008. Disponível em: <http://beta.ier.ro/documente/rjea_vol8_no4/RJEA_Vol8_No4_Lobbying_in_the_United_States_and_the_European_Union_New_Developments_in_Lobbying_Regulation.pdf>. Acesso em: 02 ago. 2017.

Milbrath, Lester W. *The Washington lobbyists*. Chicago: Rand McNally & Company, 1963.

Miller, David; Harkins, Claire. Corporte strategy, corporate captude: food and alcohol industry lobbying and public health. *Critical Social Policy*, v. 30, n. 4, p. 564-589, 2010.

MINISTÉRIO DO TRABALHO E EMPREGO. *Classificação Brasileira de Ocupações*: CBO – 2010. 3.ed. Brasília-DF: MTE, SPPE, 2010. Disponível em: <http://www.cofen.gov.br/wp-content/uploads/2015/12/CLASSIFICA%C3%87%C3%83O-BRASILEIRA-DE-OCUPA%C3%87%C3%95ES-MEC.pdf>. Acesso em: 15 mar. 2017.

Mohallem, Michael Freitas et al. *Novas medidas contra a corrupção*. Rio de Janeiro: Escola de Direito do Rio de Janeiro da Fundação Getúlio Vargas, 2018. Disponível em: <https://unidoscontraacorrupcao.org.br/assets/pdf/Novas_Medidas_pacote_completo.pdf>. Acesso em: 22 mar. 2018.

Muñoz Conde, Francisco. *Derecho penal*: parte especial. 19. ed. Valencia: Tirant lo Blanch, 2013.

Newhouse, John. Diplomacy, Inc.: the influence of lobbies on U.S. Foreign Policy. *Foreing Affairs*, v. 88, n. 3, p. 73-92, May/June 2009.

NIETO MARTÍN, Adán. Conflicto de intereses y transparencia. In: ARROYO ZAPATERO, Luis; NIETO MARTÍN, Adán (Coords.). *Fraude y corrupción en el derecho penal económico europeu*: eurodelitos de corrupción y fraude. Cuenca: Ediciones de la Universidad Castilla-la Mancha, 2006. p. 113-116.

NÓBREGA, Mailson da. O lobby dos servidores contra a reforma da Previdência. *Blog Mailson da Nóbrega*, 18 dez. 2017. Disponível em: <https://veja.abril.com.br/blog/mailson-da-nobrega/o-lobby-dos-servidores-contra-a-reforma-da-previdencia>. Acesso em: 15 jan. 2018.

NORONHA, Magalhães. *Direito penal*. 1. ed. São Paulo: Saraiva, 1978. v. 4.

NOWNES. Anthony. *Total lobbying*: what lobbyists want (and how they try to get it). New York: Cambridge University Press, 2006.

OBRADOVIC, Daniela. Regulating lobbying in the European Union. In: COEN, David; RICHARDSON, Jeremy (Eds.). *Lobbying the European Union*: institutions, actors, and issues. Oxford: Oxford University Press, 2011. p. 298-334. Disponível em: <http://docenti.unimc.it/andrea.prontera/teaching/2016/15964/files/business-lobbying-in-the-european-union_chapter_8_reading_week_3>. Acesso em: 15 mar. 2017.

OCDE. ORGANISATION FOR ECONOMIC CO-OPERATION AND DEVELOPMENT. (The CleanGovBiz Initiative). *Lobbying*: influencing decision making with transparency and integrity. July 2012. Disponível em: <http://www.oecd.org/cleangovbiz/toolkit/50101671.pdf>. Acesso em: 26 mar. 2018.

OCDE. ORGANISATION FOR ECONOMIC CO-OPERATION AND DEVELOPMENT. *Lobbyists, government and public trust*: increasing transparency through legislation. Paris: OECD Publishing, 2009. v. 1. Disponível em: <http://www.oecd.org/publications/lobbyists-governments-and-public-trust-volume-1-9789264073371-en.htm>. Acesso em: 27 mar. 2018.

______. *Lobbyists, government and public trust*: increasing transparency through legislation. Paris: OECD Publishing, 2010. v. 2. Disponível em: <https://www.oecd-ilibrary.org/lobbyists-governments-and-public-trust-volume-2_5kmjpnlc8h6j.pdf?itemId=%2Fcontent%2Fpublication%2F9789264084940-en&mimeType=pdf>. Acesso em: 08 abr. 2018.

______. *Lobbyists, Government and public trust*: increasing transparency through legislation. Paris: OECD Publishing, 2014. v. 3. Disponível em: <http://www.oecd.org/fr/corruption/lobbyists-governments-and-public-trust-volume-3-9789264214224-en.htm>. Acesso em: 10 abr. 2018.

______. *Recomendação do Conselho da OCDE sobre Integridade Pública*. Disponível em: <http://www.oecd.org/gov/ethics/integrity-recommendation-brazilian-portuguese.pdf>. Acesso em: 19 set. 2018.

OFFICE OF THE LEGISLATIVE INSPECTOR GENERAL. *Ohio Lobbying Handbook* (2014). Disponível em: <http://www.jlec-olig.state.oh.us/PDFs/nLobbying/Ohio%20Lobbying%20Handbook.pdf>. Acesso em: 15 mar. 2017.

OFFICE OF THE REGISTRAR OF CONSULTANT LOBBYISTS. *Guidance on compliance with the Register of Consultant Lobbyists*. July 2015. Disponível em: <http://registrarofconsultantlobbyists.org.uk/wp-content/uploads/2015/12/20150723-Guidance-on-compliance.pdf>. Acesso em: 27 jan. 2018.

Oliveira, Andrea Cristina de Jesus. Breve histórico sobre o desenvolvimento do *lobbying* no Brasil. *Revista de Informação Legislativa, RIL,* Brasília, ano 42, n. 168, p. 29-44, out./dez. 2005. Disponível em: <https://www12.senado.leg.br/ril/edicoes/42/168/ril_v42_n168_p29.pdf>. Acesso em: 15 mar. 2017.

Opheim, Cynthia. Explaining the differences in State lobby Regulation. *The Western Political Quarterly*, v. 44, n. 2, p. 405-421, June 1991.

Ortiz De Urbina Gimeno, Iñigo. Delitos contra la administración pública. In: Silva Sánchez, Jesús-Maria (Dir.); Ragués Vallès, Ramon (Coord.) *Lecciones de derecho penal*: parte especial. 3. ed. Barcelona: Atelier Libros Jurídicos, 2011.

Pagliaro, Antonio. *Principi di diritto penale*: parte speciale (delitti contro la pubblica amministrazione). 8. ed. Milano: Giuffrè, 1998.

PARLIAMENT (UK). *Transparency of lobbying, non-party campaigning and trade union Administration Act 2014.* Chapter 4. The Stationery Office, Reino Unido, 2014. Explanatory Notes. Disponível em: <www.legislation.gov.uk/ukpga/2014/4/contents/enacted>. Acesso em: 25 jan. 2018.

Parvin, Philip. *Fried or foe*: lobbying in british democracy. London: Hansard Society, 2007.

Pedrazzi, Cesare. Millantato credito, trafic d'influence, influence peddling. *Rivista Italiana di Diritto e Procedura Penale*, Milano, v. 11, n. 4, 1968.

Pedroso, Vanessa Alessandra de Melo. O bem jurídico protegido e sua aplicação no delito de tráfico de influência. *Revista da Escola Superior da Magistratura de Pernambuco*, Recife, v. 13, n. 27, p. 573–598, jan./jun. 2008.

Perdigão, Carlos Frederico Marques. *Manual do Código Penal brasileiro*: estudos syntheticos e práticos. Rio de Janeiro: D.L. Garnier, 1882.

Pereira, Pablo; Almeida, Neila; Oliveira, Paulo. Agronegócio tem a bancada mais bem organizada do Congresso. *UOL Últimas Notícias* (Estadão Conteúdo), São Paulo, 29 jul. 2018. Disponível em: <https://noticias.uol.com.br/ultimas-noticias/agencia-estado/2018/07/29/agronegocio-tem-a-bancada-mais-bem-organizada-do-congresso.htm>. Acesso em: 16 set. 2018.

Porter, Roger B. Government-business relations in the United States. In: TRANSATLANTIC perspectives on US-EU economic relations: convergence, conflict and cooperation. Boston, Apr. 8, 2002. Disponível em: <https://sites.hks.harvard.edu/m-rcbg/Conferences/us-eu_relations/porter_government_business.pdf>.

PORTUGAL. *Código Penal Português*. Disponível em: <https://www.unifr.ch/ddp1/derechopenal/legislacion/l_20080626_10.pdf>. Acesso em: 16 set. 2018.

Powell, Eleanor Neff. *Money and internal influence in Congress*. June 10, 2016. Disponível em: <http://www.scholarsstrategynetwork.org/sites/default/files/powell_money_and_internal_influence_in_congress.pdf>. Acesso em: 27 fev. 2017.

Prado, Luiz Régis. *Curso de direito penal brasileiro*: parte especial. São Paulo: Revista dos Tribunais, 2001. v. 4.

______. A Lei 10.467/2002 e os novos crimes de corrupção e tráfico de influência internacional. *Revista dos Tribunais*, São Paulo, v. 91, n. 803, p. 441-458, set. 2002.

Prosdocimi, Salvatore. In tema di illecita influenza sulla formazione della maggioranza assembleare: l'oggetto della tutela. *Rivista Italiana di Diritto e Procedura Penale*, Milano, v. 20, n. 2, p. 600-634, 1977.

Pross, Paul A. Lobbying models for regulation. *OECD Paper*, 07-May-2007. Disponível em: <http://www.oecd.org/officialdocuments/publicdisplaydocumentpdf/?cote=GOV/PGC/ETH(2007)4&docLanguage=En>. Acesso em: 28 jan. 2018.

______. The Lobbyists Registration Act: its application and effectiveness. In: Restoring accountability - research studies: volume 2 - The Public Service and transparency. John H. Gomery, Commissioner. Ottawa - Ontario: Privy Council 2006. p. 163-231. Disponível em: <https://www.cbc.ca/news2/background/groupaction/v2fullreport/CISPAA_Vol2_5.pdf>. Acesso em: 28 maio 2017.

PUBLIC AFFAIRS BOARD. *The Register*. Disponível em: <https://www.appc.org.uk/register/>. Acesso em: 27 jan. 2018.

PUBLIC RELATIONS CONSULTANTS ASSOCIATION (PRCA). Disponível em: <https://www.prca.org.uk>. Acesso em: 27 jan. 2018.

______. *Professional Charter and Codes of Conduct*. Disponível em: <https://www.prca.org.uk/about-us/pr-standards/professional-charter-and-codes-conduct>. Acesso em: 27 jan. 2018.

______. *Public Affairs Register*. Disponível em: <https://www.prca.org.uk/about-us/pr-standards/public-affairs-register>. Acesso em: 27 jan. 2018.

Ramirez, Rodrigo; Sternsdorff, Nicole; Pastor, Carolina. Lobby in Chile: do we have the law we need? *Special Report*, Santiago de Chile, Feb. 2016.

Disponível em: <https://www.desarrollando-ideas.com/wp-content/uploads/sites/5/2016/02/160217_DI_report_lobby_Chile_ENG.pdf>. Acesso em: 04 fev. 2018.

RASMUSEN, Eric. Lobbying when the decisionmaker can acquire independent information. *Public Choice*, v. 77, n. 4, p. 899-913, Dec. 1993.

RASMUSSEN, Maja Kluger. Lobbying the European Parliament: a necessary evil. *CEPS Policy Brief*, n. 242, p. 1-6, May 2011. Disponível em: <http://aei.pitt.edu/31864/1/No_242_Rasmussen_on_EP_Lobbying_final.pdf>.

REALE JÚNIOR, Miguel. Dever de lealdade do administrador da empresa no Direito Penal. In: REALE, Miguel; REALE JÚNIOR, Miguel; REALE FERRARI, Eduardo (Orgs.). *Experiências do direito*. Campinas: Millennium, 2004.

REHR, David. *The honest leadership and Open Government Act*: five years later: a review of the impact of lobbying's most sweeping ethics law. Washington: George Washington University, 2012. Disponível em: <http://legaltimes.typepad.com/files/hloga_report.pdf>. Acesso em: 23 abr. 2017.

RIBEIRO, Pedro Feliú. *Comportamento legislativo e política externa na América Latina*. 2012. Tese (Doutorado) - Faculdade de Filosofia, Letras e Ciências Humanas da Universidade de São Paulo, São Paulo, 2012.

RICHARDSON, Jeremy J. Government, interest groups and policy change. *Political Studies*, v. 48, n. 5, p. 1006-1025, Feb. 2000. Disponível em: <https://www.researchgate.net/profile/Jeremy_Richardson3/publication/4779866_Government_Interest_Groups_and_Policy_Change/links/59e7a32fa6fdccfe7f8aea9f/Government-Interest-Groups-and-Policy-Change.pdf>.

______; JORDAN, A. G. *Governing under pressure*: the policy process in a post--parliamentary democracy. Oxford: Basil Blackwell, 1982.

RIZZO, Alana; VELASCO, Joel. As empresas conseguem migrar do crony capitalism para práticas íntegras de interação com o governo? In: SELIGMAN, Milton; MELLO, Fernando (Orgs.). *Lobby desvendado*: democracia, políticas públicas e corrupção no Brasil contemporâneo. Rio de Janeiro: Record, 2018.

RIZZO, Carmelo. Brevi considerazioni sul “traffico di influenze illecite”. *Rivista Trimetrale di Diritto Penale dell'Economia*, ano 30, n. 1-2, p. 166-186, 2017.

ROBINS, Rand. Why the Honest Leadership and Open Government Act of 2007 falls short, and how it could be improved. *Legislation and Policy Brief*, v. 2, n. 2, Article 4, p. 1-25, 2010. Disponível em: <https://digitalcommons.wcl.american.edu/cgi/viewcontent.cgi?article=1015&context=lpb>. Acesso em: 26 fev. 2017.

RODRIGUES, Ricardo José Pereira. A Regulamentação do lobby em países selecionados da Europa. *Consultoria Legislativa da Câmara dos Deputados*, dez. 2011.

RODRÍGUEZ, Víctor Gabriel. Crimes cometidos pelo particular contra a Administração. In: REALE JÚNIOR, Miguel (Org.). *Direito penal*: jurisprudência em debate. Rio de Janeiro: GZ, 2013. v. 4.

______. Dos crimes praticados por particular contra a Administração em geral. In: REALE JÚNIOR, Miguel (Coord.). *Código Penal comentado*. São Paulo: Saraiva, 2017.

______. Tráfico de influência. In: REALE JÚNIOR, Miguel (Coord.). *Código Penal comentado*. São Paulo: Saraiva, 2017.

ROMANO, Mario. Legge anticorruzione, millantato credito e traffico di influenze illecite. *Rivista Italiana di Diritto e Procedura Penale*, Milano, ano 56, n. 3, giul./ set. 2013.

ROSAS OLIVA, Juan Ignacio. Consideraciones para la tipificación de un delito contra la corrupción en el sector privado en España. *Cuadernos de Política Criminal*, Madrid, n. 99, p. 93-123, 2009.

ROSEN, Keith S. The Jeito: Brasil's institutional by-pass of the formal legal system and its developmental implications. *The American Journal of Comparative Law*, v. 19, n. 3, p. 514-549, 1971.

ROSENTHAL, Alan. *The third house*: lobbyists and lobbying in the States. 2. ed. Washington: Congressional Quarterly Press, 2001.

RUDENKOVA, Daria. *Interest representation*: can Lobbying Regulation help eu overcome democratic defict? Disponível em: <http://euroacademia.eu/wordpress/wp-content/uploads/2014/11/Daria_Rudenkova_Interest_Representation_-_Can_Lobbying_Regulation_Help_EU_Overcome_Democratic_Deficit.pdf>. Acesso em: 26 fev. 2017.

SALISBURY, Robert H. An exchange theory of interest groups. *Midwest Journal of Political Science*, v. 13, n.1, p. 1-32, Feb. 1969. Disponível em: <http://pavroz.ru/files/salisburyexchangetheory.pdf>.

SANSON, Alexandre. *Dos grupos de pressão na democracia representativa*: os limites jurídicos. 2013. Tese (Doutorado) – Programa de Pós-Graduação em Direito da Faculdade de Direito da Universidade de São Paulo, São Paulo, 2013.

SANTOS, Luiz Alberto dos. Regulação do lobby no Brasil: o Projeto de Lei nº 1.202, de 2007 - constitucionalidade e adequação aos fins pretendidos. *Interesse Público*, Belo Horizonte, ano 14, n. 72, mar./abr. 2012.

______. *Regulamentação das atividades de lobby e seu impacto sobre as relações entre políticos, burocratas e grupos de interesse no ciclo de políticas públicas*: análise comparativa dos Estados Unidos e Brasil. Brasília-DF: Ed. do Senado Federal, 2007.

SAURUGGER, Sabine. Interest groups and democracy in the European Union. *West European Politics*, v. 31, n. 6, p. 1274-1291, Nov. 2008. Disponível em: <https://www.researchgate.net/profile/Sabine_Saurugger/publication/248944331_Interest_Groups_and_Democracy_in_the_European_Union/links/56e4569308ae65dd4cbe7c1d/Interest-Groups-and-Democracy-in-the-European-Union.pdf>. Acesso em: 24 mar. 2017.

______; COREPER and National Governments. In: COEN, David; RICHARDSON, Jeremy (Eds.). *Lobbying the European Union*: institutions, actors, and issues. Oxford: Oxford University Press, 2011. p. 105-127. Disponível em: <http://docenti.unimc.it/andrea.prontera/teaching/2016/15964/files/business-lobbying-in-the-european-union_chapter_8_reading_week_3>. Acesso em: 15 mar. 2017.

SCHNEIDER, Anne L.; INGRAM, Hellen. *Policy design for democracy*. Lawrence: University Press of Kansas, 1997. Paperback. (Studies in Government and Public Policy - Series).

SCOTLAND (UK). *Lobbying (Scotland) Act 2016 (asp 16)*. Disponível em: <https://www.legislation.gov.uk/asp/2016/16/pdfs/asp_20160016_en.pdf>. Acesso em: 28 jan. 2018.

SEDRAKYAN, Artyon. *The armenian lobby and U.S. foreign policy*. p. 57-64. Disponível em: <http://ysu.am/files/06A_Sedrakyan.pdf>. Acesso em: 15 mar. 2017.

SELIGMAN, Milton; BANDEIRA, Mateus Affonso. Manual de melhores práticas em relações institucionais. In: SELIGMAN, Milton; MELLO, Fernando (Orgs.). *Lobby desvendado:* democracia, políticas públicas e corrupção no Brasil contemporâneo. Rio de Janeiro: Record, 2018.

SELIGMAN, Milton; MELLO, Fernando (Orgs.). *Lobby desvendado:* democracia, políticas públicas e corrupção no Brasil contemporâneo. Rio de Janeiro: Record, 2018.

SENATE. *Lobbying Disclosure Act Guidance*. Effective January 1, 2008. Reviewed January 31, 2017/Last Revised January 31, 2017. Disponível em: <https://lobbyingdisclosure.house.gov/ldaguidance.pdf>. Acesso em: 04 abr. 2017 e 16 jan. 2018.

SILVA, Carlos José Santos da. A regulamentação do *lobby* no Brasil. *Revista Brasileira da Advocacia*, ano 2, v. 5, p. 19-32, abr./jun. 2007.

SLOOT Huub; GANNDERSE, Mariken. *Guidelines on lobbying and advocacy*. ICCO Partner to Enterprising People, June 2010. Disponível em: <http://www.e-alliance.ch/fileadmin/user_upload/docs/Advocacy_Capacity/2011/8._ICCO_Guidelines_on_Lobby_and_Advocacy_2010.pdf>.

SMITH, Richard. Interest group influence in the U.S. Congress. *Legislative Studies Quaterly*, v. 20, n. 1, p. 89-139, Feb. 1995.

Solowiej, Lisa A.; Collins JR., Paul M. Counteractive lobbying in the U.S. Supreme Court. *American Politics Research*, v. 37, n. 4, p. 670-699, June 2009.

Sotero, Paulo; Prusa, Anna C. O lobby nos EUA: a transparência de um sistema imperfeito. In: Seligman, Milton; Mello, Fernando (Orgs.). *Lobby desvendado*: democracia, políticas públicas e corrupção no Brasil contemporâneo. Rio de Janeiro: Record, 2018.

Souza, Luciano Anderson de. *Crimes contra a administração pública*. São Paulo: Revista dos Tribunais, 2018.

Spena, Alessandro. Punire la corruzione privata? Un inventario di perplessità político-criminali. *Rivista Trimestrale di Diritto Penale Dell'Economia*, Milano, ano 20, n. 4, ott./dic. 2007.

Stefan, Oanta Ilie; Nicoleta, Vasilcoschi. The business fluctuations and the lobbying evolution in European Union, Canada and USA. *The Romanian Economic Journal*, ano 18, n. 55, p. 163-174, Mar. 2015. Disponível em: <http://www.rejournal.eu/sites/rejournal.versatech.ro/files/articole/2015-03-18/3251/yoanta.pdf>. Acesso em: 24 mar. 2017.

Stocker, Tim; Grant, Wyn. Politics of food: agro-industry lobbying in Brussels. In: Coen, David; Richardson, Jeremy (Eds.). *Lobbying the European Union*: institutions, actors, and issues. Oxford: Oxford University Press, 2011. p. 233-255. Disponível em: <http://docenti.unimc.it/andrea.prontera/teaching/2016/15964/files/business-lobbying-in-the-european-union_chapter_8_reading_week_3>. Acesso em: 15 mar. 2017.

Straus, Jacob R. Honest Leadership and Open Government Act of 2007: the role of the clerk and of the House and secretary of the Senate. *Congressional Research Service Report*, Apr. 2017. Disponível em: <https://www.senate.gov/CRSpubs/63879f94-6966-4341-9342-03ab6d8bff33.pdf>. Acesso em: 23 abr. 2017.

______. The Lobbying Disclosure Act at 20: analysis and issues for Congress. *Congressional Research Service Report*, Dec. 2015. Disponível em: <https://fas.org/sgp/crs/misc/R44292.pdf>. Acesso em: 15 mar. 2017.

Tansey, Rachel. *Fracking Brussels*: a who's who of the EU shale gas lobby. Bruxelas: Friends of the Earth Europe, 2014.

Tavares, Bruno; Leite, Isabela. Polícia Federal faz operação contra desvio recursos da União para merenda em 3 Estados e no DF. *G1*, 09 maio 2018. Disponível em: <https://g1.globo.com/sp/sao-paulo/noticia/policia-federal-faz-operacao-contra-desvio-de-dinheiro-publico.ghtml>. Acesso em: 10 out. 2018.

Taylor, Matthew M. A corrupção e as reformas anticorrupção no Brasil. In: Seligman, Milton; Mello, Fernando (Orgs.). *Lobby desvendado*: democracia, políticas públicas e corrupção no Brasil contemporâneo. Rio de Janeiro: Record, 2018.

Teixeira, Luiz Fernando; Macedo, Fausto. Lobista do MDB pede habeas. *Estadão*, 16 abr. 2018. Disponível em: <https://politica.estadao.com.br/blogs/fausto-macedo/lobista-do-mdb-pede-habeas//>. Acesso em: 10 out. 2018.

Temer mandou lobista da JBS entregar R$ 3 milhões de propina a Eduardo Cunha, diz Época. *Congresso em Foco*, 01 ago. 2017. Disponível em: <https://congressoemfoco.uol.com.br/especial/noticias/temer-mandou-lobista-da-jbs-entregar-r-3-milhoes-de-propina-a-eduardo-cunha-diz-revista/>. Acesso em: 23 fev. 2018.

Thiel, Marie; Bauer, Elisabeth. EU Transparency Register. *EPRS European Parliamentary Research Service,* May 2016. Disponível em: <http://www.europarl.europa.eu/EPRS/EPRS-Briefing-542170-European-Transparency-Register-FINAL.pdf>. Acesso em: 24 fev. 2018.

Thomas, Clive S. Interest group regulation across the United States: rationale, development and consequences. *Parliamentary Affairs*, v. 51, n. 4, p. 500-515, Oct. 1998.

Tilburg, Rens Vans; Römgens, Indra. *Taking Lobbying Public*: the transparency of Dutch Bank's lobbying activities. The Netherlands: Stichting Onderzoek Multinationale Ondernemingen (SOMO) / Centre for Research on Multinational Corporations, Dec. 2013. Disponível em: <https://www.somo.nl/wp-content/uploads/2013/12/Taking-Lobbying-Public-1.pdf>. Acesso em: 15 mar. 2017.

TRANSPARÊNCIA INTERNACIONAL. Chile Transparente. *Manual Ley nº 20.730*. Disponível em: <http://www.chiletransparente.cl/wp-content/uploads/2013/03/Manual-Lobby-Municipalidades-FINAL.pdf>. Acesso em: 07 abr. 2017.

TRANSPARENCY INTERNATIONAL. *Corruption Perceptions Index 2016*. 25 Jan. 2017. Disponível em: <https://www.transparency.org/news/feature/corruption_perceptions_index_2016#table>. Acesso em: 01 jul. 2017.

______. ESPAÑA. La falta de regulación del lobby en Europa favorece la corrupción. Berlín, Apr. 2015.

______. EU Integrity Watch Brussels lobbying in numbers. Brussels, June 2015.

______. EU OFFICE. 7,000 and counting: lobbying meetings of the European Commission. Brussels, Dec. 2015. Disponível em: <https://transparency.eu/wp-content/uploads/2016/10/Lobby-Meetings-European-Commission.pdf>.

______. *Money, politics, power*: corruption risks in Europe. Berlin: Transparency International. International Secretariat, 2012. Disponível em: <https://www.transparency.org/whatwedo/publication/money_politics_and_power_corruption_risks_in_europe>. Acesso em: 24 fev., 19 maio 2018.

Treib, Oliver; Falkner, Gerda. Bargaining and lobbying in the EU social policy. In: Coen, David; Richardson, Jeremy (Eds.). *Lobbying the European Union*: institutions, actors, and issues. Oxford: Oxford University Press, 2011. p. 256-276. Disponível em: <http://docenti.unimc.it/andrea.prontera/teaching/2016/15964/files/business-lobbying-in-the-european-union_chapter_8_reading_week_3>. Acesso em: 15 mar. 2017.

UBER, Cabify e 99 criam campanha contra projeto de lei que inviabiliza serviços. 25 set. 2017. Disponível em: <https://canaltech.com.br/governo/uber-cabify-e-99-criam-campanha-contra-projeto-de-lei-que-inviabiliza-servicos-100934>. Acesso em: 16 jul. 2018.

UNIÃO EUROPEIA. *Os 28 países da EU*. Disponível em: <https://europa.eu/european-union/about-eu/countries_pt>. Acesso em: 18 abr. 2017.

UNITED STATES GENERAL ACCOUNTING OFFICE. *Federal Regulation on Lobbying Act of 1946 is ineffective* (Statement of Milton J. Scolar), 16 July 1991. Disponível em: <http://www.gao.gov/assets/110/104007.pdf>. Acesso em: 06 maio 2017.

UNITED States v. Harriss - 347 U.S. 612, 74 S.Ct. 808, 98 L.Ed. 989 (1954). Disponível em: <https://www.princeton.edu/aci/cases-pdf/aci1.harriss.pdf>. Acesso em 18 jun. 2017.

U.S. CONGRESS. House Committee on the Judiciary. *Lobbying Disclosure Act of 1995*. Report to accompany H.R. 2564, 104th Congress, 1ª Sessão: Washington, 1995.

Véron, Michel. *Droit pénal spécial*. 14. ed. Paris: Dalloz, 2012.

Victor, Jennifer. Gridlock lobbying: breaking, creating and maintaining legislative stalemate. In: Cigler, Allan J.; Loomis, Burdett A. *Interest groups politics*. 8. ed. Washington: CQPress, 2012.

Vidacak, Igor. Interest groups and lobbying in the European Union. *Croatian International Relations Review*, v. 9, n. 33, p. 177-188, Oct./Dec. 2003. Disponível em: <https://hrcak.srce.hr/file/181369>. Acesso em: 18 jun. 2017.

Vieira, André Guilherme; Di Cunto, Raphael. PF realiza operação contra fraude milionária em registros sindicais. *Valor Econômico*, 30 maio 2018. Disponível em: <https://www.valor.com.br/politica/5559437/pf-realiza-operacao-contra-fraude-milionaria-em-registros-sindicais>. Acesso em 15 jun. 2018.

Wagreich, Samuel. Lobbying by Proxy: a study of China's lobbying practices in the United States 1979-2010 and the implications for Fara. *Journal of Politics & Society,* v. 24, n. 1, p. 130-160, Mar. 2013. Disponível em: <https://academiccommons.columbia.edu/doi/10.7916/D85M6GV2/download>.

Warde Júnior, Walfrido Jorge. A empresa pluridimensional: empresa política e *lobby*. *Revista do Advogado*, São Paulo, v. 28, n. 96, p. 137-145, mar. 2008.

WARHURST, John. Locating the target: regulating lobbying in Australia. *Parliamentary Affairs*, v. 51, n. 4, p. 538-550, Oct. 1998.

WEBB, Philippa. The United Nations Convention Against Corruption: global achievement or missed opportunity? *Journal of International Economic Law*, Oxford, v. 8, n. 1, p. 191-229, 2005. Disponível em: <https://papers.ssrn.com/sol3/Delivery.cfm/SSRN_ID2557193_code2192959.pdf?abstractid=2557193&mirid=1>. Acesso em: 19 nov. 2018.

WESTLAKE, Martin. The European Economic and Social Committee. In: COEN, David; RICHARDSON, Jeremy (Eds.). *Lobbying the European Union*: institutions, actors, and issues. Oxford: Oxford University Press, 2011. p. 128-142. Disponível em: <http://docenti.unimc.it/andrea.prontera/teaching/2016/15964/files/business-lobbying-in-the-european-union_chapter_8_reading_week_3>. Acesso em: 15 mar. 2017.

WOLL, Cornelia. Lobbying in the European Union: from sui generis to a comparative perspective. *Journal of European Public Policy*, v. 13, n. 3, p. 456-470, 2006. Disponível em: <https://hal-sciencespo.archives-ouvertes.fr/hal-01021182/document>. Acesso em: 08 mar. 2017.

WOLPE, Bruce C.; LEVINE, Bertam J. *Lobbying congress*: how the system works. 2. ed. Washington: CQPress, 1996.

WOLTON, Stephane. *Lobbying, inside and out*: how special interest groups influence policy choices. Disponível em: <http://www.lse.ac.uk/government/research/resgroups/PSPE/Working-papers/Stephane-Wolton-Lobbying-Inside-and-Out-How-SIGs-Influence-Policy-Choices.pdf>. Acesso em: 22 abr. 2017.

WRIGHT, John R. *Interest groups and Congress*: lobbying, contributions and influence. Washington: Longman, 1995.

______. Trade policy lobbying in the European Union: who captures whom? In: COEN, David; RICHARDSON, Jeremy (Eds.). *Lobbying the European Union*: institutions, actors, and issues. Oxford: Oxford University Press, 2011. p. 277-297. Disponível em: <http://docenti.unimc.it/andrea.prontera/teaching/2016/15964/files/business-lobbying-in-the-european-union_chapter_8_reading_week_3>. Acesso em: 15 mar. 2017.

WUNDERLICH, Alexandre. Dos Crimes Contra a Administração Pública. In: REALE JÚNIOR, Miguel (Coord.). *Código Penal comentado.* São Paulo: Saraiva, 2017.

______. Dos Crimes Contra a Administração Pública. In: REALE JÚNIOR, Miguel (Org.). *Direito penal*: jurisprudência em debate. Rio de Janeiro: GZ, 2013. v. 4.

ZEIGLER, Harmon; BAER, Michael A. *Lobbying*: interaction and influence in American State legislature. Califórnia: Wadsworth Publishing Company, 1969.

ZETTER, Lionel. *Lobbying*: the art of political persuasion. London: Harriman House, 2014.

ZÜLCH, Henning; HOFFMANN, Sebastian. Lobbying on accounting standard setting in a parliamentary environment: a qualitative approach. *Leipzig Graduate School of Management,* Working Paper n. 94, Leipzig, July 2010. Disponível em: <http://www.hhl.de/fileadmin/texte/publikationen/arbeitspapiere/hhlap0094.pdf>. Acesso em: 28 fev. 2017.